新时代
高校教师教育教学校本培训教程

主　编　刘海春

副主编　谢文新　董俊武　郑煜诗

科 学 出 版 社

北　京

内 容 简 介

本书以广东省高校新入职教师岗前培训的成功经验为基础，结合高校岗前培训实际，针对新教师的基本特点和重点需求精心编纂。本书涵盖了高校教师岗前培训的各个方面，包括新时代高校教师教育的基本要求、新时代高校教师教学理论与技能，以及新时代高校教师岗前培训校本内容，旨在帮助新教师掌握学校的基本办学规律与具体要求，这对于保障学校树立良好的教风学风、保障教学质量、加强科研产出、强化教师队伍建设等具有重要意义。

本书主要面向高校的新入职教师，旨在为其提供系统化与个性化兼具的学习指引，帮助其尽快适应高校教育教学环境，掌握基本的教育教学方法与技能，从而在教育教学的道路上走得更加稳健、更加自信。

图书在版编目（CIP）数据

新时代高校教师教育教学校本培训教程 / 刘海春主编. -- 北京 : 科学出版社, 2024. 8. -- ISBN 978-7-03-079214-3

Ⅰ. G645.12

中国国家版本馆 CIP 数据核字第 2024L5Y350 号

责任编辑：王京苏 / 责任校对：王晓茜

责任印制：吴兆东 / 封面设计：蓝正设计

科 学 出 版 社 出版

北京东黄城根北街 16 号

邮政编码：100717

http://www.sciencep.com

涿州市般润文化传播有限公司印刷

科学出版社发行 各地新华书店经销

*

2024 年 8 月第 一 版 开本：787×1092 1/16

2025 年 2 月第二次印刷 印张：17 3/4

字数：420 000

定价：58.00 元

（如有印装质量问题，我社负责调换）

序

"躬耕教坛、强国有我"
——为教育强国建设贡献高校教师力量

党的二十大报告指出："教育是国之大计、党之大计。培养什么人、怎样培养人、为谁培养人是教育的根本问题。"[①]党的十八大以来，以习近平同志为核心的党中央高度重视教育事业，把教育摆在优先发展的战略地位。习近平总书记对教育工作提出了一系列新理念、新思想和新论断，系统回答了教育工作的根本性、全局性、方向性和战略性问题，形成了习近平总书记关于教育的重要论述，为教育强国建设提供了根本遵循和行动指南。

百年大计，教育为本。教育大计，教师为本。一直以来，习近平总书记始终心系教师队伍建设，对广大教师提出殷切期望。2023 年习近平总书记致信全国优秀教师代表强调："新征程上，希望你们和全国广大教师以教育家为榜样，大力弘扬教育家精神，牢记为党育人、为国育才的初心使命，树立'躬耕教坛、强国有我'的志向和抱负，自信自强、踔厉奋发，为强国建设、民族复兴伟业作出新的更大贡献。"[②]这为新时代新征程上我国的教师工作明确了目标、指明了方向。当前，综合国力的竞争归根到底就是人才的竞争。面对波谲云诡的国际形势、复杂敏感的周边环境、艰巨繁重的改革发展稳定任务，面对新一轮科技革命和产业变革深入发展，面对教育强国建设的使命责任，需要更多具备"理想信念、道德情操、扎实学识、仁爱之心"的高校教师挺膺担当、奋发作为。习近平总书记 2023 年在中共中央政治局第五次集体学习时强调："建设教育强国，龙头是高等教育。"[③]这为广大高校新入职教师赋予了更大的历史使命和责任担当。在此背景下，为了提升高校新入职教师培训的针对性和实效性，广东外语外贸大学课题组编写了《新时代高校教师教育教学校本培训教程》一书，作为指导广大高校新入职教师的培训参考教材。

这本书分为 3 篇，第一篇共 3 章，系统概述新时代高校教师教育的基本要求。习近平总书记为第六批全国干部学习培训教材作序指出："理论强，才能方向明、人心齐、底气足。"[④]第一篇侧重理论学习，以深入学习习近平总书记关于教育的重要论述为核心，

---

① 《习近平：高举中国特色社会主义伟大旗帜 为全面建设社会主义现代化国家而团结奋斗——在中国共产党第二十次全国代表大会上的报告》，https://www.gov.cn/xinwen/2022-10/25/content_5721685.htm[2024-07-09]。

② 《习近平致全国优秀教师代表的信》，https://www.gov.cn/yaowen/liebiao/202309/content_6903084.htm[2024-06-24]。

③ 《习近平主持中央政治局第五次集体学习并发表重要讲话》，https://www.gov.cn/yaowen/liebiao/202305/content_6883632.htm?eqid=c1f64ea500001c3300000004647b32aa[2024-06-24]。

④ 《习近平为第六批全国干部学习培训教材作序 要求各级干部发扬理论联系实际的马克思主义学风 当好中国式现代化建设的坚定行动派实干家》，https://www.gov.cn/yaowen/liebiao/202402/content_6934953.htm[2024-06-24]。

介绍了新时代党的教育方针与高校教师使命、新时代高校教师岗前培训制度规范等内容，旨在帮助新入职教师深入学习领会习近平新时代中国特色社会主义思想和党的二十大精神，不断增强中国特色社会主义道路自信、理论自信、制度自信、文化自信，强化理论武装。第二篇共 5 章，阐释新时代高校教师教学理论与技能，包括高校教师教学理论基础、教学规范守则、教学技能、信息技术与运用以及教研实习等内容。结合新入职教师实际，力求帮助学习者系统提升课堂授课能力、熟悉运用数字化赋能教育能力、教学科研与实践能力。第三篇共 3 章，主要以“表单式”填空的形式，介绍新时代高校教师岗前培训校本内容，包括高校教学管理、高校科研管理、高校人事管理的相关知识，旨在帮助学习者迅速掌握岗前培训的实战技能。这本书体现了鲜明的时代性、系统性和科学性，内容聚焦党的十八大以来新时代的教师发展路径探究，以习近平新时代中国特色社会主义思想的世界观和方法论贯通各个板块内容；从学习习近平总书记关于教育的重要论述、了解新时代以来党的教育方针，到教师技能和岗前培训需要掌握的具体内容，从宏观到微观，从理论到实践，对新入职教师快速掌握各项教育教学必备能力具有一定的指导作用。

道不可坐论，理不能空谈。学习的目的在于学以致用。广大新入职教师要提高站位学，深入学习领会和全面准确把握习近平总书记关于教育的重要论述的科学内涵和精神实质，站在中华民族伟大复兴的战略高度认识教师这个神圣的职业，贯彻好新时代党的教育方针，坚持马克思主义指导地位，落实立德树人的根本任务，坚持教育为人民服务、为中国共产党治国理政服务、为巩固和发展中国特色社会主义制度服务、为改革开放和社会主义现代化建设服务，增强历史主动精神和战略思维，大力弘扬践行教育家精神，坚定不移培养社会主义建设者和接班人；要深入系统学，坚持把学习贯彻习近平总书记在中共中央政治局第五次集体学习时的重要讲话、在全国教育大会上的重要讲话与在不同场合的重要讲话等结合学、打通学，努力把握习近平总书记关于教育重要论述中的世界观和方法论，勤于学、敏于思，在教书育人实践中坚持好、运用好贯穿其中的立场观点方法；要带着问题学，坚持问题导向，抓住教师在不同发展阶段中的工作目标、工作内容、工作难点等关键，聚焦“培养什么人、怎样培养人、为谁培养人”这个根本问题，认真思考和回答“教育强国、教师何为”的时代课题，结合自身工作岗位实际，提出真正解决问题的新思路、新办法，做到学深悟透、融会贯通、指导实践。

广东外语外贸大学党委书记

2024 年 6 月

前　言

党的二十大强调，要“加快建设教育强国、科技强国、人才强国”①。强国必先强教，强教必先强师。一流大学的建设，关键在于建设一支高素质的教师队伍。教师作为知识的传递者、思想的引导者，肩负着培养社会主义建设者和接班人的重任。党和国家事业的发展，迫切需要一支有理想信念、有道德情操、有扎实学识、有仁爱之心的教师队伍，发展好扎根中国、贯通中外，与时代同频共振、与未来同向而行的现代化教育。

随着时代的快速发展和高等教育数字化转型，传统的教育模式和方法已经不能完全适应现代教学的需求。对于新教师而言，从走出校门、踏上三尺讲台的那一刻起，就意味着一个全新的开始。他们带着满腔的热情与憧憬，同时也面临着教学、科研以及学生管理等方面的诸多困惑与挑战。高校教师岗前培训作为新教师快速融入学校环境、更新教育理念、提升教学科研能力和专业素养的重要途径，对于教师的成长具有不可忽视的作用，同时也是建设高素质专业化创新型教师队伍的重要环节之一。当然，岗前培训也面临着教育教学深化改革带来的新挑战，为保证岗前培训顺应时代之变，帮助教师提高专业发展积极性，加快教师专业发展进程，岗前培训的内容与形式、考核与评估等都亟须创新，相应的服务支持体系也有待完善。

党的十八大以来，广东教育系统坚持以习近平新时代中国特色社会主义思想为指导，持续推进教育领域综合改革，高等教育坚持“冲一流、补短板、强特色”，教师队伍建设水平不断提升，教育高质量发展持续推进。为此，我们以广东省高校新入职教师岗前培训的成功经验为基础，结合岗前培训实际，针对新教师的基本特点和重点需求，精心编纂了本教程，旨在为新教师提供系统化与个性化兼具的学习指引，帮助他们尽快适应高校教育教学环境，掌握基本的教育教学方法与技能。本书分为 3 篇，共 11 章，涵盖了高校教师岗前培训的各个方面。从教师教育教学的基本理论到教学实践，从课堂模拟到教学反思，每一章节都紧密结合新教师的实际需求，力求提供最直接、最有效的学习帮助，融合科学性、实用性和针对性。为进一步培养新教师的创新意识和实践能力，教程还加入了案例和练习题，通过案例分析和演练思考，新教师可以更加直观地感受到教育教学的魅力与挑战，从而激发他们的工作热情和创新能力。此外，在国家实施高等教育数字化转型战略行动背景下，教师信息素养的提升成为教师发展提质增效的重要环节，本书结合当前教育教学改革的最新动态和趋势，为教师提供了生成式人工智能等现代信息技术与教育教学深度融合的教学方法与实践演练，强调了创新性与前瞻性。通过学习本书，新教师不仅能深刻理解师德师风的内涵与要求，学习高等教育的基本理论和方法

---

①《习近平：高举中国特色社会主义伟大旗帜　为全面建设社会主义现代化国家而团结奋斗——在中国共产党第二十次全国代表大会上的报告》，https://www.gov.cn/xinwen/2022-10/25/content_5721685.htm[2024-07-09]。

论，掌握学校的办学原则和教育教学要求，还能了解到教育教学改革的新动态和新趋势，不断探索新的教育教学方法，提高现代信息技术支持下的教学创新能力。本书同时也是广东省本科高校教学质量与教学改革工程项目“新时代高校教师教学能力培训体系构建与探索”（310-GK22G321）、“本科国际组织人才培养的改革创新与实践——以广东外语外贸大学为例”（310-GK23G262）的成果之一，并得到了广东外语外贸大学本科数字教材（专项）项目的支持。

新时代呼唤新作为，新征程需要新担当。本书是对高校教师岗前培训的积极探索，它强化了新教师岗前培训的价值导向，丰富了岗前培训内容体系，对高校教师岗前培训工作具有借鉴意义。衷心希望本书能够成为广大新教师成长道路上的“良师益友”，为新教师提供有力的支持与帮助，从而在教育教学的道路上走得更加稳健、更加自信。同时，我们也期待新教师能够通过积极参与岗前培训，聚焦“培养什么人、怎样培养人、为谁培养人”这一核心问题，认真思考和回答“教育强国、教师何为”的时代课题，注重实践锻炼和反思总结，勤学善思、从严要求，修身立行、务求实效，为培养德智体美劳全面发展的社会主义建设者和接班人贡献自己的力量，为新时代的教育事业谱写更加辉煌的篇章！

目　　录

第一篇　新时代高校教师教育的基本要求

第二篇　新时代高校教师教学理论与技能

第三篇　新时代高校教师岗前培训校本内容

第一篇　新时代高校教师教育的基本要求

第一章　学习习近平总书记关于教育的重要论述

【内容结构图】

第一章内容结构如图 1-1 所示。

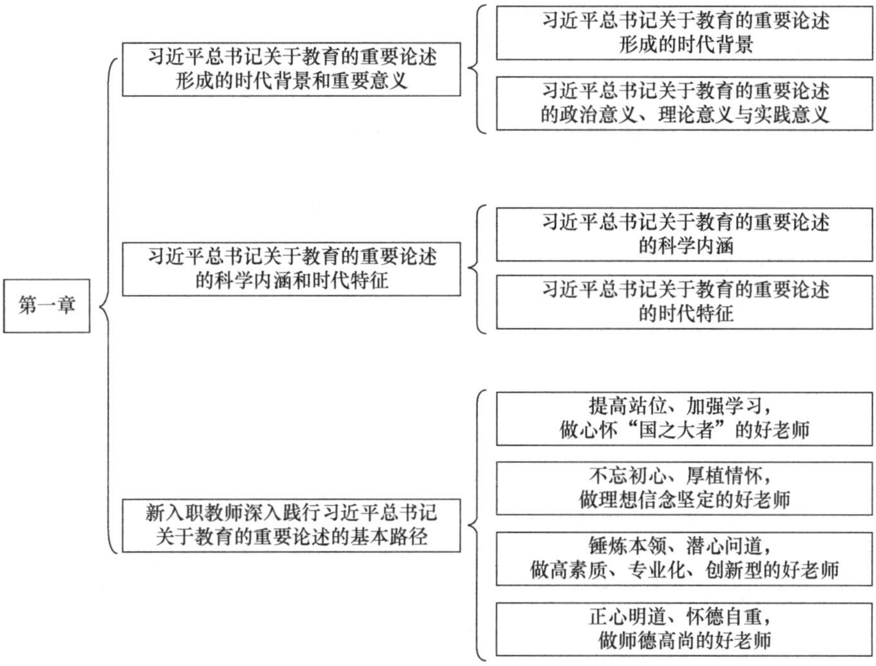

图 1-1　第一章内容结构

党的十八大以来，以习近平同志为核心的党中央高度重视教育事业，始终把教育事业摆在优先发展的战略地位。习近平总书记在治国理政中，对教育作出了一系列重要部署和重要决策，提出了一系列具有开创性的新理念、新思想、新观点，系统回答了我国教育领域各方面方向性、全局性、战略性重大问题，形成了习近平总书记关于教育的重要论述，标志着我们党对教育规律的认识达到了全新高度，推动我国教育事业取得历史性成就，为加快建设教育强国指明了前进方向、提供了根本遵循。

作为高校新入职教职员工，面对即将从事的教育事业，我们必须以习近平新时代中国特色社会主义思想为指导，深入学习贯彻习近平总书记关于教育的重要论述，深入了解习近平总书记关于教育的重要论述产生的时代背景，深刻领悟习近平总书记关于教育的重要论述的重要意义，系统学习习近平总书记关于教育的重要论述的科学内涵和时代特征。结合教师教育工作实际，我们要坚持用习近平总书记关于教育的重要论述指导实践、推动工作，坚定拥护“两个确立”、坚决做到“两个维护”，切实把学习成效转化为牢记“为党育人、为国育才”初心的高度自觉，转化为推动学校事业高质量发展的生动实践，努力在教育强国建设、以中国式现代化全面推进中华民族伟大复兴中贡献教育力量。

第一节　习近平总书记关于教育的重要论述形成的时代背景和重要意义

时代是思想之母，实践是理论之源。习近平总书记关于教育的重要论述，是习近平新时代中国特色社会主义思想的重要组成部分，具有重要的政治意义和实践意义。

一、习近平总书记关于教育的重要论述形成的时代背景

2012 年 11 月，党的十八大在北京召开。这是在我国进入全面建成小康社会的决定性阶段召开的一次十分重要的大会。2017 年 10 月 18 日，习近平总书记在党的十九大报告中作出重大判断“经过长期努力，中国特色社会主义进入了新时代，这是我国发展新的历史方位”①。

【背景知识】

百年未有之大变局

习近平总书记在国内外不同场合的发言中多次提及“百年未有之大变局”。2017 年 12 月 28 日，习近平总书记接见回国参加 2017 年度驻外使节工作会议的全体使节时提出：“放眼世界，我们面对的是百年未有之大变局。”②2022 年，习近平在党的二十大报告中指出：“当前，世界百年未有之大变局加速演进，新一轮科技革命和产业变革深入发展，国际力量对比深刻调整，我国发展面临新的战略机遇。”③2023 年，习近平在二十届中央政治局第六次集体学习时强调：“当今世界正在经历百年未有之大变局，处在民族复兴关键时期的当代中国正在经历着有史以来最为广泛而深刻的社会变革，正在推进中国式现代化这一人类历史上非常宏大而独特的实践创新。”④

---

① 《习近平：决胜全面建成小康社会 夺取新时代中国特色社会主义伟大胜利——在中国共产党第十九次全国代表大会上的报告》，https://www.gov.cn/zhuanti/2017-10/27/content_5234876.htm[2024-06-24]。

②《习近平接见 2017 年度驻外使节工作会议与会使节并发表重要讲话》，https://www.gov.cn/xinwen/2017-12/28/content_5251251.htm[2024-06-24]。

③ 《习近平：高举中国特色社会主义伟大旗帜 为全面建设社会主义现代化国家而团结奋斗——在中国共产党第二十次全国代表大会上的报告》，https://www.gov.cn/xinwen/2022-10/25/content_5721685.htm[2024-06-24]。

④ 《习近平：开辟马克思主义中国化时代化新境界》，https://www.gov.cn/yaowen/liebiao/202310/content_6909263.htm[2024-06-24]。

"这个新时代，是承前启后、继往开来、在新的历史条件下继续夺取中国特色社会主义伟大胜利的时代，是决胜全面建成小康社会、进而全面建设社会主义现代化强国的时代，是全国各族人民团结奋斗、不断创造美好生活、逐步实现全体人民共同富裕的时代，是全体中华儿女勠力同心、奋力实现中华民族伟大复兴中国梦的时代，是我国日益走近世界舞台中央、不断为人类作出更大贡献的时代。"①新时代的新，主要体现在以下几个方面。②

一是新在我国社会主要矛盾发生新变化。社会主要矛盾状况及其变化是社会发展阶段性划分的重要依据。在新中国成立特别是改革开放以来取得重大成就的基础上，我国发展站到了新的历史起点上，社会主要矛盾已由人民日益增长的物质文化需要同落后的社会生产之间的矛盾，转化为人民日益增长的美好生活需要和不平衡不充分的发展之间的矛盾。我国社会主要矛盾的变化是关系全局的历史性变化，反映了新时代我国发展的实际状况，指明了解决发展主要问题的根本着力点，对我国发展全局产生广泛而深刻的影响。这就要求我们在继续推动发展的基础上，着力解决好发展不平衡不充分问题，大力提升发展质量和效益，更好满足人民各方面日益增长的美好生活需要，更好推动人的全面发展、社会全面进步。

二是新在党的理论创新实现新飞跃。中国共产党是一贯重视理论指导和勇于进行理论创新的马克思主义政党，在领导中国革命、建设、改革的实践中，不断推进马克思主义中国化，先后形成了毛泽东思想、邓小平理论、"三个代表"重要思想、科学发展观等重大理论创新成果，实现了两次历史性飞跃。伟大时代呼唤伟大理论，伟大时代孕育伟大理论。党的十八大以来，以习近平同志为核心的党中央坚持把马克思主义基本原理同中国具体实际相结合、同中华优秀传统文化相结合，从理论和实践结合上系统回答了新时代坚持和发展什么样的中国特色社会主义、怎样坚持和发展中国特色社会主义的时代课题，创立了习近平新时代中国特色社会主义思想。这一思想谱写了党的理论创新的新篇章，实现了马克思主义中国化的新飞跃，指导党和国家事业取得全方位、开创性历史成就，发生深层次、根本性历史变革，开创了中国特色社会主义新时代。

三是新在党和国家事业确立新目标。我们党在领导革命、建设、改革各个历史时期，总是与时俱进提出新的奋斗目标，引领党和国家事业不断迈上新台阶。党的十八大，发出了向"两个一百年"奋斗目标进军的时代号召。党的十九大综合分析国际国内形势和我国发展条件，既对决胜全面建成小康社会、实现第一个百年奋斗目标提出明确要求，又将实现第二个百年奋斗目标分为两个阶段安排：从 2020 年到 2035 年，在全面建成小康社会的基础上，再奋斗 15 年，基本实现社会主义现代化；从 2035 年到本世纪中叶，在基本实现现代化的基础上，再奋斗 15 年，把我国建成富强民主文明和谐美丽的社会主义现代化强国。党的十九大作出的新时代中国特色社会主义发展的战略安排，明确了实现"两个一百年"奋斗目标的时间表、路线图。按照这一战略安排，党的十九届五中全会对"十四五"时期我国经济社会发展作出系统谋划和战略部署，清晰展望了 2035 年基

① 《习近平：决胜全面建成小康社会 夺取新时代中国特色社会主义伟大胜利——在中国共产党第十九次全国代表大会上的报告》，https://www.gov.cn/zhuanti/2017-10/27/content_5234876.htm[2024-06-24]。

②《7.中国特色社会主义进入新时代，新在哪里？》，https://www.xuexi.cn/lgpage/detail/index.html?id=877819549687536381 0&item_id=87819549687536381 0[2024-06-24]。

本实现社会主义现代化的远景目标。这一宏伟蓝图鼓舞人心、切实可行，必将指引中国特色社会主义走向更加光明的未来。

四是新在中国和世界关系开创新局面。当今世界正经历百年未有之大变局，我国日益走近世界舞台中央。中国与世界的关系发生深刻变化，当代中国已不再是国际秩序的被动接受者，而是积极的参与者、建设者、引领者。党的十八大以来，我们更加自信地敞开胸怀、拥抱世界，把开放的大门越开越大，在与世界深度交融中不断发展壮大，国际影响力、感召力、塑造力进一步提高。从提出构建人类命运共同体理念到共建“一带一路”倡议，从APEC（Asia Pacific Economic Cooperation，亚太经济合作组织）北京会议到G20（Group of 20，二十国集团）杭州峰会，从发起创立亚洲基础设施投资银行到举办中国国际进口博览会……全方位、多层次、宽领域的对外开放新格局徐徐展开，中国在世界舞台上发挥着前所未有的重要作用。在同国际社会的互动中，中国坚定发出反对保护主义、支持经济全球化，反对单边主义、维护国际正义的最强音，是世界变局中的稳定器、正能量。

五是新在中国共产党展现新面貌。百年征途展新篇，百年大党焕新颜。党的十八大以来，我们全面加强党对一切工作的领导，坚决维护习近平总书记党中央的核心、全党的核心地位，坚决维护党中央权威和集中统一领导，全面增强党的领导水平和执政能力，推动党的执政方式和执政方略实现重大创新，为党和国家各项事业发展提供了根本保证。我们推进全面从严治党，勇于进行自我革命，以排山倒海之势正风肃纪，以雷霆万钧之力反腐惩恶，直击积弊、扶正祛邪，新时代党的建设新的伟大工程呈现出崭新局面。党的领导和党的建设取得了历史性、开创性成就，党的面貌焕然一新。

当前，世界百年未有之大变局加速演进，世界进入新的动荡变革期，我国发展进入战略机遇和风险挑战并存、不确定难预料因素增多的时期。[①]纵观我国新时代视野下的世界大局，主要呈现出以下特征：一是国际格局正在发生深刻调整。世界之变、时代之变、历史之变以前所未有的方式展开，新一轮科技革命和产业变革深入发展，国际力量对比深刻调整，“和平、发展、合作共赢的历史潮流不可阻挡，‘东升西降’的发展趋势日益显著”（中共中央宣传部，2023）。一方面，“一带一路”倡议稳步推进，构建人类命运共同体成为国际社会共识，中国日益走近世界舞台中央，在世界格局中发挥越来越重要的作用。另一方面，“世界经济复苏乏力，逆全球化思潮抬头，单边主义、保护主义明显上升，世纪疫情影响深远，局部冲突和动荡频发，全球性问题加剧，世界进入新的动荡变革期”（中共中央宣传部，2023）。二是科技革命呼啸而至。党的十八大以来，以习近平同志为核心的党中央坚持把创新摆在国家发展全局的突出位置，全面谋划科技创新工作，重大创新成果竞相涌现，一些前沿领域开始进入并跑、领跑阶段，科技实力正在从量的积累迈向质的飞跃，从点的突破迈向系统能力提升。当前，全球科技创新进入空前密集活跃的时期，围绕科技制高点的竞争空前激烈（中共中央宣传部，2023）。以AI（artificial intelligence，人工智能）、大数据、物联网、云计算等为核心的新一轮

---

① 《中国共产党第二十届中央委员会第二次全体会议公报》，https://www.gov.cn/xinwen/2023-02/28/content_5743717.htm[2024-06-24]。

科技革命和产业革命进入拓展期，已成为重塑全球竞争格局的主要力量，将对教育领域产生前所未有的影响。2022 年底，ChatGPT（英文全称为 Chat Generative Pre-trained Transformer）的横空出世引发了全球热议，其强大的信息整合能力、自然语言处理能力令人惊叹。2024 年，科技创新、绿色经济和可持续发展，以及数字化转型等增长点，不仅为世界经济带来了更广阔的发展空间，也提供了更加可持续的增长路径。2024 年 2 月，OpenAI 公司发布了文生视频模型 Sora，展示了 Sora 利用少量简短文字提示即可创建逼真视频的能力，引发了全球热议，再次推动了 AI 技术发展。

【典型案例】

华为公司被制裁事件①

从 2018 年开始，美国政府对华为的打压骤然升级，各种政策不断出台。剔除设备、禁止投资、直接断供等各种手段轮番上演，直接变“不让华为卖进来”为“不让华为造出来”。2018 年 5 月，美国国防部禁止在美国军事基地销售华为和中兴手机。2018 年 8 月 23 日，澳大利亚禁止华为参与 5G 网络建设。2018 年 12 月 1 日，孟晚舟在加拿大温哥华被捕，美国向加拿大要求引渡。2019 年 2 月，美国政府敦促欧洲国家不要购买华为的 5G 设备，美国国务卿蓬佩奥说使用华为技术的国家对美国构成了风险。2020 年 2 月 13 日，美国司法部指控华为进行敲诈勒索，盗窃商业秘密。2020 年 6 月 30 日，美国联邦通信委员会（Federal Communications Commission，FCC）发布官方声明，正式将华为和中兴列为所谓“构成国家安全威胁”的企业，禁止美国电信运营商利用政府补贴基金采购华为和中兴的任何设备。2020 年 8 月 17 日，美国商务部产业和安全局（Bureau of Industry and Security，BIS）发布了对华为的修订版禁令，这次禁令进一步限制华为使用美国技术和软件生产的产品，并在实体列表中增加 38 个华为子公司。2021 年 3 月，美国联邦通信委员会根据《2019 年安全和可信通信网络法案》宣布将华为、中兴、海能达、海康威视和浙江大华 5 家企业列入“黑名单”。2021 年 9 月 25 日，被加拿大非法拘押了近三年的孟晚舟回到了中国。2022 年 8 月，拜登政府签署了投资 2800 亿美元的《芯片与科学法案》，强调针对中国的华为类公司单向限制。2021 年 10 月，美国的制裁再度加码，要求对华为半导体进行新的制裁。美国半导体厂商要向华为出售芯片，需要获得授权，包括 16/14nm 及以内的逻辑制程芯片、128 层以上的 NAND 闪存芯片、18nm 半间距或更小的 DRAM（dynamic random access memory，动态随机存储器）内存芯片。不仅限芯片，还限相关的制造设备。2020 年 11 月，美国向其他国家施压，要求不要使用中国华为设备。2023 年 1 月，拜登团队宣称将对华为实施第五次限制措施，考虑停止向华为出口大部分产品和技术的许可证，包括 4G、WiFi6 和 WiFi7、AI 以及高性能计算和云项目。2023 年 8 月 27～30 日，美国商务部部长雷蒙多访华，以让华为放弃高端芯片研发与制造为条件进行谈判。雷蒙多表示，如果华为继续投入高科技研发，或将受到更严厉的惩罚。同日，华为推出了其最新一款 Mate 60 Pro 手机，采用麒麟 9000s 芯片，鸿蒙系统全球用户超过 7 亿人。

① 美国对华为打压时间线：从百般阻挠到直接动手. https://www.sohu.com/a/418566914_116237[2020-09-15]。

二、习近平总书记关于教育的重要论述的政治意义、理论意义与实践意义

习近平总书记关于教育的重要论述，站在历史和全局的高度，立足于现实需要，科学总结了我国社会主义教育事业发展的历史经验，深刻阐明了教育的根本方向、根本任务和根本保证，标志着我们党对教育规律的认识达到了新的高度，开辟了马克思主义教育理论和实践发展的新阶段、新境界和新格局，是马克思主义基本原理同中国教育实际相结合的最新成果，谱写了马克思主义教育思想新的时代篇章，为加快建设教育强国指明了方向，具有重要的政治意义、理论意义与实践意义。

习近平总书记关于教育的重要论述指明了我国教育发展的方向和道路，具有重要政治意义。习近平总书记强调，“我国是中国共产党领导的社会主义国家，这就决定了我们的教育必须把培养社会主义建设者和接班人作为根本任务”①。习近平总书记提出的“四个服务”，即为人民服务，为中国共产党治国理政服务，为巩固和发展中国特色社会主义制度服务，为改革开放和社会主义现代化建设服务②，以及“九个坚持”，即坚持党对教育事业的全面领导，坚持把立德树人作为根本任务，坚持优先发展教育事业，坚持社会主义办学方向，坚持扎根中国大地办教育，坚持以人民为中心发展教育，坚持深化教育改革创新，坚持把服务中华民族伟大复兴作为教育的重要使命，坚持把教师队伍建设作为基础工作③，这是教育工作必须遵循的基本原则和方向目标。

习近平总书记关于教育的重要论述是习近平新时代中国特色社会主义思想的重要组成部分，具有重要理论意义。习近平总书记关于教育的重要论述是马克思主义基本原理同中国教育实际相结合的最新成果，是闪耀着思想光辉的当代中国的马克思主义教育思想，开辟了马克思主义教育思想中国化时代化的新境界。习近平总书记关于教育的重要论述既坚持了马克思主义关于教育的基本原理、基本理论，又继承和创新发展了党在不断实践中产生的教育理论成果，以一系列具有鲜明新时代特点的新思想、新论断、新观点，持续丰富和发展了马克思主义教育思想；既继往开来，坚持了社会主义教育基本原则，又融通中外，借鉴了世界教育发展的最新成果；既根植于中华民族千年以来尊师重教的优良传统，又体现了中国特色社会主义进入新时代的显著特征，为加快推进教育现代化、建设教育强国提供了强大思想武器和行动指南。习近平总书记关于教育的重要论述提升了党对教育规律认识的新高度。当前国际格局正发生深刻调整，百年未有之大变局正加速演进，我们时刻处在“变化”之中。AI、大数据、数字化信息化变革对教育领域影响巨大，持续重塑着教育的新业态。以不变应对教育领域时刻发生的变化，要牢牢抓住教育领域在新时代中发展的规律，关键就是我们要深入学习习近平总书记关于教育的重要论述，其创造性地回答了新时代“培养什么人、怎样培养人、为谁培养人”“强

---

①《教育工作的根本任务》，http://theory.people.com.cn/gb/n1/2018/1112/c40531-30394438.html[2024-06-24]。

②《全国高校思想政治工作会议 12 月 7 日至 8 日在北京召开》，https://www.gov.cn/xinwen/2016-12/08/content_5145253.htm#1[2024-06-25]。

③《习近平出席全国教育大会并发表重要讲话》，https://www.gov.cn/xinwen/2018-09/10/content_5320835.htm?tdsourcetag=s_pcqq_aiomsg[2024-06-24]。

国建设、教育何为”等关键核心问题，阐明了新时代中国教育的前进方向等根本性问题，是对我们党领导教育事业丰富实践经验的深刻总结，把党对中国特色社会主义教育事业发展规律的认识提升到了新高度。

习近平总书记关于教育的重要论述对于教育强国建设具有重要实践意义。教育是人类社会的重要活动，承担着传承每代人的生产经验和社会实践经验的责任，为当代高速发展的人类社会和面向未来培养人才的关键任务。在我国，教育是党之大计、国之大计。2023 年 5 月，习近平总书记在主持中共中央政治局第五次集体学习时强调：建设教育强国，是全面建成社会主义现代化强国的战略先导，是实现高水平科技自立自强的重要支撑，是促进全体人民共同富裕的有效途径，是以中国式现代化全面推进中华民族伟大复兴的基础工程①。这是继 2018 年在全国教育大会上的重要讲话之后，对教育工作的又一次具有极强政治性、思想性、战略性、理论性和实践性的重要讲话，是对党的二十大报告中有关教育内容的全面、系统和深入的阐述，为建设教育强国提供了有力支撑，开启了我国由教育大国迈向教育强国的新征程。

习近平总书记高瞻远瞩、运筹帷幄，站在人类社会发展规律的高度，对教育发展的规律、教育的地位、教师学生工作，以及基础教育、高等教育、职业教育、教育信息化等方方面面进行了高度概括。这些论述具有极强的实践性，是指导我国教育领域各方面发展的根本指南。习近平总书记在致清华大学苏世民学者项目的贺信中指出“教育决定着人类的今天，也决定着人类的未来”②，精辟概括了教育在人类社会发展中的重要规律和重大意义。

习近平总书记始终把教育摆在优先发展的战略地位。他在 2013 年 9 月在联合国“教育第一”全球倡议行动一周年纪念活动上发表视频贺词时指出，中国将坚定实施科教兴国战略，始终把教育摆在优先发展的战略位置③。习近平总书记继承和发展了党的十六大确立的科教兴国战略，强调教育在实现“两个一百年”奋斗目标和以中国式现代化全面推进中华民族伟大复兴中的重要地位和作用。2018 年全国教育大会上，习近平总书记对“强国建设、教育何为”作出了深刻阐释。习近平总书记强调，教育是国之大计、党之大计④。2022 年，习近平总书记在党的二十大报告中强调，教育、科技、人才是全面建设社会主义现代化国家的基础性、战略性支撑⑤，并对教育、科技、人才进行了整体部署。这是首次把教育、科技、人才工作单独成章、一体部署，是党的二十大报告的一大亮点。

---

①《习近平主持中央政治局第五次集体学习并发表重要讲话》，https://www.gov.cn/yaowen/liebiao/202305/content_6883632.htm?eqid=c1f64ea500001c3300000004647b32aa[2024-06-24]。

②《清华苏世民学者项目启动 习近平致信 刘延东出席》，https://www.gov.cn/guowuyuan/2013-04/21/content_2589678.htm[2024-06-24]。

③《习近平主席在联合国“教育第一”全球倡议行动一周年纪念活动上发表视频贺词》，https://news.12371.cn/2013/09/27/ARTI1380226255890836.shtml[2024-06-24]。

④《习近平出席全国教育大会并发表重要讲话》，https://www.gov.cn/xinwen/2018-09/10/content_5320835.htm?tdsourcetag=s_pcqq_aiomsg[2024-06-24]。

⑤《习近平：高举中国特色社会主义伟大旗帜 为全面建设社会主义现代化国家而团结奋斗——在中国共产党第二十次全国代表大会上的报告》，https://www.gov.cn/xinwen/2022-10/25/content_5721685.htm[2024-06-24]。

这既反映了我们党对现代化强国建设的规律性认识的不断深化，也充分体现了社会主义现代化强国建设对加快建设教育强国、科技强国、人才强国，以提升综合国力和竞争优势的新要求。教育、科技、人才三者目标高度统一、同频共振、一体贯通，共同为社会主义现代化强国建设服务。

习近平总书记对教师队伍建设、人才培养等方面多次作出重要指示批示。在 2014 年 9 月 9 日同北京师范大学师生代表座谈时的讲话中指出，“各级党委和政府要从战略高度来认识教师工作的极端重要性，把加强教师队伍建设作为基础工作来抓”“做好老师，要有仁爱之心”“老师责任心有多大，人生舞台就有多大”①。2016 年 12 月在全国高校思想政治工作会议上指出，思想政治工作从根本上说是做人的工作，必须围绕学生、关照学生、服务学生，不断提高学生思想水平、政治觉悟、道德品质、文化素养，让学生成为德才兼备、全面发展的人才②。习近平总书记 2023 年 5 月 31 日在北京育英学校考察时强调，教育的根本任务是立德树人，培养德智体美劳全面发展的社会主义建设者和接班人③。

建设教育强国，基点在基础教育，习近平总书记十分关心关注我国基础教育的发展。他在北京市八一学校考察时指出，基础教育在国民教育体系中处于基础性、先导性地位。素质教育是教育的核心。基础教育是提高民族素质的奠基工程，要遵循青少年成长特点和规律，扎实做好基础的文章。基础教育要树立强烈的人才观，大力推进素质教育，鼓励学校办出特色，鼓励教师教出风格。④高等教育发展水平是一个国家发展水平和发展潜力的重要标志。世界各国都把办好大学、培养人才作为实现国家发展、增强综合国力的战略举措。习近平总书记高屋建瓴地指出：建设教育强国，龙头是高等教育⑤。这一论断突显了高等教育在我国新时代教育体系中的重要地位。习近平总书记在 2016 年 12 月的全国高校思想政治工作会议上的讲话中强调，我国有独特的历史、独特的文化、独特的国情，决定了我国必须走自己的高等教育发展道路，扎实办好中国特色社会主义高校。我国高等教育发展方向要同我国发展的现实目标和未来方向紧密联系在一起，为人民服务，为中国共产党治国理政服务，为巩固和发展中国特色社会主义制度服务，为改革开放和社会主义现代化建设服务②。“四个服务”是相互联系、内在统一的有机整体，是我国高等教育必须长期坚持的基本原则。对于要如何培养人、培养什么样的高素质人才，习近平总书记指出，我国高等教育肩负着培养德智体美全面发展的社会主义事业建设者和接班人的重大任务，必须坚持正确政治方向。办好我们的高校，必须坚持以马克思主

---

① 《习近平：做党和人民满意的好老师——同北京师范大学师生代表座谈时的讲话》，https://www.gov.cn/xinwen/2014-09/10/content_2747765.htm[2024-06-25]。

②《全国高校思想政治工作会议 12 月 7 日至 8 日在北京召开》，https://www.gov.cn/xinwen/2016-12/08/content_5145253.htm#1[2024-06-24]。

③ 《习近平在北京育英学校考察》，https://www.gov.cn/yaowen/liebiao/202305/content_6884003.htm[2024-06-25]。

④《习近平在北京市八一学校考察时强调 全面贯彻落实党的教育方针 努力把我国基础教育越办越好》，https://www.gov.cn/xinwen/2016-09/09/content_5107047.htm[2024-06-24]。

⑤《习近平主持中央政治局第五次集体学习并发表重要讲话》，https://www.gov.cn/yaowen/liebiao/202305/content_6883632.htm?eqid=c1f64ea500001c3300000004647b32aa[2024-06-24]。

义为指导，全面贯彻党的教育方针[①]。习近平总书记还对职业教育、家庭教育、教育对外开放、教育信息化等作出了重要指示。他指出，职业教育是国民教育体系和人力资源开发的重要组成部分，是广大青年打开通往成功成才大门的重要途径，肩负着培养多样化人才、传承技术技能、促进就业创业的重要职责，必须高度重视、加快发展[②]。家庭是教育的重要场所，“家庭是人生的第一所学校，家长是孩子的第一任老师，要给孩子讲好‘人生第一课’，帮助扣好人生第一粒扣子”[③]。推进教育对外开放要以改革为重要动力，“要扩大教育对外开放，优化教育开放全球布局，加强国际科技交流合作，提升层次和水平。同时，要守住安全底线，确保正确政治方向”[④]。

第二节 习近平总书记关于教育的重要论述的科学内涵和时代特征

习近平总书记在 2018 年全国教育大会上提出的“九个坚持”重要论述，即坚持党对教育事业的全面领导，坚持把立德树人作为根本任务，坚持优先发展教育事业，坚持社会主义办学方向，坚持扎根中国大地办教育，坚持以人民为中心发展教育，坚持深化教育改革创新，坚持把服务中华民族伟大复兴作为教育的重要使命，坚持把教师队伍建设作为基础工作[③]，是加快推进教育现代化、建设教育强国、办好人民满意的教育的根本遵循，是习近平总书记关于教育的重要论述的科学内涵。我们深入学习习近平总书记关于教育的重要论述，要着重把习近平总书记在全国教育大会上讲话的重要精神，以及习近平总书记历年来对教育领域的重要讲话、指示批示精神学深悟透，在新时代教师岗位上，努力回答好“强国建设、教育何为”的时代问卷。

一、习近平总书记关于教育的重要论述的科学内涵

习近平总书记关于教育的重要论述，站在了历史与未来、中国与世界、家庭社会与学校、教育与人的成长等角度，面向以中国式现代化实现中华民族伟大复兴的新征程，立足我国国情等现实，深刻指出了教育的根本作用、根本目标、根本任务、根本保证等教育本质特征，回答了“培养什么人、怎样培养人、为谁培养人”这一根本性问题，“办什么教育、怎样办教育、为谁办教育”这一方向性问题，“培养什么教师、怎样培养教

① 《全国高校思想政治工作会议 12 月 7 日至 8 日在北京召开》，https://www.gov.cn/xinwen/2016-12/08/content_5145253.htm#1[2024-06-24]。

② 《全国职业教育工作会议在京召开 习近平作指示 李克强讲话》，https://www.gov.cn/guowuyuan/2014-06/23/content_2707467.htm[2024-06-24]。

③ 《习近平出席全国教育大会并发表重要讲话》，https://www.gov.cn/xinwen/2018-09/10/content_5320835.htm[2024-06-24]。

④ 《习近平：在教育文化卫生体育领域专家代表座谈会上的讲话》，https://www.gov.cn/xinwen/2020-09/22/content_5546157.htm[2024-06-24]。

师”这一关键性问题，为新时代我国教育改革发展提供了根本遵循。

（一）坚持党对教育事业的全面领导

中国共产党是新时代中国特色社会主义事业的领导核心，处在总揽全局、协调各方的地位。《中国共产党章程》明确指出中国共产党是中国特色社会主义事业的领导核心[①]。党的十八大以来，我国教育事业发展之所以取得显著成就，最根本的就是，在以习近平同志为核心的党中央坚强领导下，党对教育事业的全面领导得到有力贯彻，党对教育工作的领导得到全面加强。当前，要建设教育强国，必须以习近平新时代中国特色社会主义思想为指导，全面贯彻党的教育方针，坚持马克思主义指导地位，坚持社会主义办学方向，以立德树人为根本，把党对教育事业的全面领导贯彻好、落实好。

要坚持把教育放在优先发展的战略地位。党的二十大报告提出：“教育是国之大计、党之大计。培养什么人、怎样培养人、为谁培养人是教育的根本问题。育人的根本在于立德。全面贯彻党的教育方针，落实立德树人根本任务，培养德智体美劳全面发展的社会主义建设者和接班人。”[②]“‘两个一百年’奋斗目标的实现、中华民族伟大复兴中国梦的实现，归根到底靠人才、靠教育”[③]“教育强则国家强”[④]，习近平总书记的这些重要论断，回答了既然党是领导一切的，那么教育应当在其中发挥着怎样的作用的问题。建设教育强国是中华民族伟大复兴的基础工程。要坚持以人民为中心发展教育，主动超前布局、有力应对变局、奋力开拓新局，加快推进教育现代化，以教育之力厚植人民幸福之本，以教育之强夯实国家富强之基，为全面推进中华民族伟大复兴提供有力支撑。2017 年 7 月，习近平总书记在省部级主要领导干部“学习习近平总书记重要讲话精神，迎接党的十九大”专题研讨班开班式上的重要讲话中，深刻分析了我国社会生产力水平明显提高后，人民群众需要呈现的多样化多层次多方面的特点，并把满足人民对“更好的教育”的期盼，同满足他们对“更稳定的工作、更满意的收入、更可靠的社会保障、更高水平的医疗卫生服务、更舒适的居住条件、更优美的环境、更丰富的精神文化生活”[⑤]的期盼一道，作为全党必须努力实现的工作目标。这是以习近平同志为核心的党中央在党的十八大以后加强党对教育工作领导的根本出发点和落脚点。

要全面贯彻党的教育方针。我们的学校是党领导下的学校，是中国特色社会主义学

---

① 《中国共产党章程》，http://dangjian.people.com.cn/n1/2022/1027/c117092-32552870.html[2024-06-24]。

② 《习近平：高举中国特色社会主义伟大旗帜 为全面建设社会主义现代化国家而团结奋斗——在中国共产党第二十次全国代表大会上的报告》，https://www.gov.cn/xinwen/2022-10/25/content_5721685.htm[2024-06-24]。

③《习近平：做党和人民满意的好老师——同北京师范大学师生代表座谈时的讲话》，https://www.gov.cn/xinwen/2014-09/10/content_2747765.htm[2024-06-24]。

④《全国高校思想政治工作会议 12 月 7 日至 8 日在北京召开》，https://www.gov.cn/xinwen/2016-12/08/content_5145253.htm#1[2024-06-24]。

⑤ 《习近平在省部级主要领导干部“学习习近平总书记重要讲话精神，迎接党的十九大”专题研讨班开班式上发表重要讲话》，https://www.gov.cn/xinwen/2017-07/27/content_5213859.htm[2024-06-24]。

校。办好我们的学校，必须加强党对教育的领导，坚持以马克思主义为指导，全面贯彻党的教育方针。最重要的就是在事关办学方向的问题上站稳立场。一所学校犹如一艘航船，旗帜鲜明地坚持社会主义办学方向，就是找准了航向。习近平总书记指出，“办好我国高等教育，必须坚持党的领导，牢牢掌握党对高校工作的领导权，使高校成为坚持党的领导的坚强阵地。党委要保证高校正确办学方向，掌握高校思想政治工作主导权，保证高校始终成为培养社会主义事业建设者和接班人的坚强阵地”①。建设教育强国，根本目标就是“为党育人、为国育才”②。这告诉我们，各级各类高校是重要的教育阵地，要强化对学生的思想引领，就必须牢牢把握党对高校工作的领导权，我们要守好课堂、论坛、讲座、报告会、研讨会等阵地，严防敌对势力渗透，确保高校安全稳定。

要抓住教育培养什么人的根本问题。习近平总书记指出，培养什么人、怎样培养人、为谁培养人是教育的根本问题，也是建设教育强国的核心课题。我们建设教育强国的目的，就是培养一代又一代德智体美劳全面发展的社会主义建设者和接班人，培养一代又一代在社会主义现代化建设中可堪大用、能担重任的栋梁之才，确保党的事业和社会主义现代化强国建设后继有人②。为了培养出在社会主义现代化建设中可堪大用、能担重任的栋梁之才，他进一步指出，要坚持不懈用新时代中国特色社会主义思想铸魂育人，着力加强社会主义核心价值观教育，引导学生树立坚定的理想信念，永远听党话、跟党走，矢志奉献国家和人民②。

（二）坚持把立德树人作为根本任务

习近平总书记在党的二十大报告中强调：“全面贯彻党的教育方针，落实立德树人根本任务，培养德智体美劳全面发展的社会主义建设者和接班人。”③习近平总书记着眼新时代中国特色社会主义教育的全局，明确“立德树人”是当前教育的根本任务。

立德树人是办好人民满意教育的根本要求。全心全意为人民服务，是中国共产党的根本宗旨。党的十八大以来，以习近平同志为核心的党中央，更加重视贯彻以人民为中心的发展思想。2012 年 11 月 15 日，在当选中共中央总书记后首次与中外媒体的见面会上，习近平总书记表达了他对人民的感情——人民对美好生活的向往，就是我们的奋斗目标④。在党的二十大报告中，习近平总书记强调，“办好人民满意的教育”“育

① 《全国高校思想政治工作会议 12 月 7 日至 8 日在北京召开》, https://www.gov.cn/xinwen/2016-12/08/content_5145253.htm#1[2024-06-24]。

② 《习近平主持中央政治局第五次集体学习并发表重要讲话》，https://www.gov.cn/yaowen/liebiao/202305/content_6883632.htm?eqid=c1f64ea500001c3300000004647b32aa[2024-06-24]。

③ 《习近平：高举中国特色社会主义伟大旗帜 为全面建设社会主义现代化国家而团结奋斗——在中国共产党第二十次全国代表大会上的报告》，https://www.gov.cn/xinwen/2022-10/25/content_5721685.htm[2024-06-24]。

④ 《习近平等十八届中共中央政治局常委同中外记者见面》，https://www.gov.cn/ldhd/2012-11/15/content_2266858.htm[2024-06-24]。

人的根本在于立德”[①]，深刻体现了以人民为中心的发展理念。立德树人，既是人民满意教育的根本要求，也是人民满意教育的根本标准，进一步回答了“为谁培养人”的重大问题。

立德树人是人才成长的根本规律。人无德不立，国无德不兴。实现立德树人，需要强化青年的价值取向。2014 年 5 月 4 日，习近平总书记在北京大学考察时指出，青年的价值取向决定了未来整个社会的价值取向，而青年又处在价值观形成和确立的时期，抓好这一时期的价值观养成十分重要。这就像穿衣服扣扣子一样，如果第一粒扣子扣错了，剩余的扣子都会扣错。人生的扣子从一开始就要扣好。[②]这表明立德树人要从小抓起，尤其是在青年时期要着重强化价值引领。实现立德树人，要强调理想信念教育。志向是人生的航标。一个人要作出一番成就，就要有自己的志向。一个人可以有很多志向，但人生最重要的志向应该同祖国和人民联系在一起，这是人们各种具体志向的底盘，也是人生的脊梁。在 2018 年全国教育大会上，习近平总书记指出：“要在坚定理想信念上下功夫，教育引导学生树立共产主义远大理想和中国特色社会主义共同理想，增强学生的中国特色社会主义道路自信、理论自信、制度自信、文化自信，立志肩负起民族复兴的时代重任。”[③]在 2023 年二十届中央政治局第五次集体学习时，习近平总书记强调，要“引导学生树立坚定的理想信念，永远听党话、跟党走，矢志奉献国家和人民”[④]。实现立德树人，要加强社会主义核心价值观教育。党的二十大报告指出，“社会主义核心价值观是凝聚人心、汇聚民力的强大力量”“用社会主义核心价值观铸魂育人”[①]。我们要坚持不懈培育和弘扬社会主义核心价值观，引导广大师生做社会主义核心价值观的坚定信仰者、积极传播者、模范践行者。实现立德树人，要加强中华优秀传统文化教育。党的二十大报告指出，增强文化自信，围绕举旗帜、聚民心、育新人、兴文化、展形象建设社会主义文化强国[①]。习近平总书记强调，要加强宣传思想文化工作，“为全面建设社会主义现代化国家、全面推进中华民族伟大复兴提供坚强思想保证、强大精神力量、有利文化条件”[⑤]。实现立德树人，要加强劳动教育。劳动是人类的本质活动，劳动光荣、创造伟大是对人类文明进步规律的重要诠释。在全国教育大会上，习近平总书记指出，培养德智体美劳全面发展的社会主义建设者和接班人[③]，把“四育”提升为“五育”，彰显了劳动的价值，意义重大。要教育孩子们从小热爱劳动、热爱创造，通过劳动和创造播种希望、收获果实。

---

① 《习近平：高举中国特色社会主义伟大旗帜 为全面建设社会主义现代化国家而团结奋斗——在中国共产党第二十次全国代表大会上的报告》，https://www.gov.cn/xinwen/2022-10/25/content_5721685.htm[2024-06-24]。

② 《习近平在北京大学师生座谈会上的讲话（全文）》，https://www.gov.cn/xinwen/2014-05/05/content_2671258.htm[2024-06-24]。

③ 《习近平出席全国教育大会并发表重要讲话》，https://www.gov.cn/xinwen/2018-09/10/content_5320835.htm[2024-06-24]。

④ 《习近平主持中央政治局第五次集体学习并发表重要讲话》，https://www.gov.cn/yaowen/liebiao/202305/content_6883632.htm?eqid=c1f64ea500001c3300000004647b32aa[2024-06-24]。

⑤ 《习近平对宣传思想文化工作作出重要指示》，https://www.gov.cn/yaowen/liebiao/202310/content_6907766.htm[2024-06-24]。

（三）坚持优先发展教育事业

习近平总书记在党的二十大报告中强调："我们要坚持教育优先发展。"①习近平总书记优先发展教育的论断具有鲜明的时代特色和丰富的理论内涵，对于以中国式现代化推进中华民族伟大复兴、加快建设教育强国具有重要的指导作用和深远的现实意义。

优先发展教育事业是建设教育强国的必然要求。习近平总书记高屋建瓴地指出："当今世界，综合国力竞争日趋激烈，新一轮科技革命和产业变革正在孕育兴起，变革突破的能量正在不断积累。综合国力竞争说到底是人才竞争。人才资源作为经济社会发展第一资源的特征和作用更加明显，人才竞争已经成为综合国力竞争的核心。谁能培养和吸引更多优秀人才，谁就能在竞争中占据优势。"②习近平总书记同时指出了人才、科技和创新的关系，"要把服务高质量发展作为建设教育强国的重要任务，建设教育强国、科技强国、人才强国具有内在一致性和相互支撑性，要把三者有机结合起来、一体统筹推进，形成推动高质量发展的倍增效应"③。当前国家进入了高质量发展阶段，包括经济建设、政治建设、文化建设、社会建设、生态文明建设等，都离不开人才的培养，也就是离不开教育。知识就是力量，人才就是未来。因此要强国，必先强教育；要实现国家现代化，必须率先实现教育现代化；要建设教育强国，必须优先发展教育事业。

优先发展教育事业是立德树人的本质要求。习近平总书记在全国高校思想政治工作会议上指出，高等教育要"为人民服务，为中国共产党治国理政服务，为巩固和发展中国特色社会主义制度服务，为改革开放和社会主义现代化建设服务"④。强调教育的"四个服务"，是习近平总书记教育优先发展论断政治性的集中体现。从"四个服务"论断可以知道，教育事业要为党和国家的发展、民族的进步服务，培养的人才也必须是为社会主义建设服务的人才。我国教育事业的根本任务是立德树人，即培养德智体美劳全面发展的社会主义事业合格建设者和可靠接班人。这要求各级政府、学校、社会、家庭等各方面形成合力，持续加大教育投入，坚持优先发展教育事业。

优先发展教育事业是改善民生的必然选择。随着中国特色社会主义进入新时代，我国教育公平发展达到前所未有的新高度，教育发展的主要矛盾已经转化为人民日益增长的更公平更高质量的教育需求和教育发展不平衡不充分之间的矛盾。当前，教育是人民

① 《习近平：高举中国特色社会主义伟大旗帜　为全面建设社会主义现代化国家而团结奋斗——在中国共产党第二十次全国代表大会上的报告》，https://www.gov.cn/xinwen/2022-10/25/content_5721685.htm[2024-06-24]。

② 《习近平在欧美同学会成立100周年庆祝大会上的讲话》，https://www.gov.cn/ldhd/2013-10/21/content_2511441.htm[2024-06-24]。

③ 《习近平主持中央政治局第五次集体学习并发表重要讲话》，https://www.gov.cn/yaowen/liebiao/202305/content_6883632.htm?eqid=c1f64ea500001c3300000004647b32aa[2024-06-24]。

④ 《全国高校思想政治工作会议12月7日至8日在北京召开》，https://www.gov.cn/xinwen/2016-12/08/content_5145253.htm#1[2024-06-24]。

群众最关心、最直接、最现实的利益问题之一。为此，党的二十大报告提出，坚持以人民为中心发展教育，加快建设高质量教育体系，发展素质教育，促进教育公平。加快义务教育优质均衡发展和城乡一体化，优化区域教育资源配置，强化学前教育、特殊教育普惠发展，坚持高中阶段学校多样化发展，完善覆盖全学段学生资助体系。统筹职业教育、高等教育、继续教育协同创新，推进职普融通、产教融合、科教融汇，优化职业教育类型定位[①]。

（四）坚持社会主义办学方向

作为社会主义国家，我国的教育必须坚持社会主义办学方向，这是我们各级各类办学的根本。当前，办好中国本土特色、瞄准世界一流的现代教育，最重要的就是在事关办学方向的问题上站稳立场。习近平总书记在不同场合对此都有深刻阐述，“坚持社会主义办学方向，把我们的特色和优势有效转化为培养社会主义建设者和接班人的能力”[②]，“坚持中国特色社会主义教育发展道路，坚持社会主义办学方向”[③]，“坚持社会主义办学方向，落实立德树人的根本任务”[④]。习近平总书记近年来在给哈尔滨工业大学、清华大学等高校的贺信或在高校考察时也反复强调必须坚持社会主义办学方向。

培养德智体美劳全面发展的社会主义建设者和接班人是坚持社会主义办学方向的根本任务。当前，我国正为全面建设社会主义现代化国家而团结奋斗，急需一大批堪当大任的时代新人，扛起这个历史使命和责任。这个使命和责任，责无旁贷地落在了教育身上。培养什么人，历来都是教育事业思考的第一个，也是最重要的问题。在2018年全国教育大会上，习近平总书记强调，我国是中国共产党领导的社会主义国家，这就决定了我们的教育必须把培养社会主义建设者和接班人作为根本任务，培养一代又一代拥护中国共产党领导和我国社会主义制度、立志为中国特色社会主义奋斗终身的有用人才。这是教育工作的根本任务，也是教育现代化的方向目标。[⑤]在云南考察时，习近平总书记强调：“教育同国家前途命运紧密相连。我们教育的目的就是培养社会主义建设者和接班人。”[⑥]

---

① 《习近平：高举中国特色社会主义伟大旗帜 为全面建设社会主义现代化国家而团结奋斗——在中国共产党第二十次全国代表大会上的报告》，https://www.gov.cn/xinwen/2022-10/25/content_5721685.htm[2024-06-24]。

② 《习近平：在北京大学师生座谈会上的讲话》，https://www.gov.cn/xinwen/2018-05/03/content_5287561.htm[2024-06-24]。

③ 《习近平出席全国教育大会并发表重要讲话》，https://www.gov.cn/xinwen/2018-09/10/content_5320835.htm[2024-06-24]。

④ 《习近平主持召开学校思想政治理论课教师座谈会》，https://www.gov.cn/xinwen/2019-03/18/content_5374831.htm[2024-06-24]。

⑤ 《习近平出席全国教育大会并发表重要讲话》，https://www.gov.cn/xinwen/2018-09/10/content_5320835.htm[2024-06-24]。

⑥《习近平春节前夕赴云南看望慰问各族干部群众》，https://www.gov.cn/xinwen/2020-01/21/content_5471283.htm[2024-06-24]。

社会主义意识形态是坚持社会主义办学方向的根本特征。我们要牢牢把握学校对意识形态工作的领导权、管理权、话语权，坚持马克思主义指导地位不动摇，抓好马克思主义理论教育，强化思政课程和课程思政的重要作用，为学生成长成才夯实思想之基。要引导学生牢固树立共产主义远大理想和中国特色社会主义共同理想。要加强对学生的社会主义核心价值观引领，把弘扬社会主义核心价值观作为凝魂聚气、强基固本的基础工程，把社会主义核心价值观融入国民教育全方位全过程，引导广大师生做社会主义核心价值观的信仰人、传承者、实干家。习近平总书记强调要“着力赓续中华文脉、推动中华优秀传统文化创造性转化和创新性发展”①。我们要守正创新，革故鼎新，博采众长，坚持中国特色社会主义道路自信、理论自信、制度自信、文化自信。

（五）坚持扎根中国大地办教育

纵观世界，任何一个国家的教育发展由于历史条件、文化传统和具体国情不同，均有各自独特的内在逻辑和生成规律。习近平总书记在不同场合强调，要坚持扎根中国大地办教育。这一论断说明，办好中国特色社会主义教育必须牢牢扎根于中国大地，始终坚持一切从中国实际和中国国情出发，继承而不守旧，借鉴而不照搬，追赶而不追随。

坚持扎根中国大地办教育是马克思主义原理在中国大地的生动实践。马克思主义认为，任何事物的发展都是矛盾的普遍性与特殊性的辩证统一。从国家整体上看，教育发展规律有其普遍性，需要各个国家政府和教育管理者共同遵循。在遵循规律的同时，又要根据不同国家的国情，走出一条适合自身教育发展的道路。为建设教育强国贡献自己的力量是当前每一位教育者肩上的使命，教育工作者要用心钻研，学贯中西，为我国探索出一条符合自身高等教育规律和具有中国特色的教育发展之路。

坚持扎根中国大地办教育是立德树人根本任务的必然路径。社会制度不同，就决定着教育的根本目标不同。我国是中国共产党领导的社会主义国家，这就决定了我们的教育必须“培养一代又一代德智体美劳全面发展的社会主义建设者和接班人，培养一代又一代在社会主义现代化建设中可堪大用、能担重任的栋梁之才，确保党的事业和社会主义现代化强国建设后继有人”②。当前百年未有之大变局加速演进，世界各国的竞争日趋激烈。综合国力的竞争，归根结底就是人才的竞争。我们必须把牢社会主义办学方向，以立德树人为根本任务，坚持“四个服务”，坚定“四个自信”，按照“中国特色、世界水平”的要求，在中国特色社会主义的土壤上扎好根、深扎根，充分汲取五千年中华优秀文化的丰富营养，把中国特色社会主义的先进基因传承好、发扬好，真正办好具有中国特色的各级各类教育。

---

①《习近平对宣传思想文化工作作出重要指示》，https://www.gov.cn/yaowen/liebiao/202310/content_6907766.htm[2024-06-24]。

②《习近平主持中央政治局第五次集体学习并发表重要讲话》，https://www.gov.cn/yaowen/liebiao/202305/content_6883632.htm?eqid=c1f64ea500001c3300000004647b32aa[2024-06-24]。

坚持扎根中国大地办教育将为世界教育发展提供中国方案和中国智慧。党的二十大报告指出："中国共产党和中国人民为解决人类面临的共同问题提供更多更好的中国智慧、中国方案、中国力量，为人类和平与发展崇高事业作出新的更大的贡献！"① 我们的教育事业历经中华上下五千年的实践积淀和改革探索，在经过了吸收和借鉴后，以越来越显著的发展成果为世界所瞩目。2022 年我国教育经费投入首超 6 万亿元，比上年增长 5.97%②。我们正阔步向建设教育强国迈进。回顾教育发展走过的路，我们深刻认识到，中国国情的复杂性、地域发展的不平衡性、特有的历史文化背景、不同地区的发展程度不一致性都决定了必须坚持扎根中国大地办教育，把教育这篇论文扎实写在祖国大地上。

（六）坚持以人民为中心发展教育

坚持以人民为中心发展教育，办好人民满意的教育，既是以人民为中心的发展思想的重要体现，也是党执政为民的内在要求。在十八届中共中央政治局常委与中外记者见面会上，习近平总书记指出，"人民对美好生活的向往，就是我们的奋斗目标"③。此后，在不同场合，习近平总书记也多次详细阐述了"以人民为中心"的思想。习近平总书记在党的二十大报告中强调"坚持以人民为中心的发展思想"的重大原则，要"维护人民根本利益，增进民生福祉，不断实现发展为了人民、发展依靠人民、发展成果由人民共享，让现代化建设成果更多更公平惠及全体人民"①。党的二十大将教育作为全面建设社会主义现代化国家的基础性、战略性支撑进行系统谋划，极具战略意义和深远影响。当前，我国社会主要矛盾是人民日益增长的美好生活需要和不平衡不充分的发展之间的矛盾，而教育则是人民群众最关心的实事要事大事之一。好的教育是人民美好生活需要的首要内容，也是提高人民获得感的必由之路。

面对内外部环境的深刻变化，教育系统积极推动教育事业取得新进步、各项工作有了新成效、教育面貌发生新变化，奋力走好教育强国建设的历史新征程，为全面建设社会主义现代化国家、全面推进中华民族伟大复兴作出教育新的贡献。数据显示，2023 年，学前教育普及水平进一步提升，学前教育毛入园率 91.1%，提前完成"十四五"规划目标；义务教育办学条件进一步改善，九年义务教育巩固率 95.7%；高中阶段普及水平进一步提高，高中阶段毛入学率 91.8%；高等教育在学规模进一步扩大，高等教育毛入学率超过了 60%；特殊教育体系进一步完善，民办教育结构进一步优化等④。以人民为中

① 《习近平：高举中国特色社会主义伟大旗帜 为全面建设社会主义现代化国家而团结奋斗——在中国共产党第二十次全国代表大会上的报告》，https://www.gov.cn/xinwen/2022-10/25/content_5721685.htm[2024-06-24]。

②《教育部 国家统计局 财政部关于 2022 年全国教育经费执行情况统计公告》，https://www.gov.cn/zhengce/zhengceku/202312/content_6918276.htm[2024-06-24]。

③ 《习近平等十八届中共中央政治局常委同中外记者见面》，https://www.gov.cn/ldhd/2012-11/15/content_2266858.htm[2024-06-24]。

④《2023 年全国教育事业发展基本情况发布——教育部：全国共有各级各类学历教育在校生 2.91 亿人》，http://www.moe.gov.cn/fbh/live/2024/55831/mtbd/202403/t20240301_1117755.html[2024-06-24]。

心办好教育，正成为各级党委政府实实在在的民生实事，惠及千家万户。

坚持以人民为中心发展教育，要加快建设高质量教育体系。党的二十大报告指出，坚持以人民为中心发展教育，加快建设高质量教育体系，发展素质教育，促进教育公平。加快义务教育优质均衡发展和城乡一体化，优化区域教育资源配置，强化学前教育、特殊教育普惠发展，坚持高中阶段学校多样化发展，完善覆盖全学段学生资助体系。统筹职业教育、高等教育、继续教育协同创新，推进职普融通、产教融合、科教融汇，优化职业教育类型定位[①]。国家从顶层设计上对各级各类教育在下一阶段的发展路径作出了明确指引。

（七）坚持深化教育改革创新

习近平总书记在党的二十大报告中指出，深化教育领域综合改革[②]。在 2023 年中央政治局第五次集体学习时，习近平总书记对如何深化教育改革创新指明了前进方向："从教育大国到教育强国是一个系统性跃升和质变，必须以改革创新为动力。要坚持系统观念，统筹推进育人方式、办学模式、管理体制、保障机制改革，坚决破除一切制约教育高质量发展的思想观念束缚和体制机制弊端，全面提高教育治理体系和治理能力现代化水平。把促进教育公平融入深化教育领域综合改革的各方面各环节，缩小教育的城乡、区域、校际、群体差距，努力让每个孩子都能享有公平而有质量的教育，更好满足群众对'上好学'的需要。深化新时代教育评价改革，构建多元主体参与、符合中国实际、具有世界水平的教育评价体系。"[②]

改革是为了更好地发展，为了更好地解决人民关心的教育热点问题，这是当前深化教育改革创新的一个重要的突破口。我们要全面深化教育改革，准确把握新发展理念的科学内涵，全面贯彻新发展理念，强化教育综合领域改革创新的全面性、系统性、科学性。要开辟教育数字化新赛道，坚持应用为王，走集成化道路，以智能化赋能教育治理，拓展国际化新空间，引领教育变革创新。当前，在人民群众在教育领域方面关心的热点问题上，人民群众关注的主要是如何更好地促进教育公平和提升教育质量。促进教育公平，就要着力平衡我国各个地区之间的教育发展差异，以教育发达地区帮扶带动欠发达地区教育协同发展、加大对农村地区和民族地区教育的扶持力度为重要举措，让教育改革发展成果更好地惠及最广大人民群众。要把建设高质量教育体系作为改革的核心工作。当前我国的教育规模世界第一，但在高质量教育上仍有很大的进步空间。2014 年 5 月，习近平总书记在考察北京大学时指出："党中央作出了建设世界一流大学的战略决策，我们要朝着这个目标坚定不移前进。办好中国的世界一流大学，必须有中国特色。没有特色，跟在他人后面亦步亦趋，依样画葫芦，是不可能办成功的。这里可以套用一句话，

① 《习近平：高举中国特色社会主义伟大旗帜 为全面建设社会主义现代化国家而团结奋斗——在中国共产党第二十次全国代表大会上的报告》，https://www.gov.cn/xinwen/2022-10/25/content_5721685.htm[2024-06-24]。

② 《习近平主持中央政治局第五次集体学习并发表重要讲话》，https://www.gov.cn/yaowen/liebiao/202305/content_6883632.htm?eqid=c1f64ea500001c3300000004647b32aa[2024-06-24]。

越是民族的越是世界的。世界上不会有第二个哈佛、牛津、斯坦福、麻省理工、剑桥，但会有第一个北大、清华、浙大、复旦、南大等中国著名学府。我们要认真吸收世界上先进的办学治学经验，更要遵循教育规律，扎根中国大地办大学。”[①]正是在这一号召下，建设“双一流”大学成为我国高等教育改革的最强音。2015 年 10 月，国务院印发《统筹推进世界一流大学和一流学科建设总体方案》，提出加快建成一批世界一流大学和一流学科。

（八）坚持把服务中华民族伟大复兴作为教育的重要使命

“坚持把服务中华民族伟大复兴作为教育的重要使命”[②]，吹响了新时代教育事业高质量发展的集结号。教育的使命，在不同的年代也有所不同。新时代下，我们的教育使命就是服务中华民族伟大复兴。习近平总书记强调：“建设教育强国，是全面建成社会主义现代化强国的战略先导，是实现高水平科技自立自强的重要支撑，是促进全体人民共同富裕的有效途径，是以中国式现代化全面推进中华民族伟大复兴的基础工程。要全面贯彻党的教育方针，坚持以人民为中心发展教育，主动超前布局、有力应对变局、奋力开拓新局，加快推进教育现代化，以教育之力厚植人民幸福之本，以教育之强夯实国家富强之基，为全面推进中华民族伟大复兴提供有力支撑。”[③]

坚持把服务中华民族伟大复兴作为教育的重要使命，一要以培养社会主义建设者和接班人为根本任务。古往今来，按照政治要求培养人才是每个国家的教育使命。教育是国之大计、党之大计。我国是中国共产党领导的社会主义国家，培养一代又一代德智体美劳全面发展的社会主义建设者和接班人，培养一代又一代在社会主义现代化建设中可堪大用、能担重任的栋梁之才，是发展教育事业的方向目标。二要立足基本国情，遵循教育规律，坚持改革创新。必须始终坚持中国特色社会主义教育发展道路，坚持中国共产党领导、社会主义办学方向。遵守教育规律，就是结合中国实际需要，扎根中国大地办教育。坚持改革创新，就是深入贯彻党的二十大精神，全面贯彻落实新发展理念，着力破除一切制约教育高质量发展的思想观念束缚和体制机制弊端。三要以人民为中心、造福人民为目标，办好人民满意的教育。以人民为中心办教育、办好人民满意的教育，是教育服务中华民族伟大复兴的根本要义。坚持把服务中华民族伟大复兴作为教育的重要使命，就是要适应教育领域主要矛盾的变化，充分激发全面推进教育发展的活力，更快满足受教育者日益增长的优质教育需要，更好推动人的全面发展、社会的全面进步。

---

① 《习近平在北京大学师生座谈会上的讲话（全文）》，https://www.gov.cn/xinwen/2014-05/05/content_2671258.htm[2024-06-24]。

② 《习近平出席全国教育大会并发表重要讲话》，https://www.gov.cn/xinwen/2018-09/10/content_5320835.htm[2024-06-24]。

③ 《习近平主持中央政治局第五次集体学习并发表重要讲话》，https://www.gov.cn/yaowen/liebiao/202305/content_6883632.htm?eqid=c1f64ea500001c3300000004647b32aa[2024-06-24]。

（九）坚持把教师队伍建设作为基础工作

教师重要，就在于教师的工作是塑造灵魂、塑造生命、塑造人的工作。习近平总书记深有感触地说：“一个人遇到好老师是人生的幸运，一个学校拥有好老师是学校的光荣，一个民族源源不断涌现出一批又一批好老师则是民族的希望。”[①]习近平总书记对于教师职业的定位，先后提出了“三个牢固树立”“筑梦人”“系扣人”“引路人”“大先生”“四有”“四个引路人”“四个相统一”“六要”“教育家精神”等重要论述，这不仅是习近平总书记对于教师队伍建设的殷殷关怀，更是新时代新入职教师不断奋斗努力的目标。

习近平总书记高度重视教师队伍建设工作，先后在不同场合对教师的职业定位作出了重要指示。2013 年 9 月 9 日，习近平总书记向全国广大教师致慰问信，希望全国广大教师牢固树立中国特色社会主义理想信念，带头践行社会主义核心价值观，自觉增强立德树人、教书育人的荣誉感和责任感，学为人师，行为世范，做学生健康成长的指导者和引路人；牢固树立终身学习理念，加强学习，拓宽视野，更新知识，不断提高业务能力和教育教学质量，努力成为业务精湛、学生喜爱的高素质教师；牢固树立改革创新意识，踊跃投身教育创新实践，为发展具有中国特色、世界水平的现代教育作出贡献[②]。2014 年教师节前夕，习近平总书记在与北京师范大学师生代表座谈时指出，教师是人类历史上最古老的职业之一，也是最伟大、最神圣的职业之一。广大教师就是打造这支中华民族“梦之队”的筑梦人。[③]2016 年 12 月 7 日，习近平总书记在全国高校思想政治工作会议上强调，“教师不能只做传授书本知识的教书匠，而要成为塑造学生品格、品行、品味的‘大先生’”[④]。2019 年 3 月 18 日，习近平总书记在学校思想政治理论课教师座谈会上强调：“‘经师易求，人师难得。’教师承载着传播知识、传播思想、传播真理，塑造灵魂、塑造生命、塑造新人的时代重任。思政课教师，要给学生心灵埋下真善美的种子，引导学生扣好人生第一粒扣子。”[⑤]2021 年教师节来临前夕，习近平总书记在给全国高校黄大年式教师团队代表的回信中指出：“希望你们继续学习弘扬黄大年同志等优秀教师的高尚精神，同全国高校广大教师一道，立德修身，潜心治学，开拓创新，真

① 《习近平：做党和人民满意的好老师——同北京师范大学师生代表座谈时的讲话》，https://www.gov.cn/xinwen/2014-09/10/content_2747765.htm[2024-06-24]。

② 《正在乌兹别克斯坦访问的习近平向全国教师致慰问信》，https://www.gov.cn/ldhd/2013-09/09/content_2484494.htm[2024-06-24]。

③ 《习近平：做党和人民满意的好老师——同北京师范大学师生代表座谈时的讲话》，https://www.gov.cn/xinwen/2014-09/10/content_2747765.htm[2024-06-24]。

④ 《人民日报大家手笔：为学者严 为师者亲》，http://opinion.people.com.cn/GB/n1/2020/0818/c1003-31825526.html[2024-06-24]。

⑤ 《习近平：思政课是落实立德树人根本任务的关键课程》，https://www.gov.cn/xinwen/2020-08/31/content_5538760.htm[2024-06-24]。

正把为学、为事、为人统一起来，当好学生成长的引路人。”①对于一位好老师的标准，习近平总书记强调，要“有理想信念、有道德情操、有扎实学识、有仁爱之心”②。他在北京市八一学校与教师座谈时，提出了四个“引路人”要求：“广大教师要做学生锤炼品格的引路人，做学生学习知识的引路人，做学生创新思维的引路人，做学生奉献祖国的引路人。”③对于师德师风建设，习近平总书记强调，要“坚持教书和育人相统一，坚持言传和身教相统一，坚持潜心问道和关注社会相统一，坚持学术自由和学术规范相统一，引导广大教师以德立身、以德立学、以德施教”④。习近平总书记在思政课教师座谈会讲话中，对思政课教师提出了政治要强、情怀要深、思维要新、视野要广、自律要严、人格要正的“六要”要求⑤。2023 年在中共中央政治局第五次集体学习时，习近平总书记强调：“弘扬尊师重教社会风尚，提高教师政治地位、社会地位、职业地位，使教师成为最受社会尊重的职业之一，支持和吸引优秀人才热心从教、精心从教、长期从教、终身从教。”⑥在 2023 年全国优秀教师代表座谈会上，习近平强调要弘扬“教育家精神”：“新征程上，希望你们和全国广大教师以教育家为榜样，大力弘扬教育家精神，牢记为党育人、为国育才的初心使命，树立‘躬耕教坛、强国有我’的志向和抱负，自信自强、踔厉奋发，为强国建设、民族复兴伟业作出新的更大贡献。”⑦这些重要论述为我们在新时代加强教师队伍建设指明了方向，是我们加强高素质教师队伍建设的根本遵循。

“九个坚持”聚焦新时代我国教育改革创新的重大命题，系统回答了“培养什么人、怎样培养人、为谁培养人”的根本问题，全面反映了习近平总书记关于教育的重要论述的基本理论、基本观点、基本方法，创新与发展了马克思主义教育理论，是加快推进教育现代化、建设教育强国、办好人民满意的教育的根本遵循，为新时代我国教育事业改革创新指明了前进方向（刘复兴，2022）。“九个坚持”既坚持了马克思主义教育理论，又体现了中国国情；既坚持了社会主义教育基本原则，又借鉴了人类文明优秀成果；既继承了我国教育优良传统，又具有鲜明的时代特征，有力推动了中国特色社会主义教育事业蓬勃发展。这是对我国教育事业规律性认识的不断深化，是习近平

---

① 《习近平给全国高校黄大年式教师团队代表的回信》，https://www.gov.cn/xinwen/2021-09/09/content_5636408.htm[2024-06-24]。

② 《习近平：在北京大学师生座谈会上的讲话》，https://www.gov.cn/xinwen/2018-05/03/content_5287561.htm[2024-06-24]。

③《习近平在北京市八一学校考察时强调 全面贯彻落实党的教育方针 努力把我国基础教育越办越好》，https://www.gov.cn/xinwen/2016-09/09/content_5107047.htm[2024-06-24]。

④《全国高校思想政治工作会议 12 月 7 日至 8 日在北京召开》，https://www.gov.cn/xinwen/2016-12/08/content_5145253.htm#1[2024-06-24]。

⑤ 《习近平主持召开学校思想政治理论课教师座谈会》，https://www.gov.cn/xinwen/2019-03/18/content_5374831.htm[2024-06-24]。

⑥ 《习近平主持中央政治局第五次集体学习并发表重要讲话》，https://www.gov.cn/yaowen/liebiao/202305/content_6883632.htm?eqid=c1f64ea500001c3300000004647b32aa[2024-06-24]。

⑦ 《习近平致全国优秀教师代表的信》，https://www.gov.cn/yaowen/liebiao/202309/content_6903084.htm[2024-06-24]。

新时代中国特色社会主义思想关于教育的新成果，是中国特色社会主义教育理论体系建设的思想指引，是中国特色社会主义教育实践的行动指南，我们必须始终坚持并不断丰富发展。

二、习近平总书记关于教育的重要论述的时代特征

习近平总书记关于教育的重要论述内涵丰富、博大精深，既根植于中华民族崇文重教的优良传统，又体现了中国特色社会主义进入新时代的鲜明特征，是马克思主义基本原理与中国教育实践相结合的重大理论结晶，是指导我们建设教育强国的根本遵循。

一是政治性。习近平总书记关于教育的重要论述，是习近平新时代中国特色社会主义思想的重要组成部分。在理论层面，习近平总书记关于教育的重要论述是指导我国教育事业向前发展的根本理论指南。在实践层面，习近平总书记深刻指出："以中国式现代化全面推进强国建设、民族复兴伟业，是新时代新征程党和国家的中心任务，是新时代最大的政治。"①

以教育强国建设为中国式现代化建设提供人才支撑，是教育的历史使命担当。习近平总书记关于教育的重要论述为教育强国建设提供了强大的思想武器与方法论。

二是人民性。教育为了人民。坚持以人民为中心发展教育，彰显了中国共产党全心全意为人民服务的根本宗旨，反映了中国特色社会主义教育的根本价值追求。习近平总书记十分关心人民群众的教育获得感幸福感，在不同场合多次对教育质量、教育公平等人民群众切身利益相关的重要课题作出指示批示。办好人民满意的教育，加快构建高质量教育体系，不断促进教育发展成果更多更公平惠及全体人民，是习近平总书记关于教育的重要论述的重要组成，也是指导办更加公平更有质量教育的必然路径。

三是方向性。教育是国之大计、党之大计。习近平总书记关于教育的重要论述对"培养什么人、怎样培养人、为谁培养人"这一教育根本问题作出了回答，旗帜鲜明地体现了"为人民服务，为中国共产党治国理政服务，为巩固和发展中国特色社会主义制度服务，为改革开放和社会主义现代化建设服务"的社会主义办学方向，我国的教育是社会主义性质和方向的教育，培养的人是德智体美劳全面发展的社会主义建设者和接班人。

四是系统性。习近平总书记关于教育的重要论述，凝练了党的十八大以来习近平总书记对教育事业大局性、战略性、方向性、实践性等各方面的重要指示批示精神和具体实践要求，形成了系统完整的新时代中国特色社会主义教育理论体系。"九个坚持"是其科学内涵，形成了办好中国特色社会主义教育事业必须始终坚持发展的九个原则。习近平总书记关于教育的重要论述描绘了新时代中国特色社会主义教育理论体系的总体思想和宏伟蓝图，明确提出了新时代中国特色社会主义教育理论体系的目标任务，是一

① 《在全国政协新年茶话会上的讲话》，https://www.gov.cn/gongbao/2024/issue_11086/202401/content_6924966.html [2024-06-24]。

个相互联系、不可分割、内在统一的有机整体，标志着我们党对教育规律的认识达到了新高度。

五是实践性。习近平总书记关于教育的重要论述立足中国教育事业发展和人的成长规律实际，深刻地指出了教育的根本作用、根本目标、根本任务、根本保证等本质特征，既集中体现了科学世界观，又集中体现了科学方法论，蕴含着马克思主义思想方法和工作方法，具有极强的现实指导意义，是指导我们加快构建高质量教育体系，建设教育强国的根本遵循。

六是科学性。习近平总书记高屋建瓴、统领全局，深刻揭示了新时代中国特色社会主义教育改革发展的客观规律，习近平总书记关于教育的重要论述以辩证唯物主义和历史唯物主义世界观和方法论，论述教育与人类社会发展的关系、教育与人民的关系、教育与教师的关系、教育与人的培养的关系、教育与国家民族的关系等，体现了实事求是的科学精神和马克思主义科学方法论。

七是创新性。习近平总书记关于教育的重要论述是以马克思主义教育学说为基础，结合中国进入新时代的时代背景，与时俱进、开拓创新，在实践中不断丰富和发展起来的，而其最新成果就蕴藏在习近平总书记关于教育的重要论述中。习近平总书记关于教育的重要论述创新性地提出了“九个坚持”“建设教育强国”“加快教育现代化”“办好人民满意的教育”等一系列重要论断，高度概括了新时代建设教育强国的根本方针，充分体现了习近平总书记战略谋划的创新性和长远性。

八是开放性。对外开放是中国的基本国策，中国对外开放的大门只会越开越大。高水平教育国际化在其中大有可为，也必将大有作为。习近平总书记站在人类未来发展的大局上，站在世界和平与发展的大势上，对高水平教育对外开放作出了系统论述，是习近平总书记关于教育的重要论述的有机组成部分。面向未来，教育对外开放要按照党的二十大确定的方向，以更高的站位、更宽的视野，积极担当起新时代建设教育强国的新使命。

第三节　新入职教师深入践行习近平总书记关于教育的重要论述的基本路径

百年大计，教育为本。教育大计，教师为本。当前，我们正在全面建成社会主义现代化强国、以中国式现代化全面推进中华民族伟大复兴的道路上阔步前进。作为新入职的高校教职员工，我们重任在肩、使命光荣。从“四有”好老师到“四个引路人”，从做“经师”与“人师”的统一者到成为“大先生”，从培养教育家型教师到弘扬教育家精神，习近平总书记一系列重要讲话和重要指示精神成为广大教师躬耕教坛、提升干事创业本领的根本遵循。2023 年教师节来临之际，习近平总书记致信全国优秀教师代表强调：“大力弘扬教育家精神，牢记为党育人、为国育才的初心使命，树立‘躬耕教坛、强国有我’的志向和抱负，自信自强、踔厉奋发，为强国建设、民族复兴伟业作出新的更大贡献。”①在信中，习近平总书记对“教育家精神”进行了系统深入的阐述：“教师群体中涌现出一批教育家和优秀教师，他们具有心有大我、至诚报国的理想信念，言为士则、行为世范的道德情操，启智润心、因材施教的育人智慧，勤学笃行、求是创新的躬耕态度，乐教爱生、甘于奉献的仁爱之心，胸怀天下、以文化人的弘道追求，展现了中国特有的教育家精神。”①我们要坚持用习近平新时代中国特色社会主义思想凝心铸魂，深入学习贯彻习近平总书记关于教育的重要论述，牢记习近平总书记对广大教师的殷殷嘱托，牢记为党育人、为国育才的初心使命，以立德树人为根本，站在百年未有之大变局和中华民族伟大复兴战略全局的高度去认识、从事、深耕教师事业，大力弘扬“教育家精神”，强化理论武装、坚定理想信念，锤炼过硬本领，践行师德规范，以一往无前的奋斗姿态、风雨无阻的精神状态，为教育强国、教育强省建设贡献自身力量。

一、提高站位、加强学习，做心怀“国之大者”的好老师

习近平新时代中国特色社会主义思想是教师从教的思想之基、理论之源。作为新入职教职员工，我们要以习近平总书记关于教育的重要论述为根本遵循和实践指南，心怀“国之大者”，不断强化理论武装，提升自身理论水平，做习近平新时代中国特色社会主义思想的信仰者、传播者和实践者。

要提高站位学思想，站在世界百年未有之大变局和以中国式现代化推进中华民族伟大复兴的战略全局看待这个“太阳底下最崇高的职业”②，坚持用习近平新时代中国特色社会主义思想凝心铸魂，坚定不移把“两个确立”真正转化为坚决做到“两个维护”的思想自觉、政治自觉、行动自觉。要深入系统学思想，坚持读原著、学原文、悟原理，从马克思主义教育思想发展史的整体厚度、习近平新时代中国特色社会主义思想的整体高度、中国特色社会主义教育发展实践的整体广度上，深刻把握习近平总书记关于教育的重要论述的真理力量，深刻理解和把握“九个坚持”，筑牢信仰之基、补足精神之钙、把稳思想之舵。着重领会贯穿其中的马克思主义立场观点方法，领会这一重要论述的历史逻辑、理论逻辑和实践逻辑，努力做到知其言更知其义，知其然更知其所以然。围绕党的二十大报告、《中国共产党章程》、《习近平著作选读》、《习近平谈治国理政》、《习近平新时代中国特色社会主义思想学习纲要（2023 年版）》、《深入学习习近平关于教育的重要论述》等学习内容，以讲促学、以议促学、以研促学，切实在深入扎实上下功夫，在见质见效上显真章。要带着问题学思想，坚持以问题为导向，以师生为中心，抓住问题关键，以习近平总书记关于教育的重要论述为科学方法论，聚焦师生急难愁盼和教育中的热点难点痛点堵点问题，通过学习着力掌握贯穿于其中的坚定信仰信念、鲜明人民立场、强烈历史担当、求真务实作风、勇于创新精神和科学方法论。结合学校校

① 《习近平致全国优秀教师代表的信》，https://www.gov.cn/yaowen/liebiao/202309/content_6903084.htm[2024-06-24]。

② 《习近平：做党和人民满意的好老师——同北京师范大学师生代表座谈时的讲话》，https://www.gov.cn/xinwen/2014-09/10/content_2747765.htm[2024-06-24]。

情校史，深入开展学习研讨，确保学习成效转化为工作实效。

二、不忘初心、厚植情怀，做理想信念坚定的好老师

习近平总书记指出，正确理想信念是教书育人、播种未来的指路明灯。不能想象一个没有正确理想信念的人能够成为好老师[①]。理想信念，是人生航行的灯塔，没有这座灯塔，走得再远，也终将一无所获。坚定理想信念，是“两个大局”背景下培育时代新人的迫切需要，是落实立德树人根本任务的鲜明体现，也是“四有”好老师的基本要求。教师只有坚定理想信念，充分肯定中国特色社会主义道路和伟大成就，才可能传递正确价值观念。作为新入职教师，我们既要有丰富扎实的学识，深厚的文化底蕴，又要做到“信道”而后“传道”，大力弘扬“教育家精神”，成为中华民族打造“梦之队”的筑梦人。

坚定理想信念，就要牢固树立中国特色社会主义理想信念。“培养什么人、怎样培养人、为谁培养人”是教育的根本问题。我们要牢记为党育人、为国育才的初心使命，树立“躬耕教坛、强国有我”的志向抱负，做学生“为学、为事、为人”的大先生，不断增强立德树人、教书育人的荣誉感和责任感，着力培养更多堪当时代大任的德智体美劳全面发展的社会主义建设者和接班人。坚定理想信念，就要深入推进思政课程和课程思政工作。思政课教师和其他专业的课程教师要扎实推进习近平新时代中国特色社会主义思想进教材、进课堂、进头脑，通过课程形式和课堂渠道，挖掘思政课程以外其他课程和教学方式中蕴含的思想政治教育资源，实现思想和价值的引领。坚定理想信念，就要带头践行社会主义核心价值观，教育引导学生掌握科学理论知识，坚定“四个自信”，树立正确的世界观、人生观和价值观，厚植爱国主义情怀，养成优良的思想品德、健康心理。坚定理想信念，就要做有情怀的教师，践行有温度的教育。要对教育事业怀有热爱之心，因材施教、谆谆教导，坚持以学生为本，遵循学生成长规律，满足学生多样化、个性化的发展需求，最大限度地激发学生发展的潜能。继承发扬“捧着一颗心来，不带半根草去”的精神，引导学生扣好人生中第一粒扣子，给学生心灵埋下真善美的种子，真正成为学生成长道路上的引路人。

三、锤炼本领、潜心问道，做高素质、专业化、创新型的好老师

当今时代是信息倍增的时代，是要求具备极强学习能力的时代，是快节奏的时代，是 AI、大数据等科技革命兴起的时代。与此同时，迈入全面建设社会主义现代化国家的新征程，面对党和国家对教育提出的新部署新要求，这对我们新入职教师提出了更高的要求。

一要树立终身学习理念，努力成为高素质教师。当前世界飞速变化，新业态新技术

---

① 《习近平：做党和人民满意的好老师——同北京师范大学师生代表座谈时的讲话》，https://www.gov.cn/xinwen/2014-09/10/content_2747765.htm[2024-06-24]。

层出不穷，知识更新的速度呈指数型增长。对以传道、授业、解惑为己任的教师而言，首先，我们要积极开阔自身视野。登高望远方能远眺群山之巅，挺立潮头才能到达成功彼岸。要跳出教育看待教育，跳出教师这个职业去看待教师队伍建设。其次，我们需要不断更新知识储备。在获取知识途径越来越多元化的情况下，教师需要及时更新自身专业知识、广泛涉猎其他学科知识，并为学生的终身学习提供榜样示范。最后，我们需要不断更新学习方式。随着科技进步和学习媒介的立体化、多样化，广大教师要与时俱进，主动接纳新技术带来的学习平台变革，充分利用网络、大数据、AI 等新载体加强学习，提高自身学习的效率。

二要横纵结合，努力成为专业化教师。广大教师要不断加强自身学习，努力具备更高的专业水平和理论素养，以精深的学养积累、过硬的专业能力做学生学习的知识引导者。具体而言，要深入学习高校教师教学理论、教师教学技能、信息技术与运用培训、教研实习等新时代高校教师必备教学理论与技能，以及新时代高校教师岗前培训校本内容。要深入学习自身学科专业知识，及时关注学术前沿，潜心治学、潜心问道，不断提升教书育人本领，以深厚的理论功底和职业素养启迪学生学习之路、人生之路。要着眼世界学术前沿和国家重大需求，大力发扬“板凳甘坐十年冷”“十年磨一剑”的精神，刻苦钻研教育教学技能、专业领域能力，努力带领学生攀登学术高峰。

三要培养跨界思维，努力成为创新型教师。广大教师要深入学习习近平总书记关于发展新质生产力的重要论述，顺应教育教学改革、遵循专业发展规律，跳出自身所在的专业学科学习，广泛涉猎不同学科领域知识。要强化研讨合作，积极参加日常研修、论坛、观摩分享或实践，在学中做，在做中创新。要以教育数字化转型为契机，善于学习新知识、新技术、新理论，不断提高教师数字化教学能力，推进知识创新、理论创新、方法创新，产出前沿性、引领性、有代表性的大成果。

四、正心明道、怀德自重，做师德高尚的好老师

“知之愈明，则行之愈笃；行之愈笃，则知之益明。”习近平总书记在北京大学师生座谈会的讲话中就明确地指出，评价教师队伍素质的第一标准应该是师德师风[①]。对于广大教师而言，立德树人是一个光荣的使命，更是一份沉甸甸的责任。常言道：“德高为师，身正为范。”教师就是学生做人做事的一面镜子，教师的信念是否坚定，品行是否端正，精神是否高尚，都对学生产生着直接的影响。因此，守好立德树人责任田，首先要做到的，就是强化师德师风，以身作则、严格自律。

要紧抓师德师风第一标准，强化师德师风培训，坚持把全面从严要求贯穿教师管理全过程，坚持失责必问、问责必严，严肃治理师德突出问题，以推进学校师德师风建设提质增效上水平。广大教师要牢记“为党育人、为国育才”的初心使命，提高教师的思想政治和职业操守，真正做到热爱教育、热爱学生、热爱教学，不仅要向学生传授自己

① 《习近平：在北京大学师生座谈会上的讲话》，https://www.gov.cn/xinwen/2018-05/03/content_5287561.htm[2024-06-24]。

本专业的知识，更要注重培养和塑造学生高尚的品格和道德修养，做一名“传道、授业、解惑”的专业教导者和“育人、立德、励志”的引领者；既要学贯中西，更要明德尚行，具备坚定信仰和育人情怀，努力为党、为国家、为人民培养一批又一批执着崇高信仰、堪当民族复兴大任的栋梁之才。要崇德修身、学高为师、身正为范，积极践行新时代师德规范，把涵养师德师风和潜心育人统一起来，立正德、明大德、守公德、严私德，用自己的人格魅力、思想魅力、学术魅力，影响和带动学生树立正确的世界观、人生观、价值观，做学生锤炼品格的引路人，做学生学习知识的引路人，做学生创新思维的引路人，做学生奉献祖国的引路人。

【小结】

教育是国之大计、党之大计。本章阐述了习近平总书记关于教育的重要论述产生的时代背景、政治意义、理论意义、实践意义以及其科学内涵、时代特征。深入学习习近平总书记关于教育的重要论述，要着重了解其产生的时代背景，以及把握其科学内涵和时代特征。习近平总书记在全国教育大会上提出的“九个坚持”，是中国特色社会主义教育事业必须坚持的九个原则。作为新入职教职员工，要深入学习贯彻落实习近平总书记关于教育的重要论述，努力做一名心怀“国之大者”，理想信念坚定，高素质、专业化、创新型的师德高尚的好老师。

【思考与练习】

1. 简述习近平总书记关于教育的重要论述的时代背景。
2. 习近平总书记关于教育的重要论述的政治意义、理论意义和实践意义是什么？
3. “新时代”背景下的“新”体现在哪些方面？
4. 简述习近平总书记关于教育的重要论述的科学内涵。
5. 习近平总书记关于教育的重要论述有哪些时代特征？
6. 简述“教育家精神”的内涵。
7. 作为新入职教师，我们要怎样深入学习贯彻习近平总书记关于教育的重要论述？

第二章　新时代党的教育方针与高校教师使命

【内容结构图】

第二章内容结构如图 2-1 所示。

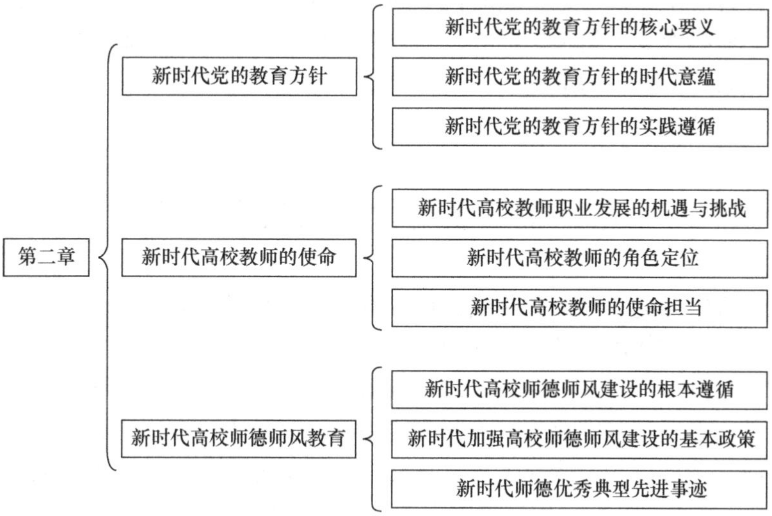

图 2-1　第二章内容结构

【典型案例】

习近平致全国优秀教师代表的信

各位与会老师：

你们好！值此第三十九个教师节到来之际，我代表党中央向你们、向全国广大教师和教育工作者致以节日的问候和诚挚的祝福！

长期以来，以你们为代表的全国广大教师认真贯彻党的教育方针，教书育人、培根铸魂，培养了一代又一代德智体美劳全面发展的社会主义建设者和接班人，造就了大批可堪大用、能担重任的栋梁之才，为国家发展、民族振兴作出了重要贡献。教师群体中涌现出一批教育家和优秀教师，他们具有心有大我、至诚报国的理想信念，言为士则、行为世范的道德情操，启智润心、因材施教的育人智慧，勤学笃行、求是创新的躬耕态度，乐教爱生、甘于奉献的仁爱之心，胸怀天下、以文化人的弘道追求，展现了中国特有的教育家精神。

新征程上，希望你们和全国广大教师以教育家为榜样，大力弘扬教育家精神，牢记为党育人、为国育才的初心使命，树立"躬耕教坛、强国有我"的志向和抱负，自信自强、踔厉奋发，为强国建设、民族复兴伟业作出新的更大贡献。

习近平

2023 年 9 月 9 日

资料来源：《习近平致全国优秀教师代表的信》，https://www.gov.cn/yaowen/liebiao/202309/content_6903084.htm[2024-06-24]。

习近平总书记的重要指示，充分肯定了广大教师为国家发展、民族振兴作出的重要贡献，深刻阐释了教育家精神的丰富内涵和实践要求，赋予了新时代人民教师崇高使命。新时代高校教师应坚持以习近平新时代中国特色社会主义思想为指导，认真贯彻党的教育方针，大力弘扬教育家精神，潜心教书育人、培根铸魂，坚持师德师风第一标准，全面落实新时代教师职业行为准则，持续为国家培养德智体美劳全面发展的社会主义建设者和接班人，造就更多可堪大用、能担重任的栋梁之才。

第一节　新时代党的教育方针

党的教育方针是党的理论和路线方针政策在教育领域的集中体现，在教育事业发展中具有根本性地位和作用。教育方针的制定和落实，事关国家教育事业发展的战略方向和兴衰成败。中国共产党成立 100 年、新中国成立 70 多年来，党的教育方针根据不同历史时期经济社会发展的基本要求，不断发展完善。党的十八大以来，以习近平同志为核心的党中央统筹把握中华民族伟大复兴战略全局和世界百年未有之大变局，深刻回答了“培养什么人、怎样培养人、为谁培养人”这一最具战略决定性意义的根本问题，全面系统地提出了新时代党的教育方针的总要求，明确了新时代我国社会主义教育事业的总方向。

一、新时代党的教育方针的核心要义

“培养什么人、怎样培养人、为谁培养人是教育的根本问题，也是建设教育强国的核心课题。”①党的十八大以来，以习近平同志为核心的党中央高度重视教育工作，决定把劳动教育纳入社会主义建设者和接班人的要求之中，提出“德智体美劳”的总体要求。经第十三届全国人民代表大会常务委员会第二十八次会议审议，《中华人民共和国教育法》第五条修改为“教育必须为社会主义现代化建设服务、为人民服务，必须与生产劳动和社会实践相结合，培养德智体美劳全面发展的社会主义建设者和接班人”，将党的教育方针落实为国家法律规范。②

① 《习近平主持中央政治局第五次集体学习并发表重要讲话》，https://www.gov.cn/yaowen/liebiao/202305/content_6883632.htm?eqid=c1f64ea500001c3300000004647b32aa[2024-06-24]。

②《中央教育工作领导小组印发〈关于深入学习宣传贯彻党的教育方针的通知〉》，https://www.gov.cn/xinwen/2021-05/26/content_5612798.htm[2024-06-24]。

【背景知识】

十八大以来党的教育方针丰富发展历程如表 2-1 所示。

表 2-1　十八大以来党的教育方针丰富发展历程

重要事件	具体内容
2015 年 12 月 27 日第十二届全国人民代表大会常务委员会第十八次会议修改《中华人民共和国教育法》	将第五条修改为：“教育必须为社会主义现代化建设服务、为人民服务，必须与生产劳动和社会实践相结合，培养德、智、体、美等方面全面发展的社会主义建设者和接班人。”①
2017 年党的十九大报告	全面贯彻党的教育方针，落实立德树人根本任务，发展素质教育，推进教育公平，培养德智体美全面发展的社会主义建设者和接班人②
2021 年 4 月 29 日第十三届全国人民代表大会常务委员会第二十八次会议修改《中华人民共和国教育法》	将第五条修改为：“教育必须为社会主义现代化建设服务、为人民服务，必须与生产劳动和社会实践相结合，培养德智体美劳全面发展的社会主义建设者和接班人。”③
2022 年党的二十大报告	全面贯彻党的教育方针，落实立德树人根本任务，培养德智体美劳全面发展的社会主义建设者和接班人④

党的教育方针是党的理论和路线方针政策在教育领域的集中体现，在教育事业发展中具有根本性地位和作用。新时代党的教育方针，使“培养什么人、怎样培养人、为谁培养人”的方向更加鲜明、内容更加完善、要求更加明确，充分体现了党的创新理论成果，在我国教育史上具有标志性意义和深远影响。深刻理解新时代全面贯彻党的教育方针重大意义，必须深刻把握新时代党的教育方针的核心要义。

总的来看，新时代党的教育方针规定了教育工作的政治属性、宗旨方向、目标任务和基本途径等，具有鲜明的政治性、时代性和方向性。具体而言，新时代党的教育方针是一个整体，内涵丰富。第一，在指导思想上，明确提出“坚持马克思主义指导地位，贯彻新时代中国特色社会主义思想”⑤。第二，在办学方向上，明确提出“坚持社会主义办学方向，落实立德树人的根本任务”。第三，在根本宗旨上，明确提出“坚持教育为人民服务，为中国共产党治国理政服务，为巩固和发展中国特色社会主义制度服务，为改革开放和社会主义现代化建设服务”。第四，在培养途径上，明确提出“扎根中国大

① 《全国人大常委会关于修改〈中华人民共和国教育法〉的决定（主席令第三十九号）》，https://www.gov.cn/zhengce/2015-12/28/content_5029900.htm[2024-06-24]。

② 《习近平：决胜全面建成小康社会 夺取新时代中国特色社会主义伟大胜利——在中国共产党第十九次全国代表大会上的报告》，https://www.gov.cn/zhuanti/2017-10/27/content_5234876.htm[2024-06-24]。

③ 《全国人民代表大会常务委员会关于修改〈中华人民共和国教育法〉的决定》，https://www.gov.cn/xinwen/2021-04/29/content_5603947.htm[2024-06-24]。

④ 《习近平：高举中国特色社会主义伟大旗帜 为全面建设社会主义现代化国家而团结奋斗——在中国共产党第二十次全国代表大会上的报告》，https://www.gov.cn/xinwen/2022-10/25/content_5721685.htm[2024-06-24]。

⑤ 《习近平：用新时代中国特色社会主义思想铸魂育人 贯彻党的教育方针落实立德树人根本任务》，http://m.news.cn/2019-03/18/c_1124250386.htm[2024-06-24]。

地办教育”，坚持“教育同生产劳动和社会实践相结合”。第五，在工作目标上，明确提出“加快推进教育现代化、建设教育强国、办好人民满意的教育，努力培养担当民族复兴大任的时代新人，培养德智体美劳全面发展的社会主义建设者和接班人”。第六，在组织保障上，明确提出“中国特色社会主义教育强国，必须以坚持党对教育事业的全面领导为根本保证”①。

新时代党的教育方针，以深邃的历史视角、清晰的实践路径和明确的价值取向，是党不断适应时代要求，总结教育规律，把握社会发展和人的发展要求而提出的教育事业行动指南，是新中国成立70多年来党的教育方针发展演进的结果，为中国教育发展勾勒了一幅宏伟蓝图。

二、新时代党的教育方针的时代意蕴

新时代党的教育方针为办好新时代中国特色社会主义教育指明了方向、提供了根本遵循，在我国教育史上具有里程碑意义。

（一）新时代党的教育方针是助力实现中华民族伟大复兴的战略支撑

习近平总书记强调：“教育是民族振兴、社会进步的重要基石，是功在当代、利在千秋的德政工程，对提高人民综合素质、促进人的全面发展、增强中华民族创新创造活力、实现中华民族伟大复兴具有决定性意义。”②新时代党的教育方针强化教育的基础作用、优化人才培养结构，推进创新驱动，为中华民族的伟大复兴提供了坚实的战略支撑。首先，在实现中华民族伟大复兴的过程中，教育发挥着基础性、先导性和全局性作用。教育不仅是提升国民素质、培育社会主义建设者和接班人的重要基石，也是推动科技创新和经济社会发展的关键力量。新时代的教育方针强调通过教育改革和提高教育质量，培养能够适应和引领时代发展，为国家发展提供重要支撑的创新型人才。其次，新时代的教育方针紧密地将人才培养与国家的发展战略相结合。在人才培养策略上，从关注人才的数量和质量转向强调人才的结构和功能，以确保人才培养与国家的现代化建设需求相匹配，为中华民族伟大复兴提供强大的人力资源保障。最后，新时代党的教育方针强调创新驱动，将教育与国家创新发展战略紧密相连。在全面实施创新驱动发展战略、努力构建世界科技强国的过程中，教育在促进科学技术的发展的同时，也为经济社会发展提供了强劲的知识和智力支持。

① 《习近平：扎实推动教育强国建设》，http://www.xinhuanet.com/politics/leaders/2023-09/15/c_1129864810.htm[2024-06-24]。

② 《习近平总书记在全国教育大会上的重要讲话增强社会各界办好教育的使命感、责任感、紧迫感——共同担负起青少年成长成才的责任》，http://politics.people.com.cn/n1/2018/0914/c1024-30292202.html[2024-06-24]。

（二）新时代党的教育方针是巩固和发展中国特色社会主义的根本保障

习近平总书记强调："新时代中国特色社会主义是我们党领导人民进行伟大社会革命的成果，也是我们党领导人民进行伟大社会革命的继续，必须一以贯之进行下去。"[①]新时代党的教育方针融合了社会主义核心价值观、强化了教育的政治属性和社会责任，实施了长远教育规划，在巩固和发展中国特色社会主义方面起到了根本性的保障作用。其一，新时代的教育方针聚焦与社会主义核心价值观的深度融合，强调在培养人才的过程中坚守社会主义办学方向。教育不仅仅在于知识和技能的传授，更应注重学生的道德和价值观的培育，以此强化其国家意识和社会责任感。教育工作只有与党和国家的发展方向保持一致，才能为培养时代新人奠定坚实的基础。其二，新时代的教育方针明确了教育的政治属性和社会责任。在党的教育方针指导下，教育不仅服务于社会经济的发展，更要培养忠于党、忠于国家、忠于人民的优秀人才，以此确保中国特色社会主义事业后继有人，为社会主义建设提供强大的人力支持。其三，新时代的教育方针还强调了教育的长期规划。从长远的角度出发，要确保中国特色社会主义事业的持续发展和传承，教育需培养具有国际视野和历史使命感的人才，为中国特色社会主义的未来发展提供坚实的人才保障。

（三）新时代党的教育方针是实现"以人民为中心"发展理念的关键举措

党的二十大报告指出："一切脱离人民的理论都是苍白无力的，一切不为人民造福的理论都是没有生命力的。"[②]实现人民对美好生活的向往，满足人民对更好教育的期盼，是党发展教育事业的根本出发点和落脚点。新时代党的教育方针是落实"以人民为中心"发展理念的关键举措，其核心在于满足人民群众对优质教育的需求，全面提升国民素质，并构建一个全面育人的体系。首先，这一方针致力于办好人民满意的教育，通过推动教育公平、优化教育资源分配，确保不同地区、不同群体享有平等的教育机会，推动个人潜力充分发展，提升教育服务的整体水平。其次，在提升国民素质方面，新时代的教育方针不仅关注思想道德和科学文化素质的提升，也聚焦于促进社会的整体进步和文明发展，通过提高教育质量，让更多人民享受到丰富多样的教育资源。最后，新时代的教育方针倡导构建由家庭、学校和社会共同参与的全面育人体系，关注学生的全方位发展，不仅包括学术成就，还涵盖德育、体育、美育和劳动教育，以培养全面发展的社会主义建设者和接班人，为实现社会的全面进步和谐发展提供了坚实的教育基础和保障。

---

① 《习近平：以时不我待只争朝夕的精神投入工作 开创新时代中国特色社会主义事业新局面》，http://jhsjk.people.cn/article/29748659[2024-06-24]。

② 《习近平：高举中国特色社会主义伟大旗帜 为全面建设社会主义现代化国家而团结奋斗——在中国共产党第二十次全国代表大会上的报告》，https://www.gov.cn/xinwen/2022-10/25/content_5721685.htm[2024-06-24]。

三、新时代党的教育方针的实践遵循

新形势下，高质量学习宣传、贯彻落实党的教育方针，事关我国教育事业发展的未来走向和现代化水平，关涉党的事业和社会主义现代化强国建设。新时代党的教育方针，为推动我国教育事业持续健康发展，迈向教育现代化和建设教育强国提供了行动纲领。

（一）坚持党对教育事业的全面领导，把准教育的总方向

党的十八大以来，以习近平同志为核心的党中央坚持把教育作为国之大计、党之大计，不断加强党对教育工作的全面领导，教育事业取得了历史性成就、发生了格局性变化。2023 年 5 月 29 日，习近平总书记在中共中央政治局第五次集体学习时讲话指出："据测算，我国目前的教育强国指数居全球第 23 位，比 2012 年上升 26 位，是进步最快的国家。这充分证明，中国特色社会主义教育发展道路是完全正确的。"①党对教育事业的全面领导一直是教育发展的根本动力，也是新时代建设教育强国的根本保证，更是中国教育行稳致远的最大底气和自信根源。我国是中国共产党领导的社会主义国家，这就决定了我国的教育一定是社会主义性质的教育。办好教育，方向是第一位的，坚持社会主义性质是我国教育的根本。党的领导是把握教育培养什么人、怎样培养人、为谁培养人的根本指针，也是办好人民满意教育的根本依靠，更是推动教育现代化的根本支撑。唯有坚持党对教育工作的全面领导，才能确保教育强国建设方向正确与目标实现。

（二）强化"四个服务"的意识，坚持教育的总战略

习近平总书记在 2016 年全国高校思想政治工作会议上，首次提出"我国高等教育发展方向要同我国发展的现实目标和未来方向紧密联系在一起，为人民服务，为中国共产党治国理政服务，为巩固和发展中国特色社会主义制度服务，为改革开放和社会主义现代化建设服务"②。"为人民服务"强调为人民办教育、为人民培养人才，依靠人民办教育、依靠人民发展教育。"为中国共产党治国理政服务"强调优先发展教育事业，使教育同党和国家事业发展要求相适应、同人民群众期待相契合、同我国综合国力和国际地位相匹配。"为巩固和发展中国特色社会主义制度服务"强调坚持社会主义办学方向，推动"四个自信"教育进教材、进课堂、进头脑。"为改革开放和社会主义现代化建设服务"，要求教育必须服务于中国的经济社会发展，投身于实现中华民族伟大复兴的宏

---

①《习近平主持中央政治局第五次集体学习并发表重要讲话》，https://www.gov.cn/yaowen/liebiao/202305/content_6883632.htm?eqid=c1f64ea500001c3300000004647b32aa[2024-06-24]。

②《全国高校思想政治工作会议 12 月 7 日至 8 日在北京召开》，https://www.gov.cn/xinwen/2016-12/08/content_5145253.htm#1[2024-06-24]。

伟事业，从而获得自身不断发展的不竭动力。“四个服务”的论断，彰显了我国大学的人民立场和政治属性，揭示了我国大学的办学目标和初心使命，为坚持社会主义办学方向，办好中国特色社会主义大学提供了根本遵循。

（三）认真贯彻落实“九个坚持”，坚持教育的总路线

党的十九大以来，党中央对教育的重视程度、深化教育改革加快教育发展的力度之大，前所未有。从十九大报告顶层设计到全国教育大会总体部署，再到党中央、国务院一系列重磅文件的制度设计，规划好了未来教育的总路线。2018年全国教育大会上，习近平总书记全面系统阐述了教育改革发展实践中创造的一系列新理念新思想新观点，“坚持党对教育事业的全面领导，坚持把立德树人作为根本任务，坚持优先发展教育事业，坚持社会主义办学方向，坚持扎根中国大地办教育，坚持以人民为中心发展教育，坚持深化教育改革创新，坚持把服务中华民族伟大复兴作为教育的重要使命，坚持把教师队伍建设作为基础工作”[①]，即“九个坚持”。这就为完善教育治理体系及其治理能力现代化实践提供了符合新时代需要的根本准则和遵循。“九个坚持”作为一个严密完整的教育理论逻辑体系，回答了我国教育事业“谁领导、做什么、怎么做和为谁做”的基本问题，确立了“培养什么人、怎样培养人、为谁培养人”的发展原则，标志着我们党对教育规律认识的新视野、新高度、新境界。

（四）以“立德树人”为核心，落实教育的总目标

习近平总书记在全国高校思想政治工作会议上强调：“高校立身之本在于立德树人。”[②]回溯党的教育方针演变历程，随着社会历史和教育需要的不断变化，党的教育方针也随之调整，最终回归到教育本源“立德树人”。因为，中国高校是党领导下的高校，是中国特色社会主义大学，对党忠诚，对人民负责，始终坚持立德与树人相统一。全面贯彻新时代党的教育方针，必须深入落实立德树人根本任务。将立德树人融入大学教育和管理的各领域、各方面、各环节是加强党对高校全面领导的重要举措，其成效也是检验高校党建工作质量的根本标准。同时，培养德智体美劳全面发展的社会主义建设者和接班人既是新时代教育的目的，也是新时代党的教育方针的核心要求。高校的教育教学必须紧紧围绕这个目的和核心来开展，坚持德育为先、五育并举，着力培养学生的理想信念、爱国情怀、品德修养、知识见识、奋斗精神和综合素质，重视和加强体育、美育和劳动教育。

---

① 《习近平出席全国教育大会并发表重要讲话》，https://www.gov.cn/xinwen/2018-09/10/content_5320835.htm[2024-06-24]。

②《全国高校思想政治工作会议12月7日至8日在北京召开》，https://www.gov.cn/xinwen/2016-12/08/content_5145253.htm#1[2024-06-24]。

（五）以高质量发展为生命线，服务教育的总使命

习近平总书记指出：“建设教育强国，是全面建成社会主义现代化强国的战略先导，是实现高水平科技自立自强的重要支撑，是促进全体人民共同富裕的有效途径，是以中国式现代化全面推进中华民族伟大复兴的基础工程。”[①]当今世界，新一轮科技革命和产业变革深入发展，教育强国在现代化各领域中的战略先导地位，科技强国、人才强国、文化强国等系列强国建设的战略目标与任务，都需以教育强国为引领与支撑。面对空前激烈的国际竞争，我国在建设教育强国上仍存在不少短板和弱项，实现从教育大国向教育强国的跨越依然任重道远。当前，我国教育已由规模扩张阶段转向高质量发展阶段。高质量发展是高校教育的生命线。为此，贯彻党的教育方针，需围绕这一主线，加快建设高质量教育体系，以教育高质量发展赋能经济社会可持续发展，为全面推进中华民族伟大复兴提供有力支撑。高等教育作为教育强国建设的龙头，要聚焦国家重大战略需求，把加快建设中国特色、世界一流的大学和优势学科作为重中之重，有的放矢培养国家战略人才和急需紧缺人才，提升教育对高质量发展的支撑力、贡献力。

第二节　新时代高校教师的使命

教育兴则国家兴，教育强则国家强。建设教育强国，龙头是高等教育。作为引领高等教育事业发展的根本遵循，新时代党的教育方针，为高校教师的角色定位和使命实践提供了明确的指导和要求。明确时代方位、角色定位以及使命责任，是高校教师履行职责，主动超前布局、有力应对变局、奋力开拓新局，推动我国高等教育事业发展的基本前提。

一、新时代高校教师职业发展的机遇与挑战

纵观人类历史，世界强国无一不是教育强国。党的十八大以来，党中央把教育作为国之大计、党之大计，党的二十大报告把教育科技人才单独成章进行布局，更是吹响了加快建设教育强国的号角。目前我国教育现代化发展总体水平跨入世界中上国家行列，但要实现从教育大国向教育强国的跨越依然任重道远。

（一）世界一流大学建设对高校教师提出新要求

高等教育的发展水平直接影响一个国家整体发展水平和未来发展潜力。党的二十大报告提出，“加强基础学科、新兴学科、交叉学科建设，加快建设中国特色、世界一流

① 《习近平主持中央政治局第五次集体学习并发表重要讲话》，https://www.gov.cn/yaowen/liebiao/202305/content_6883632.htm?eqid=c1f64ea500001c3300000004647b32aa[2024-06-24]。

的大学和优势学科"[①]。随着新一轮科技革命和产业变革的深入推进，高等教育要实现高质量发展，须大力加强基础学科、新兴学科、交叉学科建设，瞄准世界科技前沿和国家重大战略需求推进科研创新，不断提升原始创新能力和人才培养质量。我国有独特的历史、独特的文化、独特的国情，建设中国特色、世界一流大学不能跟在别人后面依样画葫芦，简单以国外大学作为标准和模式，而是要扎根中国大地，走出一条建设中国特色、世界一流大学的新路。作为中国式现代化的重要组成部分，高等教育现代化对高校教师提出了新的更高要求。为了应对人才培养、学科调整、科研模式转变等方面的挑战，高校教师不仅需要有深厚的知识积累和文化素养，还需要具备探索精神和良好的品格修养和积极正向的价值取向。

（二）社会思想文化变迁给高校教师带来新挑战

当今世界，全球化的浪潮加速了文化间的融合与互动，但也加剧了价值观念和意识形态的碰撞。西方的政治理念、价值观念以及社会文化、思想潮流等，伴随着改革开放的持续深入以及对外开放的进一步扩大，对中国社会的影响也进一步增强。在经济发展新常态、人口结构变化和后疫情时代的背景下，公众的思想文化和心理状态正在经历显著的转变。高校作为知识和文化的传承地，面临着更加复杂的挑战。一方面，全球视野和开放思想成为当代教育的必然要求，高校教师在培养学生的同时，也需不断提升自身的国际化水平和跨文化交流能力。另一方面，网络和社交媒体的普及，使得信息的传播更加迅速和广泛，让学生接触到更多元化的知识和观点。多元化的文化思想，为高校教育注入了新的活力，但同时也带来了意识形态和价值观念的冲突。人们的个性需求在繁荣发展的经济社会中不断得到释放和满足，但同时消费主义、拜金主义等消极价值观也滋生蔓延。在文化交锋的最前沿，高校教师面临着多元思想文化和价值观念的直接渗透和巨大冲击。

（三）日新月异的信息技术衍生出一系列新课题

随着信息化不断发展，知识获取方式和传授方式、教和学关系都发生了革命性变化。这也对教师队伍能力和水平提出了新的更高的要求。互联网具有互动性强、信息传播快速、资源共享等特点，成为重要的传媒渠道。互联网的互动性和实时性使信息传播不再受地域和时间的限制，这对教师的信息获取和传播方式提出了新要求。网络环境中，教师不仅要迅速获取最新信息，还需具备筛选和评估信息的能力，以确保传递知识的准确性和价值性。互联网的共享性质意味着知识和信息变得更加开放、易于获取。这就要求高校教师，需要不断更新自己的知识体系，同时引导学生在海量信息中甄别真伪和提取精华。此外，信息技术的快速发展，尤其是 AI 技术的应用，如 ChatGPT 等，改变了人

① 《习近平：高举中国特色社会主义伟大旗帜 为全面建设社会主义现代化国家而团结奋斗——在中国共产党第二十次全国代表大会上的报告》，https://www.gov.cn/xinwen/2022-10/25/content_5721685.htm[2024-06-24]。

们获取信息的渠道，也改变了人们认知世界的方式，对传媒和教育等行业产生了重大影响。对高校教师而言，如何适应利用新的教育技术、智能工具来提高教学效率和质量，成为新的课题和挑战。

二、新时代高校教师的角色定位

立足新时代新征程，高校教师要坚持教育者先受教育。习近平总书记指出，“培养社会主义建设者和接班人，迫切需要我们的教师既精通专业知识、做好‘经师’，又涵养德行、成为‘人师’，努力做精于‘传道授业解惑’的‘经师’和‘人师’的统一者”[①]。新时代的高校教师，既要努力做好新时代党和国家教育方针政策的坚定拥护者和践行者，也要做好教育教学改革的探索者和实践者，还要做学校学科发展建设的开拓者和担当者，更要做学生成才成长的领路者和同行者。

（一）新时代党和国家教育方针政策的坚定拥护者和践行者

教师作为人类灵魂的工程师，是人类文明的传播者，肩负着立德树人的神圣使命。对高校教师而言，想把学生培养成什么样的人，自己首先就应该成为什么样的人。习近平总书记在全国高校思想政治工作会议上强调，“高校教师要坚持教育者先受教育，努力成为先进思想文化的传播者、党执政的坚定支持者，更好担起学生健康成长指导者和引路人的责任”[②]。中国的高等教育承担着培养德智体劳美全面发展的社会主义建设者和接班人的重任，同时服务于人民、中国共产党的治国理政、中国特色社会主义制度的巩固发展以及改革开放和社会主义现代化建设。高校教师作为传道者，要明道、信道。明道，即深刻认识和把握事物发展的规律性和本质特性，要明确认识我国高等教育事业的任务、性质与作用。信道，即坚定共产主义远大理想和中国特色社会主义共同信念，真诚信仰马克思主义。传道，即努力传播先进思想文化和中国特色社会主义理论。只有在明道、信道的基础上传道，才能真正贯彻好党的教育方针，实现为党育人、为国育才的根本目标。高校教师要以德立身、以德立学、以德施教，才能培养出具有正确世界观、人生观、价值观的社会主义建设者和接班人。

（二）新时代教育教学改革的探索者和实践者

新时代新征程上，面对快速发展的科技进步和日益变化的社会需求，加快推进教育现代化迫在眉睫，必须主动超前布局、有力应对变局、奋力开拓新局。习近平总书记在

---

① 《习近平在中国人民大学考察时强调：坚持党的领导传承红色基因扎根中国大地 走出一条建设中国特色世界一流大学新路》，https://www.gov.cn/xinwen/2022-04/25/content_5687105.htm[2024-06-24]。

② 《全国高校思想政治工作会议 12 月 7 日至 8 日在北京召开》，https://www.gov.cn/xinwen/2016-12/08/content_5145253.htm#1[2024-06-24]。

二十届中央政治局第五次集体学习时，强调“从教育大国到教育强国是一个系统性跃升和质变，必须以改革创新为动力”[①]，为高等教育教学改革指明了方向。传统的教育模式和教学方法已不能完全满足当下的教育目标，新时代的高校教师不仅是知识的传递者，更是教育教学改革的积极探索者和实践者，肩负着探索更加高效、前沿、适应时代发展的教育教学新模式的重任。一方面，既要创新教学方法，通过互联网、AI、虚拟现实等现代技术手段的运用，推进教学模式转变，创造更灵活开放的教学环境，在增加教学趣味性和实效性的同时，提高学生的学习动力和效率。另一方面，还要革新教学内容，将前沿科学技术、国际视野、创新思维等元素融入课程，培养学生的综合素质和创新能力。此外，面对学生个性化和多样化的学习需求，高校教师还需积极探索差异化教学策略，以满足不同学生的学习需求。基于学生的个性和兴趣，提供个性化的教学计划和学习资源，加强学生的批判性思维和独立解决问题能力的培养，促使学生从被动接受知识转向主动探索。

（三）新时代学校学科发展建设的开拓者和担当者

放眼世界，任何一个教育强国都是高等教育强国。新时代背景下，高校教师面临着学科前沿的拓展、学术理论的更新、教学方法的革新以及学术研究的深化等挑战，需要在学科发展建设中发挥先锋作用，“大力加强基础学科、新兴学科、交叉学科建设，瞄准世界科技前沿和国家重大战略需求推进科研创新，不断提升原始创新能力和人才培养质量”[①]。首先，高校教师在推动学科发展上发挥着关键作用。高校教师通过自身的研究，不断探索新的学术领域，推动学科知识的边界扩展。这不仅要求其具备坚实的学术基础，还需要具有前瞻性的视野和创新精神，并且善于将最新的学术成果和研究趋势融入课程内容，引导学生掌握前沿知识，激发学生的学术兴趣和探索精神。其次，高校教师在学术研究中发挥着领军人物的作用。通过科研项目的研究、学术论文的撰写和学术会议的交流，不断提升学校的学术声誉和研究水平。最后，高校教师在维护学术道德和学术规范方面担负重任。高校教师应以身作则，严格遵守学术诚信原则，建立良好的学术环境。同时，积极引导学生理解和遵守学术道德，培养学生的学术责任感和专业精神。

（四）新时代青年成才成长的领路者和同行者

教育是一门“仁而爱人”的事业，有爱才有责任。高校教师不仅是传道授业者，更是学生成长和才能发展的领路者和同行者。广大教师要严爱相济、润己泽人，以人格魅力呵护学生心灵，以学术造诣开启学生智慧，把自己的温暖和情感倾注到每一个学生身上，让每一个学生都健康成长，让每一个孩子都有人生出彩的机会。首先，高校教师在

---

① 《习近平主持中央政治局第五次集体学习并发表重要讲话》，https://www.gov.cn/yaowen/liebiao/202305/content_6883632.htm?eqid=c1f64ea500001c3300000004647b32aa[2024-06-24]。

学生的学术成长过程中发挥着指导和激励作用。他们通过高质量的教学，不断提升学生的学术水平，激发学生的学习兴趣和探索精神。在课堂教学之外，教师还通过科研项目、学术竞赛等活动，指导学生进行实践操作和创新探索，帮助学生构建扎实的学术基础和广阔的视野。其次，高校教师在学生的个人成长和职业发展中扮演着重要角色。他们不仅是学生学习过程中的指导者，也是学生职业规划和人生选择中的参谋和引导者。通过个性化的指导和咨询，高校教师帮助学生了解自己的兴趣和潜力，制订适合自己的学习和职业发展计划。此外，高校教师还承担着培养学生综合素养和道德品质的责任。通过各种教学活动和社会实践，培养学生的团队合作能力、社会责任感和伦理道德观。老师应该有言为士则、行为世范的自觉，不断提高自身道德修养，以模范行为影响和带动学生，做学生为学、为事、为人的大先生，成为被社会尊重的楷模，成为世人效法的榜样。

【背景知识】

教育家精神与“四有”好老师、“四个引路人”“经师”与“人师”相统一的“大先生”

党的十八大以来，习近平总书记多次就教师应该具备的专业素养发表重要观点。

“三个牢固树立”为教师立魂

2013 年，习近平总书记向全国广大教师致慰问信时，提出“希望全国广大教师牢固树立中国特色社会主义理想信念，带头践行社会主义核心价值观，自觉增强立德树人、教书育人的荣誉感和责任感，学为人师，行为世范，做学生健康成长的指导者和引路人；牢固树立终身学习理念，加强学习，拓宽视野，更新知识，不断提高业务能力和教育教学质量，努力成为业务精湛、学生喜爱的高素质教师；牢固树立改革创新意识，踊跃投身教育创新实践，为发展具有中国特色、世界水平的现代教育作出贡献”①。

“四有好老师”为教师立标

2014 年，习近平总书记提出：“全国广大教师要做有理想信念、有道德情操、有扎实知识、有仁爱之心的好老师，为发展具有中国特色、世界水平的现代教育，培养社会主义事业建设者和接班人作出更大贡献。”②

“四个相统一”为教师立德

2016 年，习近平总书记在全国高校思想政治工作会议上强调：“要加强师德师风建设，坚持教书和育人相统一，坚持言传和身教相统一，坚持潜心问道和关注社会相统一，坚持学术自由和学术规范相统一，引导广大教师以德立身、以德立学、以德施教。”③

“大先生”为教师立范

2016 年习近平总书记在全国高校思想政治工作会议上强调“教师做的是传播知识、

① 《习近平向全国广大教师致慰问信》，http://www.xinhuanet.com/politics/2013-09/09/c_117294186.htm[2024-06-24]。

② 《习近平号召全国广大教师：做党和人民满意的好老师》，https://www.gov.cn/xinwen/2014-09/09/content_2747519.htm[2024-06-24]。

③ 《全国高校思想政治工作会议 12 月 7 日至 8 日在北京召开》，https://www.gov.cn/xinwen/2016-12/08/content_5145253.htm#1[2024-06-24]。

传播思想、传播真理的工作，是塑造灵魂、塑造生命、塑造人的工作。教师不能只做传授书本知识的教书匠，而要成为塑造学生品格、品行、品味的‘大先生’”①。

2021 年在考察清华大学时强调“大学教师对学生承担着传授知识、培养能力、塑造正确人生观的职责。教师要成为大先生，做学生为学、为事、为人的示范，促进学生成长为全面发展的人”②。

“教育家精神”为教师立命

2023 年，习近平总书记在致全国优秀教师代表的信中提到：“教师群体中涌现出一批教育家和优秀教师，他们具有心有大我、至诚报国的理想信念，言为士则、行为世范的道德情操，启智润心、因材施教的育人智慧，勤学笃行、求是创新的躬耕态度，乐教爱生、甘于奉献的仁爱之心，胸怀天下、以文化人的弘道追求，展现了中国特有的教育家精神。”③

三、新时代高校教师的使命担当

教师是人类灵魂的工程师，承担着神圣使命。马克思认为：“作为确定的人，现实的人，你就有规定，就有使命，就有任务，至于你是否意识到这一点，那都是无所谓的。”（马克思和恩格斯，1960）在第三十九个教师节前夕，习近平总书记在致全国优秀教师代表的信中，首次对中国特有的教育家精神作出深刻阐释和科学定位，涵盖了新时代优秀教师所应具备的政治素养、道德素养、专业素养等各个方面的内容。新时代高校教师要以“教育家精神”为价值遵循，深刻认识自身在教育强国建设中肩负的神圣使命，以实际行动投身教育强国建设的生动实践。

（一）以“心有大我、至诚报国”坚定理想信念

“心有大我、至诚报国”的理想信念是教育家精神的政治灵魂，彰显了人民教师以身许国的爱国情怀和胸怀“国之大者”的使命担当。高校教师应坚守造福人民的初心，坚定地为党育人、为国育才，将个人价值与国家兴盛、民族复兴紧密结合，培养学生的家国情怀和全球意识。

首先，坚守为民初心的实质是将教育的目标定位于服务人民和社会。有信仰的教师才能培养出有信仰的学生。高校教师通过创新教学内容和方式，引导学生将个人价值与国家兴盛、民族复兴紧密联系，有意识地将个人梦想融入国家发展大局。在深入解析社会发展的历史和现状的基础上，结合专业知识，让学生看到自己专业技能在社会发展中的应用和价值，深刻领会个人对社会的贡献是实现个人价值的重要途径，以此激发他们

① 《总书记眼中的“人民教师”》，http://politics.people.com.cn/n1/2021/0910/c1001-32224020.html [2024-06-24]。

②《习近平在清华大学考察时强调 坚持中国特色世界一流大学建设目标方向 为服务国家富强民族复兴人民幸福贡献力量》，http://paper.people.com.cn/rmrb/html/2021-04/20/nw.D110000renmrb_20210420_1-01.htm[2024-06-24]。

③ 《习近平致全国优秀教师代表的信》，https://www.gov.cn/yaowen/liebiao/202309/content_6903084.htm[2024-06-24]。

为社会做贡献的愿望和动力。其次，坚定地为党育人、为国育才是教师职业的政治责任和历史使命。这就要求高校教师不仅传授专业知识，还要肩负起引导当代大学生树立正确世界观、人生观和价值观的责任。在教育教学中，注重培养学生的民族自豪感和国家责任感，使其深刻理解国家的发展历程、文化传承以及国际地位，从而更好地理解个人与国家、民族的关系。最后，培养学生的家国情怀和全球意识是这一使命的关键组成部分。高校教师应利用自己的专业优势，结合国内外的最新发展动态，拓宽学生的国际视野和跨文化交流能力，让学生了解世界的同时，自信地展示中国文化，增强国际交流和合作的能力，为国家的发展和民族的复兴作出重要贡献。

（二）以“言为士则、行为世范”陶冶道德情操

“言为士则、行为世范”的道德情操是教育家精神的鲜明品格，彰显了人民教师高尚的道德情操和文化修养。高校教师必须率先垂范、以身作则，以高尚的职业道德和行为标准自我约束，以德立身、以德立学、以德施教、以德育德，成为学生和社会的道德榜样。

以德立身，是教师职业道德的基石。教师的职业特性决定了教师必须是道德高尚的人，教师对学生的影响，不仅在于学识和能力，更在于其“为人处世、于国于民、于公于私所持的价值观”①。作为学生道德修养的镜子，高校教师在日常生活和工作中，应始终保持高尚的人格和道德修养，以诚信、公正、谦逊和奉献等为自己的行为准则。以德立学，强调教师在学术追求上应秉持的道德标准。教师不仅要追求学术的深度和广度，更应坚持学术诚信，严格遵守学术规范，反对任何形式的学术不端行为。在知识传授上，教师应注重引导学生形成正确的学术观念和研究方法，培养学生的批判性思维和独立学习能力。以德施教，是指教师在教学过程中应融入道德教育。在传授知识的同时，教师还应通过课堂讲授、自身的言行举止、对学生的关心和引导、良好的学习氛围的营造来引导学生树立正确的价值观和人生观，培养其社会责任感和道德意识。以德育德则强调的是教师在培养学生道德品质上的作用。教师应以身作则，通过自己的实际行动，潜移默化地成为学生模仿和学习的对象，引导其成为技术或学术上的专家，更要成为道德上的楷模。

（三）以“启智润心、因材施教”涵养育人智慧

“启智润心、因材施教”的育人智慧是教育家精神的使命呈现，是教师育人品格与育人能力的重要体现。高校教师既要遵循教书育人规律，把知识传授与价值塑造有机结合起来，也要遵循学生成长规律，根据学生特点进行个性化指导、差异化评价、针对性施教，于点滴处入心、于细微处育人，努力让每个学生都成长为“最好的自己”。

---

①《习近平：做党和人民满意的好老师——同北京师范大学师生代表座谈时的讲话》，https://www.gov.cn/xinwen/2014-09/10/content_2747765.htm[2024-06-24]。

首先，要拓宽教育视野，把握教育规律，准确识变。在快速变化的教育环境中，高校教师需要具备敏锐的时代感和教育洞察力，以此更好地把握理解当代社会的发展趋势、新兴技术对教育的影响以及学生的需求变化。不断学习新的教育理论和教学方法，深入了解和把握教育的基本规律，从而更好地适应新时代教育的发展方向。其次，要适应教育技术变革，提高教学质效，科学应变。面对“互联网+”、AI 等技术革新带来的教育转型，高校教师应积极适应并善用这些新技术。通过整合线上线下教学资源、利用智能教学工具、实现个性化教学和学习分析，有效提高教学效率和质量。同时，在广泛运用技术的同时，关注技术与教育的深度融合，确保技术的应用能够真正促进学生的学习和发展。最后，要从知识的传授者转变为学习的合作者和引导者，主动求变。新时代教育背景下，高校教师的角色应从单纯的知识传授者转变为学生学习的合作者和引导者，不仅要传授知识，更要激发学生的学习兴趣，引导他们自主探索和发现知识，协助他们建立起批判性和创造性思维。教师应成为学生学习旅程中的伙伴和引路人，鼓励学生主动学习，共同探讨和解决问题，促进学生的全面发展。

（四）以“勤学笃行、求是创新”保持躬耕态度

“勤学笃行、求是创新”的躬耕态度是教育家精神的必然要求，指向了教师的从教品格和治学态度。新时代高校教师肩负着不断自我提升、引领学术创新的重任，需要激发内生动力和创新活力，以精湛的学识、深厚的素养、创新的理念，做学生求学问道的榜样、前行的引路人和终身学习的践行者。

首先，要以精湛的学识，做求学问道的榜样。勤学笃行要求高校教师要以自身的精湛学识为基础，不断更新和扩展知识边界。深耕细作专业领域的同时，关注学科交叉和前沿动态，持续更新自己的知识体系。通过参与学术研究、撰写论文、参加国际交流等方式，拓宽自己的学术视野，成为学生求学问道的榜样。其次，要以深厚的素养，做学生前行的引路人。求是创新要求高校教师不仅拥有扎实的专业知识，还要具备深厚的人文素养和创新意识。引领学生在探索知识的道路上，学会独立思考、批判性分析和创新性解决问题。最后，要以创新的理念，做终身学习的践行者。在知识爆炸和技术革新的时代背景下，高校教师应当时刻保持对新知识、新技术、新理论的敏锐洞察力和持续学习能力。在教学中，多样化运用教学方法和技巧，如案例教学、项目导向教学、翻转课堂等，激发学生的学习兴趣。在研究中，勇于探索新领域，应用新技术，致力于为我国实现科技自立自强、建成科技强国的奋斗目标贡献一己之力。

（五）以“乐教爱生、甘于奉献”勤修仁爱之心

“乐教爱生、甘于奉献”的仁爱之心是教育家精神的崇高情怀，体现了深厚的教育情怀和高尚的职业道德。高校教师要坚持爱教育、爱学生、爱奉献，以仁凝心、用爱聚力，努力成为“好老师”和“大先生”。

首先，“乐教”是高校教师使命的核心，要求教师对教育事业抱有深沉的热爱和持久的热情。这种热爱源自对知识探索的无限渴望，对教学艺术的精益求精，以及对学生潜能挖掘和成长促进的执着追求。高校教师应致力于创造性教学和研究，通过生动鲜活的课堂互动、丰富多彩的教学方法和真诚的师生交流，激发学生的学习热情，培养他们的创新思维和批判性思考能力。教师的热情与专业精神是引导学生走向成功的重要力量。其次，“爱生”强调教师对学生的深切关怀和全方位关注。这既涉及学生的学业成就，也关涉学生的心理健康、人格发展和社会适应能力。高校教师应当真诚关爱每一位学生，尊重其个性差异和特殊需求，为其提供适宜的学习和成长环境。做学生心灵的引路人和情感的倾听者，帮助其建立自信发现自我，助力其在勇敢面对挑战中健康成长。最后，“甘于奉献”体现了高校教师对教育事业的无私奉献精神。高校教师不仅要投身于教学和科研工作，更应积极参与社会服务，致力于教育改革和创新。以强烈的责任感和事业心，不断提升自我，为培养具有创新精神和社会责任感的优秀人才贡献力量，助力推动社会进步和国家发展。

（六）以“胸怀天下、以文化人”树立弘道追求

“胸怀天下、以文化人”的弘道追求是教育家精神的价值取向，彰显了中国共产党人为人类谋进步、为世界谋大同的全球视野和博大胸襟。高校教师应积极参与国际交流和文化传承，培养学生的全球意识，传播中国声音，为构建人类命运共同体贡献力量。

首先，要夯实以天下为己任的价值基底。全球化背景下，高校教师不仅是传授知识的导师，更是引导学生理解世界、关注人类命运共同体的重要桥梁。不仅自身需具备广阔的国际视野和深刻的全球意识，还要善于引导学生关注气候变化、经济一体化、文化多元等全球性问题，以此帮助学生拓宽视野，理解不同文化和国家间的互动与合作，形成以天下为己任的思维方式。其次，要筑牢文化自信的精神基石。在全球化的浪潮中，保持文化自信尤为重要。高校教师要用中华优秀传统文化培根铸魂，引导学生在感悟、领悟、体悟中华优秀传统文化精髓的过程中，强化对中华民族的文化认同感和实现中华民族伟大复兴的责任感。最后，要担负起弘扬全人类共同价值的责任。高校教师在传播和弘扬全人类共同价值上扮演了重要角色，需要聚焦中国教育重大战略需要，引领学生在国际教育交流与合作中，增强放眼世界、胸怀天下的历史自觉，在知识传播、文化传承、精神创造的过程中，帮助学生树立多元文化的包容心态，更在他们心中种下对全人类共同福祉的责任感，为构建和谐共生的世界贡献力量。

第三节　新时代高校师德师风教育

强教必先强师，加强教师队伍建设是建设教育强国最重要的基础工作。党的十八大以来，习近平总书记高度重视高校教师队伍建设，对高校师德师风建设提出了一系列新

理念、新思想，强调“评价教师队伍素质的第一标准应该是师德师风”①。加强新时代高校师德师风建设要以习近平总书记关于教育的重要论述为根本遵循和行动指南，以党和国家加强高校师德师风建设的基本政策为依据，深刻认识新时代高校师德师风的根本遵循、基本政策和重点案例，提高师德师风建设的主动性。

一、新时代高校师德师风建设的根本遵循

习近平总书记关于师德师风的重要论述是新时代师德师风建设的根本遵循和行动指南。进入新时代以来，关于师德师风，习近平总书记先后提出了“三个牢固树立”、“四有”好老师、“四个引路人”、“四个相统一”、“六要”等重要论述，涉及师德师风建设的标准、意义和基本要求。

（一）关于师德师风建设的标准

在习近平总书记关于师德师风的重要论述中，从2014年同北京师范大学师生代表座谈时的讲话至2019年在学校思想政治理论课教师座谈会上的重要讲话，“好老师”的标准一以贯之。2021年习近平总书记在考察清华大学时提出了“大先生”这个概念。归结起来看，师德师风建设的标准指向朝“好老师”看齐，向“大先生”迈进。

习近平总书记在2014年北京师范大学师生座谈会上对“好老师”做了全面系统的阐述，他强调“好老师没有统一的模式，可以各有千秋、各显身手，但有一些共同的、必不可少的特质”②，做好老师“要有理想信念”“要有道德情操”“要有扎实学识”“要有仁爱之心”。在“好老师”的基础上，习近平总书记在2021年考察清华大学时，强调“三要”——要成为大先生、要研究真问题、要坚定信念。希望老师做学生为学、为事、为人的示范，促进学生成长为全面发展的人。要成为“大先生”，首先要做“好老师”，这既是高校师德师风建设标准，也是高校师德师风建设的基本路径。

综合起来看，高校教师良好的师德应该具备以下几方面内涵。

（1）有理想信念。正确理想信念是教书育人、播种未来的指路明灯。不能想象一个没有正确理想信念的人能够成为好老师。高校教师要始终同党和人民站在一起，做中国特色社会主义的坚定信仰者和忠实实践者，忠诚党的教育事业，用好课堂讲坛，守好校园阵地，用自己的行动践行核心价值观，用自己的学识阅历经验，点燃学生对真善美的向往。

（2）有道德情操。老师的人格力量和人格魅力是成功教育的重要条件。老师对学生的影响，离不开老师的学识和能力，更离不开老师为人处世、于国于民、于公于私所持

---

① 《习近平：在北京大学师生座谈会上的讲话》，https://www.gov.cn/xinwen/2018-05/03/content_5287561.htm[2024-06-24]。

② 《习近平：做党和人民满意的好老师——同北京师范大学师生代表座谈时的讲话》，https://www.gov.cn/xinwen/2014-09/10/content_2747765.htm[2024-06-24]。

的价值观。好老师应该是以德施教、以德立身的楷模。高校教师应在是非、曲直、善恶、义利、得失等方面有正确的观念和行动，见贤思齐，自觉坚守精神家园和人格底线；不断提高道德修养，提升人格品质，率先垂范、以身作则，做一个高尚的人、纯粹的人、脱离了低级趣味的人，带头弘扬社会主义道德和中华传统美德；引导和帮助学生把握好人生方向，特别是引导和帮助大学生扣好人生第一粒扣子。

（3）有扎实学识。扎实的知识功底、过硬的教学能力、勤勉的教学态度、科学的教学方法是老师的基本素质，其中知识是根本基础。知识储备不足、视野不够，教学中必然捉襟见肘，更谈不上游刃有余。在信息时代做好高校老师，自己所知道的必须大大超过要教给学生的范围，不仅要有胜任教学的专业知识，还要有广博的通用知识和宽阔的胸怀视野。高校老师还应该是智慧型的老师，始终处于学习状态，站在知识发展前沿，刻苦钻研、严谨笃学，不断充实、拓展、提高自己。具备学习、处世、生活、育人的智慧，既授人以鱼，又授人以渔，能够在各个方面给学生以帮助和指导。

（4）有仁爱之心。爱心是学生打开知识之门、启迪心智的开始，爱心能够滋润浇开学生美丽的心灵之花。好老师对学生的教育和引导应该是充满爱心和信任的，在严爱相济的前提下晓之以理、动之以情，让学生“亲其师”“信其道”，用爱培育爱、激发爱、传播爱，通过真情、真心、真诚拉近同学生的距离，滋润学生的心田，使自己成为学生的好朋友和贴心人。高校教师应该把自己的温暖和情感倾注到每一个学生身上，用欣赏增强学生的信心，用信任树立学生的自尊，让每一个学生都健康成长，让每一个学生都享受成功的喜悦。

（二）新时代加强师德师风建设的重大意义

加强师德师风建设，培育良好的师德师风，是学校的基本工作，是全社会的共同任务，更是教师的本分。

1. 优良师德师风是高校教师的基本素养和必要条件

习近平总书记指出：“教育决定着人类的今天，也决定着人类的未来。”[①]教师的职业道德是一种最为特殊的职业道德，也是最为重要的职业道德，它调整两个重要的社会关系。一方面是教育者与受教育者的关系。一般而言，师生关系上是“师强生弱”，如果教师道德败坏，欺凌弱小，不仅无法实现教育的功能，还会严重侵害学生的身心。所以要求教师必须自律，必须品德高尚。另一方面是国家、社会和教师之间的关系。教师有崇高的使命与责任。国家、社会应当善待教师，也要对教师的人格、品德、知识、技能提出特殊的要求。此外，优良师德是教师职业的本质属性。“德高人为师”，教师的使命决定了教师必须有德；“德重学子信”，德重之人可亲，亲则信，信则灵，学习效果取决于教师的道德水平；“德厚才精进”，有德之人的学问能够与日俱增，无德之人

① 《清华苏世民学者项目启动 习近平致信 刘延东出席》，https://www.gov.cn/guowuyuan/2013-04/21/content_2589678.htm[2024-06-24]。

的才智将会随着欲望的膨胀而枯竭。

2. 良好师德师风是实现新时代高校教师使命的基本保证

习近平总书记在庆祝中国共产党成立100周年大会上庄严宣告："经过全党全国各族人民持续奋斗，我们实现了第一个百年奋斗目标，在中华大地上全面建成了小康社会，历史性地解决了绝对贫困问题，正在意气风发向着全面建成社会主义现代化强国的第二个百年奋斗目标迈进。"①党的十九届五中全会通过了《中共中央关于制定国民经济和社会发展第十四个五年规划和二〇三五年远景目标的建议》，明确提出"到二〇三五年基本实现社会主义现代化，到本世纪中叶把我国建成富强民主文明和谐美丽的社会主义现代化强国"②。今天的学生是未来实现中华民族伟大复兴中国梦的主力军，广大教师是打造这支中华民族"梦之队"的筑梦人。这一代人能不能培养好，关系到能否顺利实现社会主义现代化，能否如期建成富强民主文明和谐美丽的社会主义现代化强国，实现中华民族的伟大复兴。新时代高校教师能否完成好这个光荣的历史使命，关键看是否有良好的师德师风。

3. 加强高校师德师风建设是克服教师队伍建设短板弱项的必要措施

当前，我国高校教师队伍建设存在一些短板弱项，集中表现在师德师风建设的各方面：在学术风气方面，有的教师急功近利、浮躁、浮夸，有的抄袭剽窃、伪造篡改、买卖论文；在教学方面，有的教师教书育人意识淡薄，教学敷衍，在课堂、论坛、讲座、网络及其他渠道，发表、转发错误观点，或散布虚假、不良信息，甚至随意散发违背公序良俗和法律的言论，误导学生；在品德修养方面，有的教师道德败坏，为牟取私利而提供非法的便利。这些现象严重败坏了高校教师的形象，诱发人们对我国高等教育的信任危机，影响我国高等教育的健康发展，阻碍国家经济社会发展的步伐。这不仅关系到国家事业的发展和民族复兴，也关系到千千万万学生的健康发展和切身利益。所以，在这个重要的历史时期，加强高校师德师风建设刻不容缓。

（三）加强师德师风建设的基本原则与方法

习近平总书记在全国高校思想政治工作会议上强调"要加强师德师风建设，坚持教书和育人相统一，坚持言传和身教相统一，坚持潜心问道和关注社会相统一，坚持学术自由和学术规范相统一，引导广大教师以德立身、以德立学、以德施教"③。在北京大学

---

①《习近平：在庆祝中国共产党成立100周年大会上的讲话》，https://www.gov.cn/xinwen/2021-07/15/content_5625254.htm[2024-06-24]。

②《中共中央关于制定国民经济和社会发展第十四个五年规划和二〇三五年远景目标的建议》，https://www.gov.cn/zhengce/2020-11/03/content_5556991.htm[2024-06-24]。

③《全国高校思想政治工作会议12月7日至8日在北京召开》，https://www.gov.cn/xinwen/2016-12/08/content_5145253.htm#1[2024-06-24]。

师生座谈时他指出，“师德师风建设应该是每一所学校常抓不懈的工作，既要有严格制度规定，也要有日常教育督导”[①]。这里习近平总书记向教师提出了三个基本要求——以德立身、以德立学、以德施教，为党育人，为国育才。同时，指出了教师个体加强师德师风建设的四个基本方法，即“四个统一”。要求各高校师德师风建设工作必须常抓不懈，既要有制度，也要开展日常的教育督导。

1. 完善教育管理制度是培养优良师德师风的基本方法

科学合理的管理制度是高校教师师德师风建设的基础。没有科学合理的管理制度，却要求教师们有良好的师德师风，是本末倒置的。习近平总书记在北京市八一学校考察时强调：“要深化办学体制、管理体制、经费投入体制、考试招生及就业制度等方面的改革，深化学校内部管理制度、人事薪酬制度、教学管理制度等方面的改革，深化人才培养模式、教学内容及方式方法等方面的改革，使各级各类教育更加符合教育规律、更加符合人才成长规律。”[②]根据习近平总书记的重要论述，与师德师风建设相关的高校管理制度应包括以下几项：一是公平合理的薪酬分配制度；二是科学规范的教师管理制度，包括教师考核制度、职称评审制度等；三是理性适度的职业道德规则；四是尊师重教的社会文化制度。

2. 教师职业道德培养是高校师德师风建设的重要途径

高校教师的职业道德培养是指按照党和国家的要求，教育行政主管部门、学校的各级领导、教师行业协会等将教师职业道德规范转化为教师内在美好品德的培养方法。它主要包括言语教育、奖励惩罚、以身施教、树立榜样等四种。其一，言语教育旨在通过语言向高校教师传授师德师风相关知识、师德师风建设智慧，以提高其个人师德认识的伦理教育方法。一定程度可以使其认识到师德师风建设的意义和必要性，但不一定让他们产生积极培育良好师德师风的动机。其二，奖励惩罚可以激发高校教师形成良好师德师风的动机，避免出现违反职业道德规范的言行。高校教师的奖励包括授予荣誉称号、晋升职称、职务、发放奖金等“权力奖励”和致送表扬信、锦旗，公众媒体“点赞”等“舆论奖励”。其三，以身施教是各级领导干部、高校及其职能部门和学院的负责人，通过自觉躬行言语教育的内容及道德规则，使高校教师受到感染从而自觉遵行高等教育职业道德规范，培养良好师德师风的教育方法。以身施教可以提高言语教育的说服力，坚定受教育者的道德意志，树立道德榜样。反之则破坏言语教育的功能和效力，使受教育者产生教育者虚伪的认知，产生反感情绪。其四，树立榜样。树立榜样就是通过推出黄大年、高铭暄、于漪、卫兴华等“好老师”“大先生”模范人物，使受教育者的道德理想现实化、具体化和明确化，克服言语教育等教育方法的抽象、笼统和模糊的缺陷。四

① 《习近平：在北京大学师生座谈会上的讲话》，https://www.gov.cn/xinwen/2018-05/03/content_5287561.htm[2024-06-24]。

② 《习近平在北京市八一学校考察时强调 全面贯彻落实党的教育方针 努力把我国基础教育越办越好》，https://www.gov.cn/xinwen/2016-09/09/content_5107047.htm[2024-06-24]。

种方法互相补充，形成合力，有助于促进高校师德师风建设。

3. 教师个人品德修养是高校师德师风建设的根本方法

结合高校教师师德师风建设实践，教师个人品德修养是高校师德师风建设的根本方法，包括主动学习、树立志向、认真实践和不断反省等。首先，高校教师应该主动进行师德学习，重点是阅读习近平总书记关于师德师风建设的重要论述，学习教育部等有关部委发布的高校教师职业道德规范等系列文件，积极参加学校组织的师德师风教育培训，听取榜样人物的道德知识和智慧传授，参观考察道德教育展览等。其中，阅读伦理学等书籍也是获取理性道德知识的重要方式。其次，高校教师还应为自己的师德修养设定目标。新时代高校教师承担着伟大光荣的历史使命，是打造这支中华民族“梦之队”的筑梦人。每一位高校教师都应该树立做“好老师”“大先生”的志向，为建设富强民主文明和谐美丽的社会主义现代化强国，实现中华民族伟大复兴贡献自己的力量。再次，高校教师树立做“好老师”“大先生”的志向后，就要认真实践，使自己永远走在师德修养的路上，不断地向“好老师”“大先生”靠近，不断地端正做“好老师”“大先生”的感情和欲望，不断地在教书育人工作和社会生活中做善事、好事，及时纠正不符合高校教师师德师风规范的言论和行为。最后，时常对自己的思想、行为是否合乎道德规范进行自我审视和检查。高校教师要把习近平总书记关于师德师风建设的重要论述和教育部等有关部委的规定作为标准，时常反思自己的言行，通过时常自省，不断提升师德修养水平，向“好老师”“大先生”的目标迈进。

二、新时代加强高校师德师风建设的基本政策

进入新时代以来，为了贯彻落实习近平总书记关于师德师风建设的重要论述，国家有关部委出台了一系列关于师德师风建设的重要法律法规文件，就高校教师师德师风建设做了以下规定。

（一）高校教师应当遵守的职业道德规范和职业行为准则

在《高等学校教师职业道德规范》中明确了高校教师的职业道德规范是爱国守法、敬业爱生、教书育人、严谨治学、服务社会、为人师表六个方面。在《新时代高校教师职业行为十项准则》中明确规定坚定政治方向、自觉爱国守法、传播优秀文化、潜心教书育人、关心爱护学生、坚持言行雅正、遵守学术规范、秉持公平诚信、坚守廉洁自律、积极奉献社会是高校教师的职业行为准则。2018 年 1 月教育部发布的《关于全面落实研究生导师立德树人职责的意见》指出，高校研究生导师的基本职责是立德树人，基本素质是政治素质过硬、师德师风高尚、业务素质精湛。

上述三个文件贯彻了习近平总书记关于师德师风建设的重要论述，是对高校教师的共同要求，其规定都是基本的师德规范，也是高校教师的必备条件。

【背景知识】

高等学校教师职业道德规范

一、爱国守法。热爱祖国，热爱人民，拥护中国共产党领导，拥护中国特色社会主义制度。遵守宪法和法律法规，贯彻党和国家教育方针，依法履行教师职责，维护社会稳定和校园和谐。不得有损害国家利益和不利于学生健康成长的言行。

二、敬业爱生。忠诚人民教育事业，树立崇高职业理想，以人才培养、科学研究、社会服务和文化传承创新为己任。恪尽职守，甘于奉献。终身学习，刻苦钻研。真心关爱学生，严格要求学生，公正对待学生，做学生良师益友。不得损害学生和学校的合法权益。

三、教书育人。坚持育人为本，立德树人。遵循教育规律，实施素质教育。注重学思结合，知行合一，因材施教，不断提高教育质量。严慈相济，教学相长，诲人不倦。尊重学生个性，促进学生全面发展。不拒绝学生的合理要求。不得从事影响教育教学工作的兼职。

四、严谨治学。弘扬科学精神，勇于探索，追求真理，修正错误，精益求精。实事求是，发扬民主，团结合作，协同创新。秉持学术良知，恪守学术规范。尊重他人劳动和学术成果，维护学术自由和学术尊严。诚实守信，力戒浮躁。坚决抵制学术失范和学术不端行为。

五、服务社会。勇担社会责任，为国家富强、民族振兴和人类进步服务。传播优秀文化，普及科学知识。热心公益，服务大众。主动参与社会实践，自觉承担社会义务，积极提供专业服务。坚决反对滥用学术资源和学术影响。

六、为人师表。学为人师，行为世范。淡泊名利，志存高远。树立优良学风教风，以高尚师德、人格魅力和学识风范教育感染学生。模范遵守社会公德，维护社会正义，引领社会风尚。言行雅正，举止文明。自尊自律，清廉从教，以身作则。自觉抵制有损教师职业声誉的行为。

资料来源：《教育部 中国教科文卫体工会全国委员会关于印发〈高等学校教师职业道德规范〉的通知》，http://www.moe.gov. cn/srcsite/A04/s7051/201112/t20111223_180798.html[2024-06-24]。

（二）高校教师师德禁行行为

教育部在《关于建立健全高校师德建设长效机制的意见》中提出建立健全高校教师违反师德行为的惩处机制，划出对高校教师具有警示教育意义的师德禁行行为“红七条”，即“高校教师不得有下列情形：损害国家利益，损害学生和学校合法权益的行为；在教育教学活动中有违背党的路线方针政策的言行；在科研工作中弄虚作假、抄袭剽窃、篡改侵吞他人学术成果、违规使用科研经费以及滥用学术资源和学术影响；影响正常教育教学工作的兼职兼薪行为；在招生、考试、学生推优、保研等工作中徇私舞弊；索要或收受学生及家长的礼品、礼金、有价证券、支付凭证等财物；对学生实施性骚扰或与学生发生不正当关系；其他违反高校教师职业道德的行为”。有上述情形的，依法依规分别给予警告、记过、降低专业技术职务等级、撤销专业技术职务或者行政职务、解除聘用合同或者开除等处分。对严重违法违纪的要及时移交相关部门。此外，还要建立问责机制，对教师严重违反师德行为监管不力、拒不处分、拖延处分或推诿隐瞒，造成不良影响或严重后果的，要追究高校主要负责人的责任。

2018年教育部在《新时代高校教师职业行为十项准则》中除了从正面对高校教师提出了十个方面的要求外，还规定十个方面的禁行行为。当然，除了这十条禁行行为外，还不得有其他违反高校教师职业道德的行为。这是高校教师不能触碰的底线，如若触犯了其中任何一条，不仅将在道德上受谴责，还要受到校规、校纪、党纪甚至法律的制裁。

【背景知识】

新时代高校教师职业行为十项准则

教师是人类灵魂的工程师，是人类文明的传承者。长期以来，广大教师贯彻党的教育方针，教书育人，呕心沥血，默默奉献，为国家发展和民族振兴作出了重大贡献。新时代对广大教师落实立德树人根本任务提出新的更高要求，为进一步增强教师的责任感、使命感、荣誉感，规范职业行为，明确师德底线，引导广大教师努力成为有理想信念、有道德情操、有扎实学识、有仁爱之心的好老师，着力培养德智体美劳全面发展的社会主义建设者和接班人，特制定以下准则。

一、坚定政治方向。坚持以习近平新时代中国特色社会主义思想为指导，拥护中国共产党的领导，贯彻党的教育方针；不得在教育教学活动中及其他场合有损害党中央权威、违背党的路线方针政策的言行。

二、自觉爱国守法。忠于祖国，忠于人民，恪守宪法原则，遵守法律法规，依法履行教师职责；不得损害国家利益、社会公共利益，或违背社会公序良俗。

三、传播优秀文化。带头践行社会主义核心价值观，弘扬真善美，传递正能量；不得通过课堂、论坛、讲座、信息网络及其他渠道发表、转发错误观点，或编造散布虚假信息、不良信息。

四、潜心教书育人。落实立德树人根本任务，遵循教育规律和学生成长规律，因材施教，教学相长；不得违反教学纪律，敷衍教学，或擅自从事影响教育教学本职工作的兼职兼薪行为。

五、关心爱护学生。严慈相济，诲人不倦，真心关爱学生，严格要求学生，做学生良师益友；不得要求学生从事与教学、科研、社会服务无关的事宜。

六、坚持言行雅正。为人师表，以身作则，举止文明，作风正派，自重自爱；不得与学生发生任何不正当关系，严禁任何形式的猥亵、性骚扰行为。

七、遵守学术规范。严谨治学，力戒浮躁，潜心问道，勇于探索，坚守学术良知，反对学术不端；不得抄袭剽窃、篡改侵吞他人学术成果，或滥用学术资源和学术影响。

八、秉持公平诚信。坚持原则，处事公道，光明磊落，为人正直；不得在招生、考试、推优、保研、就业及绩效考核、岗位聘用、职称评聘、评优评奖等工作中徇私舞弊、弄虚作假。

九、坚守廉洁自律。严于律己，清廉从教；不得索要、收受学生及家长财物，不得参加由学生及家长付费的宴请、旅游、娱乐休闲等活动，或利用家长资源谋取私利。

十、积极奉献社会。履行社会责任，贡献聪明才智，树立正确义利观；不得假公济私，擅自利用学校名义或校名、校徽、专利、场所等资源谋取个人利益。

资料来源：《教育部关于印发〈新时代高校教师职业行为十项准则〉〈新时代中小学教师职业行为十项准则〉〈新时代幼儿园教师职业行为十项准则〉的通知》。

（三）加强高校师德师风建设的具体措施

教育部等有关部委的一系列文件提出了加强师德师风建设的措施，概括起来主要有四个方面。其一，全面加强教师队伍思想政治工作。坚持思想铸魂，用习近平新时代中国特色社会主义思想武装教师头脑；坚持价值导向，引导教师带头践行社会主义核心价值观；坚持党建引领，充分发挥党支部和党员教师作用。其二，大力提升教师职业道德素养。突出课堂育德，在教育教学中提升师德素养；突出典型树德，持续开展优秀教师选树宣传；突出规则立德，强化教师的法治和纪律教育。其三，将师德师风建设要求贯穿于教师管理全过程。严格招聘引进，把好教师队伍入口关；严格考核评价，落实师德第一标准；严格师德督导，建立多元监督体系；严格违规惩处，治理师德突出问题。其四，着力营造全社会尊师重教氛围。强化地位提升，激发教师工作热情；强化权利保护，维护教师职业尊严；强化尊师重教，厚植校园师道文化；强化各方联动，营造尊师重教氛围。

教育部等国家部委的有关规定，将习近平总书记关于师德师风的重要论述进一步法制化、规范化，细化为工作方针和指南，不仅明确了师德的标准、师德禁行行为的红线，还提出了加强师德师风建设的具体措施，这为高校教师培育良好的师德师风，明确了努力方向，对高校加强师德师风建设明确了具体要求，是高校加强师德师风建设的基本依据。

三、新时代师德优秀典型先进事迹

近年来，国家持续开展优秀教师选树宣传，大力宣传新时代广大教师阳光美丽、爱岗敬业、甘于奉献、改革创新的新形象，开展多层次的优秀教师选树宣传活动，形成校校有典型、榜样在身边、人人可学可做的局面。黄大年、张桂梅、曲建武等老师的感人事迹，更是早已深入人心。

【典型案例】

“时代楷模”黄大年先进事迹

黄大年，男，汉族，1958 年 8 月出生，中共党员，著名地球物理学家。生前系吉林大学地球探测科学与技术学院教授、博士生导师。2009 年，黄大年同志毅然放弃国外优越条件回到祖国，刻苦钻研、勇于创新，取得了一系列重大科技成果，填补了多项国内技术空白，2017年1月8日不幸因病去世，年仅58岁。黄大年同志被追授“时代楷模”“全国优秀教师”“杰出科学家”“至诚报国归侨楷模”“吉林省特等劳动模范”“吉林省优秀共产党员”等荣誉。

2017年5月，习近平对黄大年同志先进事迹作出重要指示：黄大年同志秉持科技报国理想，把为祖国富强、民族振兴、人民幸福贡献力量作为毕生追求，为我国教育科研事业作出了突出贡献，他的先进事迹感人肺腑。要以黄大年同志为榜样，学习他心有大我、至诚报国的爱国情怀，学习他教书育人、敢为人先的敬业精神，学习他淡泊名利、甘于奉献的高尚情操，把爱国之情、报国之志融入祖国改革发展的伟大事业之中、融入人民创造历史的伟大奋斗之中，从自己做起，从本职岗位做起，为实现“两个一百年”奋斗目标、实现中华民族伟大复兴的中国梦贡献智慧和力量。

资料来源:《“时代楷模”先进事迹——黄大年》,http://www.moe.gov.cn/jyb_xwfb/moe_2082/2021/2021_zl37/shideshiji/202105/t20210511_530854.html[2024-06-24]。

“时代楷模”张桂梅先进事迹

张桂梅，女，满族，1957年6月出生，中共党员，云南省丽江华坪女子高级中学党支部书记、校长，华坪县儿童福利院院长。曾荣获“时代楷模”“全国优秀共产党员”“全国先进工作者”“全国师德标兵”“全国最美乡村教师”“全国脱贫攻坚楷模”“感动中国2020年度人物”等荣誉称号。

张桂梅同志坚守教育报国初心，牢记立德树人使命，扎根贫困地区40多年，立志用教育扶贫斩断贫困代际传递，倾力建成全国第一所全免费女子高中，让1600余名贫困山区女学生圆梦大学，托举起当地群众决战决胜脱贫攻坚的信心希望。

张桂梅同志坚守初心、对党忠诚，响应党的号召，毅然到云南支援边疆建设，跨越千里、辗转多地，无怨无悔。她创办免费女子高中，帮助数千名山区女孩改变命运，为国家输送了一批又一批莘莘学子。她坚决贯彻党的教育方针，将坚定的理想信念融入办学体系，用红色教育为师生铸魂塑形。2000年，她在领取劳模奖金后，把全部奖金5000元一次性交了党费。她把对党的忠诚和对人民的热爱渗透在血脉里，在她身上充分体现着一名共产党员初心如磐的精神品质和至诚至深的家国情怀。

张桂梅同志爱岗敬业、爱生如子，为了不让一名女孩因贫困失学，坚持家访11年，遍访贫困家庭1300多户，行程十余万公里。她长期拖着病体工作，超量的付出透支了原本羸弱的身体，换来女子高中学生学习的好成绩。她不遗余力践行着“只要我还有一口气，就要站在讲台上”的诺言，用实际行动铺就贫困学子用知识改变命运的圆梦之路。多年来她一直住在学生宿舍，和孩子们吃住在一起，陪伴学生学习生活。她在教书育人岗位上为贫困地区教育事业作出了重要贡献，在她身上充分体现了人民教师潜心育人的敬业精神和立德树人的使命担当。

张桂梅同志执着奋斗、无私奉献，心怀大我，对自己近乎苛刻的节俭，却把工资、奖金和社会各界捐款100多万元全部投入到贫困山区教育中。长期义务兼任华坪福利院院长，多方奔走筹集善款，20年来含辛茹苦养育136名孤儿，被孩子们亲切称呼为“妈妈”。她把全部身心献给了祖国西南贫困山区的教育和福利事业，在她身上充分体现了人民教师以德施教的仁爱之心和至善至美的师者大爱。

资料来源:《“时代楷模”先进事迹——张桂梅》,http://www.moe.gov.cn/jyb_xwfb/moe_2082/2021/2021_zl37/shideshiji/202105/ t20210511_530873.html[2024-06-24]。

“时代楷模”曲建武先进事迹

曲建武，男，汉族，1957 年 7 月出生，中共党员，大连海事大学公共管理与人文学院 2013 级辅导员、马克思主义学院教师。工作 30 多年来，始终情系高校思想政治工作，积极传播先进思想文化，不断探索工作规律，在大学生思想政治教育方面作出突出业绩。荣获“时代楷模”“全国师德标兵”“全国优秀教师”“全国高校辅导员年度人物”等荣誉称号。

曲建武同志爱党爱教，淡泊名利，以别样的人生诠释热爱教育和服务学生的至诚情怀。从 1982 年毕业留校担任辅导员以来，无论从教从政、身处何地何职，始终心怀为党的事业奋斗的坚定信念和为学生服务的宗旨,倾心倾力投身到他所钟爱的人民教育事业。他不忘初心，立德树人，以丰富的经验身体力行贯彻党的教育方针。在教学中主动承担本科生思想道德修养与法律基础课的教学任务，将培育学生社会主义核心价值观贯穿教学全过程，将中华民族优秀传统文化融入教学活动，课上与课下、网上与网下相结合，使思想政治教育工作润物无声、入脑入心。他潜心钻研，敬业进取，以学研结合深入探求思想政治工作规律，开通微信、博客坚持为公众答疑解惑，成为全国高校思想政治教育工作领军人物和权威专家。他爱生如子，无私奉献，以家庭般的温暖悉心呵护学生成长。倡导并出资建立爱心基金，经常深入宿舍和学生家中，帮助解决学习生活和成长中遇到的各种困难，用长者的温情和师者的深情引领学生在爱国奋斗、服务人民中成长成才、建功立业。

资料来源:《“时代楷模”先进事迹——曲建武》,http://www.moe.gov.cn/jyb_xwfb/moe_2082/2021/2021_zl37/shideshiji/202105/t20210511_530855.html[2024-06-24]。

深入学习“人民教育家”、“时代楷模”、教书育人楷模、最美教师、优秀教师、模范教师等先进事迹，有助于通过身边的榜样来传递师德的力量，激励广大教师见贤思齐，引导广大教师从“被感动”到“见行动”，在教育系统掀起争做“四有”好老师的热潮。

【小结】

高校作为落实立德树人根本任务、培养堪当民族复兴重任的时代新人的坚强阵地，在新时代新征程上，需坚持为党育人、为国育才的初心，全面贯彻党的教育方针。高校教师要坚持教育者先受教育，以“教育家精神”作为基本遵循，努力做好新时代党和国家教育方针政策的坚定拥护者和践行者，教育教学改革的探索者和实践者，要做学校学科发展建设的开拓者和担当者，更要做学生成才成长的领路者和同行者。在此基础上，本章分析了新时代高校教师面临的机遇挑战，明确了高校教师的角色定位、使命担当和行动路向。同时，高校教师还需要深入领悟习近平总书记关于师德师风的重要论述，了解新时代师风师德建设的根本遵循、基本政策，从“人民教育家”“时代楷模”等榜样中汲取力量。

【思考与练习】

1. 请基于党的教育方针的历史演变思考新时代党的教育方针的核心要义与时代价值。

2. 新时代新征程上，要将党的教育方针丰富内涵和根本要求贯彻落实到教育行政管理、办学治校和教育教学全过程，需要坚持的实践遵循是什么?

3. 面对新时代的机遇与挑战，高校教师的角色发生了一系列转变。结合自身实际，谈谈如何在实践中担当起时代使命。

4. 当前高校教师出现师德失范行为的原因有哪些?

5. 在教学科研实践中，青年教师怎样才能成为“四有好老师”?

第三章　新时代高校教师岗前培训制度规范

【内容结构图】

第三章内容结构如图 3-1 所示。

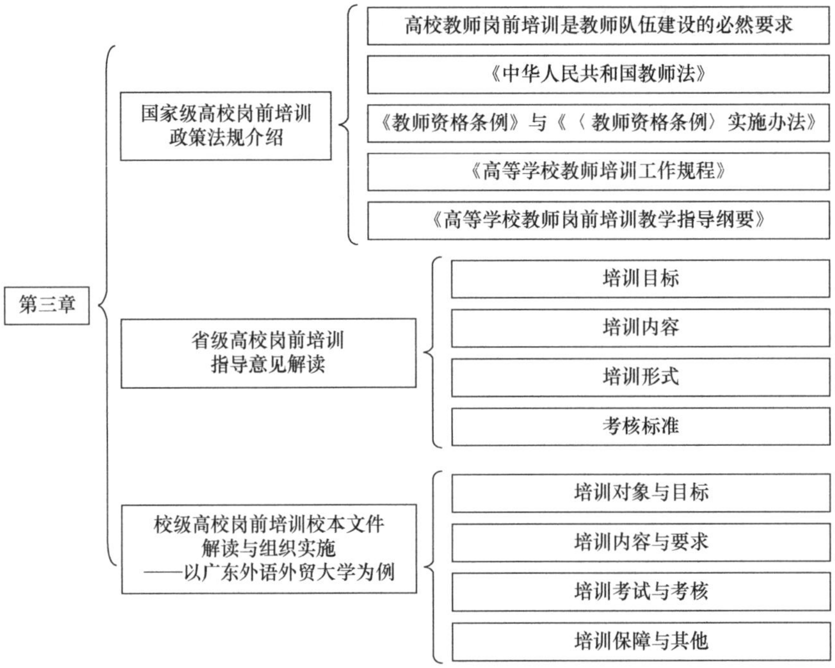

图 3-1　第三章内容结构

百年大计，教育为本；教育大计，教师为本。教育的核心在于培养人才，而培养人才的关键则在于教师。教师是教育的灵魂，他们肩负着传递知识、启迪智慧、塑造人格的重任。在教育事业中，高校教师岗前培训被视为提升新教师教学水平和专业素养的重要手段。

高校教师岗前培训是一种有针对性的培训方式，旨在帮助新教师更好地适应高校教学工作，熟练掌握教学方法和技巧，从而履行教学职责，提高教学质量。在培训过程中，新教师不仅可以提升自己的专业知识，还可以学习到如何与学生有效沟通、如何管理和组织课堂、如何设计和实施教学计划等实用技能。

此外，高校教师岗前培训也有助于增强新教师的责任感和使命感。通过培训，新教师可以更深入地理解教育的意义和价值，明确自己的职业目标和追求，从而更好地为学生的成长和发展贡献力量。同时，培训还可以促进新教师之间的交流和互动，增进团队凝聚力，为高校的教学和科研工作创造良好的氛围。

本章将对国家级、省级和校级的岗前培训制度规范分别进行介绍和解读。通过对比不同级别的培训规范，我们可以了解到我国岗前培训制度的发展趋势和特点，为新教师的培训和发展提供有益的参考。同时，本章还将结合实例，详细解析岗前培训的具体内容和实施过程，为新教师提供实用的指导和帮助。

第一节　国家级高校岗前培训政策法规介绍

高校教师岗前培训是保障新任教师顺利适应高校教学科研工作的重要环节，也是提高新任教师综合素质和教学能力的重要途径。我国现行政策法规已对高校教师岗前培训制度规范作出相关规定，通常包括培训原则、培训目标、培训对象、培训内容、培训时间、培训地点、培训考核等，其目的是帮助新教师尽快适应高校教学工作，提高其专业素养和教育教学能力，规范其教学行为，增强其责任感和使命感，促进其融入和团队建设。国家要求贯彻落实《中华人民共和国教师法》，学校应根据《教师资格条例》和《高等学校教师培训工作规程》，遵照《高等学校教师岗前培训暂行细则》和《高等学校教师岗前培训教学指导纲要》进行高校岗前培训。本节将对上述政策法规中的高校岗前培训制度或内容作简要介绍。

一、高校教师岗前培训是教师队伍建设的必然要求

《教育部 国家发展改革委 财政部关于深化教师教育改革的意见》（教师〔2012〕13号）指出要深化教师教育改革，推进教师教育内涵式发展，全面提高教师教育质量，强调构建开放灵活的教师教育体系，健全教师教育标准体系，完善教师培养培训制度，创新教师教育模式，深化教师教育课程改革，加强教师教育师资队伍建设，开展教师教育质量评估，加强教师教育经费保障。

《教育部 国家发展改革委 财政部关于深化教师教育改革的意见》明确提出，要深化教师教育改革，推进教师教育内涵式发展，全面提高教师教育质量，培养造就高素质专业化教师队伍。这一文件强调了构建以校为本的教师培训体系的重要性，完善了教师培养与培训的制度，将教师的专业发展常态化，并明确规定教师培训学分应作为教师资格定期注册、教师考核以及职务（职称）聘任的必备条件。首先，关于深化教师教育改革，我国政府部门已经认识到，教育改革的核心在于教师。只有提升教师的教育教学质量，才能更好地推动我国教育事业的发展。因此，深化教师教育改革成为当务之急。其次，推进教师教育内涵式发展，意味着要从教师的素质、能力、品德等多方面进行全面提升，这不仅包括教育教学能力的提高，还包括教师的专业素养、职业道德等的培养。再次，建立以校为本的教师培训体系，是为了让教师在日常工作岗位上就能得到持续、有效的专业发展。这种培训体系应当注重教师的需求，结合实际教育教学情况，提供有针对性的培训内容。最后，完善教师培养培训制度，旨在确保教师培训的常态化。这要求各地教育部门和学校要将教师培训纳入日常工作，定期开展各类培训活动，使教师在不断学习、实践中提升自身教育教学水平。《教育部 国家发展改革委 财政部关于深化教师教

育改革的意见》明确将教师培训学分作为教师资格定期注册、教师考核和职务（职称）聘任的必备条件，有助于激发教师积极参与培训的积极性，提升教师队伍的整体素质。这也体现了我国政府部门对教师专业发展的重视，以及对教师队伍质量的严格要求。

《中共中央 国务院关于全面深化新时代教师队伍建设改革的意见》为我国新时代教师队伍建设提供了清晰的路线图和目标要求。全面提升教师思想政治素质、加强师德师风建设、提高教师专业素质能力，严格教师职业准入，这些举措都将有力推动我国教师队伍建设，为培养更多优秀人才，实现全面建设社会主义现代化国家的目标贡献力量。《中共中央 国务院关于全面深化新时代教师队伍建设改革的意见》强调，要落实立德树人根本任务，培养德智体美全面发展的社会主义建设者和接班人，全面提升国民素质和人力资源质量，加快教育现代化，建设教育强国，办好人民满意的教育，为决胜全面建成小康社会、夺取新时代中国特色社会主义伟大胜利、实现中华民族伟大复兴的中国梦奠定坚实基础。为了实现这一目标，要通过搭建校级教师发展平台，全面开展高等学校教师教学能力提升培训。这一举措将有力推动教师队伍整体素质的提高，特别是对于新入职教师和青年教师来说，这将有助于他们迅速成长为高等学校的人才培养生力军。要严格教师职业准入制度，新入职教师必须经过岗前培训和教育实习，这两项将成为认定教育教学能力的必备条件。这一规定旨在确保教师队伍的专业素质，提高教育教学质量，为我国教育事业的发展奠定坚实基础。

《教育部 中央组织部 中央宣传部 国家发展改革委 财政部 人力资源社会保障部关于加强高等学校青年教师队伍建设的意见》（教师〔2012〕10号）进一步明确了我国高等学校青年教师队伍建设的重要性，并提出了一系列具体的加强措施。在此文件中，各部门共同强调，要提高青年教师思想政治素质和师德水平，这是教育事业发展的基石。同时，提升青年教师专业发展能力，以适应新时代教育的需求，也是当务之急。为了实现这一目标，文件建议我国高等学校建立完善青年教师职业导师制，健全老中青教师传帮带机制，充分发挥教学名师和优秀教师的示范引领作用。这意味着在青年教师成长过程中，要有有经验的导师为他们提供指导，帮助他们解决教育教学中的实际问题，使他们尽快成长为具备高素质、专业能力的优秀教师。此外，文件还提出要针对青年教师组织开展各类教学活动，如教学观摩、教学能力竞赛等，激发青年教师的教学热情，提高他们的教育教学水平，培养他们的教育教学创新能力。通过这些活动的开展，青年教师可以在实践中不断总结经验，提升自身素质，为我国教育事业的发展贡献力量。

二、《中华人民共和国教师法》

《中华人民共和国教师法》由第八届全国人民代表大会常务委员会第四次会议于1993年10月31日通过，自1994年1月1日起施行。《中华人民共和国教师法》是为了保障教师的合法权益，建设有良好思想品德和业务素质的教师队伍，促进社会主义教育事业的发展而制定的法规，为高校教师岗前培训制度的形成奠定了重要基础。《中华人民共和国教师法》强调要加强教师的思想政治教育和业务培训，同时，教师有义务不断提高自身的思想政治觉悟和教育教学业务水平。其第三章、第四章分别对教师的资格和任用、培养和培训作出了具体规定。关于普通高等学校教师的资格和任用，《中华人民共和国教师法》第三章第十条规定："国家实行教师资格制度。中国公民凡遵守宪法和法律，热爱教育事业，具有良好的思想品德，具备本法规定的学历或者经国家教师资格考试合格，有教育教学能力，经认定合格的，可以取得教师资格。"普通高等学校教师申请获取教师资格的，必须依照《中华人民共和国教师法》及其他相关法律规定通过国家教师资格考试并具备相关能力，并由国务院或者省、自治区、直辖市教育行政部门或者由其委托的学校予以认定。关于普通高等学校教师的培养和培训，《中华人民共和国教师法》对于教师培训规划的制订作出规定，各学校应当根据教师培训规划对教师进行思想政治、业务培训。同时，教师的政治思想、业务水平应纳入学校考核内容。

三、《教师资格条例》与《〈教师资格条例〉实施办法》

《教师资格条例》自 1995 年 12 月 12 日发布施行，是为了提高教师素质、加强教师队伍建设，依据《中华人民共和国教师法》制定的条例。《教师资格条例》的第二条规定，中国公民在各级各类学校和其他教育机构中专门从事教育教学工作，应当依法取得教师资格。第八条规定，不具备教师法规定的教师资格学历的公民，申请获得教师资格，应当通过国家举办的或认可的教师资格考试。第九条规定，教师资格考试科目、标准和考试大纲由国务院教育行政部门审定。教师资格考试试卷的编制、考务工作和考试成绩证明的发放，属于幼儿园、小学、初级中学、高级中学、中等职业学校教师资格考试和中等职业学校实习指导教师资格考试的，由县级以上人民政府教育行政部门组织实施；属于高等学校教师资格考试的，由国务院教育行政部门或者省、自治区、直辖市人民政府教育行政部门委托的高等学校组织实施。第十二条规定，具备教师法规定的学历或者经教师资格考试合格的公民，可以依照本条例的规定申请认定其教师资格。第十三条规定，受国务院教育行政部门或者省、自治区、直辖市人民政府教育行政部门委托的高等学校，负责认定在本校任职的人员和拟聘人员的高等学校教师资格。第十六条规定，教育行政部门或者受委托的高等学校在接到公民的教师资格认定申请后，应当对申请人的条件进行审查；对符合认定条件的，应当在受理期限终止之日起 30 日内颁发相应的教师资格证书；对不符合认定条件的，应当在受理期限终止之日起 30 日内将认定结论通知本人。教师资格证书在全国范围内适用。教师资格证书由国务院教育行政部门统一印制。第十七条规定，已取得教师资格的公民拟取得更高等级学校或者其他教育机构教师资格的，应当通过相应的教师资格考试或者取得教师法规定的相应学历，并依照本章规定，经认定合格后，由教育行政部门或者受委托的高等学校颁发相应的教师资格证书。第二十条规定，参加教师资格考试有作弊行为的，其考试成绩作废，3 年内不得再次参加教师资格考试。

《〈教师资格条例〉实施办法》是中华人民共和国教育部为实施教师资格制度，依据《中华人民共和国教师法》和《教师资格条例》，于 2000 年 9 月 23 日发布实施的办法。该办法的第三条规定，中国公民在各级各类学校和其他教育机构中专门从事教育教学工作，应当具备教师资格。第六条规定，申请认定教师资格者应当遵守宪法和法律，热爱教育事业，履行《教师法》规定的义务，遵守教师职业道德。第八条规定，申请认定教师资格者的教育教学能力应当符合下列要求：（一）具备承担教育教学工作所必须的基本素质和能力。具体测试办法和标准由省级教育行政部门制定。（二）普通话水平应当达到国家语言文字工作委员会颁布的《普通话水平测试等级标准》二级乙等以上标准。少数方言复杂地区的普通话水平应当达到三级甲等以上标准；使用汉语和当地民族语言教学的少数民族自治地区的普通话水平，由省级人民政府教育行政部门规定标准。第十一条规定，申请认定教师资格者，应当在受理申请期限内向相应的教师资格认定机构或者依法接受委托的高等学校提出申请，领取有关资料和表格。第十九条规定，教师资格认定机构或者依法接受委托的高等学校应当组织成立教师资格专家审查委员会。教师资格专家审查委员会根据需要成立若干小组，按照省级教育行政部门制定的测试办法和标准组织面试、试讲，对申请人的教育教学能力进行考查，提出审查意见，报教师资格认定机构或者依法接受委托的高等学校。

四、《高等学校教师培训工作规程》

《高等学校教师培训工作规程》是 1996 年 4 月 8 日由国家教育委员会发布的文件，旨在明确高等学校教师培训的标准，加强教师队伍建设，提高教师素质和教育教学质量。《高等学校教师培训工作规程》对高等学校教师培训工作的指导思想、目标、任务、管理、实施和保障等方面进行了详细规定。《高等学校教师培训工作规程》明确，高等学校教师培训是为教师更好地履行岗位职责而进行的继续教育，应保障教师的培训权利。培训工作要贯彻思想政治素质和业务水平并重，理论与实践统一，按需培训、学用一致、注重实效的方针。第四条规定，高等学校教师思想政治素质的培训要坚持党的基本路线、教育方针和教师职业道德教育。使教师自觉履行《教师法》规定的义务，做到敬业奉公，教书育人，为人师表。高等学校教师业务素质的培训要以提高教师的基础知识和专业知识为主，全面提高教师的教育教学水平和科学研究能力，提高应用计算机、外语和现代化教育技术等技能的能力。第五条规定，“培训对象要以青年教师为主”，重视对青年教师的培养和提高。第八条和第九条规定了教育行政部门和教育主管部门及高等学校应制定教师培训规划，根据不同层次、不同类型学校教师队伍的实际情况，制定具体的培训计划和方案。第十二条规定“高等学校教师培训应根据教师职务的不同，确定培训形式和规范要求”。助教培训包括岗前培训和实践教学环节的培养提高，讲师培训则以增加、扩充专业基础理论知识为主，注重提高教学水平和科研能力。第二十条规定“各高等学校要结合导师制等培养方式，充分发挥老教师对青年教师的指导和示范作用”，促进青年教师的成长和发展。

五、《高等学校教师岗前培训教学指导纲要》

《高等学校教师岗前培训教学指导纲要》是一项由国家教育委员会于 1997 年发布的文件，旨在为高等学校教师岗前培训提供指导和规范。《高等学校教师岗前培训教学指导纲要》规定了高等学校教师岗前培训的目标、内容、形式和评估等方面。

高等教育法规基础知识部分的教学目的是通过本门学科的教学，使青年教师了解教育法规的基本知识，进一步树立依法从教的观念，成为懂法、守法、护法的人民教师。具体包括懂得教育法规的基本原理、了解我国教育法规的主要内容、进一步确立依法从教的观念。教学内容包括教育法原理（教育法含义、性质、结构、渊源、在法律体系中的地位及制定、实施、监督的过程和机制），教育法规的内容结构与体系，教育法规的制定、实施与监督，《中华人民共和国教育法》讲解，《中华人民共和国教师法》讲解，《中华人民共和国高等教育法》讲解，高等教育立法中的若干问题研究。教学总时数为15学时。

高等教育学基础知识部分的教学目的是通过本门学科的学习，使青年教师了解高等教育学的基本理论，拓宽教育视野，初步确立科学的教育观念，掌握从事高校的教学、德育及科研等工作的基本知识。具体目的包括掌握高校教育工作的基本规律和基本要求、了解高等教育体制的基本框架及我国高等教育体制的改革与发展、了解高等教育运行机制的基本理论及我国当前高等教育运行机制的改革、掌握科学的高等教育观（包括高等教育本质观、高等教育价值观、高等教育质量观）。教学内容要点分四个部分：高等教育活动、高等教育体制、高等教育运行机制、高等教育观念。教学总时数为40学时。

高等教育心理学基础知识部分的教学目的是通过本门学科的教学，使青年教师掌握高校教育工作中所必需的心理学知识，了解大学生的心理特点，熟悉教育活动中的心理现象和规律，提高教育教学工作的技能和水平。具体目的包括掌握心理学的基本原理，提高对大学生的心理特点的认识；运用心理学知识，分析和把握高校教育活动中的心理现象和规律；通过培训使青年教师在高校教育实践过程中提高自身的素质和教书育人自觉性。教学内容要点分三个部分：心理学与高等教育、心理学与高校教学工作、心理学与高校育人工作。教学总时数为36学时。

高等学校教师职业道德修养基础知识部分的教学目的是通过《教师职业道德修养》的教学，使大学青年教师明确教师职业道德修养的意义，特别是在改革开放、建立和完善社会主义市场经济体制的新历史条件下提高个人道德觉悟的必要性；掌握高校教师在教育活动中所应遵循的基本道德规范以及加强教师职业道德修养的主要途径和方法；在提高思想道德认识的基础上，在今后的教学过程中，自觉践行，做好工作。教学内容包括高校教师应有高尚师德、高校教师的基本职业道德规范、高校教师职业道德修养的途径和方法。教学总时数为20学时。

第二节　省级高校岗前培训指导意见解读

为了深化我国广东省高校的“放管服”改革，进一步落实高校办学自主权，广东省教育厅于2018年9月3日制定并印发了《广东省高等学校教师岗前培训指导意见》（粤教继函〔2018〕48号）。这一举措旨在建立健全新时期广东省高校教师岗前培训工作制度，提升岗前培训质量，促进我国广东省高等教育事业的健康发展。

《广东省高等学校教师岗前培训指导意见》是根据《中共中央 国务院关于全面深化新时代教师队伍建设改革的意见》《教育部 中央组织部 中央宣传部 国家发展改革委 财政部 人力资源社会保障部关于加强高等学校青年教师队伍建设的意见》（教师〔2012〕10 号）和《教育部办公厅关于启动实施高等学校新入职教师国培示范项目的通知》（教师厅函〔2016〕10 号）等文件精神制定的，旨在进一步规范和加强高等学校教师岗前培训工作，推进教师专业化发展。在这个文件中，广东省教育厅明确了新时期高校教师岗前培训的目标、内容、方式和要求。首先，明确了岗前培训的目标是提升新入职教师的职业素养和教育教学能力，使他们更好地适应新时期高等教育的发展需求。其次，详细规定了岗前培训的课程内容，包括教育理论、学科教学方法、学生心理健康等方面的知识，以期全面提升新教师的综合素质。《广东省高等学校教师岗前培训指导意见》还明确了岗前培训的组织实施方式，要求各地高校要将岗前培训纳入教师队伍建设规划，确保培训工作的常态化和制度化。同时，要求新教师在入职前必须完成规定的岗前培训课程，并通过考核，以确保他们具备基本的教育教学能力。为指导和监督高校教师岗前培训工作的开展，还应建立相应的评价机制，对岗前培训工作进行定期评估，以推动高校教师岗前培训工作的质量提升，为我国高等教育事业的持续发展奠定坚实基础。

实施《广东省高等学校教师岗前培训指导意见》，对于提高广东省高校教师的教育教学能力和专业素养，推动队伍专业化发展，促进教育教学改革，以及保障教师权益和利益等都具有重要的意义。它不仅能为广东省高等教育事业的发展提供有力支持，也有利于提升我国整体教育水平。总的来看，《广东省高等学校教师岗前培训指导意见》的制定和实施，体现了广东省教育厅对高校教师岗前培训工作的高度重视，也反映出我国教育事业不断深化改革的决心。相信在相关政策的支持下，广东省高校教师岗前培训工作将不断完善，为我国高等教育事业的繁荣作出更大贡献。

一、培训目标

《广东省高等学校教师岗前培训指导意见》适用于广东省高等学校新入职、未参加过岗前培训的教师，旨在为广大新入职、未参加过岗前培训的教师提供全面的专业培训。《广东省高等学校教师岗前培训指导意见》立足于我国高等教育发展的现实需求，充分体现了对教师职业素养和能力提升的高度重视。岗前培训的目标是帮助参训教师全面了解高校教师职业的相关法律法规和道德规范，掌握高等教育教学的基本理论和技能，提高其教育教学的专业素养和能力。高等教育教学具有很强的专业性，教师需要系统学习教育教学理论，掌握教育教学方法，提高教育教学专业素养和能力。同时，岗前培训能培养新入职教师的团队协作能力和创新能力，教师团队通过协同合作，激发新教师的研究和创新意识，共同推进教育教学改革。岗前培训既是对新入职教师的严格要求，也是对教育事业的庄严承诺。我们期待每一位新入职教师都能珍惜机会，认真学习，迅速成长为优秀的高校教师。

二、培训内容

岗前培训内容分为专业素养与理念、教学理论与技能、信息技术与运用三个模块。

一是专业素养与理念模块。以高校教师师德修养和综合素养养成为重点，包括师德规范、教育政策与法规、高等教育发展趋势、教师职业生涯规划等内容。

二是教学理论与技能模块。以教育教学基本理论和基本技能学习为重点，包括教学设计、教学行为、教学评价、教学反思与科学研究、科学评价等内容。

三是信息技术与运用模块。以提高教师信息技术应用能力和教学效果为目标，包括计算机基础、网络技术应用、多媒体技术应用、在线教育资源开发等内容。

三、培训形式

岗前培训采取专题讲授与教研实习相结合、集中面授与网上研修相结合的混合培训模式进行。其中，专题讲授 6 门课程满分均为 100 分，60 分及以上为及格；教研实习实行优、良、及格、不及格四级制计分。同时，参训教师需要参加不少于一个学期的教研实习，以提升教学科研的实践能力。

四、考核标准

岗前培训的考核标准包括对参训教师的思想政治素质、师德师风、业务能力等多个方面的综合评价。其中，思想政治素质和师德师风是考核的重要内容，要求参训教师具有良好的思想政治素质和职业道德修养。业务能力方面，要求参训教师掌握高等教育教学的基本理论和技能，并能够将其应用到实际教学中去。此外，还要求参训教师具备一定的教育科研能力，能够开展教育教学研究，提高教学质量和水平。

《广东省高等学校教师岗前培训指导意见》旨在规范和加强高等学校教师岗前培训工作，推进教师专业化发展，提高教师的教育教学专业素养和能力。

第三节 校级高校岗前培训校本文件解读与组织实施——以广东外语外贸大学为例

为全面贯彻习近平总书记关于教育的重要论述，扎实推进新时代教师队伍建设，帮助广东省高校新入职教师提高思想政治素质，培养良好的师德修养、学术规范与心理素养，掌握先进的教育理念，提升教育教学技能等，广东外语外贸大学于 2023 年 8 月 1 日印发《广东外语外贸大学新入职教职工岗前培训实施办法》（广外校〔2023〕24 号）。

《广东外语外贸大学新入职教职工岗前培训实施办法》是为全面贯彻党的教育方针，落实立德树人根本任务、全面提升新入职教职工的师德修养、教育教学水平和科学研究能力，根据《广东省高等学校教师岗前培训指导意见》等文件精神和广东省教育厅高等学校教师资格认定工作要求，结合学校实际制定的办法。

一、培训对象与目标

高校新入职教师岗前培训的对象一般包括即将步入教师岗位的新入职教师、具有一定教育教学经验但希望通过培训提升自身教育教学能力和职业素养的教师、需要掌握新的教学内容和方法的转岗教师等。高校新入职教师岗前培训旨在帮助新入职教师更好地适应教育教学工作，提升教育教学能力和职业素养。高校岗前培训坚持以高校内涵式发展和落实立德树人根本任务为宗旨，以强化高校教师思想政治素质和师德师风建设为首要任务，以提高教师专业素质能力为关键，以帮助高校新入职教师掌握基本教学方法、提高学术规范与心理素养、培养先进教育理念、提升教育教学技能等为主要目标。

广东外语外贸大学新入职教职工岗前培训对象是指新入职、未参加过或仅参加过部分岗前培训内容的教职工，岗前培训目标则是通过规范的岗前培训，帮助新入职教职工尽快适应高校岗位角色，提高思想政治素质，培养良好的师德修养、学术规范与心理素养，掌握先进的教育理念、基本的教育教学技能和科学研究方法，提高教书育人能力，为新入职教职工发展奠定良好基础。

二、培训内容与要求

广东外语外贸大学新入职教师岗前培训总学时不少于 120 学时，培训内容丰富多样，培训内容包括师德师风培训、校本培训、专题课程、教研实习四个部分，包含专业素养与理念、教学理论与技能、信息技术与运用三个模块。专题课程学习是新入职教师岗前培训的基础环节。这一环节围绕教育教学的核心理念、教育法律法规、学科教学方法、学生心理健康等方面，设置了一系列针对性强的专题课程。

新入职教师岗前培训的主要培训方式包括主题研讨、培训总结、培训辅导、实践交流等。新教师可通过学习相关课程，全面了解教育教学的基本要求，为实际教学工作做好准备。主题研讨是新教师在培训过程中交流思想、分享经验的重要平台，新教师针对教育教学中遇到的实际问题进行深入探讨，共同寻求解决办法。培训总结是对整个岗前培训过程的回顾和反思，对自己的教育教学观念进行梳理，总结收获，有助于新教师迅速成长为具备独立教育教学能力的优秀教师。培训辅导是新教师获得个性化指导和支持的途径，由培训专家提供一对一的指导和建议。这有助于新教师迅速提升自己的教育教学水平，增强教育教学信心。实践交流是新教师将理论知识运用到实际工作中的机会，通过实习、观摩、示范等形式，新教师可以在实际教育教学场景中检验和提升自己的能力，更好地将理论知识转化为教育教学实践，为全面提升教育教学质量奠定基础。

（一）师德师风培训

师德师风培训主要包含师德师风教育、新时代师德规范教育、高等学校教师职业道德修养课程等内容。

（二）校本培训

校本培训主要包含国情社情校情考察、校情校史教育、章程与法治教育、规章制度讲解、职业生涯规划、行政素养提升、心理健康教育等内容。

（三）专题课程

学校岗前培训专题课程部分主要包含高等教育学、高等教育心理学、高等学校教师职业道德修养、高等教育法规概论、教育教学技能、现代教育技术学 6 门课程。专题课程仅面向教师和科研人员。培训课程需要参训教师同时完成线下线上专题课程的学习和在线课程。其中，高等教育学和高等教育心理学课程各不少于 36 学时，其中学校统一面授各 18 学时，网上研修各不少于 18 学时；高等学校教师职业道德修养、高等教育法规概论、现代教育技术学课程各不少于 12 学时，其中学校统一面授各 6 学时，网上研修各不少于 6 学时；教育教学技能课程由学校统一面授 18 学时，通过教学技能训练并组织专家下沉课堂现场进行教学诊断的方式开展。

（四）教研实习

教研实习包括课堂互听、教学技能训练、科研实践和综合考核等。参训教师须参加为期一学期、累计不少于 24 学时的教研实习。各学院为每位参训教师遴选一位师德高尚、教学科研经验丰富的教研导师，以师带徒的形式在教育思想理念、教学方法技能、科学研究以及职业生涯规划等方面给予具体指导。

教研实习的基本内容包括以下几方面。①课堂互听。教研导师每月至少听 1 次参训教师的课堂教学，并针对具体授课问题进行点评；参训教师每个月至少听 1 次教研导师的课堂教学，互听课总次数各不少于 3 次，每次 2 学时，累计不少于 12 学时。如教研导师本学期没有授课任务，可安排参训教师观摩本学院或其他学院相近课程。如参训教师尚未安排课程，可根据拟授课程挑选 6 课时的内容进行试讲，教研导师给出指导建议。②教学技能训练。在教研导师的指导下，进行备课训练，包括撰写课程实施大纲、授课教案、教学 PPT 等，指导时间累计不少于 4 学时。③科研实践。在教研导师的指导下，参加科研培训、学术会议、讲座等，并完成 1 份教研（科研）申报书（模拟稿）的撰写，累计不少于 4 学时。④综合考核。由学校统筹，各学院在指定时间内开展考核，主要考察参训教师的师德师风表现、教育教学能力和科学研究方法等方面。

三、培训考试与考核

（一）专题课程考试

参加学校岗前培训的教师应当全勤参与专题课程的培训，以及遵守岗前培训的考勤要求。学校岗前培训是为了让新教师更好地掌握教育教学的基本技能和理念，提高教育教学质量。全勤参与专题课程的培训，是确保教师在短时间内快速提升自身能力的关键。只有通过全面、系统的学习，才能更好地为今后的教育工作做好准备。

岗前培训中6门专题课程由组织岗前培训的学校统一组织考核，各科目满分均为100分，60分以上为及格。其中，高等教育学和高等教育心理学课程采取闭卷形式考试，高等学校教师职业道德修养、高等教育法规概论、现代教育技术学和教育教学技能课程采取开卷形式考试或考校。参训教师通过网上研修的课程需提供相应的学时证明。

（二）教研实习考核

教研实习考核由组织岗前培训的学校负责统筹，学校各二级单位在指定时间内根据学校岗前培训工作规定和要求开展考核，主要考查参训教师的师德师风表现、教育教学能力和科学研究方法等方面。参训教师应向所在单位提交一门拟授课程实施大纲、授课教案、教学 PPT、课堂试讲录像、听课记录表、教研（科研）申报书（模拟稿）等教研实习材料。教研实习期满，由学校各二级单位按照学校要求，拟定考核评审方案，组织开展考核工作，完成教研实习考核评审会，组织试讲、答辩和评审环节，重点考察参训教师教研实习计划的落实情况，本单位为参训教师成长采取的措施，以及培养目标的实现情况和培养效果等。各二级单位将考核材料提交学校相关管理部门，由学校统一组织专家进行鉴定与验收。

四、培训保障与其他

学校岗前培训实行校院两级协同机制，由学校人事管理部门统筹，相关管理部门参与、支持和配合，各学院负责新入职教师的相关组织工作。岗前培训的具体安排，依据当年学校岗前培训工作要求具体制定。

参训教师完成岗前培训并考核合格后，由广东省高校师资培训中心颁发统一式样的广东省高等学校教师岗前培训合格证书。岗前培训中高等教育学、高等教育心理学课程考试成绩和教研实习成绩在高校教师资格认定中的使用，按有关规定执行。

高校教师岗前培训的保障能有效地保障高校教师岗前培训工作的顺利进行，提高教师的教育教学能力和专业素养，为高校的发展提供有力的人才支持。

【小结】

高校教师岗前培训通过系统的课程设置和专业的培训师资，帮助新教师掌握基本的教学理论、教学方法和教学技能，提升他们的专业素养和教学能力，帮助新教师更快地适应教学环境，提高教学效果。完善的岗前培训制度对提升新教师专业素养、促进教师教育教学、保障高等教育质量等具有重要意义，同时也是高等教育发展的需要，是教师个人成长的需要，是教育创新发展的需要。我们应该充分认识到高校教师岗前培训制度的重要性与意义，不断完善和优化高校教师岗前培训制度，为高等教育事业的持续发展和人才培养作出更大的贡献。

【思考与练习】

1. 高校教师岗前培训的培训对象、培训目标、培训基本要求分别是什么?
2. 高校教师岗前培训的基本内容包括哪些?
3. 谈一谈高校教师岗前培训的重要意义。

第二篇　新时代高校教师教学理论与技能

第四章　高校教师教学理论基础

【内容结构图】

第四章内容结构如图 4-1 所示。

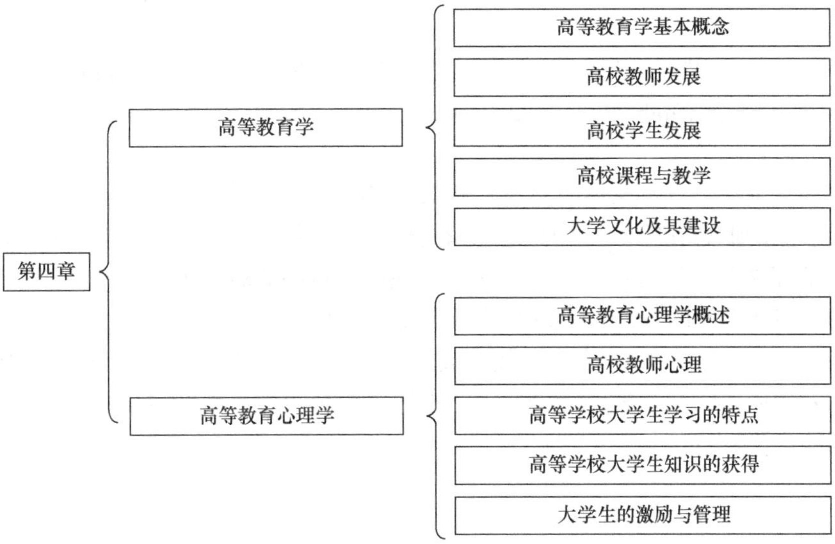

图 4-1　第四章内容结构

掌握高校教师教学理论基础是教师步入讲堂的前提，学习高等教育学和高等教育心理学两门学科，对于教师深入了解高等教育的目标、任务、内容和方法等有着重要意义。通过学习，我们可以更好地理解高等教育的本质和规律，从而指导教育教学实践。本章将学习高等教育学和高等教育心理学的相关知识，以期帮助教师更加深入地理解高等教育的内在逻辑和规律，掌握更多的教育技巧和策略，从而更好地应对教育实践中的挑战和问题。

第一节　高等教育学

高等教育学是一门研究高等教育现象、揭示高等教育规律、指导高等教育实践的综合性学科，涵盖了高等教育的各个方面，本节将学习高等教育学的理论知识与实践应用。

一、高等教育学基本概念

【背景知识】

2023 年，全国普通、职业本专科共招生 1042.22 万人，比上年增长 2.73%。全国共招收研究生 130.17 万人，比上年增长 4.76%。全国共有高等学校 3074 所，比上年增加 61 所。全国共有高等教育专任教师 207.49 万人，比上年增加 9.71 万人，增长 4.91%。2023 年，我国高等教育毛入学率 60.2%，比上年提高 0.6 个百分点，提前完成“十四五”规划目标。

资料来源：《2023 年我国高等教育在学总规模 4763.19 万人》，http://www.moe.gov.cn/fbh/live/2024/55831/mtbd/202403/t20240301_1117760.html[2024-06-24]。

高等教育与人类社会发展阶段密切相关，其内涵和外延也随着人类历史的发展变化而表现出不同的形态和特征。目前对高等教育概念的界定存在着不同的视角和多种方法。从历史的角度来看，学术界相对认可的一种观点是将高等教育大致划分为三个阶段：古代为作为“高深学问的教育”的高等教育阶段；中世纪至 19 世纪为“大学教育”的高等教育阶段；20 世纪初至今为“中学后教育或第三级教育”的高等教育阶段（卢晓中，2016）。在不同的发展阶段，高等教育无论在形式上还是教育目的、教育对象、教学内容上都呈现出不同的内涵和特征。

（一）作为“高深学问的教育”的高等教育阶段

作为“高深学问的教育”是古代高等教育的主要特点，而承载高深学问传播的场所或组织即是早期的大学雏形。在世界范围内，这一阶段的高等教育主要出现在古埃及、古印度、中国、古希腊，与当时出现的文化经典及其传播密切相关。早在公元前 3787 年至公元前 1580 年，古代埃及就已经形成了系统的学校教育制度，高等教育是其中重要的一个阶段，既有培养官吏和专业人才的宫廷学校，通过教授撰写公文、函札、契约、记事、巴比伦外邦文字以培养官吏，通过教授天文、水利、建筑、医学以培养专业人才；又有培养宗教人才的寺庙或神庙，教育内容主要包括宗教、道德、文学、数学、天文、物理、医学、农业、雕刻和防腐技术等（黄福涛，2003）。中国高等教育的雏形出现在公元前 2700 年左右，夏商时期的“上庠”“东序”“右学”等，西周的“辟雍”“泮宫”“射庐”等都是中国古代对高等教育机构的称呼。自汉代以后，历朝都设立的太学、国子监是中国古代官学中的最高学府；私学则以孔子开办的机构最为著名。唐宋时期开始兴起的书院，如岳麓书院、白鹿洞书院、石鼓书院等是中国古代学者研究学问、聚众讲学的高等教育学术中心。无论是官学还是私学，都主要进行儒学教育，通过学习四书五经来培养儒学人才。

概括来说，这一时期的高等教育在形式上以一个或多个大师讲学为核心，汇聚门徒开展高深学问的学习和探讨；教育目的主要是培养官吏和神学人士；教学对象以极少数特权阶层人员为主；教学的内容存在东西方差异，东方以伦理学和人文教育为主，西方以神学、人文、自然和辩论术为主。

（二）“大学教育”的高等教育阶段

自中世纪大学诞生始，直至19世纪的这段时间里，高等教育与大学教育是同一概念。近现代世界高等教育制度和高等学校的建立均可以溯源到中世纪大学。中世纪大学最早产生于11～13世纪的欧洲，其产生经历了一个很长的过程。其兴起是因为当时政治、经济和文化的发展。11世纪末，在意大利首先出现了第一所世俗大学——博洛尼亚大学，到12世纪又相继出现了法国的巴黎大学、英国的牛津大学，到13、14世纪，中世纪大学已几乎遍布欧洲各国。中世纪大学普遍享有较大的特许权和自治权。中世纪大学最初的组织形式是模仿城市行会，形成学生行会和教师行会，来保障各自群体的利益。

及至近代，传统的大学教育已逐渐不能满足近代工业社会发展的要求，各国开始建立新型的大学来应对经济社会发展的需求，大学教育的近代化历程被拉开。1694年在德国建立的哈勒大学和 1737 年建立的哥廷根大学被誉为德国乃至世界高等教育史上近代大学的开端。1810年建立的柏林大学则被认为是近代研究型大学的起点，不仅影响了德国的大学发展，还对世界高等教育的发展产生深远影响，被称为现代大学之母。同一时代，在社会政治经济发展的需求下，尤其是随着1862年《莫雷尔法案》的颁布，美国出现了一批赠地学院和州立大学，强调大学为本区域社会经济发展服务，注重培养实用性人才。自此，大学真正地走出了象牙塔。

概括来说，这一时期的高等教育仅限于大学教育，能够接受大学教育的对象仍然以少数社会精英为主，致力于开展精英教育，将人类文明精华保存、提炼和传递，大学自治和学术自由是该时期高等教育的价值所在和现实保障。此外，从大学的职能来看，自中世纪大学诞生之日起一直到18世纪，培养人才是当时的唯一职能。19世纪初，随着柏林大学的建立，“通过研究进行教学”“教学与研究统一”的办学宗旨被确立，开展科学研究开始作为大学的另一项职能被认可。19世纪后半叶，美国《莫雷尔法案》的颁布，让美国大学彻底走出了象牙塔，走上了为社会服务的道路。自此，培养人才、发展科学和直接为社会服务共同构成了现代高校的职能体系。

（三）“中学后教育或第三级教育”的高等教育阶段

第二次世界大战后，世界各国开始进入一段相对平稳发展的阶段，经济逐渐复苏，高等教育开始进入社会的中心。这一时期高等教育最明显的变化是规模的迅速增长。高等教育规模的扩张引发了高等学校办学理念、社会职能、组织和管理的一系列质变，高等教育经历了从精英高等教育向大众化高等教育和普及化高等教育的转变。马丁·特罗教授以第二次世界大战后美国和西欧国家高等教育发展为研究对象，探讨了这些国家高等教育发展过程中量变与质变的问题。他以高等教育毛入学率为指标将高等教育发展历史分为精英、大众和普及三个阶段。他指出："一些国家的精英高等教育，在其规模扩大到能为15%左右的适龄青年提供学习机会之前，它的性质基本上不会改变。当达到15%时，高等教育系统的性质开始改变，转向大众；如果这个过渡成功，大众高等教育可在不改变其性质的情况下，发展规模直至其容量达到适龄人口的50%。当超过50%时，即高等教育开始快速迈向普及时，它必然再创新的高等教育模式。"与传统的精英高等教育阶段不同，大众和普及高等教育阶段在服务对象、教育目的、管理和评价等方面都将发生质的变化：接受高等教育已不再是特定群体的特权，而是具有某种资格的人的权利，甚至是义务；教育目的已不仅仅是为学生成为社会精英做准备，而是包括更为多元的社会群体，甚至是为发达工业社会大多数人的生活做准备；在大学管理上从原来的少数精英群体掌握领导决策权，到更多元的群体参与，从管理走向治理；在教育评价上，从原来的高学术标准向学术评价标准多样化转变。

概括来说，高等教育的多样性在不断增加，从原来的传统大学逐渐转变为第三级教育。第三级教育通常包括中学后的各种形式的成人教育，既有大学教育也有非大学的各种教育和培训。

二、高校教师发展

【背景知识】

学术生涯乃是一场疯狂的冒险。当年轻学者要我对他们进大学教书作些建议时，我几乎没办法负起鼓励之责……无论基于感情或良心，我们都必须问这样一个问题：你真的相信，你能够年复一年看着平庸之辈一个接一个爬到你的前面，而既不怨怼、亦无创痛吗？自然，我们得到的回答总是："当然，我活着只是为了我的'志业'。"然而，我发现只有少数人能够忍受这种情形，而不觉得这对他们的内在生命是一种伤害。

资料来源：韦伯和希尔斯（2006）。

（一）学术职业与高校教师发展

教师是高校办学的主体。教师专业发展和职业成长的良性态势不仅关系到教师自身的发展，也影响着高等教育质量和高等教育的可持续发展。

1. 高校教师的学术职业

学术职业（academic profession）的概念源自西方世界。在高等教育发展的历史长河里，早在中世纪时期，欧洲就出现了一批专门凭借个人讲学才能谋生和获得学术声望的知识分子。之后随着中世纪大学的诞生和蓬勃发展，教师（faculty）的专业地位得到教会认可，成为具有独立尊严和合法性，专门从事高深学问的传授和探究的一种专业职业（李志峰和沈红，2007）。当时，学术职业的主要职责是传授高深知识和思想，训练和培养神学、法律、医学等领域的专业工作者，与科学研究相对分离（黄福涛，2003）。伴随着大学职能的不断丰富，学术职业的职能也逐渐完成了从单一的培养人才到多元的涵盖培养人才、发展科学和直接为社会服务的三大职能的转变。伴随着高等教育和大学职能的演进，学术职业的形式表现在不断变化，但其本质特点依旧呈现出相对稳定性特点。

（1）学术性。这是学术职业区别于其他社会职业的基本属性。学术的意义，不只是对人类知识量的积累，更在于对前人知识进行质的推进，马克斯·韦伯把学术生涯看作一场疯狂的、无把握的冒险。正是对新领域的开垦和探究，构成了学术职业的独有价值。

（2）自主性。从事学术职业的个人在学术活动中需要始终处于主动、自主的状态，相对于其他职业而言，高校教师的教学、研究和社会服务均具有高度自主性，“可以自主确定专业方向，自由选择讲授的课程及其教学内容和教学方法甚至考试方式；自主确定研究方向，选择研究课题；自主决定社会服务的方向以及内容；自主安排时间”（刘献君，2003）。

（3）责任性。责任性主要指高校教师的学术职业责任感，涉及教师教学、科研及为社会服务等多个方面，包括培养人才的责任、科学研究的责任、服务社会的责任。此外，还涵盖教师的职业道德，即遵守学术道德的责任。

2. 学术职业的当代挑战

进入21世纪以来，国际竞争日趋激烈，拥有世界一流大学是彰显一个国家国际竞争力的关键之一，如何建设世界一流大学目前已经成为一个世界性的话题。近些年来，为了吸引“最优秀、最聪明”的人选择从事学术工作，各国相继制定并推出“精英大学”“菁英人才”政策和计划，加大了对知名大学和知名学者的资助力度。然而，从世界范围来讲，受到高等教育大众化、全球化、市场化等诸多因素的影响，“学术职业状况几乎在全世界都处于危机之中，这已经成为共识”（优德科维奇等，2017）。无论是来自高等教育外部还是内部的竞争对高等教育发展生态都产生了巨大的影响，一个重要的表征是，大学逐渐进入“学术锦标赛”状态（阎光才，2012）。锦标赛制最早是由Lazear和Rosen（1981）提出的一种组织激励机制，主要指在绝对业绩不易确定的状况下，组织通过建立绩效薪酬制度，将经理人的相对业绩排名与报酬相关联，从而激励经理人并最终改善企业效率。此后，有关锦标赛制的研究逐步扩展到行政管理、教育管理等多个领域。锦标赛作为一种“强激励”措施，可以促使研究人员将更多的时间投入到科研中；但学术活动具有较强的信息不对称特征，如果缺乏相应的配套措施鉴定学术质量，学术锦标赛就变成了单纯的数量比赛（刘海洋等，2012）。

（二）高校教师职业发展

1. 职业发展、职业成长和职业成功

职业发展、职业成长和职业成功是三个密切关联的概念。翁清雄和席酉民（2011）对三个概念的异同进行了归纳（图4-2）。职业发展（career development）是一个系列过

程，在这个过程中个人经历了一系列具有不同问题、主题和任务的生涯阶段，它是整个人一生中的职业变化过程，既包含在进入职业领域之前的职业探索、职业目标的形成和发展，也包括进入组织后在各个组织中的职业成长。职业成长是个体在工作单位中的职业进展状况，包含职业能力发展、职业目标进展、内部晋升速度和工资报酬增长速度，进一步将职业成长划分为组织内部成长和组织外部成长。职业成功是一个人职业经历的结果，是一个存量的概念，个人之前的职业成功会影响到当前职业成长，而当前职业成长将影响到下个阶段的职业成功。袁庆宏等（2014）指出，职业成长与否及成长速度快慢是诱致知识型员工产生离职意愿的重要因素。职业成长会影响到个体的职业满意度。

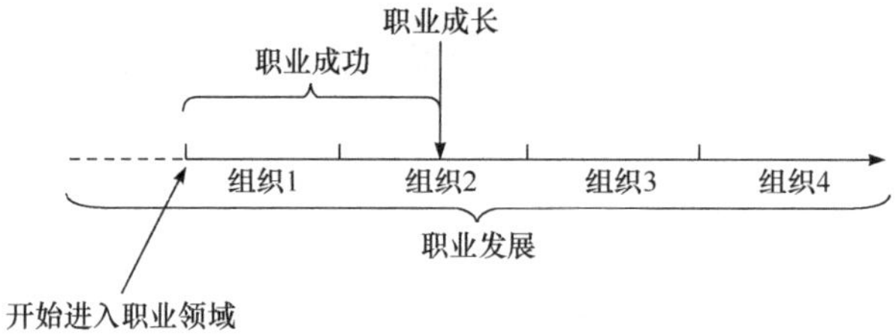

图 4-2　职业成长、职业成功和职业发展的关系

2. 教师职业发展理论

1）富勒教师职业发展四阶段理论

1969 年，富勒（Fuller）提出了教师职业发展阶段理论，将教师职业发展划分为四个阶段。①前教学关注（pre-teaching concern）阶段。该阶段是教师职前培养阶段，师范生通过观察教师来理解教师职业。②早期关注生存（early concern about survival）阶段。教师关注自我需求，依赖权威，关注工作评价。③教学情景关注阶段（teaching situation concern）。这一阶段教师关注教学任务，掌握教学技能，提高教学效率。④关注学生（concern about students）阶段。这一阶段教师关注对学生的影响，注重每个学生的学习需求。

2）叶澜教师专业发展五阶段理论

国内教育学者叶澜（2001）将教师专业发展划分为五个阶段。①“非关注”阶段。进入正式教师教育之前的阶段。②“虚拟关注”阶段。该阶段一般是指职前接受教师教育阶段（包括实习期），该阶段专业发展主体的身份是学生，至多只是“准教师”。③“生存关注”阶段。这一阶段是教师成长的起始阶段，也是教师专业发展的一个关键阶段。这一阶段的新手教师更多的是关注自己的生存适应，关注他人对自我的评价，会不自觉地把大量的时间放在与同事、学生的关系处理上。④“任务关注”阶段。度过初任期之后，决定留任的教师逐渐步入任务关注阶段，由关注自我的生存到更多地关注教学工作，由关注“我能行吗”转到关注“我怎样才能行”上来。⑤“自我更新关注”阶段。处于该阶段的教师已经具备了相当的教育教学经验，其专业发展的动力转移到了专业发展自身，不再受外部评价或职业升迁的牵制，直接以专业发展为指向。

三、高校学生发展

【背景知识】

2021 年发表在 *Nature* 子刊《自然人类行为》（*Nature Human Behaviour*）杂志的一项研究引起广泛关注。这项名为 Supertest 的测试由斯坦福大学、俄罗斯国家研究型高等经济大学、加利福尼亚大学伯克利分校、教育考试服务中心（Educational Testing Service，ETS）、世界银行以及国内北京大学、清华大学、河南大学和四川师范大学共同发起。在这项针对中国、印度、俄罗斯和美国工科学生学业表现的大规模研究中，研究人员首次跟踪统计了计算机科学和电子工程专业学生在物理、数学和批判性思维能力等方面的进步，并比较 4 个国家的研究结果。最后研究人员惊人地发现中国学生在经过大学学习后，批判性思维能力和学术技能水平均出现了下降。

资料来源：Loyalka 等（2021）。

（一）高校学生发展理论

大学阶段是学生理性能力和社会化发展的重要时期。有关高校学生发展的研究离不开对大学阶段学生发展特点的把握。

1. 大学阶段学生生理发展特点

我国大学生入学年龄一般处于十七八岁，正处于第二次生长高峰的后期，身高、体重、胸围等指标仍在缓慢增长，内脏器官与功能趋于成熟，运动能力显著增强。处于以上年龄段的大学生大脑发育逐步成熟，大脑皮层的最高调节能力也在迅速提高，但仍处于不断成熟之中。有研究表明，人脑要到 25 岁左右才完全成熟。大学阶段是人智力发展的关键窗口期。

2. 大学阶段学生心理发展特点

处于大学阶段的学生，在生理机能日趋成熟的同时，尤其是伴随着大脑前额叶的不断成熟，认知心理发展也达到了前所未有的高度，在感知、注意、记忆、思维等各方面都得到了较大的提升。大脑执行功能（executive function，EF）区位于前额叶，是人类理性的核心。巴格塔等的综述性研究表明，有关 EF 区功能的主题研究涵盖以下方面：抑制与抑制控制、工作记忆、注意力转移（shifting）、更新（updating）、认知流动性、计划、任务转换（switching）、注意、情绪控制和规范、流畅性、行为控制与规范、自我监控、问题解决、分类、中央执行、首倡性（initiation）、组织、视觉与空间信息处理、认知控制、概括、元认知、目的性行动、自我控制、语词处理、创造性、演绎推理、多任务协同、活动有效性、同理心、执行控制、反馈性学习、全神贯注、动机驱动、冲突回应、奖励处理、安排顺序、战略回溯、警觉、意愿决定等。大脑 EF 区功能主要与人的理性相关，涉及人的计划、组织、控制、监控、管理等多种与学习关系密切的理性功能。

此外，在个体人格发展方面，埃里克森的人的认知发展阶段理论有助于理解大学生的心理发展特点。埃里克森在其《同一性：青少年与危机》一书中将人生划分为八个主要阶段，包括四个童年阶段、一个青春期阶段和三个成年阶段，每个阶段的主题不一样，所要经历的心理冲突（crisis）也不一样，成功和失败导向不同的结果。埃里克森认为，父母环境需要创造出一种爱，使儿童确信生活于其中的社会环境是良好的。儿童起初获得了经验的连续感和意志感后来形成了良心道德感，最后形成了内部的同一性。人格发展的每个阶段都存在冲突和矛盾，冲突造成危机，危机推动发展，在不断地冲突和解决冲突的过程中，最终完成人格的终身发展。埃里克森有关人格发展阶段的理论，可以帮助我们理解处于大学阶段的学生在人格发展上的来龙去脉和阶段性任务，在开展学生管理和教学时对症下药。

（二）高校学生事务管理

大学生事务管理“是指高等学校通过非学术性事务对学生施加教育影响，以规范、指导和服务学生，丰富学生校园生活，促进学生成长的组织活动”（蔡国春，2000）。此概念与国内常用的学生管理（或称学生工作）在性质上具有相似性。也就是，高校学生事务管理主要针对的是大学生非学术性事务的组织和管理。

在世界范围内，有关高校学生事务管理的理念经历了从最初的“替代父母制”（in loco parentis）到“学生人事工作”（student personnel work），最后到“学生发展”（student development）的演变。随着高等教育的发展，学生管理事务逐渐与大学的学术事务分离开来，大学里出现了专门从事学生管理的部门和工作人员。此阶段的学生事务管理已经成为一项专门的工作，相关工作人员也由受过相关训练的人员专职担任，而非由教师来兼任。随着高校学生的不断多元化以及学生对自身权益的争取，高校学生事务管理开始进入关注学生发展的阶段。就我国高校学生管理结构看，学生管理呈现校、院（系）两级分层管理，两个层级都有相应的学生管理部门和人员。校一级层面上设置学生工作委员会，下设学生工作处（部）、团委等部门；院（系）一级设立学生工作组，成员由分党总支书记、党总支副书记、团委书记、思想政治辅导员组成。在管理权力配置上，学工组既接受学生工作处（部）、团委等校级部门的领导和管理，也同时接受院（系）党总支书记等各级人员的领导，体现出较强的行政管理功能。

四、高校课程与教学

【背景知识】

2022 年 11 月 30 日，ChatGPT 横空出世，引发了社会各界的广泛关注，其对传统教育的挑战和教育创新的价值受到了热烈的讨论。在教育领域，这款文本类 AI 应用产品可以成为有效的教学辅助工具，可以协助教师开展教学设计、寻找教学素材、解答专业学术问题，也可以帮助学生开展自主学习。但同时，它也会带来一些风险与挑战，如使教学评估手段和方法受到强烈的冲击，甚至教师的角色定位和传统教学管理秩序也会受到影响。美国 2023 年 1 月的一项调查显示，有 89%的受访学生会使用 ChatGPT 来完成家庭作业；密歇根大学的安东尼·奥曼（Antony Aumann）教授则发现全班第一的论文竟然是用 ChatGPT 写的。

资料来源：朱永新和杨帆（2023）。

（一）高校课程的概念、特点、类型及编制

1. 高校课程的概念

高校课程是高等教育活动的核心，是高校教学活动中内容和实施过程的统一，也是高校教学改革的核心。教育者与受教育者之间互动关系的形成、教育目的、教学目标的实现都必须以课程为主要媒介。高校课程设置的合理与否，课程质量的高低及课程实施的成效直接影响着高等教育人才培养目的的实现和人才培养的质量。

1918 年，美国学者博比特（Bobbitt）出版《课程》一书，标志着课程成为独立的研究领域。课程理论研究的是为学校教育提供哪些最有价值的教学内容和怎样有效地组织这些内容，以使受教育者形成合理的素质结构。就课程的概念而言，目前有上百种不同的界定。从最广义的包含影响学生所经历的全部学习、生活过程的课程，到最狭义的仅包括某门学科甚至某类型的课，不一而足。比较大的流派主要有作为学习方案的课程、作为学习经验的课程和作为多层系统的课程。

（1）作为学习方案的高校课程。这一定义认为课程是学校根据学科分类对知识进行的划分，教学计划或培养方案是课程的总体规划。该视角下的高校课程具有明显的学科中心主义色彩，课程作为学习的客体存在。此种课程界定忽视了教学过程中学生的主动性，同时也将课程与教育过程分离。

（2）作为学习经验的高校课程。这一定义认为课程是学生在高校教师指导下所获得的全部经验。这一定义具有学生中心主义取向，把课程理解为是学生（学习者）、知识材料、教师（教育者）及教学环境之间的交互作用，及其所产生的学习经验和成效。此种课程界定侧重于将学生的学习需要和兴趣作为课程设计的出发点。

（3）作为多层系统的高校课程。该视角下的高校课程指高校按照一定的教育目的所建构的包括各学科和各种教育、教学活动的系统。这一视角下的课程既包括学科体系，也包括其他有目的的教育教学活动体系，是一个有组织、有目的的体系。美国课程学者古德拉德（Goodlad）认为有五种不同的课程在不同的层次运作：第一个层次是“理念的课程”，即教育行政部门、学者提出的课程革新或改革方案；第二层次是“正式的课程”，是指学校正在使用的课程方案；第三层次是“领悟的课程”，指学校教师对于正式的课程加以认知、解释后所认定的课程；第四层次是“运作课程”，指教师在班级教学时实际执行的课程；第五层次是“经验课程”，指学生实际学习或获取经验的课程。

2. 高校课程的特点

高校课程具有明显的探究性、专业性和创新性。就探究性而言，高等教育自诞生之初就一直强调对高深学问的探究，传播并拓展知识是高等学校的古老职能。因此，作为高校的课程，在内容上，必须立在科学文化知识发展的前沿，将各领域知识的最新进展纳入到课程内容之中，这是高等教育阶段区别于其他教育阶段课程的首要特点；在结构上，要建构有利于开展探究的课程组织形式。就专业性而言，高等教育与社会政治、经济和文化发展的方方面面都具有很强的联系性，尤其是进入现代社会以后，高等教育与社会的联系更为紧密。体现在课程上主要表现为高等学校通过开设专业性强的相关课程与社会实践需求密切关联。张楚廷（2002）曾针对专业和课程的关系提出自己的看法，他认为，专业是“一组相关课程的整合”，专业比课程更具稳定性，专业相当于骨架，课程相当于血肉，课程是专业的灵魂。就创新性而言，高等学校是培养高级人才的专门场所，与基础教育侧重于培养人的全面发展不同，高等教育则着重于培养人的创新性。通过学习高等教育阶段的课程，学生将在知识、技能和创造性能力上实现质的跨越。

3. 高校课程的类型

处于不同历史发展阶段与不同历史文化传统和教育思潮下的高校，其在课程设置上会表现出不同。人类历史上曾出现过多种不同的哲学流派，如科学主义、人文主义、永恒主义、存在主义、建构主义等都对高等学校课程的设置产生过影响，甚至不同的流派之间还存在一定的冲突和矛盾。在诸多课程设置指导思想的冲突中，关于通识教育与专业教育的矛盾冲突最受关注。

通识教育由英文 general education 而来，有人把它译为“普通教育”“一般教育”，并与 liberal education 相联系，译为“通才教育”“博雅教育”“自由教育”。在历史上，有的学者把两者相等同，认为 general education 就是 liberal education 的现代翻版，两者的实质是一致的。有的学者反对把自由教育与通识教育相提并论、等量齐观，认为两个概念之间存在着根本的区别。其一，从性质上，通识教育是“高等教育的组成部分”，是“非专业、非职业性的高等教育”；其二，在目的上，通识教育“目的在养成健全的个人和自由社会中健全的公民”；“造就具备远大眼光、通融识见、博雅精神和优美情感的人才的高层的文明教育和完备的人性教育”。

专业教育与学科的进步、职业的变更存在着密切的联系。专业是相对于学科而言的，学科分类是专业形成的一个重要依据。学科经过不断分化与综合，形成学科群，为专业设置提供了范型。专业尽管与职业有着密切联系，但专业并不完全是职业的影子或附庸。正如美国学者弗莱克斯纳（2001）所论述的，专业的特征是“高深学问”，没有学问的专业是不存在的，只能是职业。高等教育与专业密不可分，各国专业教育的模式不尽相同。苏联高等学校的高等教育遵循着“职业—专业—课程”思路，也就是面对社会的某种职业或实践需求，高校在相应学科基础上设置对应的专业，开展课程设计并制订专业培养方案和教学计划；美国高等学校则遵循“职业—课程—专业”的思路，即当面对社会所需的新职业或实践需求，高校首先以开设相应的课程来予以应对，并不是一开始就以专业的形式出现。

4. 高校课程的编制

高校课程编制，是在科学理论指导下计划和安排课程的一门学问，旨在用某种方式来将高等教育思想观念转化为实践层面的具体课程。高校课程编制的方式取决于对课程概念的理解。如果将课程看作学习计划，那么课程编制就是制订学术计划方案；如果将课程看作一门学科课，那么课程编制就是对这门课的授课安排。

从高校课程编制的主体看，涉及教育专家、教育管理者、教师、学生等多个主体。通常来讲，高校课程的编制主要围绕三个问题展开思考和规划。①明确要学习的内容（what）；②明确要学习这些内容的理由（why）；③明确学习这些内容的方法和途径（how）。具体来讲，高校课程编制主要包含四个部分：第一，确立课程目标；第二，选择和组织课程内容体系，其中主要包括教学计划、教学大纲、教材等；第三，实施课程，主要是将编制好的教学计划、教学大纲和教材运用到教学实践之中；第四，开展课程评价，旨在检验教学实践是否达到了课程设置的目标。以上四个部分循环往复，相互影响。

（二）高校教学设计与教学方法

1. 高校教学设计

进行教学设计是高校教师开展教学实践前首先需要思考的问题。教学设计（instructional design）是研究教学系统、教学过程，制订教学计划的系统方法。它有一套具体的操作流程，以传播理论和学习理论为基础，应用系统理论的观点和方法，调查分析教学中的问题和需要，确定目标，完善解决问题的步骤，选择相应的教学策略和教学资源去完成任务，并分析、评价其结果，使教学效果达到最优（顾明远，1998）。

在高校中开展教学设计需要遵循一定的学习理论、教学理论和传播理论，围绕要解决的教学问题进行系统化的规划。因此，高校开展教学设计时需要解决的核心问题是：要达到什么效果（教学目标的制定）；如何达到这样的效果（教学内容、教学方法选择）；怎么确定是否达到了这样的效果（教学评估和评价）。

2. 高校教学方法

教学方法是高校教师为完成教学任务而采用的办法，包括教的方法和学的方法，是高校教师引导学生掌握知识技能、获得身心发展而共同活动的方法。广义的教学方法是指为达到教学目的和完成教学任务所采用的途径和方法的总称。狭义的教学方法指在教学活动中，高校教师如何对学生施加影响、怎样把科学知识传授给学生并培养学生能力、发展智力，形成一定道德品质和素养的具体的手段。在本书中所涉及的教学方法主要指狭义的教学方法。

对于教学方法的分类存在多种观点，如有观点认为教学方法主要包含三个层级，分别是哲学层面的方法论、教育学层面的一般教学方法以及学科层面的具体学科教学方法；

苏联教育学家巴班斯基依据人的活动特点，将教学方法划分为三类，分别是组织和实施学习认识活动的方法、激发和形成动机的方法、教学中检查和自我检查的方法；潘懋元（1996）则根据高校教学形式特点对高校教学方法进行了分类。教学有法，但无定法！在进行教学方法选择时，需要综合考虑教学目标、教学内容、学生发展水平以及时间与物质条件等。

五、大学文化及其建设

【背景知识】

德国哲学家雅斯贝尔斯说："大学是研究和传授科学的殿堂，是教育新人成长的世界，是个体之间富有生命力的交往，是学术勃发的世界。"英国的纽曼则指出，"大学乃是一切知识和科学、事实和原理、探索和发现、实验和思索的高级保护力量"。法国著名教育社会学家埃米尔·涂尔干曾说："很少能找到一种机构，既是那么统一，又是那么多样；无论它用什么伪装都可以认出；但是，没有一个地方和任何其他机构完全相同。"哈佛大学的校训"与柏拉图为友，与亚里士多德为友，更要与真理为友"，清华大学的校训"自强不息，厚德载物"等。大学，在人类历史的长河中，焕发着自己独有的文化和精神。

（一）大学文化的内涵与功能

1. 大学文化的内涵

"文化"一词在汉语中最早出现在汉代刘向的《说苑·指武》中，"凡武之兴，为不服也。文化不改，然后加诛"指的是用文教化而非武力征服来使人心悦诚服。今天论及文化的概念，包括广义和狭义两种不同的内涵。广义的文化是指人类后天获得并为一定社会群体所共有的一切事物，是人类对生活环境进行加工改造的结果，一般包括精神文化、制度文化和器物文化三个层面；狭义的文化是指一定社会群体习得且拥有的一切观念和行为，着重于精神文化层面（郑金洲，2000）。

大学是文化殿堂。大学文化是一所大学在其漫长的历史发展过程中逐渐积淀下来的一种内在的独有精神和气质，体现着大学的价值和目的。大学文化是一所大学赖以生存和发展的重要根基，也是大学与大学之间相互区别的重要标志。同时，大学文化是大学理念和大学精神在实践层面的充分展现，是"大学精神"的现实表现形式和具体化（程光泉，2010）。因此，有什么样的大学文化就有什么样的大学教育，就有什么样的大学师生；反过来，有什么样的大学教育和大学师生，也同样会形成什么样的大学文化。

2. 大学文化的功能

关于大学文化的功能，国内有一个比较形象生动的泡菜理论，该理论由华中科技大学涂又光教授提出，他认为大学就像一个泡菜缸，缸里是什么泡菜水，投进去的菜就会成为什么样味道的泡菜。这与熔炉理论异曲同工，熔炉理论把大学看作一个文化熔炉、价值熔炉，大学生在其中得以熏陶、锤炼后成为社会所需要的卓越人才。围绕着大学的社会职能，可以归纳出大学文化的主要功能——育人功能和求真功能。

（1）育人功能。大学文化在育人功能上，主要发挥着导向、激励和陶冶的作用。无论是大学建筑风格、景观设计还是大学的发展战略、规章制度、教学风格都对大学生的价值判断、行为习惯起着引领的作用。当大学文化倡导的价值观得到学生的认可后，文化就会发挥凝聚力和推动力，激发个体的开拓精神。如广东外语外贸大学“明德尚行，学贯中西”的校训体现了其作为老牌外语类院校的特色，潜在地、深刻地激励着万千学子发愤图强；校园内承载着该精神特质的一草一木、建筑、故事都无不起着陶冶情操的作用。

（2）求真功能。大学区别于其他组织的一个重要特征是不仅育人还追求真理。求真是大学文化的核心价值取向（顾明远，2010）。进入现代社会，大学的社会引领作用越发明显。在文化上，大学需要以其创新超前性来推动、引领社会文化的变迁。丰富多彩的校园文化，洋溢着蓬勃发展的创造能力，有助于激发大学师生在求真道路上不断开拓。

（二）大学文化建设

任何一所一流大学，无不重视其校园文化建设。根据大学文化的层次划分，可以从精神层面、制度层面和物质层面来开展大学文化建设，通过凝练大学精神文化、规范大学制度文化和丰富大学物质文化，来推动大学文化的形成和发展。

1. 凝练大学精神文化

校园文化建设最终要回归到人的价值归属中去，落脚到价值观念之中。大学精神是大学文化的灵魂，是大学的价值观念所在，培植、凝练大学精神的价值内核对于大学文化的建设意义重大。根据大学精神文化的特点，可以分为两个层面：一是处于价值层面的精神文化，主要用来体现大学的价值取向，如北京大学的“兼容并包”文化，清华大学的“厚德载物”文化；二是处于实践层面的精神文化，主要表现为一所大学的校风、学风、管理风格等，如华中科技大学（原华中理工大学）的“学在华工”风气，就是从实践层面让大学师生践行大学的“明德厚学，求是创新”的价值诉求。因此，在大学办学实践中，需要有意识地挖掘、培植和凝练大学精神文化特质。

2. 规范大学制度文化

大学文化的建设离不开管理制度和管理组织体系的保障。有关校园文化建设的组织机构主要包括宣传部、学生处、团委等机构。这些部门在指导有关校园文化建设方面需要完善各类文化组织的功能和特点，积极主动地与大学精神和理念契合，让校园文化的建设沿着健康的方向发展。此外，从学校整体的制度文化来看，无论是教师管理制度、学生管理制度还是学校其他方面的管理制度都与大学文化建设密切相关。比如，一个倡导“兼容并包”精神的大学，在教师管理、学生管理和各项管理制度上应该都能够体现出这种兼容并包性，不拘于用统一的一种评价标准来评价教师、管理人员和学生；倡导“以人为本”精神的大学，在各项管理规章制度上也应该能够做到将人的发展置于大学工作的最重要位置。合理的管理制度是大学价值观念和行为倡导的规范化，规范化的管理制度安排有利于良好校园文化的形成。从大学发展的历史脉络来看，规范化制度文化的核心包括大学自治、学术自由和教授治学，尤其在人才培养方面，大学拥有对于人才培养规格和教学内容、教学方法选择的主要决定权。

3. 丰富大学物质文化

在大学文化建设中，物质文化是精神文化的基础。大学创建的学习环境、生活环境都可以成为重要的教育资源，发挥陶冶、激励和塑造人的作用。良好的物质文化环境可以与精神文化相辅相成。物质文化环境主要包括大学的建筑设计、园林绿化、资源配置等诸多方面。例如，很多大学都有历史名人雕塑、纪念碑、校史馆等，这些高品位的校园物质文化会陶冶学生的情操，提升学生的审美品位，让学生身心得到栖息和锻炼。因此，在校园物质文化建构过程中，大学要积极打造“生态文明校园”“人文校园”。

第二节　高等教育心理学

本节将学习高等教育心理学的相关知识，包括高等教育心理学概述、高等学校教师心理、高等学校大学生学习的特点、高等学校大学生知识的获得以及大学生的激励与管理五个部分的内容。

一、高等教育心理学概述

【背景知识】

全国高等教育概况

2022 年全国共有各级各类学校 51.85 万所，学历教育在校生 2.93 亿人，高等学校 3013 所。其中普通本科学校有 1239 所（含独立学院 164 所），本科层次职业学校 32 所，高职（高专）学校 1489 所，成人高等学校 253 所，高等教育在学总规模 4655 万人。

全国高等教育专任教师 197.78 万人。其中，普通本科学校 131.58 万人，本科层次职业学校 2.78 万人，高职（专科）学校 61.95 万人，成人高等学校 1.47 万人。

资料来源：2022 年全国教育事业发展统计公报

广东高等教育概况

2022 年广东省有 175 所高等学校，其中普通高等学校 68 所（含独立学院 5 所、本科层次职业学校 2 所），职业高等学校 93 所。全省各种形式的高等教育在学总规模 442.66 万人。全省共有高等教育专任教师 13.67 万人，其中，普通本科学校 8.26 万人；职业高等学校5.32万人（含本科层次职业学校0.21万人、高职（专科）学校5.11万人）。

资料来源：2022年广东省教育事业发展统计公报。

高等教育在整个教育系统中处于最高层次，包括专科层次、本科层次和研究生三个层次。高等教育是高级的、专门的教育，是以成人为对象的教育。高等教育以发现与创新为主要特征，具有职业定向的特征。

（一）高等教育心理学的概念

高等教育心理学是研究高等教育过程中的心理现象与变化规律的科学，可以揭示高校教师与学生的心理规律。

高等教育心理学的作用是提高高校教师的理论水平、教学效率、促进高校的教育与教学改革，提高高校的德育水平，帮助高校教师做好自我完善。

（二）高等教育心理学与相邻学科的关系

1. 高等教育心理学与普通心理学

普通心理学是高等教育心理学的基础。普通心理学是研究正常成年人在日常生活情境中所发生的心理活动，如感知觉、记忆、思维、想象、推理、情绪、意志、个性特征及学习等，是研究成年人心理过程和心理特征的一般原理和规律的科学。普通心理学研究心理学最一般的理论，如心理与客观现实的关系、心理与脑的关系、各种心理现象间的相互联系及其在人的整个心理结构中的地位与作用。普通心理学的内容概括了各分支学科的研究成果，同时又为各分支学科提供理论基础。

高等教育心理学则是以普通心理学的一般原理为基础，研究在特定的教育情境下（主要是高等学校教育情境）受教育者掌握知识和技能、形成个性品质和道德行为的规律，同时也研究教育者的心理特征和影响，以及师生之间相互作用和教育过程中其他心理现象。

2. 高等教育心理学与儿童心理学

儿童心理学是心理科学的一个独立分支，任务是揭示人的幼年、童年、少年和青年心理发展过程的特征和动态。高等教育心理学根据儿童心理学研究所获得的事实，借鉴了儿童心理学的研究成果。

3. 高等教育心理学与教育社会心理学

教育社会心理学是社会心理学与学校教育相结合的一门边缘学科。教育心理学所研究的教育过程中的各种心理现象或学生的行为问题。

高等教育心理学不能孤立地研究个体行为，必须在社会心理学水平上分析个体的各种行为，如教师、学校管理人员与学生及集体的交往方式。

（三）高等教育心理学的研究对象

高等教育心理学的研究对象是高等教育过程中的学生心理活动，包括学习心理、教学心理、德育心理等方面。具体来说，高等教育心理学关注学生在学习过程中的心理状态和行为表现，以及教师在教学过程中如何影响和指导学生的心理活动，提高教学质量，促进学生健康成长，推动教育改革。同时还会关注与学生学习相关的理论基础和学习心理规律，如认知主义学习理论、人本主义学习理论等，以指导教师更有效地进行教学和促进学生的学习，以及关注大学生的学习动机、认知领域学习能力、问题解决与创造能力的发展。

（四）高等教育心理学的主要流派

高等教育心理学的主要流派：构造主义、机能主义、行为主义、格式塔心理学派（Gestalt psychology）、精神分析学派。

（1）构造主义的奠基人为心理学之父冯特（Wundt）和铁钦纳（Titchener）。他们主张心理学应该研究人们的直接经验即意识，并把人的经验分为感觉、意象和激情三种元素。感觉是知觉的元素，意象是观念的元素，而激情是情绪的元素。所有复杂的心理现象都是由这些元素构成的。在研究方法上，构造主义强调内省方法。在他们看来，了解人们的直接经验，要依靠被试者对自己经验的观察和描述。

【背景知识】

心理学之父冯特，德国心理学家，哲学家，现代实验心理学的著名创始人之一。冯特出生在德国巴登的一位牧师家庭里，早年习医。1856 年在海德堡大学获博士学位。1857～1874 年在海德堡大学任教，曾开设生理心理学课程，并出版《生理心理学原理》。1875 年改任莱比锡大学哲学教授。1879 年创立了世界上第一个心理学实验室。冯特是构造主义心理学的奠基人。他主张心理学应该研究直接经验。心理学的研究方法只能是实验性的自我观察或内省。冯特用这种方法研究了感觉、知觉、注意、联想等，提出了统觉学说，还根据内省观察提出了感情三维说。他还主张用民族心理学的方法研究高级心理现象，这对社会心理学的产生和发展有重要影响。

（2）机能主义，其创始人是美国著名心理学家詹姆斯（James），其代表人物还有杜威（Deway）和安吉尔（Angell）等。机能心理学也主张研究意识。但是，他们不把意识看成个别心理元素的集合，而看成连续的过程。在他们看来，意识是个人的，永远变化的、连续的和有选择性的。意识的作用就是使有机体适应环境。如果说构造主义强调意识的构成成分，那么机能主义则强调意识的作用与功能。以思维为例，构造主义关心什么是思维，而机能主义则关心思维在人类适应行为中的作用。机能主义的这一特点，推动了美国心理学面向实际生活的过程。20 世纪以来，美国心理学一直比较重视心理学在教育领域和其他领域的应用，这和机能主义的思潮是分不开的。

（3）行为主义由美国心理学家华生（Watson）提出。行为主义有两个重要的特点：①反对研究意识，主张心理学研究行为；②反对内省，主张用实验方法。在华生看来，意识是看不见、摸不着的，因而无法对它进行客观的研究。华生认为心理学的对象不应该是意识，而应该是可以观察的事件，即人的行为。华生曾经说过，"永远不使用意识、心理状态、心理内容、意志、意象以及诸如此类的名称，是完全可能的……它可以用刺激和反应的字眼，用习惯的形成、习惯的整合以及诸如此类的字眼来加以实现"。行为主义产生后，在世界各国心理学界产生了很大的反响。行为主义锐意研究可以观察的行为。行为主义主要是研究儿童和动物的行为，因为这两者的行为是最容易被观察的。

（4）格式塔心理学派。其创始人有韦特海默（Wertheimer）、科勒（Kohler）和科夫卡（Koffka）。格式塔（Gestalt）在德文中意味着"整体"，因此格式塔心理学派反对把意识分析为元素，而强调心理作为一个整体、一种组织的意义。格式塔心理学派认为，整体不能还原为各个部分、各种元素的总和；部分相加不等于全体；人的认知整体先于部分而存在，并且制约着部分的性质和意义。

（5）精神分析学派。精神分析学派是由奥地利维也纳精神病医生弗洛伊德（Freud）创立的一个学派。它的理论主要来源于治疗精神病的临床经验。精神分析学派认为，人类的一切个体的和社会的行为，都根源于心灵深处的某种欲望或动机，特别是无意识欲望的冲动，其以无意识的形式支配人，并且表现在人的行为中。欲望或动机受到压抑，是导致心理疾病的重要原因。精神分析是指一种临床技术，它通过释梦和自由联想等手段，发现病人潜在的动机，使精神宣泄（catharsis），从而达到治疗疾病的目的。

各心理学流派在研究对象、研究领域和方法以及对心理现象的理解等方面都存在尖锐的分歧。每个新流派都从一个方面丰富和发展了心理学的宝库。

二、高校教师心理

（一）高校教师的作用

社会对高校教师的角色有各种各样的期待，如教学活动的设计者、大学生学习的指导者与促进者；教学的组织者与管理者；教学的反思者与研究者和平等中的"首席"等。

高校教师的角色是多方面的，涵盖了教书育人、提高素质、为人师表、教学改革、服务意识、科研研究等多个方面。具体来说，高校教师不仅要传授知识，还要引导学生树立正确的人生观、价值观，提高学生的素质和能力。这包括教授专业知识、指导学生学习活动、促进学生全面发展等。高校教师要通过自己的言行影响和教育学生，提高学生的道德素养和社会责任感。高校教师应积极参与教学改革，不断探索和创新教学方法，以提高教学质量。高校教师应静心钻研，进行科研工作，发表学术论文，推动学科进步。

综上所述，高校教师在履行职责时，既要注重知识的传授，也要关注学生的全面发展，同时还要承担起培养学生的社会责任，以及作为科研工作者的责任等多重角色。

（二）高校教师对学生的发展起着重要的作用

【讨论案例】

1968 年，罗森塔尔和助手来到一所小学说是进行 7 项测试。他们从 1～6 年级各选了三个班级，对 18 个班的学生进行了“未来发展趋势测验 ”。之后，罗森塔尔以赞赏的口吻将一份“最有发展前途者 ”名单交给校长和相关老师，并叮嘱务必保密，以免影响实验的正确性。8 个月后，罗森塔尔对这些学生进行复试，结果奇迹出现了：凡是上了名单的学生，个人成绩有了较大的进步，且性格活泼开朗，自信心强，求知欲旺盛，更乐于和别人打交道。罗森塔尔教授这才对他们的老师说，自己对这几个学生一点也不了解，这让老师们很是意外。实际上，名单上的学生是随意挑选的，罗森塔尔撒了一个权威性谎言。

这个故事说明高校教师应该如何对待学生?

（三）高校教师的威信

高校教师的威信是其在教育教学活动中对学生产生的积极影响，包括凝聚力、吸引力、号召力和影响力。威信的形成受到多种因素的影响，主要包括思想品质、知识水平、仪表、作风和生活习惯等。教师的威信不仅体现在学生对其教学内容的接受程度上，还体现在对学生的思想品德和行为习惯的塑造上。

教师威信的建立和维护是一个持续的过程，需要教师在日常的教育实践中不断积累和强化。例如，通过课前了解学生的情况、关心学生的个人信息和行为表现，可以让学生感受到教师对他们的关注和尊重。同时，教师也应该避免使用过度亲近或冷漠的方式对待学生，以维护学生的心理健康和对学习的积极态度。总的来说，高校教师的威信是学生接受教育的基础和前提，也是有效影响学生的重要条件。

（四）高校教师的成长

高校教师成长是一个由多种要素、多种策略共同作用的复杂系统过程。首先，从职业发展的视角出发，高校教师要加强自身的教育技能，教师的发展过程包括模仿、自主和创造三个时期。

大学应该设立教师开发中心，以教师主体性的培养机制为基础，按照教师的成长规律与专业发展的基本元素来促进高校教师的发展，帮助教师注重教学实际情境中的实际问题、提高教学水平、提高教学管理水平等。

【背景知识】

教育部等六个部门对加强师资队伍建设的具体指导意见如下。

（1）强化思想政治素质和师德师风建设：这是提高教师专业素质能力的首要任务。

通过全面加强党的领导，提升教师思想政治素质和师德素养，引导广大教师深刻领会“两个确立”的决定性意义，增强“四个意识”、坚定“四个自信”、做到“两个维护”，坚持“四个相统一”，争做“四有”好老师，当好“四个引路人”。

（2）以推进人事制度改革为突破口，推动高校教师发展支持体系的健全和管理评价制度的科学化，完善待遇保障机制，实现教师队伍治理体系和治理能力的现代化。

（3）提升教师专业素质能力：通过一系列改革举措，使高校教师的职业吸引力增强，教师的思想政治素质、业务能力、育人水平和创新能力得到显著提升。这包括但不限于创新培训方式，重点支持骨干教师、专业带头人、名师名校长和培训者等的能力素质提升。

（4）建设高校教师发展平台：提出健全高校教师发展制度、夯实高校教师发展支持服务体系等措施，着力提升教师专业素质能力。

资料来源：《关于加强新时代高校教师队伍建设改革的指导意见》。

三、高等学校大学生学习的特点

（一）学习的实质与特性

广义的学习指人和动物在生活过程中，凭借经验而产生的行为或行为潜能的相对持久的变化。狭义的学习专指学生的学习，内容包括知识的掌握、技能的形成、智能的开发、非智力因素的发展、行为规范的学习和道德品质的培养。

传统学习观认为，学习是困难的；学习应立足于学生的不足；学习是信息传输和接收的过程；学习是个体的过程；把学习内容分成孤立的单元有助于学习；学习是线性的过程。

现代学习观认为，学习是一种自然的过程，是一种社会化过程，是一种积极的过程；学习可以是线性的，也可以是非线性的；学习是综合的和情境化的；学习建立在学生能力、兴趣和文化的基础上。

（二）学习的特点

大学生学习的特点主要包括以下几个方面。①学习过程的独立性与自主性。大学生需要自我调整学习目标、自学知识和选择学习方法，这要求大学生能够主动学习，挖掘自己在学习中的潜力。②学习内容的专业性与选择性。大学生的学习内容不仅限于课本，还包括课外的实践活动、参考书及其他书籍等，体现了专业化程度较高和职业定向性较强的特点。③学习途径的广泛性与多样性。大学学习不仅局限于课堂，还包括科研和生产相结合的活动，以及通过网络信息技术等多种途径获取学习资源。④学习成果的研究性与创造性。大学生在学习中不仅追求知识的掌握，还注重能力的培养和创新性思维。⑤学习的开放性。大学生不仅可以自主调整学习计划、学习方法，还能突破教师、教材、专业、课堂、学校的限制，在更广阔的领域中开展学习活动。学习的主动性是大学学习活动的核心，大学生需要自觉、积极、主动地学习，以适应未来社会对人才素质的越来越高的要求。综上所述，大学生学习的特点是多方面的，既包括学习过程中的独立性、自主性、开放性，也包括学习内容上的专业性和选择性，以及学习途径上的广泛性和多样性。这些特点共同构成了大学生学习的独特风貌。

（三）行为主义的学习理论

1. 经典条件反射理论

经典条件反射理论由俄国生理学家巴甫洛夫提出。他在研究狗的消化分泌的时候意外发现消化腺分泌量的变化与外在刺激存在着密切相关的关系。巴甫洛夫认为人和动物都可以形成条件反射，但是两者存在着本质的区别：动物没有语言，能形成条件反射是本能的属性，可由颜色、气味和声音等具体的刺激物引起，但是人可以通过语言而产生条件反射。

经典条件反射作用有如下规律。

（1）条件反射的形成和消退：条件作用的获得是条件刺激物与无条件刺激物反复结合使个体学会对条件刺激物作出反应。条件刺激物与无条件刺激物之间有三种形式。第一，同性条件作用条件刺激与无条件刺激是同步出现。第二，延迟性条件作用，条件作用先出现一段时间，当它还没有消失时，无条件刺激出现。第三，痕迹性条件作用，条件刺激先出现，消失一段时间以后，无条件刺激才开始出现。建立在条件反射建立后，如果条件刺激多次而无条件反射刺激伴随，条件反应就会变得越来越弱并最终消失。但是这消退是暂时的，休息一段时间后，当条件刺激再次单独出现时，条件反应仍以微弱形式重复出现。

（2）泛化与分化。在条件反射形成初期，不仅条件刺激可以引起条件反应，与条件反应类似的刺激也能诱发条件反应，这就是条件反射的泛化。

（3）消退与恢复。条件反射形成后如果得不到强化，就会逐渐减弱最终消失。

（4）延缓与调整。在某些情况下，条件刺激出现后，无条件刺激隔一段时间才出现。

（5）高级条件反射的作用。这是由一个已经条件化了的刺激来使另一个中性刺激条件化的过程。

经典条件反射学习在人类的生活中非常常见。一切不引起有机体反应中性的刺激由于有与曾反复或者能引起有机体反应的无条件刺激相伴出现，就让动物或人的训练成为可能，并出现一定的规律性。

美国心理学家华生就是巴甫洛夫经典条件反射理论的支持者。他认为习惯的养成与刺激与反应的条件并没有什么不同，主张用经典条件反射理论解释习惯的形成。他认为学习就是一种刺激代替另一种刺激，并建立条件反射的过程。他认为人类除了几个生理性反应，如打喷嚏、膝跳反射等是无条件反应，其他都是条件反射，即通过学习获得的。华生用条件反射原理做了著名的实验，即小阿尔伯特实验。华生认为学习的过程就是形成习惯的过程，即刺激反射之间形成非常牢固的链接的过程。人格乃至我们所有的各种习惯形成都是条件反射和链接的作用。心理治疗中的系统脱敏（systematic desensitization）治疗法和厌恶疗法（aversion therapy）就是运用了经典条件反射理论。

2. 斯金纳的操作性条件反射理论

美国心理学家斯金纳认为经典条件反射理论只能解释人类行为的一小部分，人类还有一部分的行为是没有办法用经典条件反射理论来解释的，所以他提出了操作性条件反射理论。这得从他著名的斯金纳箱说起。在他的这个经典实验中他把一只饥饿的白鼠放进斯金纳箱，白鼠在箱里乱窜，然后无意中踏上操纵杆，落下一粒食丸。之后，老鼠不再乱窜，饿了就踩操纵杆。斯金纳将行为分为两类：应答性行为和操作性行为。他认为条件反射也分为两类：应答性条件反射和操作性条件反射。操作性条件反射遵循两个原则：任何的刺激和反应如果总是伴随着强化物（奖励），那么刺激操作就会反复出现，任何能够提高操作性频率的刺激物都是强化。

经典条件反射和操作性条件反射的区别在于在经典条件反射中，行为的后果对行为的学习不起作用，刺激带来的是符合希望的反应，刺激本身就是强化。操作性条件反射中学习行为的后果是强化。学习的实质是建立操作和强化物之间的联结。强化可以提高反应出现的概率。强化可以分为正强化、负强化和惩罚。正强化是为了奖赏而操作，负强化是为了避免不愉快的结果而操作，惩罚是当出现不合要求的操作后，使个体生理上或心理上出现痛苦。斯金纳认为学习就是行为塑造。操作性条件反射理论还可以用来训练动物行为和通过建立后果的方式纠正行为。

3. 社会学习理论

社会学习理论由美国著名心理学家班杜拉提出。班杜拉认为儿童通过观察生活中的重要人物的行为而习得社会性行为。这些观察以心理表现或其他符号特征的形式储存在儿童的大脑中，帮助他们模仿行为。

班杜拉的理论建立在他的儿童观察实验上。在一项研究中，他们先让儿童观察成人榜样对一个充气娃娃拳打脚踢，然后把儿童带到一个放有充气娃娃的实验室，让其自由活动，并观察他们的行为表现。结果发现，儿童在实验室里对充气娃娃也会拳打脚踢。这说明，成人榜样对儿童的行为具有明显的影响，儿童可以通过观察成人榜样的行为而习得新行为。在另一个实验中，班杜拉把儿童分为三组，先让儿童看到电影中成年男子的攻击性行为。在影片结束后，第一组儿童看到成人榜样被表扬，第二组儿童看到成人榜样受批评，第三组儿童看到成人榜样的行为既不受奖也不受罚。然后，把三组儿童都带到一间游戏室，里面有成人榜样攻击过的对象。结果发现，榜样受奖组儿童的攻击行为最多，榜样受罚组儿童的攻击行为最少，控制组居中。这说明，榜样行为导致的后果，只是影响到儿童攻击性行为的表现，对攻击性行为的学习几乎没有影响。

班杜拉的社会学习理论认为个体在社会情境中可以向其他人的行为学习。社会学习理论认为个体、环境和行为相互影响，彼此联系，强调除环境因素之外，个人对环境的认知、个人行为对学习起着非常重要的影响。

社会学习理论并不认为学习产生于强化。不把强化视为加强刺激反应行为的必要条件，而只视为个体对环境认知的一种讯息。如果个体喜欢自己行为带来的后果，他就会在同样的情境下继续作出同样的行为。重视学习时个体的自主性，即使个体本身未曾亲身体验行为后的奖赏或惩罚，从观察、听到别人的说法，也会学习到何时何地该作出何种行为。

（四）认知学派的学习理论

1. 格式塔心理学派的学习理论

格式塔是德语词，意思是完型，格式塔心理学派认为学习是个体利用自身智慧与理解力对情境与自身关系的顿悟。学习的实质在主体内部构造完型，完型是心理结构，是对事物关系的认知。在解决问题时，情境中的各个事物都依赖整个完型。学习是不断构建完型的过程。刺激与反应之间的联结不是直接的，而是以意识为中介的。格式塔心理学派认为学习是主体主动构造完型的过程。

认知格式塔心理学派认为学习的实质就是知觉的重新组织，就是经验变化的过程。知觉重组是学习的核心；顿悟学习可以避免多余的失误，同时又有助于迁移。顿悟学习的核心是要把握事物的本质。

2. 托尔曼的认知说

托尔曼（Tolman）提出了整体行为模式和中介变量的概念，把 S（stimulus，刺激）-R（response，反应）改为 S-O-R，O（organism）是指有机体的内部变化。他的主张介于行为主义与认知学派之间，强调学习中认知的作用，强调学习是有目的的行为，并不是盲目的。学习是期待的获得，而不是习惯的形成；学习过程外部强化并不是学习的必要条件，学习者如有强烈的动机和期待，也能够产生学习。期待与动机的验证或是实现本身就是学习强化。托尔曼把这种学习称为“潜在学习”。

教师在教学的过程中要帮助学生建立学习兴趣。在大学的教学中，如果教师给学生讲清楚课程与专业的关系、课程与未来从事职业的关系，即讲清楚学习目的、课程目标，就会促进学生的学习。这就是教育心理学所说的给清楚的学习预期，强调了预期在学习中的作用。

3. 布鲁纳的发现说

布鲁纳（Bruner）认为学习的实质不是被动地形成刺激反应联结，而是主动地形成认知结构，通过将新知识融入已有的认知结构中，积极建构新的认知体系的过程。布鲁纳认为学生应该依靠自己的力量去获得新知识、寻求解决问题方法。教师应提供环境，使学生发现自己的认知结构。在一门学科或课程的学习中包含获得、转化、评价三个过程。学习是对信息的加工，并将知识连成知识系统。教师在教学中的主要任务是给学生提供有助于纠正和提高的反馈信息。教任何学科，教师都要使学生理解学科的基本结构。

掌握学科的基本结构包括两方面。一是掌握该学科的基本知识结构；二是掌握学习该学科的态度和方法。掌握一门学科中最基本的概念、原理及其概念间的逻辑联系；掌握学科的基本知识结构有利于该学科知识的长期保持和检索；掌握最基本的概念和原理有利于学习迁移的发生；掌握具有再生能力的基本知识结构有利于培养学习的内部动机；在早期教育中教授学科的基本结构，有利于促进儿童的智力发展。

4. 奥苏贝尔的意义学习理论

奥苏贝尔（Ausubel）将学习分为意义学习与机械学习，认为学习的实质就是以符号为代表的新知识与学习者认知结构中已有的适当观念建立起非人为和实质性联系。高深的学习就是理解符号所代表的意义，搞清楚新知识与学习者原有的认知结构之间的逻辑关系。

奥苏贝尔的学习类型分为表征学习、概念学习和命题学习。理解奥苏贝尔就要理解学习范式、思维发展中的同化（assimilation）和顺应（accommodation）。

为了促进学习者的新知识与原有知识结构的结合，教师应提供先行组织者（advanced organizer）。先行组织者是先于学习任务本身呈现的一种引导性材料，就是为了使学生具备定锚的相对应的组织，教师在上课前应提供一份概念组织，说明各概念间的关联。

教学时，如果讲解一般性的范围较广的上位概念时，应该提供具体而详细的例证。在教学中也可以提前为学生提供有标题、摘要的预习材料，也可以以思考题的方式为学生提供背景材料。这就是为学生提供“先行组织者”的教学方式。

5. 人本主义的学习理论

人本主义的学习理论以马斯洛和罗杰斯为主要代表人物。人本主义的学习理论强调学习过程中人的非智力因素：以学生为学习的中心，必须尊重学习者；必须重视学习者的意愿、情感、需要和价值观；必须相信任何正常的学习者都能自己教育自己，自我实现；必须在师生间建立良好的关系，形成良好的学习情境。学习的重要环节就是学生要从自己的需要出发评价学习，就是学生要明白这种学习是否满足了自己的需要。

6. 建构主义学习理论

建构主义是学习理论行为主义发展认知以后的又一个新发展。建构主义认为，知识不是通过教师传授得到的，而是学习者在一定的情境即社会文化背景下，借助其他人（包括教师和学习伙伴）的帮助，利用必要的学习资料，通过意义建构的方式获得的。因此建构主义认为学习中的“情境”、“协作”、“会话”和“意义建构”是学习环境中的四大要素。换句话说，获得知识的多少取决于学习者根据自身经验去建构有关知识的意义的能力，而不取决于学习者记忆和背诵教师讲授内容的能力。

建构主义提倡在教师指导下的以学习者为中心的学习，也就是说，既强调学习者的认知主体作用，又不忽视教师的指导作用，教师是意义建构的帮助者、促进者，而不是知识的传授者与灌输者。学生是信息加工的主体，是意义的主动建构者，而不是外部刺激的被动接受者和被灌输的对象。学生要成为意义的主动建构者，就要求学生在学习过程中发挥主体作用。

教师要成为学生建构意义的帮助者，就要求教师在教学过程中从以下几个方面发挥指导作用：激发学生的学习兴趣，帮助学生形成学习动机；通过创设符合教学内容要求的情境和提示新旧知识之间联系的线索，帮助学生建构当前所学知识的意义；为了使意义建构更有效，教师应在可能的条件下组织协作学习（开展讨论与交流），并对协作学习过程进行引导使之朝有利于意义建构的方向发展。引导的方法包括提出适当的问题以引起学生的思考和讨论；在讨论中设法把问题一步步引向深入以加深学生对所学内容的理解；要启发诱导学生自己去发现规律，自己去纠正错误的或片面的认识。

建构主义认为，学生在日常生活中已经形成了丰富的生活经验以及在这些经验基础之上形成了一系列的认知结构，对一些问题有自己的看法，因而在学习过程中，学习者不是被动地在教师指导下接收、加工和储存知识，而是根据自己的知识背景，对信息进行主动地选择和加工，在他人协助下，形成自己的信息加工过程，建构自己的意义学习。

建构主义认为，知识结构是围绕关键概念而形成的网络结构，学习结果应是建构结构性与非结构性的知识意义的表征。按此观点，学习可以分为初级学习和高级学习。初级学习属于结构良好领域（well-structured domain），要求学生知道重要的概念和事实。高级学习属于结构不良领域（ill-structured domain），每个任务都包含复杂的概念，各种原理与概念的相互作用很不一样，是非结构化的、情境性的学习。

建构主义注重学习的主体作用，强调以学生为中心。他们注重情境的作用，特别是真实情境（结构不良领域）的作用。他们强调协作学习，交互学习，提倡师徒式的传授以及学生之间的相互交流、讨论与学习。建构主义特别注意对学习环境进行设计，为受教育者提供充分的资源。

7. 维果茨基的社会建构主义理论

维果茨基指出教学必须考虑学生的年龄特点，即要以儿童一定的成熟水平作为基础。但是教学要推动发展，必须把着眼点放在儿童的明天。因此，他提出了要确定儿童心理发展的两种水平，即现有发展水平和“最近发展区”。

“最近发展区”是维果茨基创立的一个极其重要的概念，它使我们看到了儿童发展的最大可能性。维果茨基认为主要的不是至今已经完结了的发展过程，而是那些现在仍处于形成状态的、正在发展的过程，依靠这些过程，才能有力地推动发展。

维果茨基提出了学习的最佳关键期。他认为儿童发展的每一年龄阶段都具有各自特殊的不同的可能性，同时学习某些东西总有一个最佳年龄或敏感年龄。维果茨基还提出了学习的最低期限，即必须达到某种成熟程度才使学习某种科目成为可能。

学习的最佳期限是什么呢？维果茨基说：“对一切教育和教养过程而言，最重要的恰恰是那些处在成熟阶段但还未成熟到教学时机的过程。”只有在这一时期施以恰当的教学，才有可能组织这些过程，以一定的方式调整这些过程，以达到促进发展的目的。

维果茨基从社会文化历史发展观出发，十分强调社会环境的作用。他认为教育过程是三方面的积极过程，即学生积极、教师积极以及把他们联结在一起的环境的积极。

维果茨基指出，一切高级心理机能最初都是在人与人的交往中以外部动作的形式表现出来的，然后经过多次重复、多次变化，才内化为内部的智力动作，内化的桥梁则是活动。因此，维果茨基认为学生的个人活动应该成为教学过程的基础，教师的全部活动仅在于指导与调节这种活动。教师作为教育环境的组织者与监督者，其积极作用在于以极其不同的方式“塑造”、“裁剪”与“整合”对儿童进行教育的社会环境的各种因素，以解决它所肩负的教育任务。

教学的交往具有本质。维果茨基认为作为交往，它的最系统化的形式便是教学。这个观点反映了教学的交往本质特点。教学必须是在知识经验存在着差异的人们之间进行，亦即有某种知识经验的人与准备学习这种知识经验的人之间的交往。由此出发，维果茨基十分重视学生在教学过程中的主体地位，认为组织教学应该实现让学生自己教育自己。

四、高等学校大学生知识的获得

知识是客观事物的特征与联系在人脑中的能动反应，是人类经验、思想、智慧赖以存在的形式，是个体与其环境相互作用后获得的信息及其组织。学习就是一个信息加工过程。

知识从不同的概括水平可划分为具体知识与抽象知识；依据不同表述形式可划分为陈述性知识与程序性知识。陈述性知识（declarative knowledge）是关于“是什么”的知识，包括各种事实、概念、原则和理论等，是显性的知识。程序性知识（procedural knowledge）是关于“如何做”的知识，包括如何从事并完成各种活动的技能。

（一）知识的获得

1. 知识的保持——记忆

根据记忆的内容可将其分为形象、词语、动作与情绪；根据记忆的目的可将其分为有意记忆和无意记忆；根据记忆的时间可以将其分为感觉记忆、短时记忆和长时记忆。

（1）感觉记忆（sensory memory）又称瞬时记忆（immediate memory），是持续时间约 0.25～2 秒的记忆。一切输入记忆系统的信息，都会通过感觉器官的活动产生感知觉，当引起感知觉的刺激物不再继续呈现时，仍然能够继续保持一个极短时间。这种记忆以图像编码为主。它就像登记一样把输入的信息记录下来，因此感觉记忆也叫作感觉登记（sensory register）。

（2）短时记忆（short-term memory）又称为工作记忆（working memory）。这是信息保持在 5 秒至 2 分钟之内的记忆。短时记忆的容量很小，大约为 7±2 个单位。现在的移动电话号码有 11 位，如 18888888888，超出了 7±2 的界限，但如果把它分为 188（局号）、8888 和 8888 三个部分来记，就很容易记住了。

（3）长时记忆（long-term memory）。这是指一分钟以上直到许多年甚至终身保持的记忆。长时记忆中的信息得到充分加工。与短时记忆相比，长时记忆容量非常大。长时记忆是对短时记忆中的信息进行反复加工的结果，即对短时记忆进行复述，其就会转变成为长时记忆。长时记忆的编码形式以语义编码为主，其大部分信息源于对短时记忆内容的加工，是有组织的知识系统。记忆的信息加工模型如图 4-3 所示。

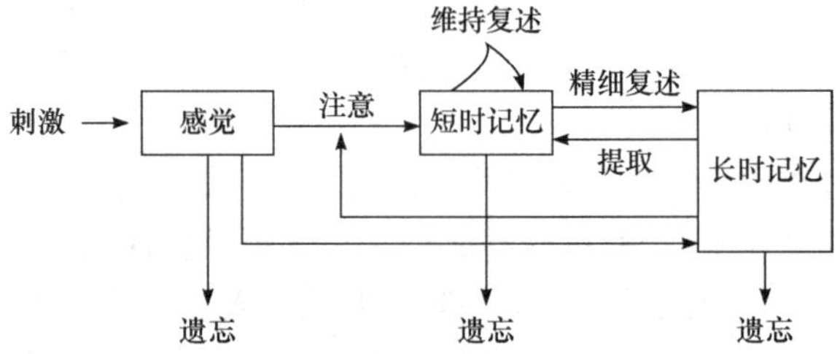

图 4-3 记忆的信息加工模型

2. 遗忘及其规律

遗忘是记忆过的内容不能够再认或再现。影响遗忘的因素有识记材料的性质和数量、学习的程度、识记材料的系列位置、记忆的线索。艾宾浩斯遗忘曲线如图 4-4 所示。

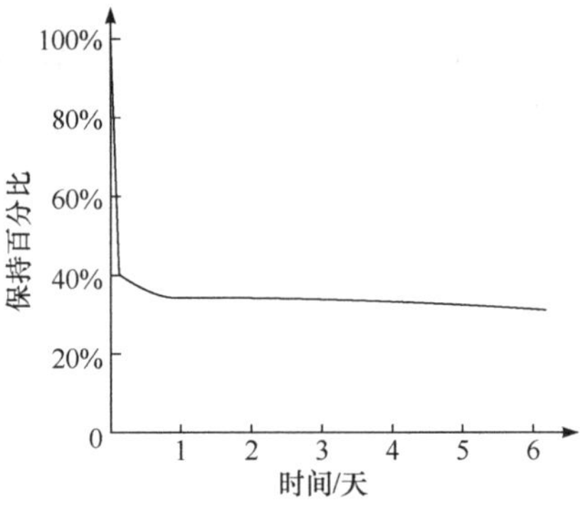

图 4-4 艾宾浩斯遗忘曲线

3. 心理学关于遗忘的理论

（1）记忆痕迹衰退说。此观点的代表人物是巴甫洛夫和桑代克。从巴甫洛夫的经典条件反射理论来看，记忆痕迹是人在进行感知、思维、情绪和动作等活动时大脑皮层上有关部位所形成的暂时神经联系，联系形成后在神经组织中会留下一定的痕迹，痕迹的保持就是记忆。有关刺激会激活痕迹，使暂时神经联系恢复，保持在人脑中的过去经验便以回忆或再认的方式表现出来。有些没有被强化的痕迹，随着时间的推移而逐渐衰退造成遗忘。遗忘是由记忆痕迹得不到强化而逐渐衰退引起的，消退随时间的推移自动发生。例如，如果我们长时间不复习某个知识点，那么这个知识点的记忆痕迹就会逐渐衰退，最终导致我们忘记它。

（2）干扰抑制说。干扰抑制说认为遗忘是学习和回忆之间受到其他刺激干扰的结果，一旦排除了这些干扰，记忆就能够恢复。詹金斯和达伦巴赫在一项实验中，让两位被试识记无意义音节字表，要求达到一次能正确背诵的程度。然后让一位被试睡觉，另一位被试继续日常活动。分别在 1、2、4、8 小时后，让被试回忆学习过的材料。结果显示睡眠的被试回忆的成绩比继续活动的回忆成绩要好，说明遗忘不是因时间的流逝而自然衰退的，而是在清醒状态下大脑活动的结果，即日常活动干扰抑制了对原先学习材料的回忆。

干扰抑制说的最明显的证据是前摄抑制和倒摄抑制。前摄抑制是指先前的学习与记忆对后继的学习与记忆的干扰作用；倒摄抑制是指后继的学习与记忆对先前学习材料的保持与回忆的干扰作用。

（3）动机性遗忘说，又称为压抑说，认为遗忘是某种动机的压抑所致。弗洛伊德把记忆和遗忘看作个人维护自我的动态过程，他认为人们常常压抑早年生活中痛苦的记忆以避免这种记忆引起的焦虑或不安。这种记忆难以回忆既不像记忆痕迹衰退说所述的痕迹的消退造成的，也不像记忆干扰说所述的学习材料之间的相互干扰造成的，如果通过某种方式，如催眠或自由联想等是能够恢复这种被压抑的记忆的。

有实验表明,回忆中涉及愉快经验的约占 55%,不愉快的约占 33%,平淡的约占 12%,可见对不愉快事件的回忆明显地少于对愉快事件的回忆。如果能消除人的压抑回忆的原因，消除记忆材料（或事件）与消极情绪之间的联系，遗忘现象就能克服。促进知识保持的方法有记忆术、扩大组块多重编码策略、关键字法、过度学习。

（二）学习迁移

学习迁移也称为知识迁移，通常指一种学习对另一种学习的影响。这一定义既包括先前学习对后继学习的影响，也包括后继学习对先前学习的影响。

1. 学习迁移的种类

学习迁移的种类有顺向迁移与逆向迁移、正迁移和负迁移、水平迁移和垂直迁移、自下而上的迁移和自上而下的迁移、低途径迁移和高途径迁移。

从迁移的方向上看，学习迁移可分为顺向迁移和逆向迁移。顺向迁移是指先前学习对后继学习的影响；逆向迁移是指后继学习对先前学习的影响。从迁移效果上看，学习迁移可分为正迁移和负迁移。正迁移是指一种学习对另一种学习产生积极影响的迁移；负迁移是指一种学习对另一种学习产生消极影响的迁移。在学习迁移的理论和实验研究中，人们主要关心的是顺向正迁移，因为顺向正迁移是促进学习的迁移。根据迁移内容不同的抽象和概括水平，学习迁移可分为水平迁移和垂直迁移。水平迁移也称横向迁移，是指处于同一抽象和概括水平的经验之间的相互影响，如直角、钝角、锐角、平角等概念之间的关系是并列的。垂直迁移又称纵向迁移，指处于不同抽象、概括水平的经验之间的相互影响。具体而言，是具有较高的抽象和概括水平的上层经验与具有较低的抽象和概括水平的下层经验之间的相互影响。垂直迁移表现在两个方面：自下而上的迁移和自上而下的迁移。自下而上的迁移，如对“植物”“动物”等具体概念的理解影响着对

“生物”这一概念的掌握。自上而下的迁移，如对“角”这一概念的掌握对“直角”“锐角”等概念的学习有一定影响。从迁移途径方面划分，学习迁移可分为低途径迁移和高途径迁移。低途径迁移（low-road transfer）指高度熟练技能的自觉和自动迁移。低途径迁移的关键是在许多情况下对技能的经常练习，直到能无意识地执行它。高途径迁移（high-road transfer）指在一种情况下掌握的抽象知识在其他不同情况下的应用。高途径迁移的关键是抽象，掌握能适用于许多问题或情况的原理、策略或程序。

学习迁移对于提高解决问题的能力具有直接的促进作用。迁移是习得的经验得以概括化、系统化的有效途径，是能力与品德形成的关键环节。迁移规律对于学习者、教育工作者以及有关的培训人员具有重要的指导作用。

2. 关于学习迁移的心理学理论

关于学习迁移的心理学理论有形式训练说、共同要素说、经验类化说、关系转换说、认知结构迁移理论、产生式迁移理论。

（1）形式训练说。形式训练说以官能心理为依据，学习迁移是官能得到训练而发展的结果。训练是提高心理官能能力的手段和方法。官能即注意、知觉、记忆、思维、想象等一般的心理能力。对官能的训练如同对肌肉的训练一样，得到训练的官能又可以自动地迁移到其他活动中去。官能训练注重训练的形式而不注重内容。形式训练说认为，迁移是无条件的、自动发生的。

（2）共同要素说。桑代克和伍德沃思提出了共同要素说。他们通过面积估计实验否定了形式训练说，同时提出了共同要素说来解释学习迁移现象。按照共同要素说的观点，学习迁移的关键在于共同要素的存在，而非官能的改善。只有当测验情境与先前的学习情境存在共同成分或要素时，学习迁移才会发生。桑代克还进一步用刺激和反应的联结解释学习迁移。他指出，在共同要素中，有四种联结对教育实践十分重要，即目的、方法、一般原理和经验上的基本事实四个方面的联结，否认了迁移过程中复杂的认知活动。

（3）经验类化说。经验类化说是贾德 1908 年提出的一种迁移理论。按照贾德的观点，两个学习活动之间存在的共同成分只是迁移产生的必要前提，通过概括，学习者获得一般原理，这是迁移产生的关键。因此，贾德的“经验类化说”又称“概括原理说”。经验类化说强调概括化的经验在迁移中的作用，强调原理的理解，比共同要素说有所进步。但是，概括化的经验仅是影响迁移成功与否的条件之一，并不是迁移的全部。

（4）关系转换说。关系转换说又称“关系理论”，是格式塔心理学派提出的迁移理论。这种理论认为，对情境中关系的顿悟是产生迁移的决定因素。迁移的产生并不取决于是否存在某些共同的要素，也不取决于对原理的孤立掌握，而是取决于能否理解各个因素之间形成的整体关系，能否理解与实际事物之间的关系。个体越能发现事物间的关系，则越能加以概括、推广，迁移就越普遍。这一理论强调认知因素在迁移中的作用。

（5）认知结构迁移理论。美国教育心理学家奥苏贝尔提出认知结构迁移理论，认为任何有意义的学习都是在原有学习的基础上进行的，有意义的学习中一定有迁移。原有认知结构的清晰性、稳定性、概括性、包容性、连贯性和可辨别性都始终影响着新的学习的获得与保持。奥苏贝尔认知结构的迁移理论代表了从认知观点来解释迁移的一种主流倾向。

（6）产生式迁移理论。产生式迁移理论则是针对技能的迁移提出的，其基本思想是：前后两项技能学习产生迁移的原因是两项技能之间产生形式的重叠，重叠越多，迁移量越大。产生式迁移理论是对 Anderson 等（2011）的思维适应性控制理论的发展。技能的迁移就是在于两项技能之间具有共同的产生式，或存在产生式的重叠。产生式迁移理论把产生式规则作为两项学习任务之间的共同元素，使早期的共同元素说符合现代认知心理学的原理。

3. 促进学习迁移的有效方法

一是创设可迁移的学习情境。学生的学习情境与其运用知识的情境越相似，越有助于学习的迁移。二是帮助学生概括、理解基本原理。学习迁移的最重要途径之一是对学习材料的一般原理的理解和概括。三是给学生以学习方法的指导。学习方法作为一种积极的定势对以后的学习具有促进作用。四是帮助学生建立合理的、最佳的知识结构。新的学习是在学习者原有认知结构的基础上进行的。原有认知结构在新的学习中是否具有可利用性、可辨别性和稳定性，对学习迁移具有重要影响。

五、大学生的激励与管理

（一）激励概述

激励是指一个有机体在追求既定目标时的意愿程度。与教育心理学相关的理论有需要理论、动机理论。因为激励的过程包含三种变量：需要、动机和个性机体变量。可见激励的本质就是从个体的需要出发，利用某些外部诱因使之转化为内部动机，最大限度地激发个体的欲望。与激励最相关的心理学理论是需要理论与动机理论。

（二）需要理论

需要是指人为了个体与社会的生存、发展需要，必须有一定事物的支持。这些要求反映在人脑中就是需要。

（1）马斯洛的需要层次理论（Maslows's need hierarchy theory）。马斯洛认为人的需要有生理需要、安全需要、归属与爱的需要、尊重的需要和自我实现的需要。这五种需要是人们最基本的需要。它们构成了不同的等级和水平，并成为激励和控制行为的力量。在同一时间地点和条件下，人最渴望得到而又没有满足的需要是优势需要，它对人的行为起着决定性作用。当优势需要得到满足后就不再对人的行为起决定性作用。

这些需要得到满足，个体才会身心健康地发展，而一旦这些需要得到满足，个体的满足该需要的动机便随之减弱。马斯洛认为人的最高层次的需要是自我实现的需要：是一个人的潜在能力在其发展过程中的不断实现，是其自身内在本性的更充分把握和认可。自我实现就是使自己成为自己所期望的人物，完成与自己的能力相称的一切事情，从而达到个人潜能之巅。

（2）自我效能感理论。班杜拉认为人的行为受结果因素的影响，行为之所以出现，是由于个体认识到行为与强化之间的关系后对进一步强化的期待。期待决定行为。班杜拉把期待分为结果期待和效能期待。效能期待指人对自己是否有能力完成某一行为的判断。自我效能感是人在自我以往经验的基础上形成的判断，即自己是否有能力从事某一特殊事务或工作的心理现象。班杜拉认为自我效能感直接决定了人进行某种活动时的动机水平。自我效能感决定了人对活动的选择、对活动的努力和坚持性，影响了人对困难的态度。

个人的成败经验、替代性经验、言语说服、情绪和生理状态都可能影响一个人的自我效能感。

（三）动机理论

动机是引起和维持个体的活动，并使活动朝向某一目标的内在心理过程或内部动力，具有激活、指向、强化的功能。

心理学上的重要的动机理论有本能理论、驱力减少理论、唤醒理论、诱因理论、成就动机理论、成败归因理论、价值期待理论。

1. 本能理论

本能理论（instinct theory）是美国心理学家詹姆斯提出的，认为人的行为依赖于本能的指引，人除了具有与动物一样的生物本能外，还具有社会本能，如爱、社交、同情、诚信等。本能理论最著名的鼓吹者是美国心理学家麦克杜格尔（McDougall）。他系统提出了动机的本能理论，认为人类的所有行为都是以本能为基础的，本能是人类一切思想和行为的基本源泉和动力；本能具有能量、行为和目标指向三个成分，个人和民族的性格与意志也是由本能逐渐发展而形成的。他认为人类有 18 种本能，如逃避、拒绝、好奇心、好斗、获取、自信、生殖、合群性、自卑、建设等。

2. 驱力减少理论

赫尔（Hull）提出了驱力减少理论（drive reduction theory）。他假定个体要生存就有需要，需要产生驱力。驱力是一种动机结构，它供给机体力量或能量，使需要得到满足，进而减少驱力。赫尔的理论适用于解释生物的机能，如吃、喝、睡眠和性行为等。剥夺食物会产生饿（驱力），它推动个体寻找食物和产生吃的行为，进而使驱力减少。随后，赫尔又提出，人类的行为主要是由习惯支配的，而不是由生物驱力支配的。他强调经验和学习在驱力形成中的作用，认为学习对机体适应环境有重要意义。驱力为行为提供能量，而习惯决定着行为的方向。赫尔认为，有些驱力来自内部刺激，不需要习得，称为原始驱力；有些驱力来自外部刺激，是通过学习得到的，称为获得性驱力。

3. 唤醒理论

人的有机体为了保持生命的活力，总是把动机激活到一种最佳水平，不是太高，也不是太低。对唤醒水平的偏好是决定个体行为的一个因素。一般来讲，个体偏好中等强度的刺激水平，因为它能引起最佳的唤醒水平（optimal arousal level），而对于过低或过高的刺激，个体是不喜欢的。

研究表明，当人们进入感觉剥夺状态，如蒙上眼睛、塞上耳朵、不能移动，或者进入相当单调的情景时，他们会变得烦躁和渴望刺激。研究还表明，当在强烈光线或噪声的作用下，人们会尽量使自己降低到一种低的唤醒水平上。在日常生活中，人们在安静的办公室里工作了一天后，回到家里总喜欢放点爵士乐兴奋一下；而负责管理三百多个孩子的老师在兴奋了一天之后，回到家里常常愿意安静一点。

唤醒理论提出人们偏好最佳的唤醒水平。研究发现，每一个体都有自己的最佳唤醒水平，高于这个水平时就需要减少刺激，低于这个水平时就需要增加刺激。刺激水平和偏好之间的关系是一条倒“U”形曲线。

4. 诱因理论

驱力理论强调个体的活动来自内在的动力，它忽略了外在环境在引发行为上的作用。针对这种缺陷，人们提出了诱因理论。诱因（inducement）指能满足个体需要的刺激物，它具有激发或诱使个体朝向目标的作用。例如，诱人的美食激发人的进食欲望；漂亮的时装引起人的购买欲；挑战性的任务激发人的成就需要。诱因可以是物质的，如食物、时装等，也可以是复杂的事件和情境，如获得名誉、地位等。凡是人们希望得到的、有吸引力的刺激都可能成为诱因。诱因有积极和消极之分，有吸引力的刺激物称为积极诱因；个体回避的刺激物（如痛苦、失败等）称为消极诱因。

5. 成就动机理论

其代表人物为阿特金森（Atkinson）和麦克利兰（McClelland）。该理论认为，所有人的学习动机都可以用两种驱力来描述：追求成功的驱力和逃避失败的驱力。麦克利兰认为，具有强烈的成就需要的人渴望将事情做得更为完美，提高工作效率，获得更大的成功，他们追求的是在争取成功的过程中克服困难、解决难题、努力奋斗的乐趣，以及成功之后的个人的成就感，他们并不看重成功所带来的物质奖励。

追求成功的驱力和逃避失败的驱力，这两种相反的动机形式被看作个体人格中的稳定特征。阿特金森将个体分为成就定向者和失败定向者。成就定向者喜欢就成败机会参半的工作去冒险挑战，对太难或太容易的工作都没有兴趣。失败定向者不愿意承担风险，他们只对非常容易的工作或极难的工作有兴趣，以此来维持积极的自我形象。同时，这两种动机都被描述为情绪体验。理论假设所有动机实质上都是对情绪的预期。例如，追求成功动机较高的个体因自己已取得的成功自豪，并对下一次的成功充满信心；而一些动机较低的个体由于先前的失败经验引发的羞耻感，而对下一次行动作出会再次感到羞耻的预期，从而选择逃避。

6. 成败归因理论

成败归因理论的代表人物是韦纳（Weiner）。成就动机的本质是认知过程而不是情绪预期。个体怎样解释其先前的成功与失败决定了他下一次对任务的选择、持续努力的时间、热情程度如何等。

这种对动机的认知性质的再解释是理论上的根本性质的转变。用人们如何解释自己的经历代替情绪体验，这在教育领域的应用前景十分广阔，如果真像此理论所说，认知可以控制动机，教育者将可以教授学生如何正确地、建设性地分析自己的成功和失败，进而形成更有效的成就动机。归因理论重视努力在成就中的积极作用，这建议教师应该基于学生是否努力进行奖励和惩罚，而不是根据学生成功与否。

7. 价值期待理论

结果期待是指人对自己的某一行为会导致某一结果（强化）的推测。如果人预测到某一特定行为将会导致特定的结果（强化），那么这一行为就可能被激活和受到选择。例如，儿童感到上课注意听讲就会获得他所希望取得的好成绩，他就有可能认真听课。

效能期待是指人对自己能够进行某一行为的实施能力的推测或判断，它意味着人是否确信自己能够成功地进行带来某一结果的行为，当确信自己有能力进行某一活动，他就会产生高度的自我效能感，并会去进行那一活动。例如，学生知道注意听讲可以带来理想的成绩，在感到自己有能力听懂教师所讲的内容时，才会认真听课，在这里，自我效能感是指一个人在进行某一活动前，对自己能否有效地作出某一行为的判断。换句话说，是人对自己行为能力的主观推测。

班杜拉指出，以往学习理论的研究集中在知识和技能的获得过程上，以往动机理论的研究停留在提供什么强化（诱因）才能促进行为上。但是，人在掌握了相应的知识和技能也知道了行为将会带来什么样的结果之后，并不一定去从事某种活动或作出某种行为，因为这要受自我效能感的调节。能取得好成绩固然是每个学生的理想所在，但力不从心之感却会使人对学习望而生畏。

成功的课堂教学始于良好的开端。教师在导入新课以前，重要的是先使学生对新课内容感兴趣，激起学生的求知欲。教师要运用多种有趣的方式呈现知识，如在课堂教学中有计划地安排幻灯、录像、演示、专家访谈等多种形式补充教学，往往能起到增强学生学习兴趣的作用。教师可通过将教学目标转化成不同的等级，让学生更容易达到学习目标。因为不同能力、不同程度的学生都在此目标系统中找到切合自己情况的目标，所以每个学生的成就动机都有机会获得满足。

【小结】

纵观高等教育的历史变迁，主要经历了三个阶段的发展：古代为作为“高深学问的教育”的高等教育阶段；中世纪至 19 世纪为“大学教育”的高等教育阶段；20 世纪初至今为“中学后教育或第三级教育”的高等教育阶段。在不同的发展阶段，高等教育无论在形式上还是教育目的、教育对象、教学内容上都呈现出不同的内涵和特征。高等学校的职能也伴随着高等教育的变迁逐渐丰富,形成了现代高校的职能体系——培养人才、发展科学和直接为社会服务。伴随着高等教育实践的日益丰富和蓬勃发展，有关高等教育的学术研究逐渐兴起。高教管理者需要重视学术职业的特性，从教师职业成长和职业发展的角度帮助教师合理规划职业发展道路，提升教师的职业满意度，最终帮助高校教师实现职业成功。大学阶段是学生理性能力和社会化发展的重要窗口时期，大学生无论在生理上还是心理上都仍处于不断成熟的阶段，高校应该针对大学生的发展特点有的放矢地开展教育和管理，围绕学生发展开展学生事务管理，将是未来高校学生事务管理的主要目标和方向。课程是教育活动的核心，是教学活动中内容和实施过程的统一，也是教学改革的核心，课程设置合理与否，课程质量的高低及课程实施的成效直接影响着人才培养目的的实现和人才培养的质量。高校课程具有明显的探究性、专业性和创新性。在进行课程设置、教学设计和教学方法选择时，需要充分考虑到高校学习和高校学生发展的特点，遵循一定的学习理论、教学理论和传播理论，开展系统化、科学化的规划。大学文化建设是一个长期的过程，是在不断冲突和融合中逐步建立起来的。大学文化是一所大学赖以生存和发展的重要根基，也是大学与大学之间相互区别的重要标志。大学文化发挥着育人功能和求真功能。任何一所世界一流大学，无不重视其校园文化建设。根据大学文化的划分层次，可以着重从精神层面、制度层面和物质层面来开展大学文化建设，通过凝练大学精神文化、规范大学制度文化和丰富大学物质文化，来实现大学文化的形成和发展。

高等教育心理学是一门研究在高等教育情境中，学生学习和教师教学的心理规律的科学，是心理学的一个分支学科，是具有高理论性、强应用性的学科。为了使培训的教师了解高等教育心理学的基本框架，本章将高等教育心理学分为五个部分：①高等教育心理学概述，介绍了高等教育心理学与普通心理学、儿童心理学、教育社会心理学的关系，高等心理学的研究对象与主要流派。②高校教师心理，主要包括高校教师的作用、威信，教学期望及其教师的教师角色和职责。③高等学校大学生学习的特点，介绍了大学生学习的特点和学习理论。学习理论包括经典条件反射理论、操作性条件反射理论、格式塔心理学学习理论、托尔曼的认知说、布鲁纳的发现说、奥苏贝尔的意义学习理论、人本主义学习理论与建构主义学习理论。④高等学校大学生知识的获得，从记忆的视角讲述了知识获得的过程、知识保持与遗忘的规律以及学习过程的迁移理论。⑤大学生的激励与管理，从需要层次理论和动机理论讲述了激励内因的基本规律。希望大学教师通过岗前培训，系统习得高等教育心理学的基本框架，并应用于教育、教学实践，在教学中能够知其然，知其所以然，从而提高高校教师的教育、教学能力，促进高等教育质量的提升。

【思考与练习】

1. 简述古代高等教育的基本内涵和特征。
2. 简述当代高等教育的基本内涵和特征。
3. 简述中学后教育的基本内涵和特征。

4. 简述高等学校职能的历史变迁。

5. 简述学术职业的基本特征。

6. 论述学术漂移现象及其影响。

7. 简述高校教师职业发展、职业成长和职业成功的关系。

8. 论述学术锦标赛对高校青年教师职业成长的影响。

9. 简述大学生身心发展的特点。

10. 什么是大学生事务管理工作?

11. 简述大学生事务管理在理念上的历史演变情况。

12. 结合实际谈谈如何围绕学生发展加强学生事务管理。

13. 高校教学具有什么样的特点?

14. 什么是教学设计?

15. 谈谈你对教学的系统设计论的认识。

16. 高校教学方法如何分类?

17. AI 对未来高等教育教学有何影响，谈谈你的看法。

18. 简述大学文化的内涵。

19. 简述大学文化的功能。

20. 谈谈如何构建一所大学的文化。

21. 为什么说建立在直接经验基础上的学习才是学习? 讨论：你曾经学习过的哪些内容还保留在大脑中，你认为原因是什么?

22. 由美国 BSCS（Biological Science Curriculum Study，生物科学课程研究所）所发展出来的五 E 学习环模式：engagement（引入）、exploration（探索）、explanation（解释）、elaboration（延伸应用）、evaluation（评价）与布鲁纳发现说的关系是什么?

23. 教师教育和教师专业化日益成为人们关注的焦点。那么，怎样才算是一位称职而优秀的教师呢?

24. 大学里的成熟教师对新教师的示范教学、新教师听课活动对新教师教学的影响是什么? 其原理是什么?

25. 为什么说教师要善于激发学生的好奇心与兴趣? 专业兴趣培养对学科学习的意义是什么?

26. 案例教学法在大学生教学中的意义? 与奥苏贝尔的意义学习的关系是什么?

27. 在大学的教学中如何树立榜样? 榜样应该具有什么特点才会真正激发学生的动机?

28. 你觉得大学里有必要进行分级教学吗? 分级教学的优点是什么? 分级教学与班杜拉的价值期待理论的关系是什么?

29. 大学里为什么会推广多媒体辅助教学，其心理学意义是什么?

第五章　高校教师教学规范守则

【内容结构图】

第五章内容结构如图 5-1 所示。

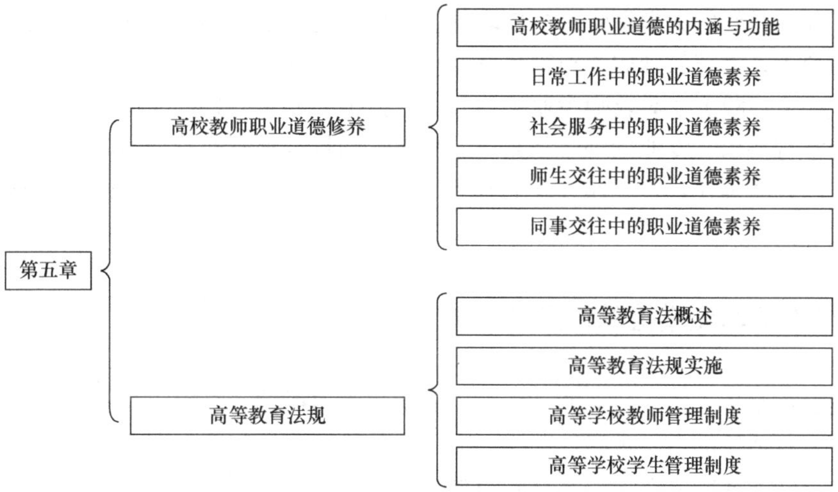

图 5-1　第五章内容结构

本章将学习高校教师教学规范守则，包括高校教师职业道德修养、高等教育法规。高校教师职业道德修养是高校教师职业发展的核心要素之一，它关系到教师的教育教学质量、学生的成长成才，加强高校教师职业道德修养至关重要。高等教育法规是指导高等教育实践，保障教育公平和提高教育质量的重要法律保障，对高等教育机构的教学、科研、管理等方面的行为作出规定，保障教师和学生的基本权益。

第一节　高校教师职业道德修养

我国高等教育以人才培养、文化传承、科学研究、社会服务为宗旨，高校教师的综合素质水平从根本上决定了高等学校人才培养的质量、科学研究的水平及对社会的贡献。立德树人是检验学校工作质量的一项重要指标，高校应该要以立德树人为首要目标。因此，教师具备一定的职业道德修养，是高校培养出符合国家建设要求的综合型人才的重要前提（雷鸣，2022）。高校青年教师尤其应当注重职业道德修养的培养和提升，对自己的专业生活进行伦理反思，积极面对专业生活的挑战和困境，致力于在反思中形成专业伦理自觉，为即将开启的专业生活提供德性之知的逻辑起点。

【讨论案例】

李教授在选修课的最后一节课时，因为逃课学生人数太多而与一名欲离开教室的学生发生肢体冲突。第二天，李教授在学校官方网站发布《致有关院领导的信》，对该事件做了简要说明，并要求学校处理相关学生。同时公布了该课堂“未坚持听完课学生”的名单，称“原则上缺席者不能及格”。

你怎么看待学生的逃课行为？你怎么评价李教授的点名行为？你觉得好的大学课堂和好的大学老师应该是怎么样的？

对于什么是好的大学课堂和高校教师，人们可能有不同的标准和看法。在教师日益专业化的今天，遵守教师职业道德是好老师的必要条件，也是形成好课堂的重要因素。正如 Hoyle（1982）在对教师专业化的分析中指出的那样，教育专业已渐渐符合作为一种专业的常规要求，专业伦理就是其一。那么，高校教师职业伦理的内涵是什么？有什么功能？高校教师在日常工作、社会服务、师生交往、人际交往等方面应该遵循怎样的职业伦理？

一、高校教师职业道德的内涵与功能

职业道德是指人在一定的职业活动中所形成和遵循的、具有自身职业特征的道德规范以及与之相适应的道德观念、情操、品质（钱焕琦，2006）。职业道德带有职业性、特殊性，不同职业的人在道德品格和道德行为上有不同的要求。教师职业道德是职业道德的一种表现形式，是调节教师与他人、社会、学生等职业工作关系所必须遵守的基本道德规则和行为准则，以及教师在职业活动中形成的道德品质、道德观念、道德行为和道德情操的总和（钱焕琦，2006）。它既是社会对教师职业行为的基本要求，也是教师个人人生价值和追求幸福生活的道德基础，是教师整体素质的核心。在教师专业化的大背景下，在教师专业逐渐走向成熟的今天，教师需要具备与之相匹配的专业伦理。换言之，教师专业伦理的建设能增进教师职业的专业性（许烨，2016）。

高校教师职业道德是调节高校教师与他人、教师与集体及社会相互关系的行为准则，是社会对教师职业行为的基本要求（陈锐和吕建明，2010）。它包括高校教师在教学、科研、社会服务、师生交往、同事合作等各个方面应该遵循的道德规范，对于高校教师的成长和发展起着规范引领和保驾护航的重要作用。

二、日常工作中的职业道德素养

【讨论案例】

王老师是一名数学系的青年教师，他的教学非常受学生欢迎，经常得到学生的好评。但是王老师投入大量时间和精力准备教学，导致科研产出如论文、项目等明显不足。最近，学校组织了年度考核，王老师的教学评价很好，但科研指标严重不达标。学院领导批评他忽视了科研工作，如果一直这样下去，会影响职业发展。但是王老师也不愿因追求科研业绩而降低教学质量，他感到科研与教学间的冲突尖锐化，左右为难，不知如何是好。

你怎么看待王老师面临的挑战和困境？对于科研和教学之间可能存在的矛盾和冲突，你有什么建议进行化解？

教学与科研是高校的两种重要职能，也是高校教师最重要的日常工作内容，但对于两者之间的关系却长期存在争论。主要有三种观点。

（1）科研与教学之间有正相关关系。科研和教学所需要的素质有诸多共同之处，如责任心、创造性等，因而可以相互促进、共同提升。这一观点得到了诸多实证研究的支持。例如，陆根书等（2005）发现，高校人才培养与科学研究之间存在显著的正相关关系，两者之间的相关程度还随着时代的发展而呈现出进一步提高的趋势。魏红等（2006）发现，高校教师的科研成果和教学效果呈正相关，教师的科研对教师的教学有促进作用。余秀兰（2008）对一流研究型大学的教授和教学管理者进行了结构式访谈，认为教学与科研在时间上往往会冲突，但在本质上又能相互促进。他们还认为，研究型教学能促进教学与科研的双赢。

（2）科研和教学之间有负相关关系。这一观点认为，教师的时间、精力和资源都是有限的，投入科研的时间和精力多，投入教学的时间和精力就必然减少，反之亦然。况且，教学与科研对教师的能力与品格要求也不尽相同，科研需要较强的忍耐力、自我激励能力及求知热情，而教学则更需要责任感、开放的心态和良好的沟通能力（王中华和朱国梁，2022）。因而两者是此消彼长、矛盾冲突的关系。

（3）科研和教学之间没有相关性。二者由于追求的目标、内容和方式方法均存在差异，也需要教师具备不同的素质和能力，因而是完全不同的领域，两者不存在必然相关关系。

事实上，科研和教学之间的关系可能不是简单的相关或不相关的关系，两者之间的关系可能受到历史条件、社会环境、观念制度等各个方面的影响，是一种动态的复杂关系（吴洪富，2011）。周川（2017）指出，当下我国存在“重科研、轻教学”的问题。为了纠正这一倾向性，2018 年 6 月，新时代全国高等学校本科教育工作会议在成都召开。会议指出，高等教育需要推进“四个回归”，即回归常识、回归本分、回归初心、回归梦想。其中回归本分是指教师需要把教书育人作为自己最基本的职责，上课是高校教师的第一责任，教师是第一身份。从大学诞生之日起，培养人才就是大学作为教育机构永恒的根本任务。

但是，现代大学又不是单纯的教育机构。早在 19 世纪，德国教育家、柏林大学创建者威廉·冯·洪堡就提出了“教学与研究相统一”的办学原则。这种教学与科研相融合要求大学教育工作者既是教师，又是科研工作者。偏废任何一方都会使高等教育的发展止步不前。著名教育家雅斯贝尔斯（1991）指出，只有自己从事研究的人才有东西教给别人，而一般教书匠只能传授僵硬的东西。希尔斯（2010）也明确指出，在现代大学里，教学要与研究相结合，至少要努力跟上最新的研究进展。高校教师不仅要进行研究，而且要把他的教学建立在别人的及他自己的相关研究的基础之上。研究本身就是通过方法来获取迄今尚不为人知的知识。知识如果得不到研究的培育，就会凋谢和枯萎。教学如果得不到研究的支持，也会丧失活力。只有积极地追求知识并且将知识运用于教学之中，才能使教学保持活力。这些都是高校教师最重要的责任。

因此，正确处理好教学与科研的关系是我国发展成为高等教育强国的基础，是高等教育可持续发展的关键（王中华和朱国梁，2022）。从个人发展层面来看，处理好科研与教学的关系也具有非常重要的意义，对青年教师来说尤其如此。在当今高校竞争日益激烈的环境下，青年教师需要同时承担繁重的教学任务和层出不穷的科研要求。如何在二者之间找到平衡，使教学与科研能够良性互动、共同提升，是每一位青年教师都不得不面对和深思的难题。我们认为，青年教师可以从以下几个方面着手，找到科教平衡的最佳路径。

第一，树立正确的教学科研观，同等重视教学和科研工作。由于社会环境和评价体系对科研的重视，很多青年教师想当然地认为科研比教学更重要，在工作中重视科研而对教学敷衍了事。这在短期内可能帮助他们实现目标，获得成就感。但从长期来看，作为教师如果无法从教学中获得满足感和成就感是可能影响一个人的幸福感的。况且，良好的教学及与学生的良性互动可能激发和维持研究热情，拓展研究领域，从而在科研的道路上走得更顺利。上面关于科研与教学关系的研究也表明，两者不一定是此消彼长、矛盾对立的关系，事实上，很多研究数据表明两者是可以相互补充、互相促进的。只要青年教师同时重视教学和科研，认真思考两者之间的关系，是可能找到两者结合和促进的途径的。

第二，改进传统教学方式，开展研究型教学。教师可以围绕自己的教学课题开展研究，以科研项目的形式增加教学内容，也可以将科研成果应用到教学案例中。通过研究型教学，教师将科研成果充实到教学环节中，在提升科研业务的同时提高课堂教学水平，丰富教学内容，拓宽学生的知识面和眼界，真正实现教学与科研的高质量结合。另外，在接受教学任务时考虑自己的科研取向和专长，努力实现两者之间的优势互补。

第三，学会与学生合作，与学生共同进行科研活动。教师可以在教学过程中引导学生进行研究性学习，培养学生的科研兴趣和能力，也可以邀请学生加入自己的研究项目，促进学生科研能力发展的同时减轻自己的工作量，实现师生双赢。

第四，合理设置个人科研规划，与学校环境适应。教师可以根据不同发展阶段，适当调整科研规模和目标。初入行时可侧重教学，中期开始逐步加大科研投入力度。同时，要考量学校的定位与支持，不要因追求过高指标而陷入教研矛盾。

第五，积极争取学校建立科教平衡的评价机制。可以充分利用教师代表大会、研讨交流等机会，向学校反映仅看重科研产出造成的教研失衡问题，争取学校建立兼顾教学与科研的评价机制，如设立优秀教师与优秀科研者双向选拔机制等，使青年教师的教学投入和科研贡献都能得到应有的重视。

第六，在心态上追求教书育人的本心。青年教师要从内心找回教书育人的初衷，在科教融合中体验成就感和幸福感。同时，与学生和同事保持良好沟通，获得积极的工作反馈，调整找到科研和教学的平衡点。

综上所述，青年教师可以通过正确认识科教关系、改进传统教学方式、融合科教资源、适应学校环境、争取制度支持等方式，逐步找到教学与科研的最佳平衡点。关键是要树立科教并重的理念，并保持积极的工作心态。相信通过不断实践探索，定能取得科教共荣的成果。

三、社会服务中的职业道德素养

在知识化、信息化的当今社会，关注现实、服务社会是世界公认的现代大学的重要职能之一。因此，高校教师除完成高校的本职工作外，还需要根据社会需求，以自己的专长服务于社会企事业单位、学术组织等社会机构和组织。社会服务包括服务于生产、流通、技术改进等各个环节的活动，也包括参加企事业单位、团体的各类学习培训、形象策划等活动。

高等学校教师参与社会兼职的服务劳动是高等教育体制改革带来的积极效应，有很多积极的社会意义。第一，社会服务是履行高校职责的必要途径。高校培养的人才是为社会服务的，但高校的教育资源是有限的，无法满足培养社会所需人才的各类条件，因此，必须将人才培养的基地扩展到整个社会，而高校教师从事社会服务是这种扩展的重要形式。第二，社会服务是社会主义市场经济条件下科学技术高速发展的客观需求。企事业单位或个体、私营部门支付一定的酬金就可以获得所需要的知识、信息服务，从而使高校教师的社会服务在改革开放中得以实现并获得科学的合理性。因此，高校教师的社会服务是一种解放生产力、充分利用人力资源的社会化进步。第三，加快知识向生产力的直接转化，实现“产、学、研”一体化。高校教师的社会服务进一步加强了高校与社会的联系，加快了知识向生产力的直接转化。社会服务也可以丰富高校教师的实践经验，并夯实高等教育进一步发展的物质基础。第四，有利于激发自身职业潜能。高校教师在社会服务中可能要面对在校内教育劳动中未曾遇到的全新课题，这必然促使他们进一步探索，因而可以调动或激发高校教师的潜能，充分发挥他们的专长。第五，有利于促进校际学术交流。社会部门可能邀请相关高校的教师协作攻关科技难题，这不仅有利于科技难题的有效解决，也在客观上为高校教师的切磋交流提供了良机，有利于教师科研素养的提高。

在社会服务活动中高校教师应该严格要求自己，既遵守自身的职业道德规范，也要自觉遵守其所服务的职业岗位的各种行规和要求。

（1）正确处理权利和义务的关系。高校教师正当的社会服务对社会、服务对象和教师本人来说都是有利的，高校教师在提供了正当的社会服务后要求得到相应的回报是其应有的权利。但是，高校教师在社会服务中一定要切实履行应尽的道德义务，具体包括对自己所在学校负责，把社会服务视为回报社会的途径和方式，并在这一过程中向社会展示美好人格，传播高尚道德。

（2）正确处理岗位主次关系。从道德上而言，作为高校的教师在本职工作和社会服务的关系上必须要有明确的主次意识，不能颠倒二者的关系。正确认识自己的岗位和角色的主次是高校教师从事社会服务活动的职业道德要求。

当然，把社会服务定位为第二位并不意味着从事社会服务时道德上可以降低要求。恰恰相反，高校教师应该以良好的德行从事社会服务，不仅要有作为教师的职业道德意识，还要遵守服务于各种职业岗位的规范或行规。高校教师在社会服务中要主动学习、了解相关行规或公约，避免作出与服务岗位或职业不相称的事情。

本职工作和社会服务潜在的冲突要求高校教师最好选择与本职工作相关的社会服务工作，这样既可以发挥专业优势又能获得新经验，如进行相关学科论文评审、课程设计等，从而把可能的冲突降到最低。他们也应定期评估社会服务对其生活和本职工作的影响，如果出现问题及时调整，甚至终止社会服务工作。

（3）树立自觉守法的道德意识。高校教师在从事社会服务的过程中应具有相应的法律意识。首先，要有尊重知识产权的意识。近年来，高校教师在科学研究中大肆剽窃他人成果的事情被屡屡曝光，在社会上产生了很坏的影响。这促使我们强化知识产权意识，尊重他人劳动成果，这既是对科学研究道德的弘扬，也是使高校教师避免诸多纷争的必要条件。其次，处理好金钱和道德的关系。在社会服务中不要见利忘义，更不能成为金钱的奴隶。高校教师保持道德良知，正确认识正当劳动酬金与不义之财的界限，是维护高校教师社会声誉和展示其道德水准的重要方面。最后，按章纳税。按章纳税是每个公民的法定义务。高校教师为社会做贡献的同时，也从社会各行各业得到相应的劳务报酬。不管是什么名义的劳务报酬都要按规定缴纳税款。

（4）明确学校关于社会服务的政策。各个学校对于教师从事社会服务工作有不同的要求和规定，高校教师在从事社会服务工作前需要了解学校对社会服务活动的规定，如是否需要申报审批，社会服务有哪些限制等，确保自己的兼职不违反校规校纪。

四、师生交往中的职业道德素养

【讨论案例】

在一次大班教学中，青年教师李老师按常规顺序按花名册点名，布置课堂作业，宣布期末考试范围和形式。一个男生课间休息时跑过来询问，说自己迟到了，能否在点名册上签到，李老师同意了。随后该男生又开始诉说自己有多忙，如何如何，最后表示自己平时不能经常来上课，能否平时成绩不要扣分。李老师当然不同意，男生又百般解释，不断恳求。

如果你是李老师，你会怎么做？在和学生交往的过程中你有遇到过让你为难或困惑的情况吗？

自有人类产生，就有教育；自有教育，就有师生关系。师生关系是教育关系，它是建立在教育者与被教育者之间的一种关系，教育的实施必须靠这种关系去进行。师生之间的交往是教学交往的主要形式，对教学活动结果的影响至关重要（许烨，2016）。新西兰教育学者约翰·哈蒂用 15 年时间对影响教学效果的各种因素进行了大规模实证研究。这项涉及约 2.4 亿名学生的研究最终得出结论——师生关系是影响教育的关键因素之一。对于处于人生成长关键期的大学生而言，高品质的师生关系对于他们的成才与成长具有相当重要的作用。有学者发现，大学师生互动对大学生能力发展具有显著的积极影响（陆根书和胡文静，2015）。也有学者指出，师生交往的深层意义就在于通过交往中的学习，使人成为人，使人过一种有意义、有价值的生活（蒲蕊，2002）。这里的“人”不仅仅是指学生，也包括教师。所以，师生交往对于师生双方来说都是学习的过程，是追寻生命意义和价值的过程，良好的师生关系能提升双方的幸福感。甚至有学者认为，“教师生命的本质乃是活在师生关系之中，教师总是在师生交往的关系结构中来鲜明自我作为教师存在的价值，优秀的教师活在师生交往的优秀品质之中”（刘铁芳和颜桂花，2015）。

高校师生关系不仅具有师生关系的一般特点，还具有一些中小学师生关系不具备的独有特征，具体而言，高校师生关系具有以下特征（王严淞，2018）。

（1）高校师生关系是一种教育者与被教育者的关系。高校师生之间是基于考试、录取制度建立起来的教育者与被教育者的关系，教师与学生双方都是基于教育目的和教育规律展开交往，因此，教育性是师生关系中最核心的内容。

（2）高校师生关系具有独立性。在中小学，师生双方相互依存，具有强烈的依赖感，而大学生已经成年，获得了生理上的成熟和蜕变。况且，大学生已经具有了一定的世界观和价值观，形成了自己的兴趣爱好和行为习惯，具备选择和处理各种人际关系的能力，因此，高校师生双方在关系中的独立性相对较大。另外，培养学生不是高校教师的唯一工作职责，作为高级知识分子，他们还从事学术研究和社会服务等工作。

（3）高校师生关系是一种相对自由的关系。不同于基础教育，高等教育具有更大的自由性。在大学中，教师可以开设自己喜欢和擅长的科目，而学生也可以选择自己喜欢的课程和老师，在一定程度上，大学师生关系是高校教师与大学生自由地选择互动对象的结果。

（4）高校师生关系包含创造性。大学课堂不是简单地传递或移植已有知识，而需要在理解已有知识的基础上展开批判性思维，并基于已知探索未知，开展创造性的讨论和交流，激发师生双方的创造性。

（5）高校师生关系具有精神性。大学的不同更体现于它在人才培养方面不仅注重知识的积累，更强调精神的养成。如雅斯贝尔斯（1991）所述：“学生在大学里不仅要学习知识，还要从教师的教诲中学习研究事物的态度，培养其一生的科学思维方式。大学生也要具有自我负责的观念，并带有批判精神从事学习。”

如何构建理想的大学师生关系以达到成己成人？基于大学师生关系的特性，即大学师生关系具有教育性、独立性、自由性、创造性和精神性，做到以下几点对于构建良好的师生关系特别重要。

一是尊重学生。尊重学生似乎已经成为一种教育常识，即使对年幼的学生我们也认为应该尊重他们，何况是已经成年的大学生。遗憾的是，很多时候尊重学生还停留在应然水平。尊重学生意味着什么？教师怎么做才是尊重学生？

首先，尊重学生的主体性。学生不是被动、消极地接受教育，而是自主地构建自己的知识体系和人格特征。传统的以教师为主导的教育教学模式已经不为人所接受。建构主义认为，学生也是教育教学活动的主体。教师作为教的主体影响学生，而学生作为学的主体也以其思想、情感、态度影响乃至改造教师。换言之，教育教学是主体间性过程，是教育者和被教育者平等地对话、交流和交往达到彼此理解、沟通与视域融合，实现共同进步的过程。因此，教师要在尊重学生平等的主体地位以及个体差异的前提下，启发和挖掘其潜能，学生也要充分尊重教师的主导性，这样教师的主导性、创造性和前瞻性才能得到发挥，学生的思想才能得到启迪，兴趣和潜能才能得到激发，实现自教自律（陈华，2014）。

尊重学生的主体性也是实现教学相长的重要前提。很多高校教师不愿意花时间和精力经营学生关系的原因在于认为其只对学生有益，而对自身发展无益。诚然，在特定学科领域中，高校教师认知程度一般高于大学生，因此，需要通过大学生与高校教师之间的交流，增加大学生对某一学科的理解。但是，大学生正值学习力与创造力较高的生理阶段，相比于高校教师，大学生更有可能接受新鲜事物，勇于创新并敢于实践，因此，大学生可以通过教师理解世界并进而反哺教师。大学生已经具备追求高深学问的能力和意愿，在大学师生关系的联结下，师生双方也就能够相互促进，共同发展。

其次，尊重学生的个性。法国启蒙思想家卢梭认为，每个人的心灵都有他自己的形式，必须按照他的形式去指导他。每个人的先天遗传基因不同、后天生活环境及个人主观努力等方面都存在差异，从而形成了每个人独有的个性。教师应当深入了解学生的心理特征、个性、才能等各个方面的信息，以便更有针对性地对学生进行教育教学。只要不触及基本的底线，大学老师应该给予学生个性最大的发挥、成长空间，让学生“各美其美”。

最后，尊重学生的想法。不同于中小学生，大学生已经成年，对于世界有了他们初步的理解和想法，这些想法可能和教师的存在差异，甚至截然相反。教师的职责不是在于纠正学生的想法，把他们引导入“正确”的道路。高校教师的职责在于倾听学生的想法，并让他们听到不同的声音，启发他们厘清、深化自己的思想，从而构建更为全面丰富的思想世界。

二是关注沟通。沟通是建立所有良好人际关系的必要条件，良好的师生关系同样离不开有效的沟通和交流。师生围绕学习、生活、情感等多方面进行交流，不仅可以帮助学生提高学习效率，帮助学生解决生活中的困难，还可以引导学生形成积极向上的心理状态，促进学生身心健康发展。同时，良好的师生交流也能让教师体会到职业的幸福感、成就感，提升职业满意度，实现自我价值（姚裕萍，2009）。在师生沟通过程中，教师给学生提供情绪价值特别重要。这就要求高校教师要在掌控自己情绪的基础上，关注学生情绪的表现和变化，了解学生的内心世界，为学生提供情绪价值，引导学生的成长。这是高校教师在 AI 异军突起的今天不可替代的重要功能。

三是重视课堂教学。课堂教学是大学师生交往关系形成的主要时空场所，是师生进行知识学习探究的重要平台。课堂教学可以说是影响大学教育教学水平的关键因素，对于激发和培养学生的知识兴趣极为重要。如果大学老师和大学生能够在课堂教学中既“用脑”，又“用心”，课堂教学将会充满生机和活力，师生都会充分调动自我的生命经验来对知识进行诠释，对世界进行理解，整个教学过程形成积极相长的局面。正如张俭民和董泽芳（2014）所言：“高校师生课堂互动的过程，既是师生以教学符号为媒介的主体间交往过程，又是师生对教学情境意义进行双向建构的生成过程，还是师生重建自我与整合冲突的协商过程。”

四是留意边界。边界对于维护健康的人际关系非常重要，师生关系也是如此。年轻教师在刚参加工作的时候特别渴望得到学生的认可，因而可能倾向于和学生建立亲密的师生关系，这种想法是好的。但在交往过程中，教师要避免讨好学生的行为，如降低教学、人才培养等方面的要求迎合学生，以获得学生评教中的高分。异性师生交往时在选择交往时间、交往场地、交往语言、交往行为以及交往情感等方面要符合异性师生身份，不要越界。

五、同事交往中的职业道德素养

【讨论案例】

1. 小刘是一位刚参加工作的年轻教师。她潜心探究教学规律，对教学形成了自己独特的见解，并在教学工作中针对现存的弊端进行了大胆的改革，极大地提升了教学效果，也得到了学生的认可。但此时教研室主任找她谈话，提醒她不要倾心于标新立异，也不要将受学生欢迎的程度作为教学成功与否的唯一标准。小刘对此颇感茫然。

2. 王老师是一位科研能力很强的年轻博士。不久前她参加了由副院长主持的科研课题项目。她发现副院长在课题研究进路和基本学术观点方面都存在不足。王老师本想与其进行交流，但她又顾虑副院长极为自信，性格强势，可能不会采纳自己的意见。到底要不要和副院长进行一次交谈，王老师颇感为难。

《学记》有言：“独学而无友，则孤陋而寡闻。”台湾学者陈美玉（1999）最早提出“教师专业合作”的概念，认为教师要实现专业的深入发展，必须突破目前存在的教师彼此孤立与封闭的现象，学会与他人进行合作。教师必须走出趋于封闭的教室，与来自不同教室及学校的教师进行各种类型的专业合作，这样才能使自己的专业视野更加宽广，进而扩充个人的专业实践与理论的内涵（景丽珍和杨贞兰，2013）。具体而言，教师之间的专业合作在教学、学术研究和社会服务等方面都具有非常重要的价值。

在教学方面，高校的教学不同于中小学的教学，它首先要求高校教师是一名学者，理解、掌握学科专业知识，同时做到广泛涉猎、博学多识。因此，高校教师在其专业成长过程中需要与其他教师进行各种形式的专业合作，年轻教师尤其如此。不同学科背景、知识结构和教学风格的教师之间可以互相启发、相互补充，从而实现思想上的交流与碰撞，使合作双方的素质和能力都得到提升和发展。同时，教师之间合作备课、协同施教可以使教学走出高耗低效的困境，让教师有更多的时间和精力进行教学改革和学术研究。

在学术研究方面，高等教育与基础教育相比，教师劳动最大的区别是高校教师的创新性。高校教师不仅应当了解学术前沿，把最新的知识教授给学生，还应当不断探索未知，通过自己的创新型研究引导学生自主创新、自主发展的能力。现代科学研究的发展更需要研究者之间的合作与交流，以互相借鉴研究成果，及时把握新的研究切入点，明确研究方向，让研究少走弯路。学术合作研究还可以提高研究的质量和水平。通过实验资源共享、科研任务的分担和协调、科研成果的借鉴与应用等环节，能够不断提高高校教师的科研水平和科研能力。

在社会服务方面，社会服务是高校教师职责的必要组成部分，代表其知识应用的学术水平。信息时代的到来、知识经济的产生使得高校的社会服务只能日益专业化、复杂化和综合化，学科的融合趋势也使得高校的社会服务只能更具团队的特征。换言之，任何单个人的知识和能力已经不能充分满足社会的现实需要，只有来自不同学科专业、不同学历层次、不同职称水平的教师，甚至包括学生，实现尽可能的合作才能较好地完成高校应有的社会服务功能。

总而言之，高校教师之间的关系对其工作绩效有显著影响：同事之间的合作可以给教师提供专业支持，帮助他们接受新的思想和方法，获得新资源，提供更好的办法解决教学和科研工作中遇到的难题；能降低教师工作强度，提高工作效率，并增加教师工作的连贯性、创造性、满意度和激情，帮助教师在积极互动的工作环境中实现专业发展（景丽珍和杨贞兰，2013）。

那么，如何与同事开展富有成效的合作，寻找到合适的学术同路人呢?

（1）建立良好的人际关系，对所有同事保持开放的心态。教师间良好的人际关系有助于完善教师的素质和人格，促进个性的健康发展，也能满足其自尊心和荣誉感，从而激发工作积极性和创造性。良好的人际关系还有助于增强教师间积极的相互影响，提高学校和教师个人的活动效率和教育质量。在现代社会中，学校的教育任务不可能由教师单独完成，而必须由不同学科的教师协同完成。在科研工作日益深入的今天，它也需要教师发挥各自特长，合作探索。换言之，教师需要与其他教师合作共事，共同搞好教书育人工作和科学研究工作。研究表明，学术合作对象比较多或积极使用人际交往技能的教师，可从同事和学生那里得到更多有用信息，并运用这些信息提高教学绩效和科研绩效（景丽珍和杨贞兰，2013）。教学中，同事们根据自己的知识和经验从不同角度提出建议。教师可权衡这些建议的利弊，找出比较合适的办法和途径。在科研中，同事间学术思想的碰撞可启发思考，帮助教师进行系统分析，提出有独创性的见解和方法。

（2）学会换位思考。教师之间在工作上难免会有不同意见，甚至会有矛盾和利益冲突。遇到这种情况，教师要学会站在对方的立场和角度来看问题，做到“己所不欲，勿施于人”，主动积极化解矛盾。不要固执于自己的观点，把不同的意见当成对自己的否定和攻击，而应该虚怀若谷，坦诚相见，在讨论中进一步明确自己的想法和观点，或优化自己的教学方式方法。对其他教师不同的学术观点和教学方法要实事求是地评价，不做人身攻击，尊重和鼓励他人的学术探索和方法创新，并虚心学习，取长补短，以促进自己的教育教学水平和学术能力的提高。谦虚谨慎、相互尊重的同事关系不仅能够增进教育工作的实效，提高教育教学水平和科研水平，而且能使教师工作愉快、心情舒畅，有利于教师的身心健康。

（3）积极参加学术活动。教师积极参加各类型学术活动可逐步培养教学和科研能力，有助于提高工作绩效。Mathias（2005）指出，参加教学技能培训可帮助教师认识教学规范、定位教师角色并提高教学兴趣。Gillespie 等（2005）指出，定期参加研究小组的讨论有助于提高成员的科研效率、激发科研兴趣并建立学术交流的网络。这些方面的发展有助于提高教学绩效和科研绩效。

高校教师职业道德涉及教学、科研、社会服务、师生关系、同事关系等各个领域和层面，它既规定了高校教师应该遵循的基本职业规范和规则，划出了这一职业应有的底线，也描绘了这一职业的理想状态，为高校教师追求更高的职业理想指明了方向。归根结底，高校教师的职业道德水平与其选择的为人师的境界息息相关。

为人师有三重境界：砌墙、盖大楼、建新城（老踏，2022）。我们先看一个小故事。

有人路过一个建筑工地，看到几位瓦工正在忙着砌墙。于是就走过去问："师傅，您这是在干什么呀？"

第一位瓦工不耐烦地拿瓦刀指了指墙，回答说："这不明摆着吗，砌墙啊！"

第二位瓦工抬起头看看提问者，拍了拍自己已经砌好的墙，笑着说："我在盖大楼呢！"

第三位瓦工则放下手头的活儿，环顾了一下四周，满心骄傲地说："我在建设一座新的城市！"

第一重境界"砌墙"，只考虑眼前的事，做必须做的活。大学老师对于他们只是一份养家糊口的差事而已。因此，他们只是做简单重复的工作，只在乎眼前得失，没有未来规划，职业生涯一眼便可以望到头。

第二重境界"盖大楼"，有了整体思维，明确知道手头事情对于所在系统的意义，脑子里面有整体规划。他们关注如何利用自己的知识和技能去培养人才，激励学生成才，同时也用自己的研究成果服务学科建设、社会需求和科技进步，看到了自己工作背后的意义。教育教学对他们来说是一项值得投入时间和精力的事业。

第三重境界"建新城"，不但明确认识到自己手头工作对于所在系统的意义，还能超越这一系统看到全局，看到自己的工作对于整个国家的发展、祖国的命运的价值，把自己的工作和宏大的命题、崇高的使命联系起来。

本质上，为人师的三重境界不是逐渐积累、缓慢提升的，它更多的是一种主观选择。"为人师"的境界高低将直接决定一个人能否获得职业上的成功。

问问你自己：我打算在哪种境界"为人师"？为人师的三重境界结构如图 5-2 所示。

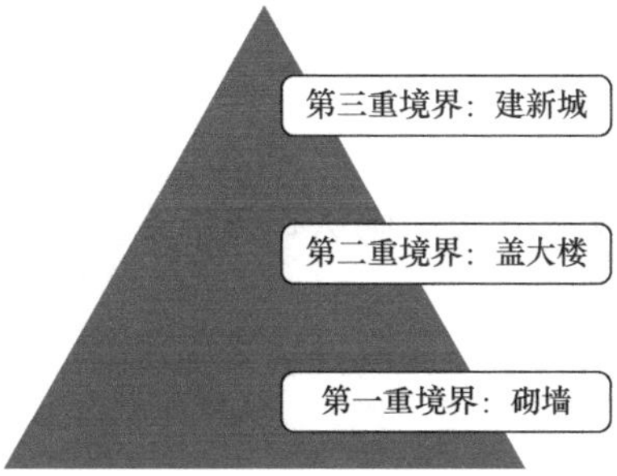

图 5-2　为人师的三重境界结构

第二节　高等教育法规

习近平总书记指出："一个人遇到好老师是人生的幸运，一个学校拥有好老师是学校的光荣，一个民族源源不断涌现出一批又一批好老师则是民族的希望。"①在法治时代，高等学校教师，要成为一名好老师，不仅要有高精深的专业素养，还要有良好的法治素养，才能在教育教学工作中依法治学。本章主要结合高等学校教师工作实际，着重介绍高等教育法概述、高等教育法规实施、高等学校教师和学生管理制度。

一、高等教育法概述

（一）高等教育法概念

高等教育法，是调整高等教育活动的法律规范性文件的总称。

狭义的高等教育法是指 1998 年颁布的《中华人民共和国高等教育法》，这部法律经过 2015 年第十二届全国人大常委会第十八次会议第一次修正，2018 年第十三届全国人大常委会第七次会议第二次修正，两次共计修正了 8 条。《中华人民共和国高等教育法》是《中华人民共和国教育法》的特别法，也可以说是规范高等教育的专项法。它着重对高等教育的特殊问题作出补充性的规定，《中华人民共和国教育法》对高等教育和其他教育的共同性问题已经作出规定的，《中华人民共和国高等教育法》一般不再重复。

广义的高等教育法包括《中华人民共和国宪法》《中华人民共和国教育法》《中华人民共和国职业教育法》《中华人民共和国民办教育促进法》《中华人民共和国教师法》中调整高等教育的法律规范，也包括国务院行政法规、教育部规章、地方性法规、地方政府规章中调整高等教育的法律规范。本章所述高等教育法是广义的高等教育法。

（二）高等教育法律关系

1. 教育法律关系

1）*教育法律关系概念*

教育法律关系是由教育法律规范所确认和调整的，在教育活动中形成的教育法律上的教育关系。

现代社会，人们在教育机构学习获取科学文化知识已成为生存的基本方式，教育关

---

① 《习近平在北京市八一学校考察时强调 全面贯彻落实党的教育方针 努力把我国基础教育越办越好》，https://www.gov.cn/xinwen/2016-09/09/content_5107047.htm[2024-06-24]。

系是非常重要的一种社会关系。在我国，教育是国家发展的事业。《中华人民共和国宪法》第十九条规定：国家发展社会主义的教育事业，提高全国人民的科学文化水平。国家举办各种学校，普及初等义务教育，发展中等教育、职业教育和高等教育，并且发展学前教育。国家发展各种教育设施，扫除文盲，对工人、农民、国家工作人员和其他劳动者进行政治、文化、科学、技术、业务的教育，鼓励自学成才。国家鼓励集体经济组织、国家企业事业组织和其他社会力量依照法律规定举办各种教育事业。

1995 年 3 月 18 日第八届全国人民代表大会第三次会议通过《中华人民共和国教育法》，调整我国各学段的教育活动，并形成了以《中华人民共和国教育法》为核心的，以《中华人民共和国学位法》《中华人民共和国义务教育法》《中华人民共和国教师法》《中华人民共和国职业教育法》《中华人民共和国高等教育法》等专门教育法为支撑的教育法律规范体系。

2）*教育法律关系构成*

教育法律关系与其他法律关系相同也包含三个要素：法律关系主体、客体和内容。

（1）教育法律关系的主体。教育法律关系的主体，是指参与教育法律关系并享有权利义务的人或者权利义务的责任者。教育法律关系的主体可以分为三个层次，首先是政府与学校和师生，这些主体的关系决定了教育法律关系属于法律关系；其次是学校与师生；最后是教师与学生。这些法律关系主体之间形成了极其复杂的教育法律关系。

（2）教育法律关系的客体。教育法律关系的客体，是教育法律关系主体的权利义务所共同指向的对象。这个对象就是教育关系，其内容就是以人的培养和发展为内容的法律关系，包括知识传授关系、道德培养关系、促进身心发展和体质发展的关系、审美培养关系、劳动培养关系等，概而言之就是德智体美劳的关系，德智体美劳在教育教学中量化为学生课程成绩和综合评价成绩，学生课程成绩不合格或者综合评价不合格不能毕业，当下除了美育以外，德智体劳都在高等学校本专科学生及研究生学习成绩登记表或综合评价表上有明确的量化分数，不合格者不得毕业。所以，教育法律关系的客体非常重要，教育改革有一部分内容就是调整教育法律关系的客体。理解教育法律关系的客体，就可以明白，不论教育法律关系多么复杂，都是围绕德智体美劳的关系而展开的。

（3）教育法律关系的内容。教育法律关系的内容是指教育法律关系主体之间围绕不同的教育法律关系所形成的各种权利义务关系，也就是教师与学生之间可以做什么，应当做什么或者不得做什么。可以做是权利，应当做或不得做是义务。在教育法律规范中就表现为特定的行为规范，如《中华人民共和国教师法》规定进行教育教学活动，开展教育教学改革和实验是教师的权利。遵守宪法、法律和职业道德，为人师表则是教师的义务。权利与义务构成了教师法律关系的内容。

2. 高等教育法律关系

高等教育法律关系是由高等教育法律规范确认和调整的，在高等教育活动中形成的高等教育法律上的政府与高等学校、教师与学生、学校与师生之间的权利义务关系，是教育法律关系的一种类型。

1）高等教育法律主体

高等教育法律关系的主体，是指参与高等教育法律关系并享有权利和义务的人，主要主体是教师与学生、学校与师生、政府与高等学校。

2）高等教育法律关系的客体

高等教育法律关系的客体是指高等教育法律关系主体权利义务所共同指向的对象，即以高级专门人才的培养和发展为内容的法律关系，包括知识传授关系、道德培养关系、促进身心发展和体质发展的关系、审美培养关系、劳动培养关系等。

3）高等教育法律关系的内容

高等教育法律关系的内容是指教育法律关系主体之间围绕高等教育关系，根据高等教育法规所形成的权利义务关系。

（三）高等教育法渊源

广义的高等教育法渊源是指高等教育法的表现形式。我国高等教育法的表现形式有宪法、法律、法规和行政规章。

（1）宪法。宪法是高等教育法的依据，是高等教育法的法源。

（2）法律。法律是指全国人大及其常委会制定的法律文件。其中《中华人民共和国教育法》是依据《中华人民共和国宪法》制定的教育领域（行业）的基本法，《中华人民共和国高等教育法》是专门规范高等教育的法。此外，全国人大常委会制定的其他教育法律也包含有高等教育的法律规范，这些法律规范也是高等教育法的表现形式。

（3）法规。法规是国家机关依据宪法和法律制定的规范性文件，包括教育行政法规和地方性教育法规。教育行政法规是由国务院根据宪法和法律制定的有关教育行政管理事项的规范性法律文件的总称。《高等教育自学考试暂行条例》《学校体育工作条例》《学校卫生工作条例》《教学成果奖励条例》《残疾人教育条例》《教师资格条例》《中华人民共和国中外合作办学条例》《中华人民共和国民办教育促进法实施条例》等都是由国务院批准或制定的教育行政法规。地方性教育法规是指省、自治区、直辖市以及设区的市地方人民代表大会及其常委会根据本行政区域的具体情况和实际需要，在不同宪法、法律、行政法规相抵触的前提下，制定的普遍性法律规范，如《广东省学校安全条例》《广东省实施〈中华人民共和国民办教育促进法〉办法》等。地方性教育法规的效力低于宪法、法律、行政法规，仅在本行政区域有效。

（4）行政规章。行政规章是法定的国家行政机关依法制定的事关行政管理的规范性法律文件的总称。我国的行政规章分为部门规章和地方政府规章。部门规章是国务院所属部委根据法律、国务院行政法规、决定、命令，在本部门权限内依法发布的各种行政性的规范性文件。部门教育规章就是教育部在本部门权限内依法发布的教育行政性的规范性文件，如《〈教师资格条例〉实施办法》《普通高等学校学生管理规定》《普通高等学校招生违规行为处理暂行办法》《高等学校学术委员会规程》《学位论文作假行为处理办法》《国家教育考试违规处理办法》《学校教职工代表大会规定》《高等学校章程制定暂行办法》《学生伤害事故处理办法》《高等学校知识产权保护管理规定》等教育部门规章。地方政府规章，是有权的地方人民政府（与制定地方性法规的本级地方人民代表大会及其常务委员会一致），根据法律、行政法规等制定的规范性文件。

除了以上的渊源外，民族自治地方的自治条例和单行条例、国际条约、法律解释也是重要的高等教育法渊源。

（四）高等教育法律制度

1. 高等教育的地位、方针和任务

1）高等教育的地位

《中华人民共和国教育法》第十七条规定了我国的学制。学制即学校教育制度。国家实行学前教育、初等教育、中等教育、高等教育的学校教育制度。中等教育分为初级中等教育和高级中等教育。初等教育和初级中等教育统称义务教育。《中华人民共和国义务教育法》是专门规范义务教育的法律。《中华人民共和国高等教育法》第二条规定，高等教育，是指在完成高级中等教育基础上实施的教育。依据《中华人民共和国高等教育法》，进入高等学校学习的学生必须是完成高级中等教育，并取得高级中等教育毕业资格的受教育者。在我国，承担高级中等教育的学校称为高级中学，简称高中。所以，只有在高中接受高级中等教育并取得高中毕业证书的学生或者具有高级中等教育同等学力的公民，才具有进入高等学校接受高等教育的资格。

2）高等教育方针

要理解高等教育方针首先要了解我国的教育方针。我国教育方针是根据《中华人民共和国宪法》确定的。《中华人民共和国宪法》第一条，中华人民共和国是工人阶级领导的、以工农联盟为基础的人民民主专政的社会主义国家。社会主义制度是中华人民共和国的根本制度。中国共产党领导是中国特色社会主义最本质的特征。禁止任何组织或者个人破坏社会主义制度。因此，《中华人民共和国宪法》第十九条第一款规定：国家发展社会主义的教育事业，提高全国人民的科学文化水平。《中华人民共和国宪法》第二十三条明确规定国家培养为社会主义服务的各种专业人才。

依据《中华人民共和国宪法》，《中华人民共和国教育法》第五条规定了国家的教育方针。教育必须为社会主义现代化建设服务、为人民服务，必须与生产劳动和社会实践相结合，培养德智体美劳全面发展的社会主义建设者和接班人。《中华人民共和国教育法》是我国各级各类教育的基本法，《中华人民共和国教育法》规定的教育方针同样也是《中华人民共和国高等教育法》所遵循的高等教育方针。

《中华人民共和国高等教育法》第四条规定的教育方针是高等教育必须贯彻国家的教育方针，为社会主义现代化建设服务、为人民服务，与生产劳动和社会实践相结合，使受教育者成为德、智、体、美等方面全面发展的社会主义建设者和接班人。

我国的高等学校，不论是公办高等学校还是民办高等学校，都应该贯彻国家的教育方针。因此，我国的教育方针，也可以简要地概括为党育人、为国育才。

贯彻国家教育方针，要把握几项原则。

第一，教育应当坚持立德树人，对受教育者加强社会主义核心价值观教育，增强受教育者的社会责任感、创新精神和实践能力。

第二，继承和弘扬中华民族优秀的历史文化传统，吸收人类文明发展的一切优秀成果。

第三，教育活动必须符合国家和社会公共利益。国家实行教育与宗教相分离。任何组织和个人不得利用宗教进行妨碍国家教育制度的活动。

3）高等教育的任务

《中华人民共和国高等教育法》第五条规定了高等教育的任务。高等教育的任务是培养具有社会责任感、创新精神和实践能力的高级专门人才，发展科学技术文化，促进社会主义现代化建设。因此，高等教育是在完成高级中等教育基础上实施的教育，旨在培养具有社会责任感、创新精神和实践能力的高级专门人才。

高等学校培养高级专门人才主要依靠具有不同学科背景的学术造诣深厚的教师。他们在学校的组织下，通过开设不同的专业课程来完成教学，这是每一个高等学校教师崇高而神圣的使命。高等学校教师要有使命感。学生的背后是家长，家长和学生与教师的权利义务所共同指向的目标就是把学生培养成高级专门人才。所以，依据高等教育法，为党和国家培养高级专门人才是高等学校教师的神圣使命。

2. 高等教育办学体制

《中华人民共和国宪法》第十九条第二款规定，国家举办各种学校，普及初等义务教育，发展中等教育、职业教育和高等教育，并且发展学前教育。第十九条第三款规定国家鼓励集体经济组织、国家企业事业组织和其他社会力量依照法律规定举办各种教育事业。

在我国，高等学校办学体制以国家举办为主，社会力量举办为辅。国家举办的高等学校称为公办高等学校，社会力量举办的高等学校称为民办高等学校。2022 年全国高等学校有 3013 所，其中公办高等学校 2249 所，占比 74.64%，民办高等学校 764 所，占比 25.36%。在我国，公办高等学校是高等学校的主体。

3. 高等教育的学业标准和学习年限

1）高等教育的学业标准

高等教育分为学历教育与非学历教育。学历是指人们在教育机构中接受科学、文化知识训练的学习经历，分为初等教育、中等教育和高等教育。高等学历教育分为专科教育、本科教育和研究生教育，其中研究生教育又分为硕士研究生和博士研究生教育。证明公民接受了哪一种学历教育的证明文件就是学历证书即毕业证书。

高等教育法专门规定了高等学历教育的学业标准。

2）高等教育的学习年限

学习年限是指修业时间。必要的学习年限是保证高等学历教育学业标准的重要条件。

《中华人民共和国高等教育法》第十七条分别规定了专科教育、本科教育和研究生教育的修业年限。专科教育的基本修业年限为二至三年，本科教育的基本修业年限为四至五年，硕士研究生教育的基本修业年限为二至三年，博士研究生教育的基本修业年限为三至四年。非全日制高等学历教育的修业年限应当适当延长。高等学校根据实际需要，可以对本学校的修业年限作出调整。

目前许多高等学校根据《中华人民共和国高等教育法》的规定，根据实际需要对本学校学生修业年限作出了适当调整。

二、高等教育法规实施

徒法不能自行，高等教育法的实施是高等教育法律关系主体通过一定的行为包括立法活动、行政管理活动来实施的。

（一）高等教育法实施一般路径

高等教育法实施一般路径如图 5-3 所示。

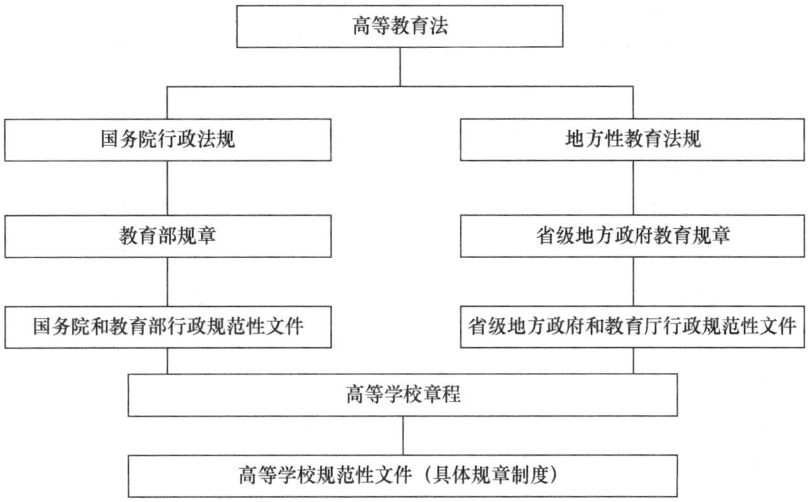

图 5-3　高等教育法实施一般路径

（1）建立系统的高教法律制度。《中华人民共和国宪法》对于高等教育法的规范通过《中华人民共和国教育法》转化为法律制度，《中华人民共和国教育法》中的高教法律制度则通过《中华人民共和国高等教育法》加以具体化，然后通过《中华人民共和国职业教育法》《中华人民共和国学位法》《中华人民共和国教师法》等补充完善。法律确定的制度解决了高等教育做什么的问题。

（2）充实和细化高教管理制度规则。主要通过国务院行政法规和教育部规章这两种行政立法文件来进行。充实高等教育法律制度的具体规则使得高教法律制度具有了可操作性，划定了高等教育怎么做的范围。

（3）充实和细化地方高等学校管理制度规则。地方性教育法规和省级地方政府教育规章对地方高等教育的行政管理划定了做什么和怎么做的范围。

（4）确定高等教育可操作性的标准、条件、工作流程。国务院和教育部行政规范性文件、省级地方政府和教育厅行政规范性文件对高教各项法律制度的规定，按照党和国家对不同时期高等教育的要求，进一步细化或充实可操作性的标准、条件、工作流程等。比如，现在党和国家提出高等教育高质量的要求，国务院、教育部乃至广东省人民政府都制定了相应的政策要求。

（5）执行和落实高等教育法律法规的各项规定。各高等学校要执行上述极为复杂的高教法律法规的规则，并把它根据本校的实际情况加以落实，成为学校和学生教师的行为规范，就需要制定本校的章程，全校师生共同遵守。然后，学校根据学校章程制定教师、学生、教育教学、后勤保障等各项具体的制度、规则，即高等学校规章制度。高等学校通过大学章程将高等教育法律法规在学校具体落实。

（二）高等学校章程内容

《中华人民共和国教育法》规定了学校须有章程，但没有规定学校章程的具体内容。为此，《中华人民共和国高等教育法》第二十八条规定了学校章程的内容：高等学校的章程应当规定以下事项：①学校名称、校址；②办学宗旨；③办学规模；④学科门类的设置；⑤教育形式；⑥内部管理体制；⑦经费来源、财产和财务制度；⑧举办者与学校之间的权利、义务；⑨章程修改程序；⑩其他必须由章程规定的事项。

但是，《中华人民共和国高等教育法》规定的章程内容比较抽象。教育部令第 31 号《高等学校章程制定暂行办法》细化了相关内容，规定了高等学校章程十个方面的具体内容。①学校的登记名称、简称、英文译名等，学校办学地点、住所地；②学校的机构性质、发展定位，培养目标、办学方向；③经审批机关核定的办学层次、规模；④学校的主要学科门类，以及设置和调整的原则、程序；⑤学校实施的全日制与非全日制、学历教育与非学历教育、远程教育、中外合作办学等不同教育形式的性质、目的、要求；⑥学校的领导体制、法定代表人，组织结构、决策机制、民主管理和监督机制，内设机构的组成、职责、管理体制；⑦学校经费的来源渠道、财产属性、使用原则和管理制度，接受捐赠的规则与办法；⑧学校的举办者，举办者对学校进行管理或考核的方式、标准等，学校负责人的产生与任命机制，举办者的投入与保障义务；⑨章程修改的启动、审议程序，以及章程解释权的归属；⑩学校的分立、合并及终止事由，校徽、校歌等学校标志物、学校与相关社会组织关系等学校认为必要的事项，以及《高等学校章程制定暂行办法》规定的需要在章程中规定的重大事项。

目前，全国高等学校大体上分为三种类型，第一种是普通本科院校，以学术型（基础研究）为主，如中山大学等；第二种是高等职业学校，包括高等职业本科院校和职业技术学院及专科学院，如深圳职业技术大学、广东轻工职业技术大学；第三种是介于两者之间的高等本科技术大学（应用研究为主），如深圳技术大学。

三种类型的大学章程的内容都必须包含章程规定的具体内容。同时，每类学校、每个学校的办学历史、人才培养任务不同，章程的体例结构和内容也可以有各自特点。

高等学校章程对学校的人才培养目标、管理体制、运行机制等作出了具体规定，在高等学校校园里参与高等教育活动的领导、教职工和学生就有章可循，学校依法按照章程自主办学。由此可见，高等教育法对高等教育的规定最终是通过学校的章程在高等学校有效落地，得到贯彻落实的。

（三）高等学校章程制定程序

民办高等学校章程由民办高等学校的举办人来起草和制定。国家（中央、省级和地市人民政府）是公办高等学校的举办人，因此公办高等学校章程应由中央政府、省级政府来制定。1995 年《中华人民共和国教育法》公布时，我国公办高等学校均无章程。2001 年全国普通高等学校共有 1225 所（其中包括 173 所民办普通高等学校），公办高等学校 1052 所。显然由国务院或省级政府为 1052 所公办高等学校制定学校章程是不现实的，所以只能由国家授权公办学校自己依法来起草制定章程。章程制定要遵循严格程序，《高等学校章程制定暂行办法》做了明确规定。

学校要按照民主、公开的原则，成立专门起草组织开展章程起草工作，章程起草组织成员由有关方面代表组成，章程草案应提交教职工代表大会讨论通过，学校章程起草组织负责人，应当就章程起草情况与主要问题，向教职工代表大会作出说明。章程草案征求意见结束后，起草组织应当将章程草案及其起草说明，以及征求意见的情况、主要问题的不同意见等，提交校长办公会议审议，由学校党委会讨论审定。章程草案经讨论审定后，应当形成章程核准稿和说明，由学校法定代表人签发，报核准机关，经过教育部或教育厅核准后为正式章程。

三、高等学校教师管理制度

高等学校教师管理制度包括教师资格制度、教师职务制度、教师聘任制度、教师考核制度、教师奖励制度、教师惩戒制度、教师救济制度等。

（一）高等学校教师概述

1. 高等学校教师的法律地位

教师地位是指教师的职业地位。教师职业地位是国家以立法形式确立的。

《中华人民共和国教师法》第三条：教师是履行教育教学职责的专业人员，承担教书育人，培养社会主义事业建设者和接班人、提高民族素质的使命。教师应当忠诚于人民的教育事业。教师的职责极其崇高，决定了教师职业在国家享有崇高的社会地位。

《中华人民共和国教师法》第四条第二款规定全社会都应当尊重教师。第六条规定：每年九月十日为教师节。

由此可见，教师职业的崇高地位是法定的。在我国，科教兴国是国之大计，国之大计教育为本。教师是立教之本、兴教之源。我们每一名高等学校教师都要珍惜自己的职业，不忘初心、牢记使命，做名副其实的高等学校教师。

2. 高等学校教师基本权利义务

《中华人民共和国教师法》第七条和第八条对教师的权利义务作出了明确规定。教师的权利有：①进行教育教学活动，开展教育教学改革和实验；②从事科学研究、学术交流，参加专业的学术团体，在学术活动中充分发表意见；③指导学生的学习和发展，评定学生的品行和学业成绩；④按时获取工资报酬，享受国家规定的福利待遇以及寒暑假期的带薪休假；⑤对学校教育教学、管理工作和教育行政部门的工作提出意见和建议，通过教职工代表大会或者其他形式，参与学校的民主管理；⑥参加进修或者其他方式的培训。教师的义务有：①遵守宪法、法律和职业道德，为人师表；②贯彻国家的教育方针，遵守规章制度，执行学校的教学计划，履行教师聘约，完成教育教学工作任务；③对学生进行宪法所确定的基本原则的教育和爱国主义、民族团结的教育，法制教育以及思想品德、文化、科学技术教育，组织、带领学生开展有益的社会活动；④关心、爱护全体学生，尊重学生人格，促进学生在品德、智力、体质等方面全面发展；⑤制止有害于学生的行为或者其他侵犯学生合法权益的行为，批评和抵制有害于学生健康成长的现象；⑥不断提高思想政治觉悟和教育教学业务水平。《中华人民共和国教师法》规定的教师的权利义务是我国学前教育、初等教育、中等教育和高等教育的全体教师的权利义务。在不同类型的学校，在本校章程中依法对本校教师的权利义务进行了细化。

目前各高等学校都根据《中华人民共和国教师法》以教师基本权利义务的规定为依据，在学校章程中结合本校实际对本校教职工权利义务作出了具体规定，较之《中华人民共和国教师法》更为具体，更具有各个学校的特点。同时许多学校章程还依据国家政策建立了保障教职工的合法权益的制度，如教师福利待遇制度、教职工的表彰和奖励制度、教职工职业发展制度、对家庭经济困难教职工的救助制度等，充分保障高等学校教师的合法权益。

（二）高等学校教师资格制度

教师资格预准入制度是对于从事教师工作的职业许可制度，是教师管理制度的一项重要内容。《中华人民共和国教师法》第十条规定：国家实行教师资格制度。《中华人民共和国高等教育法》第四十六条规定，高等学校实行教师资格制度。为了实施《中华人民共和国教师法》规定的教师资格制度，国务院依据《中华人民共和国教师法》制定了《教师资格条例》，教育部制定了《〈教师资格条例〉实施办法》，对教师资格分类与适用、教师资格条件、教师资格考试、教师资格认定、教师资格法定凭证作出了具体规定。在高等学校从事教育教学专业工作的人员，必须取得相应的教师资格。

1. 教师资格的分类

《教师资格条例》第四条将教师资格分为 7 类：幼儿园教师资格、小学教师资格、初级中学教师资格、高级中学教师资格、中等职业学校教师资格、中等职业学校实习指导教师资格、高等学校教师资格。其中高等学校教师资格分为普通高等学校和高等职业学校专业课教师资格两种类别。

2. 教师资格的适用范围

《教师资格条例》第五条规定了教师资格的适用范围。取得教师资格的公民，可以在本级及其以下等级的各类学校和其他教育机构担任教师，这一规定的目的，是着眼于全国教育发展，鼓励教师向下一等级学校流动，提升学校教育发展质量。

3. 取得高等学校教师资格的条件

《中华人民共和国教师法》第十条第二款规定了取得教师资格的条件。《中华人民共和国高等教育法》第四十六条规定了取得普通高等学校教师资格的条件：中国公民凡遵守宪法和法律，热爱教育事业，具有良好的思想品德，具备研究生或者大学本科毕业学历，有相应的教育教学能力，经认定合格，可以取得高等学校教师资格。不具备研究生或者大学本科毕业学历的公民，学有所长，通过国家教师资格考试，经认定合格，也可以取得高等学校教师资格。

（三）高等学校教师职务、聘任、考核制度

1. 高等学校教师职务制度

教师职务，是指根据学校教育教学、科研等实际工作需要设置的有明确职责、任职条件和任期，并需要具备专门的业务知识和相应的技术水平才能担负的专业技术岗位。

高等学校教师职务是法定职务。《中华人民共和国高等教育法》第四十七条规定：高等学校实行教师职务制度。高等学校教师职务根据学校所承担的教学、科学研究等任务的需要设置。教师职务设助教、讲师、副教授、教授。教师高级职务与工资待遇挂钩并且有数额限制。

高等学校的教师取得高等学校教师职务应当具备 4 个基本条件。

（1）取得高等学校教师资格。

（2）系统地掌握本学科的基础理论。

（3）具备相应职务的教育教学能力和科学研究能力。

（4）承担相应职务的课程和规定课时的教学任务。

教授、副教授除应当具备以上基本任职条件外，还应当对本学科具有系统而坚实的基础理论和比较丰富的教学、科学研究经验，教学成绩显著，论文或者著作达到较高水平或者有突出的教学、科学研究成果。

2. 高等学校教师聘任制度

1）岗位聘任制度

教师实行岗位聘任制度。教师根据职务级别聘用到相应岗位。

教育行政部门可以根据高等学校办学层次、类型的不同，制定岗位设置指导意见。高等学校结合指导意见，根据教学、科研等需要，设置岗位及岗位聘任标准；高等学校利用捐赠资金等自主设置的吸引高层次、创新型人才的岗位，可以不受岗位设置标准和总量的限制。

2）教师招聘制度

教师招聘应当面向社会公开进行，公平竞争、择优录用、以德为先，按需兼顾学科、性别比例，优化教师队伍结构。高等学校教师招聘，由学校按照有关规定制定办法，组织实施。

高等学校教师招聘坚持兼容并包的原则，以促进学术交流、学科发展。比如，广东外语外贸大学云山学者岗位的教师就是向社会招聘的高级职务教师。

3）聘用合同制度

高等学校与教师签订聘用合同。高等学校教师聘用合同参照教育行政部门制定的示范合同，充分听取教职工意见，履行民主程序后制定。

4）聘用合同管理

聘用合同依法依规约定学校与教师双方的权利、义务和责任，并明确教师岗位职责、考核要求等内容。高等学校教师聘用合同的期限一般不低于三年。

3. 高等学校教师考核制度

教师考核，是指学校根据国家制定的教师职务条件和职责，运用定性和定量结合的方法，对教师工作进行定期与不定期的考查评价。《中华人民共和国教师法》对教师考核作出了专门规定，是法定考核。

1）考核制度

学校应当对教师的思想政治素质、师德师风表现、业务能力水平、教育教学实绩和心理健康状况等进行考核。考核分为年度考核、聘期考核等不同形式。

学校的教师考核工作接受主管教育行政部门的指导、监督。

2）考核标准

学校应建立健全科学的考核评价标准，全面反映教师的师德表现、职责要求、岗位特点；考核应当客观、公正、公开、准确，并以适当方式听取教师本人、其他教师以及学生的意见。

3）考核结果运用

教师年度考核结果可以分为优秀、合格、基本合格和不合格四个等次，考核结果作为职务晋升、评优奖励、岗位聘用、定期注册等的依据。

聘期考核结果作为是否续聘的重要依据。

教师年度考核和聘期考核应当对教师的师德师风进行重点考评，存在严重问题的，应当认定为考核不合格。

各高等学校依法把教师考核制度列为章程重要内容，予以实施，并根据国家有关规定制订本校教师聘期考核实施方案。学校的教师考核一般采取定量和定性相结合的方法，考核内容为“德”“能”“勤”“绩”。德是指思想政治素质、个人品德、职业道德、社会公德、团结协作和服务意识。能是指履行岗位职责的业务素质和能力，业务水平、开拓创新及接受教育培训的情况。勤是指工作责任心、工作态度、敬业精神、工作纪律。绩是指教学和科研工作的数量、质量、效率等。考核结果分为优秀、合格、基本合格、不合格四个等次。基本合格在下一聘任期不得申请高一级岗位；不合格在下一聘期降低岗位等级聘任或转岗，情节严重解聘。

（四）高等学校教师职业道德

2018 年 11 月，教育部印发了《新时代高校教师职业行为十项准则》，这是新时期教师职业道德标准。

教师是人类灵魂的工程师，是人类文明的传承者。新时代对教师落实立德树人根本任务提出新的更高要求，为进一步增强教师的责任感、使命感、荣誉感，规范职业行为，明确师德底线，使教师成为有理想信念、有道德情操、有扎实学识、有仁爱之心的好老师，着力培养德智体美劳全面发展的社会主义建设者和接班人，所以制定了《新时代高校教师职业行为十项准则》，违反职业道德要受到相应的惩处。

《新时代高校教师职业行为十项准则》的内容主要是：坚定政治方向，自觉爱国守法，传播优秀文化，潜心教书育人，关心爱护学生，加强安全防范，坚持言行雅正，秉持公平诚信，坚守廉洁自律，规范从教行为。

（五）高等学校教师奖励制度

教师奖惩是法定制度。《中华人民共和国教师法》第三十三条规定，教师在教育教学、培养人才、科学研究、教学改革、学校建设、社会服务、勤工俭学等方面成绩优异的，由所在学校予以表彰、奖励。

许多高等学校章程依据《中华人民共和国教师法》规定了教师奖励制度，如规定对为国家和学校作出突出成绩与贡献的教职工的表彰和奖励制度，并通过制定教研业绩奖励实施办法、教学名师奖评选奖励办法，具体落实教师奖励制度。

（六）高等学校教师惩戒制度

1. 高等学校教师法律身份

高等学校教师按照法律标准分类，主要有两种法律身份。

（1）按照国籍标准，高等学校教师是公民，即拥有特定国籍的自然人，包括中国公民和外国公民。高等学校教师的公民身份决定了高等学校教师作为一个公民要遵守国家的宪法、民事、行政和刑事法律等，承担相应的法律责任。

（2）按照职业标准，高等学校教师是在高等学校专门从事教育教学工作的专业人员。高等学校教师的行为受《中华人民共和国教育法》和《中华人民共和国高等教育法》约束，承担相应的教育法律责任。

由此可见，一方面，高校教师作为公民要遵守国家法律法规。另一方面，高校教师要时刻谨记教师的职业身份，做好教书育人的本分，遵守教育行业法律法规，不忘高等学校教师肩负的培养人才的历史使命，时刻珍惜教师荣誉。倘若忘记了高等学校教师的法律身份，或者过分强调哪一方面的身份，都有可能忘乎所以，承担相应违纪违法的责任。

2. 教师惩处制度

国家为保护教师职业的纯洁性，对教师违法违纪行为采取零容忍的原则，建立了教师惩处制度，《中华人民共和国教师法》第三十七条规定，教师有故意不完成教育教学任务给教育教学工作造成损失的；体罚学生，经教育不改的；品行不良、侮辱学生，影响恶劣的行为的由所在学校、其他教育机构或者教育行政部门给予行政处分或者解聘，而且体罚学生，情节严重，构成犯罪的，依法追究刑事责任。《中华人民共和国教师法》颁布后，《教师资格条例》《〈教师资格条例〉实施办法》《事业单位人事管理条例》《高等学校预防与处理学术不端行为办法》《新时代高等学校教师职业行为十项准则》《关于高等学校教师师德失范行为处理的指导意见》（教师〔2018〕17 号），依据《中华人民共和国教师法》，以师德为中心健全了师德失范的惩戒制度。

教师师德失范行为很多情况下会同时违反《中华人民共和国教师法》《教师资格条例》《事业单位人事管理条例》《高等学校预防与处理学术不端行为办法》《新时代高等学校教师职业行为十项准则》等法律法规和政府规范性文件的规定，为保证正确适用处理规定，教育部《关于高等学校教师师德失范行为处理的指导意见》规定了法律法规的适用。

（七）高等学校教师救济制度

《中华人民共和国教师法》第三十九条规定：教师对学校或者其他教育机构侵犯其合法权益的，或者对学校或者其他教育机构作出的处理不服的，可以向教育行政部门提出申诉，教育行政部门应当在接到申诉的三十日内，作出处理。教师认为当地人民政府有关行政部门侵犯其根据本法规定享有的权利的，可以向同级人民政府或者上一级人民政府有关部门提出申诉，同级人民政府或者上一级人民政府有关部门应当作出处理。

当下，高等学校已经设立了由学校相关负责人、教师代表、有关专业人员组成的教师申诉处理委员会，负责处理教师提起的申诉并作出决定。教师对学校或者其他教育机构作出的处分决定或者考核结论不服，或者认为学校的处理及其他管理行为侵害其合法权益的，可以向学校提起申诉。

教师对学校教师申诉处理委员会作出的决定不服的，可以向学校的主管教育行政部门提出申诉。教育行政部门接到申诉应当作出处理决定。教师对处理决定不服的，可以依法提起行政复议。

四、高等学校学生管理制度

高等学校学生是指高级中等教育毕业或者具有同等学力的，经考试合格，由实施相应学历教育的高等学校录取，取得专科生或者本科生入学资格的受教育者。《中华人民共和国教育法》《中华人民共和国高等教育法》对高等学校学生管理制度作了原则规定，教育部行政规章《普通高等学校学生管理规定》全面、具体规范了学生的权利与义务、学籍管理（包括入学与注册、考核与成绩记载、转专业与转学、休学与复学、退学、毕业与结业）、校园秩序与课外活动、奖励与处分、学生申诉等制度。

（一）高等学校学生权利义务

在高等教育法律关系中，学生是学校的培养对象，没有学生就没有教育关系，就没有学校，所以，办学以学生为本，学生是学校存在的基础。

高等学校学生作为高等教育法律关系的主体，依法享有相应的权利，承担相应的义务。

1.《中华人民共和国教育法》对学生权利义务的规定

《中华人民共和国教育法》第四十三条规定，受教育者享有参加教育教学计划安排的各种活动，使用教育教学设施、设备、图书资料；按照国家有关规定获得奖学金、贷学金、助学金；在学业成绩和品行上获得公正评价，完成规定的学业后获得相应的学业证书、学位证书；对学校给予的处分不服向有关部门提出申诉，对学校、教师侵犯其人身权、财产权等合法权益，提出申诉或者依法提起诉讼的权利及法律法规规定的其他权利。《中华人民共和国教育法》第四十四条规定，受教育者应当履行下列义务：遵守法律、法规；遵守学生行为规范，尊敬师长，养成良好的思想品德和行为习惯；努力学习，完成规定的学习任务；遵守所在学校或者其他教育机构的管理制度。

《中华人民共和国教育法》赋予受教育者享有的权利和应当承担的义务，是所有在大中小学学习的学生都应享有的权利和应当履行的义务，是学生的普遍权利义务。

2.《中华人民共和国高等教育法》对学生权利义务的规定

《中华人民共和国高等教育法》第五十三至五十八条对高等学校学生的特殊权利义务做了规定。

（1）高等学校的学生应当遵守法律、法规，遵守学生行为规范和学校的各项管理制度，尊敬师长，刻苦学习，增强体质，树立爱国主义、集体主义和社会主义思想，努力学习马克思列宁主义、毛泽东思想、邓小平理论，具有良好的思想品德，掌握较高的科学文化知识和专业技能。高等学校学生的合法权益，受法律保护。

（2）高等学校的学生应当按照国家规定缴纳学费。家庭经济困难的学生，可以申请补助或者减免学费。

（3）国家设立奖学金，并鼓励高等学校、企业事业组织、社会团体以及其他社会组织和个人按照国家有关规定设立各种形式的奖学金，对品学兼优的学生、国家规定的专业的学生以及到国家规定的地区工作的学生给予奖励。国家设立高等学校学生勤工助学基金和贷学金，并鼓励高等学校、企业事业组织、社会团体以及其他社会组织和个人设立各种形式的助学金，对家庭经济困难的学生提供帮助。获得贷学金及助学金的学生，应当履行相应的义务。

（4）高等学校的学生在课余时间可以参加社会服务和勤工助学活动，但不得影响学业任务的完成。高等学校应当对学生的社会服务和勤工助学活动给予鼓励和支持，并进行引导和管理。

（5）高等学校的学生，可以在校内组织学生团体。学生团体在法律、法规规定的范围内活动，服从学校的领导和管理。

（6）高等学校的学生思想品德合格，在规定的修业年限内学完规定的课程，成绩合格或者修满相应的学分，准予毕业。

《中华人民共和国高等教育法》第五十三至五十八条中有关高等学校学生的权利义务的表述，非专业教育工作人员或学生很难将它与受教育者的权利义务联系起来。

3. 教育部规章对学生权利义务的规定

1990年《普通高等学校学生管理规定》对学生管理作出了规定，当时我国尚未颁布《中华人民共和国教育法》《中华人民共和国高等教育法》，这个规章没有集中列举高等学校学生的权利义务。2005年，教育部对其进行修改，以教育部21号令的形式予以公布。修改后的《普通高等学校学生管理规定》依据《中华人民共和国教育法》《中华人民共和国高等教育法》有关学生权利义务的规定单独设置了学生的权利与义务一章，全面系统地列举了普通高等学校学生的权利义务。2017年教育部再次对《普通高等学校学生管理规定》进行修改。学生权利义务的内容进行完善，修改后学生有7项权利和6项义务。修改后，以教育部第41号令的形式重新公布，是现行的普通高等学校学生管理规定的行政规章。

（二）高等学校章程对学生权利义务的规定

高等学校章程，根据本校的实际情况，依法依规对本校学生的权利义务进行了细化，如《广东外语外贸大学章程》第二十七条和第二十八条分别对本校学生的权利义务作出了规定。

学生享有下列权利。①参加学校教育教学计划安排的各项活动，使用学校提供的教育教学资源；②参加社会实践、志愿服务、勤工助学、文娱体育及科技文化创新等活动，获得就业创业指导和服务；③申请奖学金、助学金、助学贷款；④在校内组织、参加学生团体，以适当的方式参与学校管理，对学校与学生权益相关事务享有知情权、参与权、表达权和监督权；⑤在思想品德、学业成绩等方面获得科学、公正评价，完成学校规定学业后获得相应的学历证书、学位证书；⑥对学校给予的处分或处理有异议，向学校、业务主管部门提出申诉；对学校、教职工侵犯其人身权、财产权等合法权益，提出申诉或者依法提起诉讼；⑦法律法规及学校规定的其他权利。

学生应履行下列义务。①遵守宪法、法律法规；②遵守学校规章制度；③恪守学术道德，完成规定学业；④按照规定缴纳学费及有关费用，履行获得贷学金及助学金的相应义务；⑤遵守学生行为规范，尊敬师长，养成良好的思想品德和行为习惯；⑥法律法规规定的其他义务。

高等学校学生分属于不同学校，学生权利义务的确定除了关注《中华人民共和国教育法》《中华人民共和国高等教育法》《普通高等学校学生管理规定》，还要关注本校章程的规定。学校办学层次不同，各校的规定也有所不同。

（三）高等学校依法自主管理学生

《中华人民共和国高等教育法》赋予高等学校依法自主办学权，包括对学生进行学籍管理并实施奖励或者处分、颁发学生毕业证书权。经审批取得相应学科、专业学位授予资格的高等学校为学位授予单位，其授予学位的学科、专业为学位授予点。学位授予单位可以依照《中华人民共和国学位法》规定授予相应学位。根据法律规定，高等学校在学籍管理与奖励和处分、颁发毕业证书、授予学位方面是法律法规授权的行政主体，其作出的处理决定，是能够对学生的受教育权产生积极的或者消极的具有法律意义、产生法律效果的行为。为了保护学生的合法权益，监督高等学校依法行使职权，根据《中华人民共和国行政诉讼法》及《最高人民法院关于适用〈中华人民共和国行政诉讼法〉的解释》（法释〔2018〕1 号）规定，当事人对高等学校依据法律法规、规章的授权实施的行政行为不服向人民法院提起诉讼的，以该学校为被告，以此建立了司法监督高等学校教育行政行为的制度。

当然，在实践中人民法院并不受理学生不服高等学校作出的所有教育行政行为的案件，一般只受理影响学生重大权益的行政行为争议，主要是对学生学籍、毕业证和学位证等对学生受教育权产生重大影响的行为，因而学校在作出涉及学生重大权益的行政行为时必须遵守合法性与合理性的要求。

1. 高等学校制定的规章制度的内容要合法、合理

学校规章制度是高等学校作出行政管理行为的重要依据。学校规章制度的内容不合法、不合理，直接导致学校管理行为的依据不正确，行政决定的内容不合法、显失公正。因此，教育部印发《关于进一步加强高等学校法治工作的意见》（教政法〔2020〕8 号）强调健全校内规范性文件制定发布机制，明确起草、审查、决定、公布的程序，明确合法性审查的范围和具体办法。建立校内规范性文件定期清理机制，按照法治统一的原则进行及时修订和清理，编制现行有效文件清单。通过规范性文件的制定、审查、清理制度，保证学校制定的涉及学生重大权益的规章制度的内容合法、合理，为学校依法治校，作出涉及学生重大权益的行政处理决定和处分决定提供正确依据，做到依据明确、定性

准确，从源头上保障学校行政管理行为的合法性与合理性，保障学生的合法权益不受非法侵犯。

2. 高等学校作出影响学生重大权益的决定必须程序正当

程序正当是指行政权力的运行必须符合最低限度的程序公正标准。首先要遵守先调查后作决定的顺序，不能混淆调查程序与处理程序，不能用调查程序代替决定程序或者用决定程序代替调查程序。在作出决定前要先告知学生拟作出决定的内容，保证其申辩权、申请听证的权利。学校要认真听取学生的意见，正确的应予采纳。作出决定后，要将处理决定书及时通知学生并告知其申诉权利，以便其维护自己的合法权益。切实保障学校作出的涉及学生重大权益的行政管理行为证据充分，适用的依据准确，处理结果合法、合理。

3. 高等学校作出的行政处理决定和处分决定要适当

所谓适当，也就是合理，即遵守比例原则。比例原则是行政法的重要原则，是指行政主体实施行政行为应兼顾行政目标的实现和保护相对人的权益，如果实现行政目标可能对相对人权益造成某种不利影响时，应使这种不利影响限制在尽可能小的范围和限度，使二者处于适度的比例。《普通高等学校学生管理规定》第五十四条“学校给予学生处分，应当坚持教育与惩戒相结合，与学生违法、违纪行为的性质和过错的严重程度相适应”是比例原则的具体表现。《普通高等学校学生管理规定》第五十二条规定了学校可以给予开除学籍处分的 8 种情形。在表述中除了明确列举了 8 种开除学籍处分的违法违纪情形，保证学校能够准确适用依据以外，特别明确了当学生违法违纪的严重程度已经接近这 8 种情形之一时，学校可以作出而不是必须作出开除学籍的处分。这里的可以，有三层意思，一是高等学校维护学校教育教学秩序，依法享有作出开除学籍处分的权力；二是高等学校有作出开除学籍处分要遵守坚持教育与惩戒相结合的原则，非必要不开除，防止滥用学籍管理权；三是高等学校有作出开除学籍处分的决定要罚当其罚，遵守适当原则，与学生违法、违纪行为的性质和过错的严重程度相适应，保证公正公平。

4. 作出行政处分决定前须进行合法性审查

行政处分决定作出前的合法性审查，是指在高等学校作出的重大行政处分决定之前，对重大行政处分决定是否符合法律、法规、规章和上级行政规范性文件规定进行审查的行为。

合法性审查是学校作出处分决定前的必要程序，未经合法性审查，学校不能作出行政处理或行政处分决定。学校法治机构负责进行合法性审查，主要审查学校拟作出的涉及取消或开除学籍、不予颁发毕业证、不予授予学位等行政处理或行政处分决定的事实是否清楚，证据是否合法、充分；适用依据是否准确；裁量基准运用是否适当；作出决定的程序是否合法等内容。

行政处分决定作出前的合法性审查，可以从源头上有效地避免行政处理决定和行政处分决定违法嗣后造成的损失和影响，化解可能存在的矛盾和争议，有效地保护学生合法权益，有效地预防学校法律风险。

【小结】

高校教师职业道德是高校教师在教学、科研、社会服务、师生交往、同事合作等方面应该遵循的道德规范，它既是对高校教师职业活动中行为的约束，也是高校教师健康成长和发展的必要条件。首先，正确处理好教学和科研之间的关系，这既是我国高等教育可持续发展的关键，也是教师个人发展的重要条件。其次，在社会服务活动中做到既遵守自身的职业道德规范，也遵守所服务岗位的行规和要求。再次，在师生交往中做到尊重学生、注重沟通、重视课堂教学，并留意师生交往的边界，从而在交往中成己达人。最后，和同事建立良好的人际关系，学会换位思考，从而促进同事之间的合作及自己的专业发展。

在法治时代的大背景下，高等学校教师作为培养人才的重要力量，其角色的重要性不言而喻。要成为一名优秀的高等学校教师，不仅需要具备高精深的专业素养，更要拥有扎实的法治素养。这种素养不仅有助于教师在教育教学工作中依法治学，更有助于构建和谐的教育环境，为学生的全面发展提供有力保障。高等学校教师必须深入了解高等教育法律基本制度，要关注高等教育法的实施情况，具备高精深的专业素养和良好的法治素养，为培养更多优秀人才贡献力量。

【思考与练习】

1. 重科研、轻教学是当今很多大学评估中存在的现象。作为青年教师，你觉得可以怎么做来取得教学和科研的平衡？

2. 根据你的专业背景，你觉得自己适合从事什么社会服务活动？这些活动可以提升你的教学工作或促进你的专业发展吗？

3. 有人说现在的学生思想复杂，对教师的态度也比较冷淡，因此，高校教师应该尽量少和学生深入交往，以免给自己带来不必要的麻烦。你怎么看待这种观点？在和学生交往的过程中遇到过让你烦心的事情吗？

4. 你觉得和同事之间的合作重要吗？和同事合作可能遇到哪些问题？

5. 高校职业道德对你来说更多的是枷锁还是保障？你觉得高校职业道德能促进你的专业发展吗？

6. 《中华人民共和国高等教育法》的实施路径是什么？

7. 简述高等学校制定规章制度的基本原则。

8. 谈一谈高校教师规范的基本内容。

第六章 高校教师教学技能

【内容结构图】

第六章内容结构如图 6-1 所示。

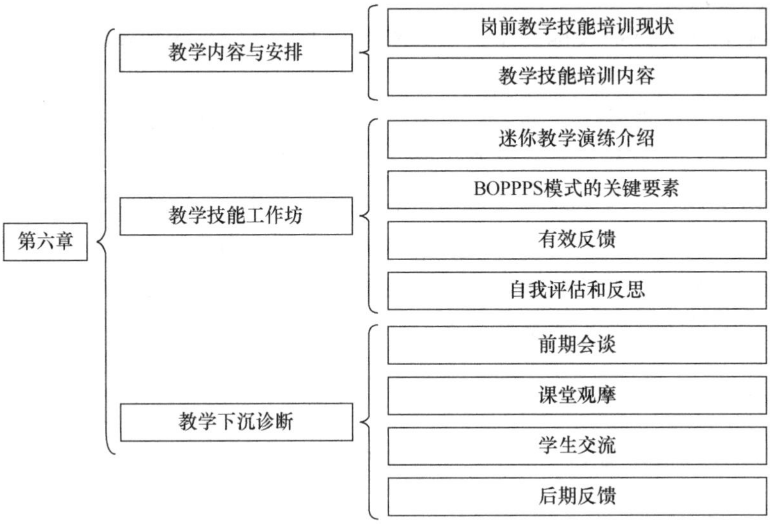

图 6-1 第六章内容结构

随着高等教育的不断发展与深化改革，高校教师的教学能力成为教育质量提升的关键一环，高校教师教学技能培训就显得尤为重要。教学技能培训有助于提升教师的教学水平，有助于提高教师的教育创新能力，更有助于教师的专业成长和职业发展。本章将学习高校教师教学技能的基本培训内容、培训方式等。

【背景知识】

根据《中共中央 国务院关于全面深化新时代教师队伍建设改革的意见》、《教育部 中央组织部 中央宣传部 国家发展改革委 财政部 人力资源社会保障部关于加强高等学校青年教师队伍建设的意见》（教师〔2012〕10 号）和《教育部办公厅关于启动实施高等学校新入职教师国培示范项目的通知》（教师厅函〔2016〕10 号）等文件精神要求，为深化广东省高校“放管服”改革，进一步落实高校办学的自主权，建立健全新时期高校教师岗前培训制度，提升培训针对性和实效性，广东省教育厅提出通过规范的岗前培训帮助我省高校新入职教师尽快适应高校教师角色，提高思想政治素质，培养良好的师德修养、学术规范与心理素养，掌握先进的教育理念、基本的教育教学技能和科学研究方法，提高教书育人能力，为今后教师生涯发展奠定良好基础。

根据新时代教师队伍建设和新入职教师岗位要求，岗前培训内容分三个模块。一是“专业素养与理念”模块。该模块以高校教师师德修养和综合素养养成为重点，包括师德规范、教育政策与法规、高等教育发展趋势、教师职业生涯规划等内容，旨在使新入职教师了解教育法规的基本知识，树立依法从教的观念；明确教师职业道德修养的意义，掌握在教育活动中所应遵循的基本道德规范以及加强教师职业道德修养的主要途径和方法。二是“教学理论与技能”模块。该模块以教育教学基本理论和基本技能学习为重点，包括教学设计、教学行为、教学评价、教学反思与科学研究、科学评价等内容，旨在使青年教师了解高等教育学的基本理论，掌握高校教育工作中所必需的心理学知识，初步确立科学的教育观念，提高教育教学工作的技能和水平。三是“信息技术与运用”模块。该模块以推动信息技术在教育教学中的应用为重点，包括最新信息化教学技术、信息化环境下的教学模式、在线教学资源与学习工具的运用等内容，旨在普及现代教育技术在学校教学中的应用，提高教师运用现代教育技术的能力和应用水平，提升教学质量和促进教育教学改革。根据培训内容要求，采取专题讲授与教研实习相结合、集中面授与网上研修相结合的混合培训模式进行。

广东省教育厅提出，各高校要高度重视教师岗前培训工作，将教师岗前培训作为新时代教师队伍建设的基础环节和重要举措，建立健全教师岗前培训管理机构和管理制度，落实岗前培训各项工作，确保按要求、高质量完成培训任务。各高校应在每年 1 月前将上年度本校开展新入职教师岗前培训工作总结报送省教育厅。

第一节　教学内容与安排

《中共中央 国务院关于全面深化新时代教师队伍建设改革的意见》是在新中国成立后首个针对师资问题制定的纲领性文件。《中共中央 国务院关于全面深化新时代教师队伍建设改革的意见》把师资队伍建设提到了一个新的高度，这也意味着我们进入了一个新的发展时期。在新时代，各级各类学校都要认真研究并努力提高新时代教师的能力和素质。深化和夯实高校教师培训工作，是落实新时代教师队伍建设思想的基本要求，也是全面提升教师队伍战斗力的基本举措。

一、岗前教学技能培训现状

于如何提升青年教师的教育水平，各个学校都进行了一定的反思与探讨，但在实践中，多数高校尚未经过系统的培养，仍沿用传统办法，对青年教师尚未进行系统、细致的培养，引导年轻教师的能力仍需提升。教师培训的主要问题是培训不够系统化——所组织的培训工作多分散在人事处、工会、教务处等部门，没有进行整体规划。同时缺乏专业化的训练指导，目前的训练指导老师不能很好地理解和掌握年轻教师的实际需要，从而影响了训练的效果。此外，由于各学科、各专业的教学能力与教法的具体指向有一定差异，与大学性质、专业特征相结合的个性化培训显然不足。这些困境主要集中在课程体系上（杜娟和王颖，2018）：其一，教学中注重理论知识的灌输，缺少专门的学科教学；其二，教学内容与方式较为单一，缺乏“学科教学理论”“教育管理”“现代教育技术”等课程，缺乏相应的教学实习；其三，培训的内容、方法和手段落后，不能适应我国高等学校教育改革和发展的需要。此外，有些院校的教师培训存在着“重理论轻技能”的现实困境；在培养方式上，注重教师的职业发展，忽略了教师的道德修养；在训练方式上，强调团体学习，忽略个体需要；在训练评估中，只注重训练的形式，而忽略了训练的实质（马莉，2019）。受制于以上困境，当前高校教师培训难以满足新时代教师队伍建设的需要。在教育发展的新形势下，高校教师培养的理念、模式、方法、评价方式必将进行改革。中国高校青年教师岗前培训应注重理论联系实践，转变“重理论轻技能”的教学方式，建立完善的考核机制，打造年轻教师发展共同体，开展对青年教师成长的追踪研究，建立一套可持续发展的青年教师培训机制。

基于教师岗前培训发展的需要，我国部分大学引进了教学技能工作坊（instructional skills workshop，ISW）的教学训练微课程，并将 BOPPPS 模式①运用到了师资的教学技能训练中。ISW 有效教学技巧培训源于加拿大，是由温哥华大学教授道格拉斯·克尔（Douglas Kerr）团队创建的。在教学技能培训中，学员通过多轮微课教学模拟演练，快速掌握结构化教学技能，提升教学能力。该课程以 BOPPPS 教学模式为核心。在 ISW 中，10 分钟的微型课堂需要根据 BOPPPS 的教学模型来设计和完成，并且根据 BOPPPS 的教学模式来设计和完成各个课题的学习。BOPPPS 教学模式是一种以参与式学习为核心的课堂教学模式，它鼓励教师运用各种交互式的教学策略，促使学生积极地参与到教学的每一个环节中。同时，参加培训的学生多来自不同单位和不同专业，他们通过相互观摩、学习研讨、交流反馈，增进理解，在互助互学中共同提高。在每个教学周期中，学生都需要向教师提供教学反馈。同时，也要引导教师通过书面、口头、录像等方式对自己的教学进行反思，从而提升自身的教育水平。通过这种培训，可以帮助老师更好地了解和掌握学生的学习情况，从而更好地促进教师的反思。

ISW 突破了教师教育的传统模式，把教育价值和教育观念融入课程系统中，受到了教师教育工作者的欢迎。目前，基于 ISW 的 BOPPPS 有效教学设计与策略已经运用到各个学科领域，包括信息技术、教育技术、思政课程等（刘胜等，2015；周维斌和王丹，2021；谷秀青，2023）。参与教师普遍认同 ISW 教学技巧研习课程的内容。他们认为，训练的内容选择得当，知识的难度设置合理，不同年龄和专业的老师都可以理解和接受，并且可以解决工作中的问题（坚瑞等，2019）。研究表明，在微型教学中应用 BOPPPS 高效教学设计和策略后，年轻教师的教学能力得到明显提高（徐时芳等，2020）。

随着培训的进行，建立系统科学的评估体系也逐渐成为广大教师教育工作者关注的问题。近年来，各级教育部门开展了大量的教师培训项目。然而，目前大多数教师培训依旧存在评估方法单一、评估与教学工作脱节、评估过程不完整、忽视评估的激励和导向功能等问题（郑立海和石大维，2014）。梁竹梅和谢艳梅（2017）提出，当

① 该模型由六个要素组成，分别是导言（bridge-in）、目标（objective or outcome）、前测（pre-assessment）、参与式学习（participatory learning）、后测（post- assessment）、总结（summary）。

前教师教学模式仍存在工具理性与价值理性冲突、强调监督性致使伦理缺失、强调量化指标致使忽视质性信息、缺少良性的教学文化影响教师的教学投入等实施困境。针对以上问题，国内部分大学引进了中期学生反馈（midterm student feedback，MSF）作为教学评估方式。

MSF 教学咨询起源于美国，是一种由第三方（咨询员）开展课堂观摩搜集学生的反馈信息，并为教师提供相关的教学咨询，协助教师发现问题、解决问题的方法。其过程可分为前期会谈、课堂观摩（同时收集学生反馈）和后期会谈，其宗旨是帮助教师发现问题，寻求解决问题的办法，从而提高教师自身的教学水平，改善教学效果（梁竹梅等，2017）。在前期会谈中，咨询员与教师就课程及课堂的情况进行交流。在课堂观摩时，咨询员对该教师的课堂进行观摩，记录观察数据，如教师教学行为、学生的学习行为以及师生互动情况等。在教师结束课程后，咨询员组织学生对教师的教学进行意见反馈，并根据学生意见形成反馈报告。在后期面谈中，咨询员与教师根据学生的反馈及观察结果进行探讨，以确定课程的调整方向与策略。

Keutzer（1993）通过对学生期末评价进行比较，归纳出 MSF 辅导服务具有以下五个优点：第一，可以用来对目前的教育进行调整与改善；第二，为学生提供了协助老师进行教学设计的机会；第三，这项服务是为特定的教育活动提供建议，而不是作为一个整体的“教学质量”，更有针对性；第四，可以询问与教学有关的最重要的信息，也不用担心行政部门的影响；第五，将反馈信息直接传递给教师，而非执行部门，这样就可以避免教师之间的差异，减轻了心理压力。国内研究表明，相较于其他评估方式，MSF 提高了学生与老师之间的相互信任，建立了一种良好的教育反思文化，提高了教师的自我认同与职业价值观，在教师提高教学质量方面发挥了更大的作用（梁竹梅，2015；梁竹梅等，2017；梁竹梅和谢艳梅，2017）。

因此，在青年教师培训过程中综合使用 ISW 技能训练和 MSF 教学诊断，一方面，有助于建立完善的教师培训体系，优化高校教师的培训观念和路径构建，有效地促进高校教师职业能力的发展，建立青年教师学习共同体，从而让他们更好地融入大学教学发展的新环境中去。另一方面，有助于形成一套完整、系统、科学的评价指标，及时有效地跟踪培训成效以及教师教学行为发展，有利于在评估之后进一步改善和提升培训的效果。

二、教学技能培训内容

高校青年教师教学技能培训整合了 ISW 技能训练和 MSF 教学诊断。

此项目分为两个阶段，第一阶段为教学技能工作坊，此工作坊对应《教育教学技能》课程开设，在工作坊中引入了 ISW 有效教学技巧培训的训练内容。ISW 以增进教学效果为目的，通过引导员与学员之间和学员相互之间的合作，以主动式、体验式的小班化活动形式，帮助学员进行“以学生的学习为中心”的教学演练，达到快速提升教学能力与授课自信的目的。学员将学习“教”与“学”的特色主题课程，设计与实践多次教学演练，并在引导员和其他学员的反馈帮助下改进教学，同时为其他学员提供建设性反馈，通过多轮观摩、演练、反思、创新逐步实现教学进阶。

第二阶段为基于 MSF 的教学诊断。下沉教学诊断引入的 MSF 是一种用于改进高校教学的培训咨询方法。在此项目的开展中，我们增加了“学生交流”这一环节，即学生在教师授课后就教师授课情况进行小组讨论，因此 MSF 共有前期会谈、课堂观摩、学生交流、后期反馈四个流程。MSF 主要通过咨询员观察课堂教学，收集、汇总和分析教师与学生多方面的信息和反馈，引导教师发现问题，反思教学，寻求解决问题的办法。基于 MSF 的教学诊断，不仅可以帮助教师提高教学水平和教学质量，还能激发学生的学习兴趣和课堂参与积极性。青年教师教学技能训练项目内容结构如图 6-2 所示。

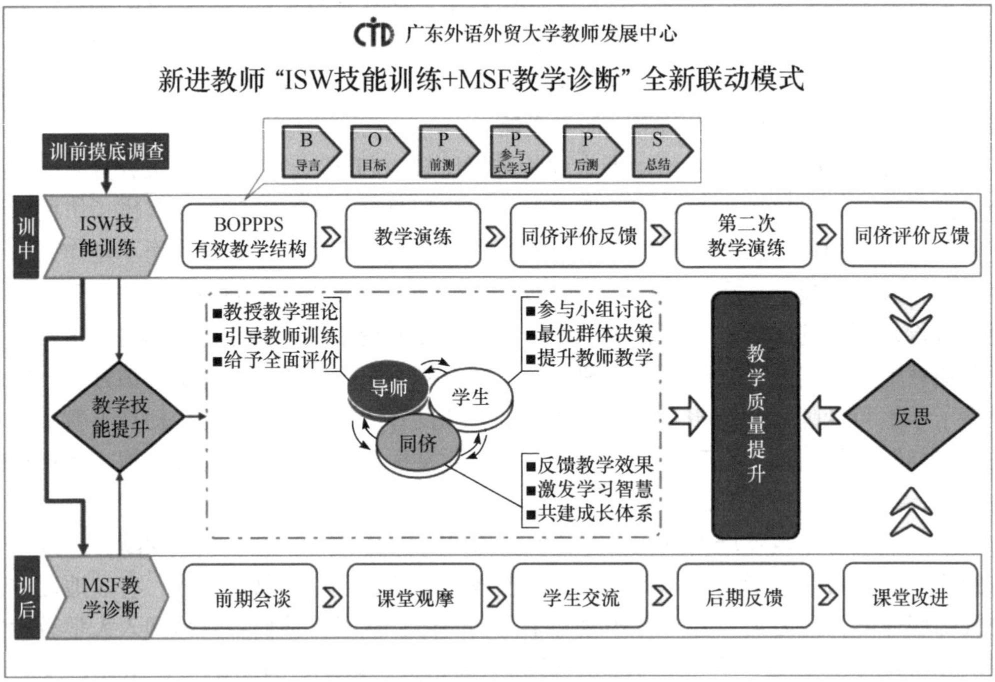

图 6-2　青年教师教学技能训练项目内容结构

ISW 技能训练与 MSF 教学诊断两种方法相互补充，共同促进，构建起教师教学综合效能提升的闭环。教师教学技能的提升有助于提高教学课堂质量，而优质课堂效果的反馈又能激发教师进一步提升教学技能的积极性，二者形成良性互动。

【典型案例】

2023 年 11 月 4 日至 5 日，来自广东外语外贸大学 26 个二级单位的 60 名新入职教师，作为教师发展中心“青年教师教学技能训练项目”的第一期学员，全部顺利完成 ISW 教学培训并获得相关课程结业证书。

这次工作坊为期两天，分为开班动员—破冰活动—专题课程—主题理论学习—迷你教学演练—交流反馈—总结反思 7 个部分，按“总－分－总”的结构安排。由获得 ISW

国际认证的4位教学专家开展破冰活动及BOPPPS有效教学结构专题系列课程，由3位教育学专家开展建构主义、科尔布（Kolb）学习者风格、参与式学习等主题理论学习及示范课堂。

基于BOPPPS有效教学结构，围绕主题课程，新教师需要进行两次迷你教学设计与演练。新教师以专业背景异质分组的方式进入个性化小班演练，演练过程中，每个人既是教学演练的主角，同时也是同伴演练的学习者和反馈者。每次教学演练后，引导员会针对每位新教师的教学设计引导组内其他教师进行集体的反馈，强化BOPPPS模型的应用。通过两天高强度的学习、参与、演练、反思总结，不断掌握有效教学技巧、逐步提升教学能力，进而达成本次工作坊的总体目标及个人所设定的目标。

参训学员表示，本次工作坊的体验感和收获都超出预期。青年教师认为“今后要尝试在课堂上灵活地运用BOPPPS教学理论”“学会了如何建立情景线索，把知识点连接起来，紧张备课，放松上课”“课堂举例要多贴近生活，增强与学生的互动，尽可能用幽默化的语言，吸引学生注意力”“印象最深刻的是不要在课堂上唱独角戏，要多加思考如何让学生参与进来”“ISW培训为青年教师提供了一个互相交流的平台。不仅可以收获许多跨学科的知识，还能有效提高教学技能，演练录制能让自己更加直观地审视自己的教学”。

第二节　教学技能工作坊

有效的教学技能培训有以下三个关键要素（李赛强，2021）。一是有目的地练习，在ISW中，每天要对目标进行审视，这个目标可以是短期目标，也可以是长期目标，通过这种有目的的刻意练习，学员的教学能力迅速得到有效提升。二是着意建设的项目文化，通过给予有意义的正面反馈，ISW着意建设一种被认可、被尊重，鼓励教学创新和冒险的项目文化。三是真实的学习情境和学习反馈，在ISW中，教师在真实的情境中使用这些教学策略，学习者从真实的学习体验中反馈，获得了真实有效的改进建议。

ISW具备以上关键要素。ISW的核心理念在于以学生为中心，强调实践与反思的融合、授课教师与同侪、导师之间的互动式学习。ISW的参与者既是讲授者也是学习者，双重身份让他们能从多角度深化理解。每个成员都将有机会开展十分钟的迷你教学。在此期间，其余成员则扮演学生，亲身体验教学过程。完成示范后，由经验丰富的导师引领开展同侪评价反馈，鼓励同侪提供建设性、细致且具指导性的反馈。此外，每次教学授课都会被录制下来，以供后续的深度分析。在反馈环节，精选的关键片段会被回放，促进小组间的深入讨论。而且，每位教学者都被要求在次日活动前分享自我反思。ISW不仅是对教学实践的即时响应，也是促进集体智慧与成长的重要环节。通过这种全面而细致的互动模式，ISW旨在培养参与者的教学技能，增强其反思能力和实践智慧，从而提升整体教学质量。接下来，我们将结合《教学技能工作坊学员手册》(*Instructional Skills Workshop: Handbook for Participants*)（Johnson，2006）对ISW进行详细介绍。

一、迷你教学演练介绍

一堂完整的课程或实验活动，实际上是由一系列较短的模块或单元构成的。鉴于 ISW 时间有限，十分钟的设定可以满足教学技巧的展示和后续讨论的双重需求。短暂的十分钟促使教学者专注于教学过程本身，而非仅仅堆砌知识量，迫使其提炼教学内容，精挑细选那些最核心、最具启发性的内容，保证每一次教学都能成为学生收获满满、印象深刻的经历。同时，十分钟的限定也可促使教学者深度打磨教学过程，便于教学者和同侪在后续的反馈环节中回忆起具体的教学细节，促进学员之间的深度互动，共同推动教学技能的精进。

（一）程序与步骤

1. 教学预备阶段

教学预备阶段，约 5～10 分钟。在迷你教学开始之前，教学者需投入时间进行环境布置与物资准备，如调整教室布局以适应教学需求，清理书写板面，组织教学辅助材料，并设置多媒体设备。此阶段也是教学者与培训导师沟通教案的关键时刻，双方共同回顾教学计划，预判可能需要反馈的环节，教学者告知导师需要提醒的时间节点。其他学员在此期间可以选择参与准备，或是利用这段时间反思自己的教学策略，抑或短暂休息。

2. 迷你教学演练

教学者随即启动教学流程，面向其余学员展开授课。培训导师全程记录教学过程，同时记录观察要点，为后续的口头反馈奠定基础。特别需要提醒的是，当培训导师发出时间已到的提醒后，教学者应严格遵守时间限定，立即终止授课。

3. 撰写反馈意见

随后进入反馈收集环节，学员们填写评价问卷，同时，培训导师与教学者开展一对一的深度对话，即时记录对教学演练的感受与见解，为即将进行的口头反馈整理思路。培训导师还可播放教学录像（无声或轻声），作为讨论的直观参照。此过程约 5～7 分钟。

4. 口头反馈与讨论

迷你教学周期以由培训导师主导的口头反馈结束。学员们基于亲身体验分享见解，培训导师引导讨论，确保教学者能够准确理解并吸收来自学员的反馈。这一环节强调关注教学方法与结构，而非教学内容本身，目的是提供有针对性的改进意见，帮助教学者在未来的教学实践中深化理解和应用。培训导师将确保讨论聚焦于实质性的教学技巧，鼓励每位参与者清晰表达个人思考，营造一个建设性和反思性的交流氛围。此过程约13～15分钟。

这样的流程设计，旨在通过紧凑而有序的环节，促进教学者与学员之间的有效沟通，确保每一次教学体验都富有成效，助力参与者共同成长。

（二）教学设计

教学设计可以理解为动态地设计教学的过程，也可以理解为这一过程的产品，即“教案”。作为实现教育愿景的导航图，教案详尽描绘了教学者与学习者在课堂上协同探索的路径，它涵盖了课程的架构布局与所需资源的详细说明。教案的本质在于其灵活性与可塑性，既可在教学现场根据实际情境灵活调整，亦可在课程告一段落之际，汲取经验教训，予以修订完善，以期未来教学更臻佳境。

教案需阐明各项活动的核心要素、目的及意义，精确标定每项教学活动的时间节点，同时，还需列举激发学生兴趣与投入度的策略。教案自始至终遵循着一套逻辑严密的编写框架，首尾呼应，确保教学活动从清晰的目标出发，最终以成果检验与精练总结结束。

教案的构架围绕引言、主体、结语三大核心模块展开。引言部分需开篇明义，确立教学目标，预设评估基线，作为课堂序曲，定调教学节奏与氛围，简明扼要地概述课程主旨与后续流程，凸显学习价值所在；此处亦是温故知新的良机，通过课前任务回顾或问题探讨，激活学生既有认知，为新知铺垫。主体阶段需实施互动式教学，融汇教与学的双向动力，教学者引领知识学习，学习者主动参与，两者在讲授、演示、视听材料与讨论、实操、角色扮演等的交替更迭中，构建起动态平衡的学习生态。最后的结语部分可开展后测反馈活动，提炼主旨，前瞻后续学习，对学习成效的检验与深思，辅以凝练的总结，为下一阶段的学习铺设桥梁。

通过上述阐述，我们可以理解教案在教学中的重要地位，要求教学者在规划时充分考量学生需求与教学目标的契合，确保每一环节都能激发学生的好奇心与求知欲，同时，通过有效的评估与反馈机制，促进学生自我反思与持续进步。

二、BOPPPS模式的关键要素

ISW迷你教学设计采用BOPPPS模式，它包含六个要素。

一是导言。启动学习旅程，激发学生的兴趣和好奇心，强调课程的意义和价值，确保学生从一开始就全神贯注。

二是目标。清晰阐述本节课的具体学习目标，包括学生在课堂结束时应能理解和应用的知识点、技能水平以及思维能力。目标需具体且可衡量。

三是前测。评估学生对于即将展开的教学主题已有何等程度的了解，为后续教学提供起点。

四是参与式学习。此环节是教学的核心部分，通过精心设计的小型活动或项目鼓励学生积极参与，利用多媒体资源增强学习体验，确保达成既定目标。

五是后测。通过正式或非正式的方式验证学生是否真正掌握了教学内容，直接检验教学目标的实现情况，为后续教学调整提供依据。

六是总结。在教学接近尾声时，引导学生快速回顾所学，强化记忆，同时总结关键点，确保学习成果得以巩固。

接下来，我们将具体解析 BOPPPS 的每一个环节。

（一）导言

在教学过程中，虽然学生承担着学习的主要责任，但教师同样肩负着营造促进学习的环境的重任。导言的作用在于在教学伊始就吸引学生的注意力，并明确展示课程内容与他们个人的相关性。这一环节有时也被称作激发兴趣点，或是形象地比喻为钓鱼的诱饵，它的目的是立即抓住学生的注意力，使他们能够全身心地投入到随后的课程学习中。通过有效的导言，学生不仅能够更快地进入学习状态，还能深刻理解课程的价值，从而提高学习的积极性和效率。

一个精心设计的导言，往往采用生动有趣的手法，巧妙地将课程内容与学生的实际生活相联系，以此激发他们的学习动力和兴趣。特别是在那些学生参与度较低的课堂上，一个出色的导言显得尤为重要。如果在这一环节能够成功解答几个关键问题——比如，这节课将涵盖哪些内容？它为什么重要？为什么我需要学习它？——即使是原本缺乏兴趣的学生也会被深深吸引，开始思考并探索课程的价值。

导言的引入通常是简洁而有力的，以下列举了一些常见的策略。①快速回顾相关知识点，构建知识框架。②讲述引人入胜的故事，激发情感共鸣。③播放精心挑选的视频或音频片段，直观展示概念。④提出富有挑战性或引发争议的问题，刺激思维碰撞。⑤分享最新的新闻报道或日常生活中的实例，拉近理论与现实的距离。⑥揭示令人惊讶的数据或事实，激发好奇心。

通过这些方法，教师不仅能够迅速吸引学生的注意力，还能够为后续的教学内容铺设坚实的基础，使学生在整个课程中保持高度的参与感和求知欲。

【举例】

语言课——《英语口语交流技巧》

● 主题　实用英语对话场景与文化差异

● 导言　想象一下，你正站在伦敦的街头，周围是来自世界各地的人群。一位陌生人向你问路，但他的口音让你一时难以理解。这时，你会如何应对？或者，你计划去国外留学，如何自信地介绍自己，与新朋友建立良好的第一印象？今天，我们将踏上一场语言与文化的探索之旅，不仅会学习实用的英语口语表达，还将深入了解不同文化背景下的交流艺术。让我们一起，用语言搭建起沟通的桥梁，跨越文化的界限。

● 策略　使用生活化场景：通过设定国外旅行和留学的常见情景，让学生认识到语言学习的实用性和紧迫性。

数学课——《概率论基础》

● 主题　概率论在日常决策中的应用

● 导言　假设你正在参加一个游戏节目，面前有三扇门，其中一扇门后藏着大奖，而其他两扇门后面则什么也没有。你选择了一扇门，但还没打开。主持人打开了另一扇没有奖品的门。现在，你是否应该改变你的选择？这就是著名的“蒙提霍尔问题”。通过今天的课程，我们将使用概率论的知识来解析这个问题，看看数学如何影响我们的日常决策。

● 策略　提出问题，鼓励学生思考并参与到问题的讨论和解决中去。

历史课——《古罗马文明》

● 主题　古罗马帝国的兴衰

● 导言　想象一下，你正站在古罗马的竞技场内。这里曾上演过无数英雄与野兽的生死较量，见证了帝国的荣耀与残忍。那么，是什么力量让这个庞大的帝国崛起，又是什么导致了它的最终崩溃呢？今天，我们将一起穿越时空，探索古罗马文明的秘密。

● 策略

情景再现：通过描述古罗马竞技场的场景，让学生仿佛置身于历史现场，激发好奇心和探索欲望。

故事讲述：利用故事性的叙述方式，使历史事件更加生动有趣，易于记忆。

提出问题：询问古罗马兴衰的原因，激发学生思考，促使他们主动寻求答案。

（二）目标

1. 目标的制定

在日常生活中，我们常将宗旨（aim）、用意（purpose）、成果（outcome）、目的（goal）与目标（objective）等术语不加区分地使用，但在教育领域，这些词汇承载着更为精准且层次分明的意义。

宗旨和用意往往被用来概述课程或单个课堂最基础、最广泛的初衷，通常仅需一两句精练的话语即可表达。例如，一门外语口语交流课程的用意可以这样阐述：“这门课程旨在提升学习者跨文化沟通能力，增进国际视野。”

目的则是在宗旨的基础上进一步细化，以更具象的方式描绘课程的核心追求，但仍保持一定高度的原则性描述。我们继续以以上外语口语交流课程为例，其目的或许可表述为：“至课程结束，学生应能掌握基础的英语口语技巧，包括日常对话、主题演讲和小组讨论，能够在模拟的真实场景中，与母语者进行自然流畅的交流。”

学习成果（learning outcome），则标志着学生在完成课程后所实现的具体目标，它直观展现了学生通过学习所获得的实际能力和知识积累。以上述外语口语交流课程为例，本课程的学习成果是“通过本课程的学习，学生将能够运用英语进行有效的跨文化沟通，掌握丰富的词汇、地道的表达方式以及恰当的非言语交际技巧，能够在多元文化环境中，自如应对各种社交与职业场合的交流需求，达到国际英语考试如雅思或托福的中高级水平”。

综上所述，教育教学中的目标设定不仅是一个由宏观至微观的渐进过程，更是一系列环环相扣、逐层深化的愿景构建。宗旨与用意奠定基调，目的进一步细化轮廓，而学习成果则具体化为学生实际掌握的技能与知识，构成了教育目标体系的完整链条。教育者在设计课程时，应确保这一链条的连贯性和逻辑性，让每一层级的目标都服务于学生全面发展和个人成长的终极愿景。

通过对宗旨、目的与学习成果的深入解析，我们得以洞察教育教学中目标设定的精妙之处。宗旨与用意为课程赋予灵魂，指明方向；目的则细化了前行路径，明确了短期与中期的里程碑；学习成果，作为教育实践的直接产物，验证了教育目标的实现程度，反映了学生的真实收获。

2. 目标的撰写

目标既然如此重要，那么，如何才能撰写出优质的教学目标呢？优质的教学目标往往具备明晰、精准的特点，其构成要素通常包括以下几个。①具体内容：明确界定学生将掌握的知识点及其证明方式，目标表述时应采用行为动词，如“阐述”而非“理解”，确保目标的行动导向性。②情境/条件：详细规定学习发生的特定环境与评估标准，如“无须辅助工具独立操作”、“与同伴协作完成”或“在限定时间内提交作品”。③评价尺度：设定学习成果的预期水平，即达到何种熟练程度视为合格，这为教学者提供了一个衡量学生表现的明确基准。简言之，制定高效的学习目标，需先明确教学期望，然后围绕可识别的学习内容进行构思。目标陈述通常包含行为主体、行为动词、行为条件与表现程度。掌握这四大要素后，目标撰写可遵循以下步骤。①设想学习成果：用通俗易懂的语言，初拟一段描述，概述学生通过教学活动可获取的知识或技能，不必苛求初次尝试即完美无瑕。②确定证明方式：思考学生如何展现其已掌握的知识或技能，反复修改目标陈述，直至能精准反映学生在证明学习成效时应有的行为表现。③明确条件限制：指出学生完成学习任务时所处的特定条件，包括但不限于时间限制、资源可用性或合作要求。④确立评价准则：作为教学者，需明确学生达到何种标准方视为合格，这有助于学生理解期待值，同时避免目标过多。对于十分钟的迷你教学，设定一个核心目标足矣。目标应立足学生视角，使用可观察、可衡量的行为动词制定。

通过上述步骤，教学者能够构建出既符合学生需求又易于评估的学习目标，为教学活动的成功实施奠定坚实基础。

【优质目标示例】

外语学科——英语口语交流

目标：在十分钟内，学生能够使用至少五种新学的日常对话表达，与同伴进行自然流畅的英语对话，不需要提前准备，且在对话中至少三次正确运用目标语法结构，以展示对新学语言点的掌握和运用能力。

对上述目标的四要素分析。

行为主体：学生。

行为动词：能够使用、进行自然流畅的英语对话、正确运用。

行为条件：十分钟内、与同伴进行、不需要提前准备、至少五种新学的日常对话表达、至少三次正确运用目标语法结构。

表现程度：自然流畅的英语对话、语法结构正确运用、展示对新学语言点的掌握和运用能力。

数学学科——函数图像分析

目标：学生能在五分钟内，独立分析并绘制出二次函数的基本图像，包括确定顶点、轴对称线、开口方向及零点，且在无计算器辅助的情况下，误差不超过±0.5 单位，以展现对二次函数性质的理解与应用能力。

对上述目标的四要素分析。

行为主体：学生。

行为动词：分析、绘制、确定。

行为条件：五分钟内、独立分析并绘制、无计算器辅助、误差不超过±0.5 单位。

表现程度：独立分析并绘制二次函数的基本图像，包括确定顶点、轴对称线、开口方向及零点，展现对二次函数性质的理解与应用能力。

历史学科——文艺复兴时期欧洲历史

目标：在小组讨论中，学生能够列举出文艺复兴时期欧洲三位重要人物的主要贡献，并分析其对当时社会变革的影响，讨论需持续至少八分钟，每位学生至少发言一次，以体现对文艺复兴时代历史脉络的掌握和批判性思维能力。

对上述目标的四要素分析。

行为主体：学生。

行为动词：列举、分析、讨论。

行为条件：在小组讨论中、持续至少八分钟、每位学生至少发言一次。

表现程度：能够列举并分析文艺复兴时期欧洲三位重要人物的主要贡献及其社会变革影响，体现对文艺复兴时代历史脉络的掌握和批判性思维能力。

【讨论案例】

下面的目标在撰写上有何问题？如何进行修改？

目标 1：完成 BOPPPS 有效教学结构的讲授。

目标 2：BOPPPS 有效教学结构的六个环节。

目标 3：学习者分小组进行 BOPPPS 有效结构的讨论。

目标 4：学生掌握 BOPPPS 有效教学结构的六个环节。

学习可以概略地分为三个方面：认知（knowing）、技能（doing）、情感（being）。这三个学习方面经常会重叠。表 6-1 总结了三大领域不同阶段的行为动词，可为我们制定教学目标、描述学习行为提供参考。

表 6-1　教学目标与学习层级分类

项目	认知	技能	情感
初学	引用 定义 辨识 标示 列表 配对 说出名字 概述 选择 解释 陈述 翻译	抓住 听见 辨识 找到定点 移动 下压 拉 推 竖立 挑选 展示 整理	接受 询问 描述 遵循 认同 聆听 指明 辨识 回应 看见 选择 使用
理解	运用 兑换 讨论	调整 组合 复制	认定 累计 协助

【学术争论】

学习目标需要在上课伊始给出吗？持支持观点的人认为，上课伊始给出学习目标可以帮助学生明确学习、激发学生的内在动机，也方便师生评估教与学的效果；持反对观点的人认为，上课伊始给出学习目标会增大学习者的压力，限制教学的灵活性，还可能忽视个体差异与需求。你怎么看？

（三）前测

了解学生已有的知识基础是教学过程中的关键步骤，它帮助教育者明确面对特定的学习群体，应如何定制教学策略与内容。在语言学习的背景下，一些学生可能已经具备了丰富的词汇量、语法知识或是流利的口语能力，而另一些则可能还处于起步阶段，仅掌握基础的语言结构。还有些学生可能在某些方面较为熟练，但在其他领域却显得力不从心。如果课程内容学生早已熟悉，他们可能会感到厌倦；反之，如果课程难度远超其现有水平，则可能导致困惑、挫败感，甚至失去学习动力。无论是通过正式的评估，还是课程本身设有明确的能力指标，教育者往往会发现学生在不同语言学习领域的兴趣与技能水平存在显著差异。

前测的作用包括：①识别学生的兴趣所在；②辨识哪些学生可以作为课堂上的知识共享者、课堂资源；③鼓励学生自我审视，识别自身的知识盲点，为后续的复习或概念澄清铺路；④引导学生集中精力于课程的重点；⑤帮助教育者调整教学内容的深度和节奏，使其更加贴合特定学生群体的需求，从而有效响应个体学生的长处与短板。

最有效的诊断性评估往往采用开放式问题的形式，这类问题不允许简单地肯定或否定回答。例如，询问“你能描述一种你最近学习的新词汇或短语吗？”比问“你是否接触过外语？”更能激发深入的回答，因为后者往往只会得到简单的“是”或“否”。开放式问题促使学生将个人的生活体验融入到课堂讨论中，促进其主动参与和情感投入。

此外，前测还可以采取以下几种策略：①在正式教学开始前，进行一次小测试，涵盖诸如发音练习、特定语言点的专业术语、文化背景知识等，如要求学生模仿一个地道的发音、解释一个复杂的成语或谚语；②关联课堂主题与学生已知的信息，如“你能分享一些有关多元文化的经历吗？”“有谁还记得‘主谓一致’的规则？”“一提到诗歌，你的脑海中首先浮现的是什么？”；③激发思考，如“如果要策划一场国际文化节，你会考虑哪些因素？”“如果一个人在学习外语时没有系统的方法，他可能会遇到什么挑战？”。

（四）参与式学习

参与体现在两个层面：一是师生间的直接交流，二是教师引导下的学生间相互作用。真正的学习源于主动探究，学生只有全身心投入到学习材料或实践活动中，才能真正领悟知识的奥秘。这种沉浸式的学习体验往往更为深刻持久，超越了单纯应对考试的表面学习，可以构建起稳固的知识体系。

教育研究者普遍认为，每位学生都在构建属于自己的学习路径。这意味着最有效的学习发生于学生主动与学习材料互动，自主构建知识体系、技能框架和价值观的过程中。这可能会对习惯于传统讲授模式的教师构成挑战，因为听讲本质上是一种较为被动的学习方式，且并非所有人的主要学习模式。对于依赖视觉、动手操作或社交互动来学习的学生而言，单纯听讲显然不够高效。面对大量信息的传递需求，教师应思考如何融入更多学生主动参与的环节，实践证明，这将显著提升学习效果。

在参与式学习中，我们鼓励教师设计活动，让学生在实践中思考，通过动手操作加深理解。促进主动参与的策略包括：①围绕特定问题或课堂主题组织小组讨论，激发集体智慧；②在讲授过程中适时暂停，安排书写或小组讨论环节，设计问题或简短应用练习，如解题或案例分析，让学生有机会消化吸收；③采用思考—配对—分享（think-pair-share）的方式，引导学生对核心议题展开批判性思考；④在引入新概念或单元之初，开展预测或示范性活动，如工作坊或实验演示，激发学生的好奇心；⑤通过角色扮演、案例研讨或情景模拟，让学生合作解决实际问题，随后进行互评，深化理解；⑥提出思考题，让学生在后续的课堂活动中寻找答案，培养解决问题的能力。

实施参与式学习，需要教师深入了解学生的学习动机——他们渴望学习的程度。对于熟悉学习流程的学生，教师只需稍加引导，即可激发其自主探索的热情；而对于信心不足或学习效率低下的学生，则需精心设计教学活动，逐步引导其步入正轨。促进参与式学习的关键在于考量学生带入课堂的先验知识、技能和态度，确保部分学生能够发挥辅助作用，成为同伴学习的催化剂。

（五）后测

后测旨在解答两大核心疑问：学生掌握了哪些知识？既定的教学目标是否达成？

后测的设计应紧密贴合课程初始设定的学习目标与层次。比如，在一节专注于行业术语的课程中，采用词汇匹配或句型填充作为评估手段便颇为恰当；在侧重实操技能的课堂，将现场操作纳入后测无疑更显合理，这可能涵盖技能的部分展现，或是完整流程的执行。至于表达性成果的评估，则着重于学生的个人感悟与反思，比如撰写一篇论述课程与自身经历联系的文章，或是探讨某个创新理念的潜在优势与限制。

尽管在小型教学示范中，后测需力求精练，但以下几种模式可供灵活选用与调整。

（1）认知理解类：选择题、问答题、判断题、关联题，这类模式旨在检测学生对知识要点的理解与记忆。

（2）应用解析类：问题求解、案例剖析，这类评估考查学生将理论知识应用于实际情境的能力。

（3）技能展示类：清单核对、评分标准、学生作品展示，此类评估关注学生技能掌握的熟练度与准确性。

（4）情感态度类：态度问卷、感想文、论文写作，这些手段用于评估学生的态度变化与价值取向。

通过上述不同类型的后测，教师不仅能够全面审视学生的学习成效，还能深入理解学生在知识获取、技能发展、情感态度等多维度的成长轨迹，从而为后续的教学设计提供有力依据。

（六）总结

总结是为一堂课的学习画上的圆满的句号。总结不仅可以归纳、提炼授课精华，还可赋予学生成就感，帮助学生反思，连接过去与未来，开启学习旅程的新篇章。

总结可涵盖以下元素，以升华学习体验。①知识点回溯：师生共同提炼关键信息，确保重要概念铭记于心。②小组分享：鼓励学员交流团队讨论的精髓，促进集体智慧的碰撞。③即时反馈：借助简洁的反馈机制，如一分钟感想或疑惑点记录，洞悉学员的真实感受。④成果表扬：认可每位学员的努力与成果，激发持续学习的动力。⑤应用展望：探讨如何将所学应用于现实，鼓励制订个人行动计划。⑥个人见解：每位学员快速分享独特见解，促进多元视角的融合。

对于部分学生而言，重访课程目标是自我反省的良机，尤其是当课程之初便引导学员设立个性化目标时，总结阶段应回归初衷，要求他们评估目标达成的进度，教师则需引导其进行自我评价，简述目标实现的程度。

无论采取何种形式的总结，其结尾部分务必精练至极，特别是在紧凑的迷你教学中，简洁高效是关键。表 6-2 是迷你教学演练检核表，协助确保教案完整。可以在迷你教学演练前使用这份检核表，在反省这次教学的有效程度时也可以再次使用。

表 6-2　迷你教学演练检核表

（第二轮演练结束后请小组学员填写）

基本要素	检核项目	演练前	演练后
导言	总体而言，导言具有趣味性吗？与课程相关吗？		
目标	用来叙述目标的词语是关于学生“行动”的吗？		
◆ 如果是表现目标	说明在什么条件下、具体完成的事务、行为以及衡量的标准了吗？		
◆ 如果是表达性成果	目标解释了学习内容的背景与脉络吗？目标明示了所学内容吗？目标有对学生的反思活动进行检验吗？		
前测	使用了开放性的提问吗？前测关联了预期目标、成果吗？前测与后测的关系是什么？		
参与式学习	此阶段设计的参与式学习活动是什么？时间规划方面有弹性吗？考虑各活动之间的顺序了吗？教学设备的资料清单有准备吗？		
后测	与目标或学习成果之间一致吗？制订如何审阅、评估或解答的方案了吗？		
总结	能重新审视、回顾课程目标吗？能连接未来的学习内容或相关运用吗？		

重读或回想你在两次迷你教学演练后所拿到的反馈意见，通过这些信息思考你在教学中可以改进的地方。以下列举了四个可以促进我们对反馈意见进行思考的问题。①所收到的反馈中，什么是你作为教学者时最宝贵的优点？为什么？②在平日的教学中，你如何增进这些长处和优点？③从收到的反馈中，发现自己的教学还存在哪些不足或困惑？④未来你打算如何应对这些不足或困惑？

【思考与练习】

请写出更多能促进我们对反馈意见进行思考的问题。

三、有效反馈

在 ISW 中，有效反馈是提升教学能力的核心。通过迷你教学演练，参与者不仅能提供反馈，也能接收来自学生的即时反应。无论是作为讲师点评学生的表现，还是从“学生”那里获得对授课内容的直接反馈，甚至在演练后收集书面与口头评价，这些都揭示了教学的亮点与盲点。

教师通常少有机会深入了解教学效果。学生未必具备专业视角，也不一定准备分享深刻见解。然而，ISW 中的迷你教学结合录像回放，提供了全方位的教学审视。具体、建设性的反馈至关重要，它是教师进步的阶梯。为了鼓励参与者之间的真诚交流，需营造开放、支持的氛围，使参与者敢于分享。反馈应聚焦客观观察，辅以明确的改进建议，以帮助教学者确认优势，识别待提升的领域。ISW 强调反馈的作用在于：①强化教学成效，提振自信；②指明改进路径，精准反思；③为后续演练设定方向。

为激发深入的互动、对话，ISW 初期需组织破冰活动，旨在建立互信、包容的讨论环境，确保每位成员都能畅所欲言，共享教学成长之旅。接下来，我们将来具体了解两种反馈形式——口头反馈与书面反馈。

（一）口头反馈

在教学领域，反馈扮演着至关重要的角色，它是连接理论与实践的桥梁。有建设性的反馈能够提供实质性的洞察，不仅有助于分析当前的教学策略，更能激发创新设计，促使教学活动焕然一新。它是教学互动中的催化剂，促进师生共同成长。

有建设性的反馈通常有以下特质。

（1）精确性：反馈应当具体且直接，聚焦于行为细节，使接收者能够迅速识别并反思自身行动。抽象的评语往往模糊不清，难以留下深刻印象。

（2）客观描述：避免使用诸如“好”或“坏”的主观标签，而是详细描述观察到的行为，避免揣测其背后的动机或心理状态。

（3）公正与平衡：在提出改进建议前，先给予积极认可，确保反馈过程中的公平性，避免偏见影响。

（4）适量原则：确保反馈数量适中，过多的信息可能会导致接收者无所适从。

（5）可行性：建议应当切合实际，确保接收者有能力执行改进措施。

（6）启发式方法：反馈应激发思考，而非强制接受。最佳时机是在接收者主动寻求解答时。

（7）及时性：及时反馈，当事件仍历历在目时，效果最佳。

（8）双向确认：确保反馈被正确理解，避免沟通障碍。

给予反馈时，我们应先肯定亮点，营造积极氛围。接着，具体说明行为表现，避免对个人特质的评价。然后，描述观察结果和自身感受，避免无端推测。之后，对行为效果进行层次划分，但避免绝对性评价。最后，应关注反馈的实用性，思考其对接受者的价值。

听取反馈时，我们应保持目光交流，展现尊重与开放态度，尝试视角转换，从他人角度理解反馈，并尽量全面接纳，即使初听时存疑，也应耐心倾听。我们也应重视正面鼓励，从中汲取动力，并权衡意见，根据重要性进行分类处理，进行情感分离，专注于反馈内容，而非个人情绪。对有关模糊之处的提问，我们需求证细节，以确保信息的准确性，并给予真诚的、聚焦反馈核心问题的回应，避免重述课程内容。

（二）书面反馈

撰写书面反馈不仅可为教学者提供建议，也给了观察者一段宝贵的思考时间，使其能够梳理思路，与同伴分享个人的观课体验。这一过程不仅锤炼了教学人员的书面表达能力，还提升了文字沟通技巧。

结构化的表格能够引导学员更加精准地构建反馈。在针对特定教学活动进行反馈时，详尽的条目清单不可或缺。尽管某些条目可能与特定课程不太契合，抑或存在未提及的方面，但这些条目可激发学员对教学活动的全面评估。学员可忽略不适用的条目，添加个性化的见解。在填写反馈表时，可以思考以下问题。

（1）我的反馈是否与教学者在课堂上的具体表现紧密相关，而非泛泛而谈?

（2）我是否采用了第一人称视角，如“我观察到”“我感受到”“我听到”，来确保反馈的客观性?

（3）我是否指出了教学者哪些教学手法有成效、哪些尚待改进?

（4）我能否提出具体且可行的改进建议，供教学者在今后的课堂中实践?

以下是两种可供参考的反馈表格，使用者可根据实际情况进行调整（表 6-3、表 6-4）。

表 6-3　迷你教学演练反馈表 A

讲授者：　　观察者：　　日期：

授课标题：

请分别描述讲授者在迷你教学演练中 BOPPPS 结构的每一要素及运用的有效性：

B 导言

O 目标

P 前测

P 参与式学习

P 后测

S 总结

你觉得讲授者的迷你教学有哪些亮点?

请提供一些建议，帮助讲授者进一步改进本次的迷你教学。

表 6-4　迷你教学演练反馈表 B

讲授者：	观察者：	日期：
授课标题：		
继续保持：		
进步中：		
建议：		

（三）录像反馈

在 ISW，每次迷你教学都将被拍摄成视频。回看这些影像资料，我们会发现实际授课的表现可能与我们原先设想的大相径庭。视频能够细致捕捉每一刻的教学瞬间，成为一份持久的档案，对学习者而言有珍贵的价值。

我们提倡在迷你教学结束后的第一时间（理想情况下是在同一天）便观看录制的视频，同时结合书面反馈一同审阅。这种即时反思能加深我们对自己长处和待改进之处的理解，同时也能清晰解答心中存有的疑惑。我们可以尝试调整播放速度，无论是加速播放还是正常速度，都能让我们轻易察觉到任何可能分散注意力的小动作或是我们在讲台上的固定站位。值得注意的是，尽管某些行为对我们来说显得突兀，学生们却可能毫不在意，不妨邀请学员对此类细节给予更为深入的反馈。此外，我们还可以选择静音模式观看，这有助于我们更加专注于身体语言，观察教姿教态是否适宜。

通过上述方法，我们不仅能从全新的角度审视自己的教学风格，还能在后续的教学实践中作出更有意识的调整，进一步提升教学水平。

四、自我评估和反思

ISW 构建了一个教学实践、改进的平台，让参与者能够大胆探索和实践多元化的教学策略。ISW 提供了课程架构、教学手法和辅助材料试验的场所，鼓励教学者大胆创新，在安全信任的环境中试错、获得成长。不少教师反映，ISW 之旅激发了他们持续内省的精神。在此过程中，参与者频繁观摩彼此授课，持续交换建设性的意见。ISW 要求参与者扮演多重角色，从教师到学生，再到评价者，大量时间被分配给个性化教学实操及全面参与的迷你教学环节。因此，ISW 不仅是一个提升教学能力的场所，更是给予了教学者一段深入探索自我、优化教学法、并与同行精进教学的宝贵经历。以下问题、话题可供教学者在不同阶段进行自我反思。

（1）ISW 初期的研习目标。参加这次工作坊你想学到什么？请简述你的总体目标和具体目标。

（2）第一轮演练结束后你自己的经验。整体而言，迷你教学演练是否按照课程设计进行，是或不是，为什么？根据学生（学员）的反馈，你认为哪一点是这次教学中所获得最重要的建议？你从自己的教学录像中看到什么？包括上课的步调、态度，讲解的清晰程度，提问方式，教学上的小习惯，回答技巧，学生的响应、挑战、兴趣等方面。对你下次的迷你教学演练有何启发？

（3）ISW 结束后的整体评估。你感到最意外的是什么？ISW 对你自己平时的教学有何启发？

第三节　教学下沉诊断

与目前国内已有的教学培训模式相比较，MSF 教学模式在保证与提高教师教学质量上有显著的优越性（梁竹梅和谢艳梅，2017）。

（1）MSF 教学咨询模式体现价值理性的回归。MSF 教学咨询模式的宗旨是帮助教师发现问题、寻求解决问题的办法，从而提高教师自身的教学水平，促进教师的专业成长。

（2）MSF 教学咨询模式重视伦理实现。学生的反馈更为客观和公正，教师也更具备教学自由。

（3）MSF 教学咨询模式注重质性信息的采集和分析。相对于简单的教学质量评分，MSF 教育咨询模式更加注重具体的教学行为，并让学生给出自己的观点和建议，使教师在改进教学时更有依据。

（4）MSF 教学咨询模式有利于教学文化的建设。MSF 教学咨询模式依托两次咨询过程，创造了讨论式教学和反思教学的文化环境，凸显了其特有的教学文化特质。

（5）新入职教师教学诊断是一项参考 MSF 的高度个性化的教学咨询服务，其宗旨是帮助新教师发现问题、寻求解决问题的办法，从而提高自己的教学水平，改善课堂教学效果，其服务流程包括前期会谈、课堂观摩、学生交流、后期反馈以及后续的跟踪服务等。

个性化服务属性体现在咨询员与新教师的面谈以及学生的反馈意见等中，这些都是私密的，只对新教师本人公开；另外，较以往一些教师个人收集学生意见来说，利用第三方（咨询）进入课堂的方式，在新教师不在场的情况下，可以从学生那里收集来更直接、客观的信息，在此基础上提出的教学改进建议可以使新教师的教学改革更有针对性。通过研究发现，个性化服务在促进新教师教学行为的改变中存在以下几点优势。服务的宗旨是帮助新教师教学成长，其宗旨契合新教师需求；学生是这项服务的最直接受益人，他们珍惜能够参与新教师教学改进的机会，因此反馈时能够积极参与；服务的私密性质使教师极具安全感，能够敞开心扉接受外来的信息和建议；咨询员去权威化，注重引导新教师积极反思教学，使新教师愿意发自内心地改变自己的教学模式。

在进行教学下沉诊断时，应提前书面告知新教师关于教学诊断的时间、流程等安排，组织咨询员下沉新教师课堂开展教学诊断。大致流程如图 6-3 所示。

图 6-3　教学诊断下沉流程

一、前期会谈

咨询员提前致电新教师，采用面谈或电话的方式，简要介绍教学诊断的具体做法，同时请新教师介绍课程和课堂情况，获取新教师想关注的信息，最后再次确认课堂观摩的时间和地点等信息。如有困难者，可采用课前沟通的方式进行，具体时间视咨询员与教师的实际情况而定。

【参考问题】

您课程的学习目标是什么？
您将采用怎样的评价方式来帮助学生达成目标？
您设计了怎样的教学活动来达成学习目标？
目前您发现教学中存在什么问题？
您希望专家在课堂观摩时关注哪些方面？

二、课堂观摩

咨询员按照约定的时间地点前往新教师课堂观摩，观察新教师和学生在课堂上的行为，客观记录课堂上发生的情况和尽可能多的信息。具体课堂观摩记录可参考表 6-5。

表 6-5　课堂观摩记录参考表

时间	教师	学生	备注
7：42	老师已经到教室	有 4 名同学到教室	
8：00	按时开课，回顾上节内容	25 名同学到教室	
8：03	开讲新内容“×××”	绝大多数学生抬头听课	
8：07	提问	前排几个同学回答	
……	……	……	

三、学生交流

教师发展中心提前书面告知新老师当天的课程将留出 20 分钟给咨询员和学生进行

交流，请咨询员于当天课堂观摩前再次提醒。具体步骤如下所述。①提前思考如何让学生分组。②新教师向学生介绍咨询员并离开教室。③发问卷并阐述教学诊断的目的及方法。

【典型案例】

参考开场白：各位同学好，感谢大家参与本次新教师教学诊断工作。本次教学诊断目的不是对老师的课堂进行评价，而是通过收集你们的反馈信息，为老师接下来的教学设计和课堂安排提供参考，以便更多地考虑你们的意见和需求。请大家根据问卷讨论两个开放题目，一是老师帮助你有效学习的做法有哪些？（哪些是此课程的优势？），二是你希望老师做什么改进来帮助你更好地学习？请认真、负责、如实、匿名地讨论并填写该问卷，谢谢你们的配合！

（1）语言引导并组织学生进行小组讨论，提醒学生尽量写得详细易懂，每个小组完成 1 份问卷（6～8 分钟）。

（2）各小组代表向全班分享讨论结果，不重复发表相同观点；全班同学举手表决，由小组代表记录同意该观点的人数或百分数（10 分钟）。

（3）收调查问卷并致谢。

四、后期反馈

咨询员基于小组讨论学生的真实反馈信息，提炼和归纳反馈信息，创建一份书面报告。通过电话或面谈的方式反馈至新教师本人，书面报告及收集的材料需全部提交至教师发展中心。具体反馈步骤如下：①感谢新教师的积极参与；②肯定新教师的成绩；③倾听新教师关于教学环节等方面的看法。

【参考问题】

学生学完之后能做什么？

设置怎样的作业和评价机制来促进学生进一步学习，帮助他们达成学习目标？

为了达到学习目标，应该设置怎样的教学活动，帮助学生构建知识？

提问引导新教师寻求解决问题的办法。

【针对学生交流的参考问题】

上课的意义，目的在哪里？

有什么办法可以加深学生对概念的理解？

哪些内容是必须花大量时间让学生理解透彻的？

是否考虑了学生的背景和基础？

【针对课堂观摩的参考问题】

怎么看待学生迟到和缺席的情况?

您对学生课堂上的状态满意吗?是什么原因造成的?

学生是否跟随您的授课思路?

怎么帮助学生提高课堂效率?

如何知道学生是否达到了本堂课的学习目标?

根据课堂观摩情况适时给出建议。

提供相关资源与平台督促新教师立即行动。

提醒新教师就本次调查给学生回应。

感谢学生提供反馈信息,重申教学中得到学生肯定的方面,对建议进行回应,包括准备本学期作出改变的方面、准备在将来作出改变的方面以及不准备进行改变的方面和原因。

【典型案例】

2023 年 11 月 2 日至 30 日,广东外语外贸大学教师发展中心对青年新教师开展"青年教师教学技能训练项目"第二阶段指导——基于 MSF 的教学诊断。本次共有 37 位开课新教师接受咨询员下沉课堂进行现场教学诊断。

为提升青年教师教学能力,教师发展中心 2023 年推出了"ISW 技能训练+MSF 教学诊断"全新培训模式的"青年教师教学技能训练项目"。中心团队历时数月精心筹备,通过调研上海交通大学、清华大学等高校的做法,结合我校实际与教师需求,多次与教学专家团队商讨和集体研讨,并派员参加了由上海交通大学开展的"中期学生反馈教学咨询服务工作坊",深入学习了 MSF 的目的、流程、效果、教师及学生反馈等理念及运作方式,确保项目及下沉现场诊断有序、有效进行。

MSF 是一种用于改进高校教学的培训咨询方法,分为前期会谈、课堂观摩、学生交流以及后期反馈四个流程。每一步流程都遵循规范的操作程序与实施方法。为推进"青年教师教学技能训练项目"的实施,教师发展中心将 11 月定为教学问诊月。教学专家下沉到每一位新教师的课程教学现场,收集、汇总、分析新教师与学生的多维度表现和信息,提升青年新教师的教学技能和教学质量。

部分已完成教学诊断的新教师认为,"教学诊断项目为新老师提供了一个深度反思自己教学实践的宝贵机会。教学诊断反馈加深了对自己教学优点和不足的认识,有助于根据学生的需求和建议进行相应的教学策略调整""咨询员与新教师的面谈以及学生的反馈意见等都是私密的,只对新教师本人公开使她们极具安全感,能够敞开心扉接受外来的信息和建议""此次教学诊断使我更加深刻地认识到教学应当是一种双向促进的互动,倾听并响应学生的意见对提升教学质量和学生学习体验十分重要"。咨询员也纷纷表示"教学诊断项目进行得十分顺利,学生交流的反馈效果大大超出预期"。交流过程中,同学对专家表示"这种反馈途径很珍贵"。

【小结】

本章围绕高校教师教学技能培训分三节展开论述。在第一节，本章阐述了高校岗前教学技能培训的现状、困境及突破路径，并基于广东外语外贸大学的校本实践探索，提出了“ISW 技能训练+MSF 教学诊断”的教学技能培训模式，介绍了基于此模式的教学技能培训内容和安排建议。ISW 技能训练核心为迷你教学演练，在第二节，本章详细介绍了迷你教学演练的程序与步骤、教学设计、有效反馈、自我评估和反思。在第三节，本章具体说明了 MSF 教学下沉诊断的各个步骤及注意事项。

【思考与练习】

1. ISW 中，应该如何准备迷你教学演练？
2. 您认为如何对教学者进行有效反馈？
3. 谈谈专家进行教学诊断时，您希望专家帮助您诊断的教学问题。

第七章　高校教师信息技术与运用

【内容结构图】

第七章内容结构如图 7-1 所示。

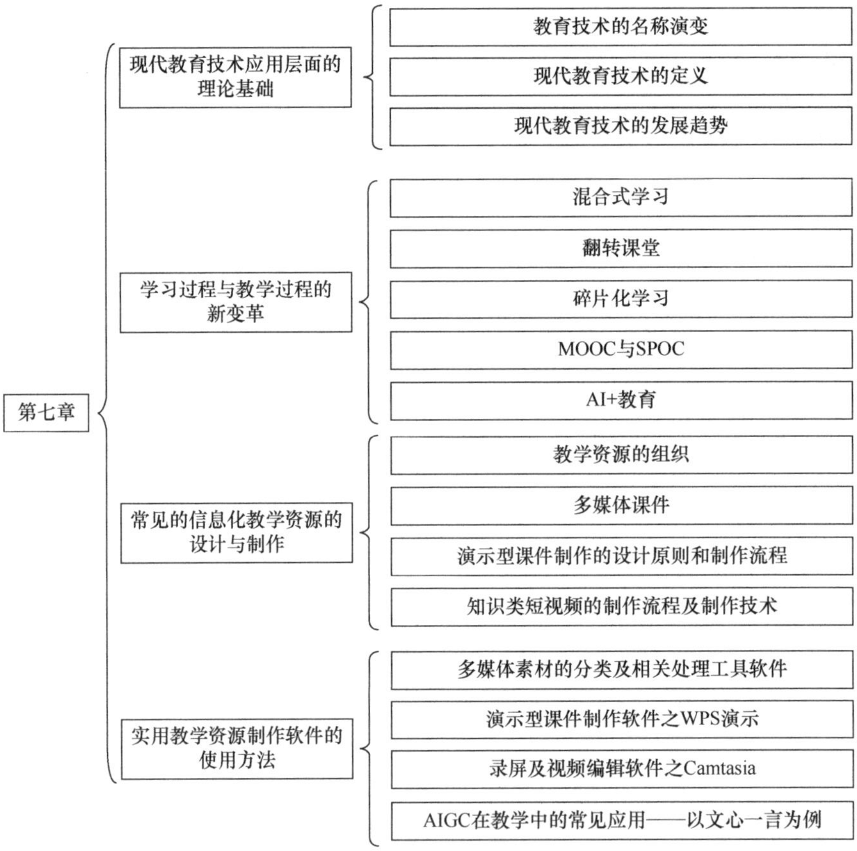

图 7-1　第七章内容结构

信息时代的到来，一方面使教育面临着严峻的挑战，另一方面也为教育的进一步发展带来了良好的机遇。在发展信息时代教育的过程中，现代教育技术以其先进的观念、手段和方法发挥着重要的作用。

第一节　现代教育技术应用层面的理论基础

现代教育技术应用层面的核心是信息技术与课程整合，也就是将信息技术有效地融合于教学过程中，营造信息化教学环境，实现以学生为主体、以教师为主导的新型教学方式。这一过程并不仅包括信息技术的简单应用，还包括对课程体系的把握，是教育深化改革的过程，需要在教育理论的指导下，从变革教学结构的高度来认识“整合”。

一、教育技术的名称演变

在教育科学的发展中，有意识地把教育技术当作一个独立的领域始于20世纪初期。它是在视听教学、程序教学以及系统化设计教学等教学方法的基础上发展起来的，是逐渐从教学方法范畴内分离出来的新兴的教育科学中的分支科学，作为一个概念被正式提出是在20世纪70年代初。1970年美国教育传播与技术协会给国会递交的报告中第一次使用了“教育技术”一词。美国教育技术产生最早，发展脉络清晰完整，在世界上影响最大，是其他国家教育技术发展借鉴与效仿的楷模。因此可以将美国作为研究国外教育技术发展历史的典型代表。美国教育技术的形成与发展可从三个方面研究，一是媒体教学技术推动了各类学习资源在教学中的运用；二是个别化教学技术促进了以学习者为中心的个性化教学的形成；三是教学系统方法的发展促进了教育技术理论核心——教学设计学科的诞生。这三个方面发展的起源不同，但都与“视觉教学—视听教学—视听传播—教育技术”这一发展轨迹密切相关，发展到20世纪70年代，媒体教学技术、个别化教学技术、教学系统方法逐步交叉融合为一个系统而完整的领域和学科——教育技术学。教育技术的发展各阶段所采用的新媒体、理论基础及名称的演变如表7-1所示。

表7-1　教育技术的发展历程

阶段	时间	新媒体	理论基础	名称
起步阶段	20世纪20年代	无声电影、播音	公立学校中的视觉教学	视觉教育 扩音教育
初期发展阶段	20世纪30年代至40年代	无线电广播、有声电影、录音	戴尔的“经验之塔”	视听教育
快速发展阶段	20世纪50年代至60年代	电视、程序教学机、计算机	斯金纳的操作性条件反射	视听传播
系统发展阶段	20世纪70年代至80年代	闭路电视系统、计算机教学系统、卫星广播电视教学系统	系统论、信息论、控制论	教育传播与技术
网络发展阶段	20世纪90年代至今	多媒体系统、计算机、网络系统	建构主义学习理论	教育技术

二、现代教育技术的定义

教育技术在其发展过程中进行过多次定义，目前仍在不断完善中。不同阶段的教育技术中强调的技术着重点不同，随着人们对教育技术领域中基本问题的思考越来越深入，有关教育技术的定义在不同的历史时期、不同的国家有不同的表述。美国教育传播与技术协会（Association for Educational Communications and Technology，AECT）是国际教育技术学领域最具影响力的学术团体之一，该协会长期致力于教育技术学的基本理论研究，从 1970 年开始先后多次对教育技术进行了界定。时间较近，影响力较大的定义分别是在 1994 年、2005 年和 2017 年提出的，对我国教育技术的进一步发展具有重要的指导意义。

（一）AECT1994 的定义

从 20 世纪 60 年代初提出“教育技术”这个术语开始，AECT 先后为教育技术下了不同的定义，其中最具影响力和代表性，为大部分教育技术工作者认同的是 AECT1994 定义为：“Instructional technology is the theory and practice of design, development, utilization, management and evaluation of processes and resources for learning.”国内通常将此定义翻译为：教育技术是有关对学习过程和资源进行设计、开发、应用、管理和评价的理论及实践。

该定义明确指出了教育技术的两大对象（过程和资源）、五个范畴（设计、开发、应用、管理及评价）、两种性质（理论和实践），教育技术 AECT 1994 定义结构如图 7-2 所示。

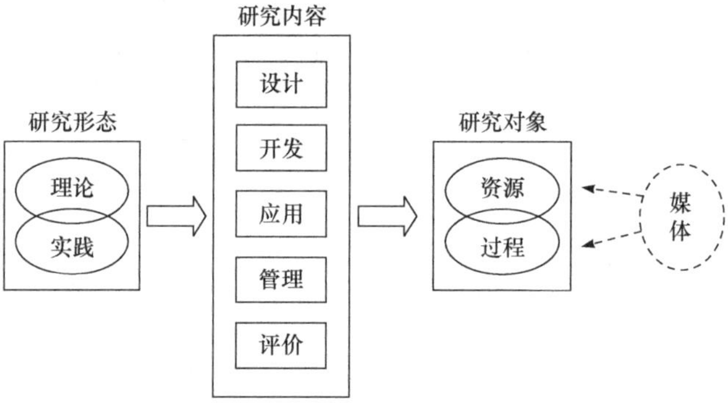

图 7-2　教育技术 AECT1994 定义结构

（二）教育技术定义的发展

在 AECT1994 定义后，先后出现了不同的定义。

1. AECT2005 定义

AECT2005 的定义为：“Educational technology is the study and ethical practice of facilitating learning and improving performance by creating, using, and managing appropriate technological processes and resources.”国内将此定义翻译为：教育技术是研究如何利用适当的技术对学习过程和学习资源进行创造、使用和管理，从而促进学习和提高绩效的学科和伦理实践。

与 AECT1994 定义相比，这一全新的定义，有以下几个方面的变化。①强调学习过程与学习资源的技术性（technological）。②强调了过程和资源的合理性，即适当性（appropriate）。③强调了教育技术的目标——促进学习（facilitating learning）和提高绩效（improving performance）。④强调了教育技术不仅是一个理论学科领域，也是一个社会伦理道德的范畴（ethical practice）。⑤扩大了教育技术的研究范畴，将原定义中的“instructional technology”更改为“educational technology”。⑥突出了创造性，把技术性过程和资源的设计与开发归纳为创造（creating）。

2. AECT2017 定义

AECT2017 的定义为：“Educational technology is the study and ethical application of theory, research, and best practices to advance knowledge as well as mediate and improve learning and performance through the strategic design, management and implementation of learning and instructional processes and resources.”国内将此定义翻译为：教育技术是通过对学与教的过程和资源进行策略设计、管理和实施，以提升知识、调节和促进学习与绩效的关于理论、研究和最佳方案的研究与符合伦理的应用。

在 AECT2017 定义中，提升知识（advance knowledge）的理论、策略和实践在当今已得到了关注。调节和促进学习与绩效（mediate and improve learning and performance）旨在消除对教与学的探究不足或者割裂的弊端。学与教的过程和资源（learning and instructional processes and resources），其中“学与教”的表述更能体现教学活动中师生的基本关系，使得教学活动跳出了“教师中心论”和“学生中心论”，走向了师生主体间、他者关照和共生关系的新阶段，探讨教育技术如何服务与支持“教的活动”“学的活动”“学与教的互动活动”。教育技术既体现对教的过程和资源的有效支持，又体现对学习者深度理解、合作交流、知识建构、反思评价以及质疑探究等学习活动的支持。

（三）现代教育技术的基本概念

现代教育技术是教育技术的组成部分，属于教育技术的下位概念。它与教育技术的区别也就体现在“现代”一词上。现代教育技术的“现代”主要体现在它的数字化、网络化、多媒体化、智能化和虚拟化上。有学者认为，现代教育技术是指运用现代教育理论和现代信息技术，通过对教与学的过程和资源的设计、开发、利用、管理和评价，以实现教学优化的理论和实践。

现代教育技术的研究领域包括学习过程与学习资源的设计、开发、利用、管理和评价五个方面的理论及实践。

学习过程是指学习者通过与信息和环境的相互作用而得到知识、技能和态度的长进的过程。学习资源是指支持学习的资料来源或资料库，它包括支持系统的教学材料与环境，但资源并非仅指用于教学过程的设备和材料，它还包括人员、预算和设施。

现代教育技术研究的五个领域的具体内容如下。

第一，学习过程与学习资源的设计，是指进行学习者的特征分析和教学策略制定，在此基础上进行教学系统及教学信息设计，包括教学内容的确定、教学媒体的选择、教学信息反馈信息的呈现内容与呈现方式设计等，以创造最优化的教学模式，使每个学生都成为成功的学习者。

第二，学习过程与学习资源的开发，是指对音像技术、电子出版技术、计算机辅助教学技术，以及多种技术综合集成应用于教育教学过程的开发研究。也可以说，开发是对教学设计结构的“物化”或“产品化”，是教学设计的具体应用。开发领域的范围可以是一节课、一个新的改进措施，也可以是一个大系统工程的具体规划和实施。

第三，学习过程与学习资源的利用，应强调对新兴技术、各相关学科和最新研究成果，以及各种信息资源的利用和传播，并要设法加以制度化、规范化，以支持现代教育技术手段的不断革新。

第四，学习过程与学习资源的管理，是指对所有学习资源和学习过程进行计划、组织、指挥、协调和控制。具体包括教学系统管理、教育信息及资源管理、教学研究及开发管理等。“管理出效益”，科学管理是现代教育技术的实施和教学过程、教学效果优化的保证。

第五，学习过程与学习资源的评价，是指既要注重对教育教学系统的总结性评价，更要注重形成性评价，并以此作为质量监控和不断优化教学系统与教育过程的主要措施。为此，应及时对教育教学过程中存在的问题进行分析，并参照规范要求（标准）进行定量测量与比较，向学习者提供学习的相关情况，以便及时调整学习步伐，直至取得成功。

三、现代教育技术的发展趋势

随着科学技术的飞速进步和现代教育技术相关理论的研究，以及现代教育技术实践领域的拓展，现代教育技术主要朝着以下六个方向发展，如图 7-3 所示。

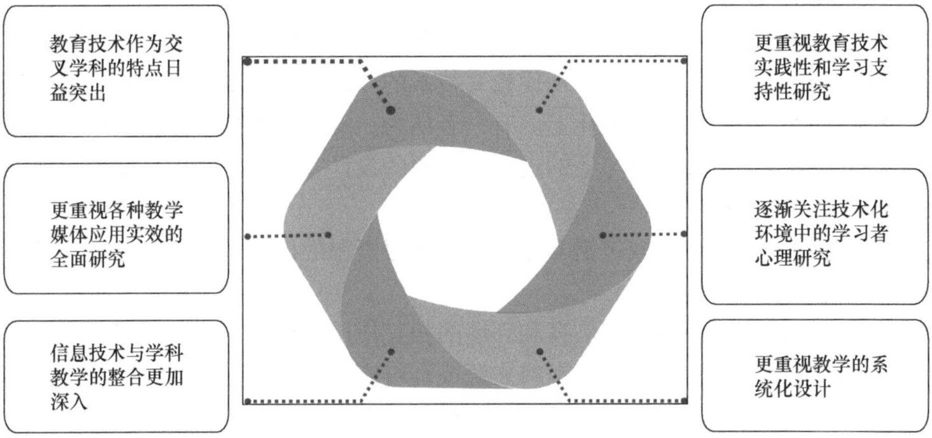

图 7-3　现代教育技术的发展趋势

（1）教育技术作为交叉学科的特点日益突出。现代教育技术是涉及教育、心理、信息技术等学科的交叉学科。现代教育技术需要技术，尤其是信息技术的支持。作为交叉学科，现代教育技术融合了多种思想和理论，它的理论基础包括教育理论、学习理论、传播学、系统论等。在现代教育技术领域内，上述理论相互融合，以促进人的发展为目标而各尽其力。现在，现代教育技术的研究不仅关注个别化学习，还对学生之间如何协同与合作进行系统的研究。此外，现代教育技术交叉学科的特性决定了其研究和实践主体的多元化，协作将成为现代教育技术发展的重要特色。包括教育、心理、教学设计、计算机技术、媒体理论等不同背景的专家和学者共同研究和实践，开放式的讨论与合作研究已成为教育技术学科的重要特色。

（2）更重视各种教学媒体应用实效的全面研究。在教育技术研究领域中，开始从重视技术应用过渡为重视技术的设计与效果检验技术，尤其是媒体技术的研究与应用一直以来都是教育技术领域的研究重点。

（3）信息技术与学科教学的整合更加深入。在学科教学中，信息技术参与作用将更大，随着技术的不断进步，信息技术将向智能化、网络化、虚拟化的方向发展，这种发展将被更广泛地应用到学科教学中，扩展学生学习的环境。

（4）更重视教育技术实践性和学习支持性研究。现代教育技术作为理论和实践并重的交叉学科，需要理论指导实践，在实践中进行理论研究。目前，现代教育技术研究前沿的两个领域是信息技术与课程整合及网络教育，所有这些乃至终身教育体系的建立都强调对学习者的支持，即围绕如何促进学习，提高绩效开展所有工作。正因为如此，人们将会越来越重视包括教师培训、教学资源建设、学习支持等在内的现代教育技术实践性和支持性研究。

（5）逐渐关注技术化环境中的学习者心理研究。教育技术的研究开始研究不同的人在面对技术进行学习时的差异；进一步研究技术环境下人的学习行为特征和心理过程特征，人与技术环境如何实现交互，什么因素影响学习者的心理等。

（6）更重视教学的系统化设计。未来的教学设计不仅重视学习资源和学习过程的设计，还尤其重视学习活动的设计和支持。学习者的学习过程和活动的设计将更加灵活和弹性化，教师在学习过程中的指导者角色将更为突出，学习过程的支持研究将变得更为重要。

第二节　学习过程与教学过程的新变革

促进并完善学习过程与教学过程，是现代教育技术的最终目的。因此，教育技术理论探索和技术创新的落脚点在于对学习与教学过程的不断优化。目前的新型学习与教学过程主要有混合式学习、翻转课堂、碎片化学习、MOOC 与 SPOC、AI+教育等。

一、混合式学习

20 世纪 90 年代以前的教学方式基本是“以教为主”，即教师为主体，课堂教学为主要教学手段，限制了学生的自主能动性。20 世纪 90 年代以后，开始提倡“以学为主”，学生为主体，即数字化学习。这种方式的不足之处在于离开了教师的引导，学生学习的效果不理想。基于这一原因，混合式学习的概念应运而生。

混合式学习是在“适当的”时间，通过应用“适当的”学习技术与“适当的”学习风格相契合，向“适当的”学习者传递“适当的”能力，从而取得最优化的学习效果的学习方式，即把传统学习方式的优势和网络化学习的优势结合起来，也就是说，既要发挥教师引导、启发、监控教学过程的主导作用，又要充分体现学生作为学习过程主体的主动性、积极性与创造性。

混合式学习包括五方面的混合。一是学习理论的混合，混合式学习提倡以学生为主体、以教师为主导，充分发挥学习者自主探索的能力，所以混合式学习的学习策略需要多种学习理论的指导，以适应不同的学习者，包括建构主义学习理论、人本主义学习理论、情境认知理论等。二是学习资源的混合，混合式学习通常借助学习平台，将学习资源整合起来，尽可能地体系化，清晰明了地呈现给学习者。三是学习环境的混合，混合式学习强调以学习者为中心，围绕学习者制定不同的学习环境，线上学习与线下学习相结合，网络课程与课堂面授相结合。四是学习方式的混合，在混合式学习中，既有传统的课堂讲授，又有自主探索学习，既有同步或异步的教师指导，又有任务驱动的小组协作。五是学习风格的混合，混合式学习的学习过程提倡调动多重感官参与学习活动，通过多种活动形式获得各种学习体验，最终达到预期的学习目标。

混合式学习不是一种新的学习理论体系，而是根据不同教学情况应用不同教学策略，因地制宜，最大限度地优化学习。

二、翻转课堂

翻转课堂萌芽于 1996 年的美国迈阿密大学，2000 年由韦斯利·贝克建构了初步的模型。随后。萨尔曼·可汗创立了可汗学院，可汗模式将翻转课堂推向了新高潮。翻转课堂重新调整了课堂内外的时间，将学习的决定权从教师转移给学生。在这种教学模式下，教师不再占用课堂的时间来讲授知识，这些知识需要学生在课前自主学习，他们可以观看微课视频、收听播客、阅读电子书、与同学在网络上讨论、随时查阅所需资料。课堂内的宝贵时间，学生能够更专注于主动地基于项目的学习，教师则采用协作法来满足学生的需要并促成他们的个性化学习。翻转课堂模式可以让学生通过实践获得更真实的学习，通过师生共同研究解决具体问题，从而使学生获得对知识更深层次的理解。

翻转课堂于 2012 年传入国内，迅速引起了广泛的关注，对学生在线学习产生了重大的影响。由于翻转课堂需要制作短小精悍的教学视频，教育界充斥着微视频制作工具与技巧的各种培训，而忽视了教师整合教学过程的能力。教师应掌握的能力并不只是视频录制，还有高效的课堂管理。教师应该重新建构学习过程，将获取知识的过程放在课前，使学生完成个性化学习，将吸收内化的过程放在课堂上通过互动与协作来完成。这有利于知识的巩固与内化，也有利于教师直观获取学生掌握知识的情况。在这个教与学的过程中，学生是主体，教师是主导。

三、碎片化学习

在当今这个信息爆炸的时代，微博、微信、今日头条、知乎……各种各样的平台提供了大量的离散内容，多数内容提供者会将知识切割，将知识联结弱化。学习者在碎片化的知识海洋里非常容易手足无措，通常倾向于利用零碎的时间来接收信息。在此背景下，碎片化学习应运而生，它是指学习者对学习内容或学习时间进行分割，对学习内容进行非系统化的学习。

碎片化学习要达到好的效果，取决于两方面：碎片化知识的提供者合理安排碎片化知识，即将整个知识体系按一定的潜在逻辑关系输出和呈现；学习者合理重构碎片化知识的逻辑体系，并与自身已有知识建立联结，进行整合应用与输出。

系统学习是学习者的主动行为，碎片化学习则是一种微型的系统学习，需要经历筛选与获取、重构、整合、应用、输出与分享五个阶段，而大多时候，学习者仅停留在第一个阶段，一味地接收碎片信息，却没有重构和形成体系的过程。

（一）阶段一：碎片化知识的筛选与获取

碎片化知识的筛选要求学习者具有良好的学习习惯。互联网碎片化知识的获取渠道有很多，微信、微博、今日头条、知乎、豆瓣偏向于信息图文类知识传播；中国大学MOOC、网易公开课、网易云课堂、腾讯课堂等偏向于音视频学习资源的传播。定期订阅和选取爱好的主题，建立起知识获取的有效途径是碎片化学习的第一步。

（二）阶段二：碎片化知识的重构

知识碎片化的本质就是知识点和知识点之间的联系被网络或人为地切断了，某个知识点与相关知识点处于分离的状态，所以需要将获取的碎片知识与已有知识建立联结，从而加深印象，触类旁通。

（三）阶段三：碎片化知识的整合

碎片化知识的整合体现在对知识的管理，也就是学习者如何有效管理获取的碎片化知识。印象笔记、有道笔记、OneNote这些工具能够大大提高整合知识的效率。

（四）阶段四：碎片化知识的应用

当完成了碎片化知识的重构和整合，碎片化知识将内化于心，只有学以致用，将知识付诸应用和实践，才能真正掌握所学到的知识。

（五）阶段五：知识的输出与分享

知识的输出与分享是网络信息时代学习的最终目的，输出与分享的过程也是知识筛选与重组、应用与实践的强化过程。

四、MOOC 与 SPOC

MOOC（massive open online course，大规模网络开放课程），又称“慕课”，维基百科将 MOOC 定义为“一种针对大众人群的在线课堂，人们可以通过网络来学习在线课程”。MOOC 是一种开放的教育形式，没有人数、时间、地点的限制，课程中所有的资源和信息都是开放的，且全部通过网络传播。它提倡个别化学习，知识的联结和分享。

MOOC 的概念最早由戴夫・科米尔和布莱恩・亚历山大在 2008 年提出，一经提出便引起了学术、科技与商业等各界人士的密切关注，尤其是 2012 年以来，MOOC 取得了迅速的发展，在短时间内席卷全球十多个国家，截至 2019 年 5 月已有过亿名学习者参与，学习者遍布世界各地，其影响范围之广、扩张速度之快、冲击力之强是空前的，很多人将互联网技术引发的这场教育变革称为“MOOC 风暴”。从 MOOC 的适合人群分析，它更符合高等教育学习者。MOOC 给人们带来的影响如同一场技术革命，它将引起新一轮的教学改革热潮。

在国外，占据用户市场的三大 MOOC 平台是 Coursera、Udacity 和 edX。

在国内，2013 年，清华大学、北京大学、复旦大学等国内一流高校陆续加入 MOOC 的行列，开启了中国慕课的新纪元，2013 年 8 月，隶属于北京奥鹏远程教育中心有限公司的慕课网上线；2013 年 10 月清华大学发起建立的慕课平台“学堂在线”是教育部在线教育研究中心的研究交流和成果应用平台，为学习者提供了从名校课程、学历学位到实战技能的全方位在线教育服务。2014 年中国大学 MOOC 上线。中国大学 MOOC 是由网易与高等教育出版社携手推出的在线教育平台，承接教育部国家精品在线开放课程，向大众提供中国知名高校的 MOOC 课程。每一个有意愿提升自己的人都可以在该平台上免费获得更优质的高等教育。除此之外，国内影响力比较大的 MOOC 平台还有 MOOC 中国（爱课程）、好大学在线、智慧树等。

MOOC 本质上是一种新型的大规模开放网络课程，是网络教育发展的一种新形态，具有大规模（massive）、开放性（open）和在线（online）等特点。“大规模”意味着对同时参与学习的学习者数据不设限制，一门课程的学习者可以成千上万；“开放性”不仅体现在授权开放、课程结构开发、学习目标开放、课程注册和退出自由上，还体现在信息、知识、观点和思想的自由共享等方面；“在线”意味着教与学的活动主要发生在网络环境下，即通过网络的形式进行课程学习以及知识的交互和共享。

MOOC 与过去的国家精品课程及其他网络课程的不同之处在于以下几个方面。

（1）MOOC 是著名教师为你上课，而不是你看著名教师给他的学生上课。

（2）你可以与网络上同修这门课的同学一起交流、相互结成小组、批改作业，共同进步。

（3）课程学习结束并完成作业，能够获得老师签字的结课证书。

（4）课程安排自由，指定期间内自定步调学习，自由安排。

伴随着 MOOC 平台、上线课程和学生注册数的增长，MOOC 的质量危机开始显现。近几年的研究与实践表明，无论对于在线课程的提供者大学而言，还是接收者学生来讲，MOOC 都存在着一些亟待解决的问题。由于没有课程门槛，学生的知识基础参差不齐，不仅损害了学生学习的自信心，也影响了教师教学的积极性；由于开放性，学生学习没有紧迫感，课程完成率低；因属于纯网络教学模式，教师不能很好地掌握学生学习情况，影响教学效率。有学者比较了 MOOC 的优势和不足，认为“没有先修条件”和“没有规模限制”对于学生和大学而言，既是 MOOC 的优势又是其局限性所在，是 MOOC 注册率高、完成率低的重要原因。针对存在的问题，哈佛大学与加利福尼亚大学伯克利分校等全球顶尖的学校开始跨越 MOOC，尝试一种小而精的课程类型 SPOC。

SPOC（small private online course，小规模限制性在线课程）是由 MOOC 衍生的一种开放式课程形式，是使用在线课程（类似于 MOOC）对少数真实在线注册的学习者实施的课程教育。SPOC 一般要求学员为开课学校的校内学习者，或针对学习者设定限制性选修课条件，只有达到条件者才可修 SPOC 课程，也就是说课程非大规模开放给所有人，采取的是课堂面对面与线上自主学习的混合方式。SPOC 中的 small、private 与 MOOC 的 massive、open 相对应，这展现了 SPOC 与慕课的不同之处。SPOC 课程的优点在于，经过修课限制的范围，容易聚焦到特定学习的学员；使用 SPOC 课程的学员在学习节奏上增加了弹性和自由度，教师在授课时容易调整课程的难度和学习进度，有助于提升学习者的学习参与度、互动性及完课率。SPOC 的另一个特征是知识点充分碎片化，一个知识点录制 5～10 分钟的微视频，每一个知识模块可以包括多个微视频，便于教师在课堂上融入翻转教学，对于学习者的学习成效有相当大的帮助，就学校层面而言，SPOC 成本相对较低。

五、AI+教育

AI，是一种模拟人的意识、思维的信息过程的技术。2017 年 7 月国务院印发《新一代人工智能发展规划》中提出利用智能技术加快推动人才培养模式、教学方法改革，构建包含智能学习、交互式学习的新型教育体系。

全球 AI+教育经历了诞生期—摸索期—产业期三个阶段，如图 7-4 所示，在诞生期，AI 和教育的结合主要围绕辅助教学进行探索，应用于答疑、练习、模拟测试等环节，代替部分教师的重复性劳动。在机器学习的兴起下，AI+教育进入摸索期，二者结合的探索主题为智能导学及自适应学习。随着深度学习技术的进步，AI 技术步入商业化阶段，AI+教育也进入产业期。近几年大数据、云计算、算力提升，大规模语言模型急速发展，2022 年 ChatGPT 的发布更是引发了海内外大型语言模型的竞赛，2023 年各类教育垂类大模型的争相发布，打通了 AGI（artificial general intelligence，人工通用智能）之路，帮助师生大幅提升教学效率，推动大规模的因材施教逐步落地。

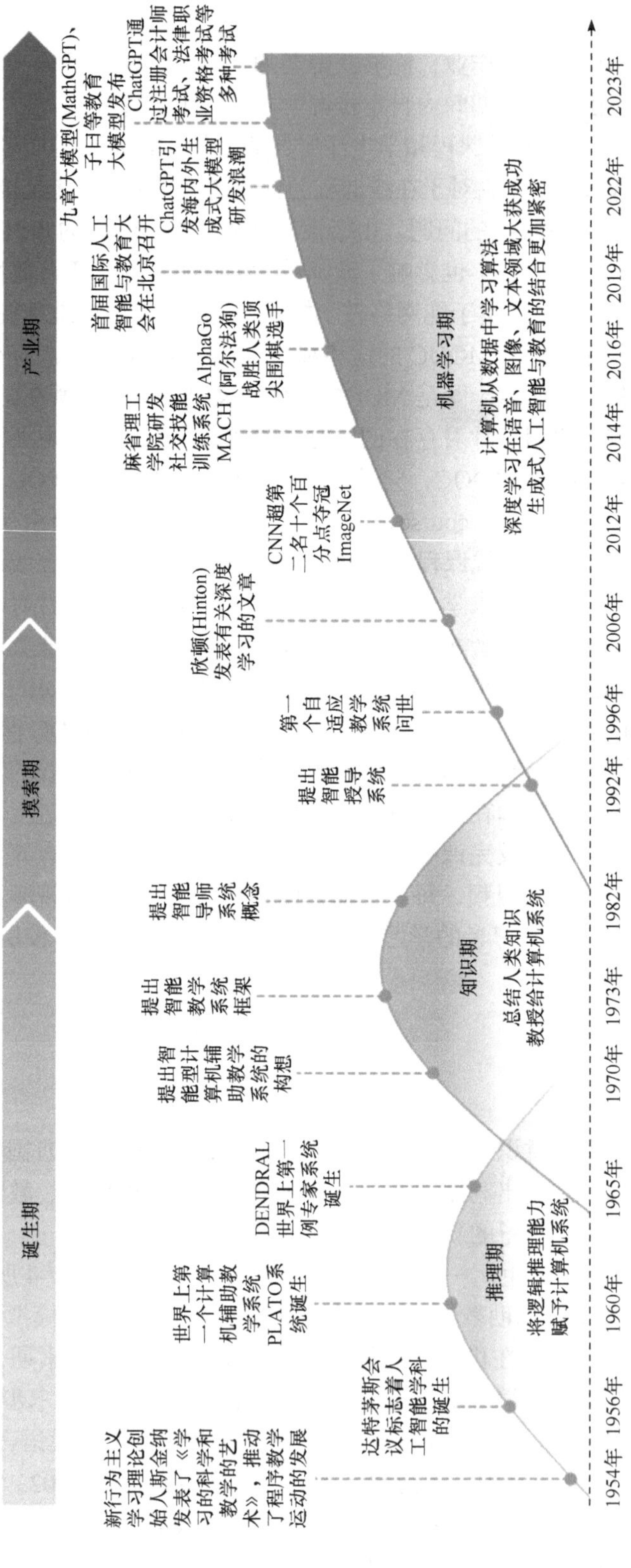

图7-4　全球AI+教育发展历程

受 2022 年 11 月 ChatGPT 发布影响，全球各地开始广泛关注 AIGC（artificial intelligence generated content，人工智能生成内容）及其相关应用。比较常见的 AIGC 模型有 OpenAI 开发的大型预训练语言模型 ChatGPT、美国旧金山的一家独立研究实验室创立的图片类 AIGC 应用程序 Midjourney、百度全新一代知识增强大语言模型文心一言，百度基于文心大模型的文生图系统搭建的图片生成类 AI 大模型文心一格、科大讯飞的拥有跨领域的知识和语言理解能力的新一代认知智能大模型讯飞星火等。自 2023 年 2 月起，社会各界对生成式 AI 在教育领域的应用产生了浓厚兴趣，并在 2023 年 6 月达到了关注的高峰，且热度持续不减。同时，学术界也在这一年里开始高度关注 AIGC 技术，并推动了 AI 与教育研究的热度提升。“AIGC+教育”成为包括学术界在内的社会各界关注的焦点。

（一）AIGC 技术促进教学形态的改变

AIGC 技术作为一种人造工具（媒介），是对人脑计算、思考、判断、学习等内在能力的延伸，同时在巨量数据的加持下，AIGC 在发现、认识、运用规律上有着明显的优势，是人的智能在机器形态上的规模化聚集、运作和反应，突破了人类能力的边界。AIGC 的问答式交互、无须下载和配置等特性，使得 AI 技术的使用门槛大大降低，AI 技术走向平权化。同时，联网后的实时海量数据支持与模型开源及插件生态的开放，结合用户无限的创造力，AIGC 的影响力渗透进各行各业的每个角落，影响力无限泛化和扩大。

在 AIGC 技术在教育领域引发变革的讨论中，对教学主体的影响是个引人注目的话题。在传统的师生教学模式中，教师是权威的知识传递者、教学的主导者，但这一模式面临师资力量不均、个性化教学难度大以及教师机械劳动繁重难以成长等现有问题和弊病。AIGC 技术的介入被看作一种契机，代表了传统的“师—生”教学形态（图 7-5）向“师—生—机”模式（图 7-6）转型的可能性。AIGC 能够补充教师资源、实现大规模个性化教学和减轻教师负担，加大了实现更好教学的可能性，从而被学术界和市场普遍认可，同时人类教师可以从传统的知识传播者向学习的陪伴者和价值观的引导者的方向转变。

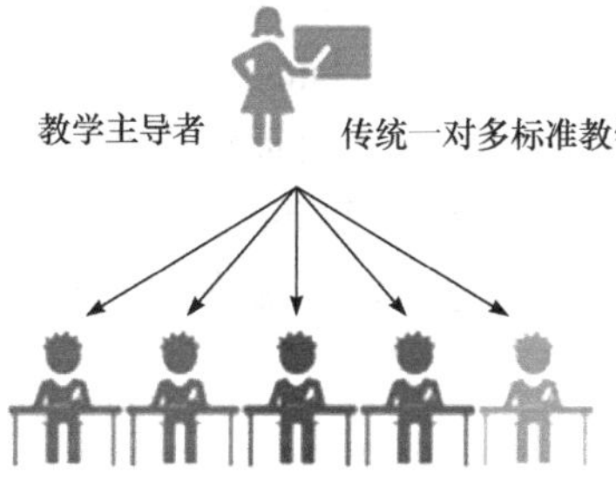

图 7-5　“师—生”教学形态

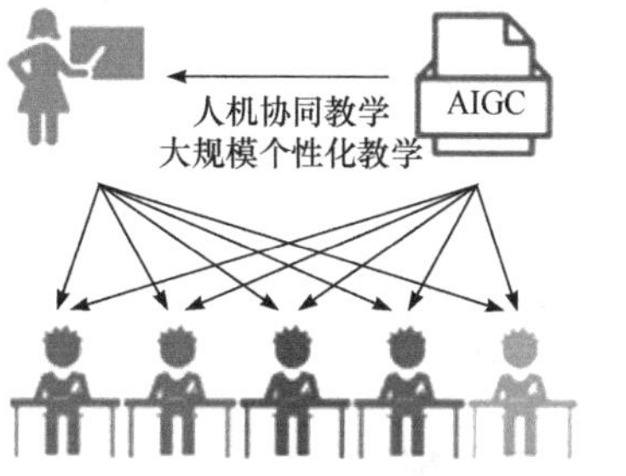

图 7-6　“师—生—机”教学形态

（二）AIGC 介入教育载体赋能教师实现规模化因材施教

教育载体层（包括软硬件基础和工具）一直是前沿技术渗透的先锋环节。得益于国内各级院校信息化基础设施的不断完善，AIGC 技术对教育载体层面的影响日益明显。AIGC 技术在教学层面的介入使得大规模因材施教等先进教育理念变得更加切实可行。同时，AIGC 在赋能教师教学和教研方面的可行性也受到广泛认同。

作为教研工具，AIGC 的积极作用受到认可，主要体现在以下方面。

（1）辅助教研工作：在教学计划制订、课程内容设计和课件制作等方面进行有效的辅助，更快地筛选和整合教学资源。

（2）完成事务性工作：自动化处理通知发放、报表填写和教学材料整理等重复性工作，减轻教师的负担。

（3）教师培训平台：作为成长培训和课程推荐类工具，为教师提供前沿的教育理论、教学方法和行业动态等内容。

作为教学工具，AIGC 被广泛认为是教学中实现个性化学习的关键工具。大规模因材施教成为可能。综合学生的学习行为、成绩表现、性格特征、特长爱好等多维度数据形成学情分析报告，帮助教师为每位学生制定更加精准和有效的教学策略和成长路径。可为教育数据化转型提供技术支持，教学模式转向“师—生—机”三元结构，提升教育效率与效果，可结合翻转课堂激发学生的学习动力，提供更为丰富和沉浸式的学习体验。

（三）教育领域中常见的 AIGC 应用场景

随着 AIGC 技术的不断发展和应用，其在教育领域中的应用也日益普及。AI 技术的普及，显著提升了教师和同学的工作和学习效率，从而释放了人力去关注更核心、更具创造性的任务。

1. 学术科研

学术科研中存在大量机械性的工作，耗费心神且占据研究人员大量时间，而这正是 AIGC 的用武之地。AIGC 不能替代研究员，而是作为一种辅助工具，在文献及引文整理、数据分析、图表生成、语法及错别字校对等方面解放部分人力。同时，大模型与科研工具包结合，可加速科研计算，便于进行数据预测等，助力科研基础研究及探索。但需注意，AI 生成的文章、数据分析结果等需要研究员进行校对及交叉验证，不可直接使用，尤其是研究结论及观点部分。同时，在应用 AIGC 技术时也需要注意数据隐私、知识产权等问题，还要及时对 AI 的使用情况进行披露声明。

2. 教师的备课规划

备课是一个兼具较大工作量和创造力需求的工作。工作量主要体现在不同学段、不同班级的课程大纲、教案的撰写，课程资源的搜集，以及课件的制作方面；创造力需求主要体现在根据各班级学情、进度进行个性化修改和调整，以及师生互动设计等方面。AIGC 技术的应用，使得教学资源搜集、课件制作等偏执行的工作在大数据驱动下，可以更加快速高效地完成，节省教师大量时间。由此，教师可以从事更多如师生沟通、学生关怀、互动设计等创造性、情感性、社交性的工作。

3. 学生的辅助练习

在判别式 AI 技术下，学生在口语练习时常常存在对话简单、场景受限、难以多轮交互、个性化不足等问题。AIGC 技术应用后，大模型参数的扩大、预训练架构的使用等，使得原本单向播报和简单问答的功能进一步拓展了多轮对话、逻辑推理、上下文理解能力。基于新数据生成而非识别分类的逻辑，AIGC 产品可应对的场景和任务范围更加广泛，可以满足用户对细分场景的需求。同时，与数字人、人形机器人结合后，多模态的大模型既可识别学生的声音、表情等特征，也可借助“似人”的外貌提供“类人”的交互陪伴。从不同细分场景的成熟度来看，当前口语、写作练习等，相较于数学、化学等逻辑类的练习任务，用户容错能力更强，应用成熟度和热度也更高。

第三节　常见的信息化教学资源的设计与制作

信息化教学资源指的是为了帮助学习者更好地完成学习目标，培养学习者创新精神，而提供的教学材料、支持系统和学习环境。信息化教学资源是信息化教学必不可少的材料。对于学习者来说，信息化教学资源的有效利用能够提高学习者的信息素养和自主学习能力，能够激发学生的学习兴趣；对于教师来说，信息化教学资源为教学提供了帮助和支持，促进教师专业化发展。

一、教学资源的组织

知识的积累是在已有知识的基础上不断获取新知识，提高知识存量的渐进式过程。教学资源的积累是对知识某些方面的信息资源进行不断地选优、创新、迭代的过程。

教师通过研习教学大纲，熟悉教材，备课，听课，参加教学会议、教学研讨、教学实践等活动提高教学能力，通过组织教学资源归纳、总结、提炼以教学目标为依据的知识体系，提高教学效率。教师可以从网络上获取教学资源，也可以设计和制作更优质、更有针对性的教学资源。设计制作教学资源时主要考虑的功能有：注重体验感悟、启发思考以激发求知欲；重点难点的讲解实现差异化学习辅导；可重复使用以掌握基本知识。

教师和学生都应该参与教学资源的组织和整理，组织教学资源可以围绕不同的主题、不同的对象、不同的教学策略，甚至是知识体系的不同侧面等，以明确的目标形成大小不一的规模。以下介绍两种常见的资源组织形式以供参考。

1. 以教学为中心的教学资源

以教学为中心由教师主导组织的相关课程媒体资源，服务于教师开展教学活动、教学研究与教学评价，主要包括以下几个方面的内容。①围绕课程标准建设的教材、授课计划、教辅资料。②在教学过程中设计制作或引用的教案、教学设计、课件及教学反思。③教学培训及教学比赛等活动积累的教学案例。④论文期刊、课题研究报告与成果。

2. 以学习者为中心的教学资源

以学习者为中心的聚焦于改善学习过程与学习效果、助力改进学习策略的媒体资源，便于学习者开展自主学习、探究学习和拓展学习，自主建构知识体系。主要包括以下几个方面的内容。①学案、学历案、自主学习任务单。②课件、微课、慕课。③学科工具软件。④习题、实践活动。

二、多媒体课件

从广义上讲，凡是具备一定教学功能的教学软件都可以称为课件。课件实质上是一种软件，是根据教学大纲的要求，经过教学目标确定、教学内容和任务分析、教学活动结构及界面设计等环节制作而成的课程软件。在教学中引入课件不仅有利于教师讲授内容，还有助于学习者学习知识。在教学中使用课件的目的是突出教学重点，突破教学难点，实现教学目标，提高教学效果。

（一）多媒体概念及特点

多媒体课件是以计算机为中心的，利用数字处理技术和视听技术，按照教师的教学设计，将文字、语音、图像等多种媒体信息集成在一起，以实现对教学材料的存储、加工、传输、转换和检索的计算机应用软件或者系统。多媒体课件具有以下四个特点。

（1）丰富的表现力。多媒体课件具有呈现客观事物的时间顺序、空间结构和运动特征的能力。它将一些抽象的概念、复杂的变化过程和运动形式，以内容生动、图像逼真、声音动听的教学信息展现在学生面前。

（2）交互性强。多媒体课件可以根据学生输入的信息，理解学生的意图，并运用适当的教学策略，指导学生有针对性地学习。利用反馈信息，调整教学的深度和广度，保证学生获得知识的可靠性与完整性；给学生以自主权，学生通过反馈信息进行自我调整。

（3）共享性好。随着高速信息网的不断延伸，课件所包含的教学内容可以通过连接在网络上的计算机进行相互传递，网络上的信息资源可以实现共享。以网络、光盘为载体的多媒体课件，使知识的传播不再受时间、地点的限制，单位、家庭及社会都可以成为“学校”，学习的时间可以根据个人情况加以选择。

（4）有利于知识的同化。采用多媒体进行教学，可以强化信息传播的强度，各种媒体相互补充，使知识信息的表达更加充分、更容易理解。

（二）多媒体课件的制作流程

要想制作出好的多媒体课件，必须把握好多媒体课件制作中的几个重要环节。一般情况下，多媒体课件制作的环节及过程是：选题→学习者分析→教学设计→系统结构设计→原型开发→稿本设计→素材制作→系统集成→评价和修改→发布和应用。

（三）多媒体课件的设计原则

（1）教育性原则。多媒体课件的首要目的是传递教学信息，提高教学效率，优化教学结构。它不仅要有助于教师的教学，还要有利于学习者的学习，因此课件在内容设计上必须符合学科的教学规律，反映学科的教学过程和教学策略，同时还需要充分考虑整合的资源是否对于学习者的身心发展起到积极的促进作用，是否符合教学大纲和课程标准的要求，是否有利于激励学习者的学习动机和激发他们的学习兴趣，是否有利于促进学习者对教学目标的达成。

（2）科学性原则。多媒体课件必须能够正确表达学科的知识内容，呈现的内容要科学无误，表述准确，术语规范。在多媒体课件中，教学内容是借助多媒体信息来进行表现的，因此各种媒体信息都必须是为了表现某一个知识点的内容，或为达到某一层次的教学目标而设计、选择的。各知识点之间建立的联系，要符合学科自身的知识结构体系。

（3）集成性原则。集成性原则主要体现在多种媒体信息载体的集成上，即如何对文字、图形、图像、声音、动画、视频等进行艺术加工和处理，使其具有较强的表现力和感染力，这是激发学习者学习兴趣和学习积极性的关键。

当然，课件中的素材不是越多越好，如果在课件中插入过多与教学内容不相关的素材，反而会使学习者只顾看稀奇而忘记所要学习的实质内容，会由于内容过多过杂而造成学习者视觉上的不适应，从而产生烦躁心理。

（4）交互性原则。交互性是多媒体课件的一大特点和优势。交互性是指计算机和学习者之间的信息传递是双向的——计算机可以向学习者输出信息，也可以接受学习者的输入命令，并根据命令进行相应的处理。

多媒体课件的交互性主要表现在以下几个方面：一是检索方便，无论需要哪一部分的内容，只要单击鼠标，就可以快速进入对应的页面；二是控制进程，无论是教师还是学习者都可以根据自己的意图进行自主的调控；三是具有分步提示、自动测评等功能，能够实现更高级别的交互。

（5）艺术性原则。多媒体课件涉及视觉、听觉等多种感官媒体要素，因此具有较强的艺术表现力，使学习者能够在一种愉悦的情境下进行学习。

多媒体课件应是内容与美的形式统一，应尽可能做到画面美观、形象逼真、色彩协调、声音流畅。良好的课件界面能够引导学习者完成相应的操作，起到向导的作用。它在传达信息的同时，也产生视觉上的美感和精神上的享受。不过值得注意的是，漂亮的界面不一定就是好界面。界面作为一个整体，任何一个元素不符合学习者的认知规律，哪怕设计得再漂亮，都会降低学习者对课件的认可度。

（6）技术性原则。为了使多媒体课件能更好地为教学服务，排除技术应用带来的障碍和不适应，在设计、制作多媒体课件时，需要考虑如下问题。①课件安装要方便。可以自由安装或复制到硬盘上，以避免出现各种影响教学的技术性问题，如果需要较长时间安装等待或需要复杂的安装流程，则可能使师生焦急、课堂失控。②课件的操作界面应精美，设置的按钮和图标寓意应明确，尽量避免复杂的键盘操作。③课件的容错性应比较好。如果使用者执行了错误的操作，也可以顺利地退出或者重新切入，避免出现死机现象，提高课件的可靠性。④课件中应用的图片要清晰，音频、视频质量要高，动画要生动、准确，媒体格式也应符合有关技术标准。

三、演示型课件制作的设计原则和制作流程

要制作一个专业且引人注目的演示文稿并不是一件很容易的事情，大多数用户在演示文稿的制作上存在很多误区。本节将介绍在演示文稿的设计和制作过程中，需要遵循的一些基本设计原则。

（一）设计原则

演示文稿的设计非常重要，如何让设计的幻灯片引起受众的兴趣而不是让他们昏昏欲睡，良好的设计可以起到关键作用。必须注意的是，演示文稿的目的在于传达信息，用来帮助受众了解设计者讲述的问题，它是一种辅助工具，而不是主题，所以千万不能以自我为中心。在设计演示文稿时，要经常站在受众的角度思考，看一个设计是否能够帮助受众更好地接受设计者要表达的信息，如果对于受众接受信息有帮助，那就保留，否则就应该放弃。

一个成功的演示文稿在设计方面需要把握以下几个原则。

1. 主题要明确，内容要精练

在设计一个演示文稿之前，首先应该弄清楚两个问题：讲什么和讲给谁听。讲什么就是演示文稿的主题。再就是讲给谁听，即使同样的主题面对不同的受众，要讲的内容也是不一样的，需要考虑受众的知识水平和喜欢的演讲风格，以及对该问题的了解程度等，因此，要根据受众来确定演示的内容。演示的内容是一个演示文稿成功的基础，如果内容不恰当，无论演示文稿制作得多么精美，也只是枉费工夫。要做到内容恰当、精练，需要在设计之初对内容本身及对受众的需求和兴奋点有准确的理解和把握。

内容精练、观点鲜明、言之有物的演示文稿才会受人关注。因此，需要对文字进行提炼——只留关键词，去掉修饰性的形容词、副词等，或是用关键词组合成短句子，直接表达页面主题。

关于演示文稿的主题和内容，需要注意以下几点。①一张幻灯片只表达一个核心主题，不要试图在一张幻灯片中面面俱到。②不要把整段文字搬上幻灯片，演示是提纲挈

领式的，显示的内容越精练越好。③一张幻灯片上的文字，行数最好不要超过 7 行，每行不多于 20 个字。④除了必须放在一起比较的图表外，一张幻灯片一般只放一张图片或者一个表格。

2. 逻辑要清晰，组织要合理

演示文稿有了合适的内容，要怎么安排才能使受众易于接受呢？这就是所要强调的结构问题。一个成功的演示文稿必须有清晰的逻辑和完整的结构。清晰的逻辑能清楚地表达演示文稿的主题。逻辑结构不清晰的演示文稿，会让人摸不着头脑，达不到有效传达信息的目的。

通常一个完整的演示文稿应该包含封面页、目录页、章节页、内容页、小结页和结束页等。封面页用来告诉受众你是谁，准备谈什么内容；目录页用来展示整个演示文稿的内容结构；章节页把不同的内容部分划分开，呼应目录页，保障整个演示文稿的连贯；小结页用来做总结，引导受众回顾要点、巩固感知；结束页用来感谢受众。

关于演示文稿的结构，需要注意以下几点。①演示文稿的逻辑要清晰、组织要合理、结构要完整。②开始要有封面页告诉受众演示内容和自我介绍，结束要有结束页感谢受众。③要有目录页标示内容大纲，帮助受众掌握进度。④通过不同层次的标题，标明演示文稿结构的逻辑关系。⑤每个章节之间插入一个章节页，把内容划分开的同时呼应目录页。⑥演示时按照顺序播放，尽量避免回翻、跳跃，混淆受众的思路。

3. 风格要一致，页面要简洁

一个专业的演示文稿风格应该保持一致，包括页面的排版布局、颜色、字体、字号等。统一的风格可以使幻灯片有整体感。实践表明，任何与内容无关的变化，都会分散受众对演示内容的注意力，因此演示文稿的风格应该尽量保持一致。

除了保持风格一致外，幻灯片页面应该尽量简洁。简洁的页面会给人以清新的感觉。观看起来自然舒服，不容易视觉疲劳，而文字信息太多的页面会失去重点，直接影响演示文稿的演示效果。与文字相比，图片更加真实、直观，因此，在进行演示时，以恰当的图片强化内容更容易在较短时间内让受众理解并留下深刻印象。

关于风格和页面需要注意以下几点。①不同场合的幻灯片应该有不同的风格。例如，老师讲课用的幻灯片可以选择生动有趣的风格，而工作汇报用的幻灯片则需要保守一些的风格。②所有幻灯片的格式应该一致，包括颜色、字体、背景等。③应该避免全文字的页面，尽量采用文字、图表和图形的混合使用。合理的图文搭配更能吸引受众。④字体不能太多，一般不超过 3 种，多了会给人混乱的感觉。⑤字号要大于 18 磅，否则坐在后面的受众有可能看不清楚。⑥注意字体色和背景色的搭配，蓝底白字、黑底黄字、白底黑字等都是比较引人注目的搭配。使页面信息能够准确、有效地传递是设计演示文稿的主要职责。因此，演示文稿的设计不仅仅包括颜色和图形等的美工设计，还包括结构、内容及布局等规划设计。只有遵循以上设计原则，才能设计出主题明确、内容精练、逻辑结构清晰、页面简洁美观的演示文稿。这样的演示文稿才能真正成为讲授的得力助手。

（二）制作流程

演示文稿的制作流程一般可以分为以下几个步骤。

1. 提炼大纲

演示文稿的大纲是整个演示文稿的框架，只有框架搭好了，一个演示文稿才有可能成功。

在设计之初应该根据目标和要求，对原始文字材料进行合理取舍、理清主次、提炼归纳出大纲。提炼大纲需要考虑以下几个方面。①讲什么？这个问题包括幻灯片的主题、重点、叙述顺序和各个部分的比重等，是最重要的部分，应该首先解决。②讲给谁听？同样一个主题给不同的受众讲的内容是不一样的。需要考虑受众的知识水平、对该主题的了解程度、受众的需求和兴奋点等。③讲多久？讲授的时间决定了演示文稿的长度，一般一张幻灯片的讲授时间在 1～3 分钟比较合适。

2. 充实内容

有了演示文稿的基本框架（此时每页只有一个标题），就可以充实每一张幻灯片的内容了。将适合标题表达的文字内容精练一下，做成带项目编号的要点。在这个过程中，可能会发现新的资料，非常有用，却不在大纲范围内，这时可以进行大纲的调整，在合适的位置增加新的页面。

接下来把演示文稿中适合用图片表现的内容用图片来表现，如带有数字、流程、因果关系、趋势、时间、并列、顺序等的内容，都可以考虑用图的方式来表现。如果有的内容无法用图表现，可以考虑用表格来表现，其次才考虑用文字说明。

在充实内容的过程中，需要注意以下几个方面。①一张幻灯片中，避免文字过多，内容应尽量精简。②能用图片，不用表格；能用表格，不用文字。③图片一定要合适，无关的、可有可无的图片坚决不要。

3. 选择主题和模板

利用主题和模板可以统一幻灯片的颜色、字体和效果，使幻灯片具有统一的风格。如果觉得 WPS 自带的主题不合适，可以在母版视图中进行调整，添加背景图、标志、装饰图等，也可以调整标题、文字的大小和字体以及位置。

1）美化页面

简洁大方的页面给人清新、舒适的感觉。适当地放置一些装饰图可以美化页面，不过使用装饰图一定要注意必须符合当前页面的主题，图片的大小、颜色不能喧宾夺主，否则容易分散受众的注意力，影响信息传递的效果。

另外，可以根据母版的色调对图片进行美化，调整颜色、阴影、立体、线条，美化表格、突出文字等。在这个过程中要注意整个演示文稿的颜色不要超过 3 个色系，否则会显得很乱。

2）预演播放

查看播放效果，检查有没有不合适的地方，遇到不合适或者不满意的就进行调整，特别要注意不能有错别字。

在这个环节，需要注意以下几点。①文字内容不要一下就全部显示，需要为文字内容设定动画，一步一步显示，有利于讲授。②动画效果、幻灯片切换效果不宜太花哨，朴素一点的比花哨的更受欢迎。

四、知识类短视频的制作流程及制作技术

在互联网时代，知识的传递方式也在迅速地发生变化。微博、微信、今日头条、知乎……各种各样的平台提供了大量的离散内容，多数内容提供者会将知识切割，短视频作为一种新兴的媒介形式，已经逐渐成为人们获取新知识的重要途径之一。

知识类短视频的传播渠道有很多，如社交媒体、视频网站、微信公众号等，知识类短视频可以作为一种微型化的学习资源或教学资源广泛地应用于在线学习、移动学习和混合学习等多种学习环境中，有效地撬动了学习者的碎片时间，极大地促进了学习者的自主学习。那么一线教师应该如何制作知识类短视频呢？具体来说，知识类短视频制作的环节及过程是：选题→脚本设计→制作素材→短视频剪辑→上传到平台。

（一）脚本设计

通过对抖音平台上的一些知识类短视频的分析和总结，发现热门知识类短视频都有这三个相似点：痛点引入+知识教学+剧情反转。所以知识类短视频脚本设计也可参照这三个要点。

（1）痛点引入：在视频的最初阶段，通过提出用户的痛点，吸引观众的注意力。这可以通过“黄金3秒”和“黄金6秒”的准则来实现，即在视频的前6秒内，必须吸引观众的注意力，否则很容易被滑走。

（2）知识教学：在解决了用户的痛点之后，自然地引入知识教学部分。这部分内容相对来说比较单调或枯燥，因此需要在结束时加入一些反转，以提升视频的兴趣性。一个精彩的反转往往能够收获更多的点赞和评论。

（3）脚本结构：知识类短视频的脚本结构通常包括提出问题、解决方案和知识总结。视频的文案重点需要集中在“如何”“怎样”“为什么”“怎么办”这些字眼上，通过具体的分析或者实际的操作来给出具体的解决方案，让用户有继续看下去的欲望。

以上三个要点是制作知识类短视频的关键，通过这些方法，可以让用户在轻松的氛围下学习到有用的知识。

（二）制作素材

有了设计脚本之后，就可以制作视频素材了。这里为大家总结两项内容，一项是拍

摄都有哪些工具，另外一项是制作素材，有什么方法。

1. 工具

（1）拍摄工具：至于拍摄工具，可以用像单反之类的专业装备，也可以用我们的手机，根据拍摄需求选择相应的拍摄工具。

（2）三脚架：三脚架是保证我们视频稳定性的重要工具，而且还可以调节我们拍摄的角度和距离。

（3）收音麦：声音也是短视频的重要一环，如果想拍摄一个还不错的短视频的话，建议还是准备一个收音麦，这样的话，你的声音会比较明亮清晰，而且关键是还能起到降噪的效果。

2. 制作素材的方法

按照制作方式分类，视频素材可分为拍摄型视频、录屏型视频、软件制作型视频等。

（1）拍摄型视频是指所有用摄像设备录制成的视频，如现实场景实拍录制视频、专业室拍摄录制视频，如图 7-7 所示。

图 7-7　拍摄型视频示意图

（2）录屏型视频是指利用录屏软件对屏幕上的动态过程及操作者的讲解声音进行同步录制所得的视频，录屏型视频常见的有 PPT 录屏、软件录屏等，如图 7-8 所示。

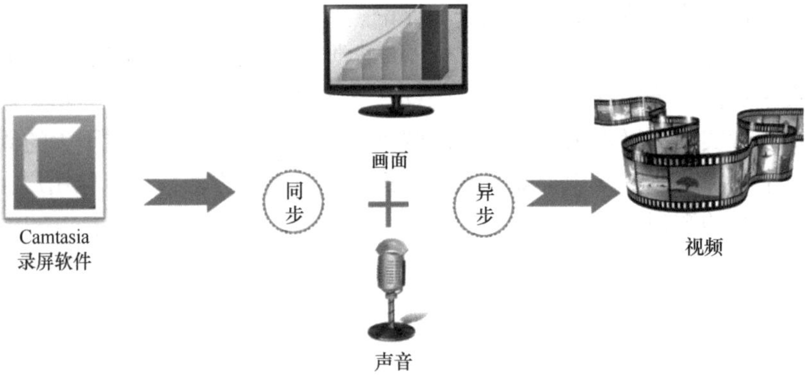

图 7-8　录屏型视频示意图

（3）软件制作型视频是指运用专业影音制作软件，如 Flash、会声会影等，通过脚本设计、技术合成后输出的视频或动画片（图 7-9）。

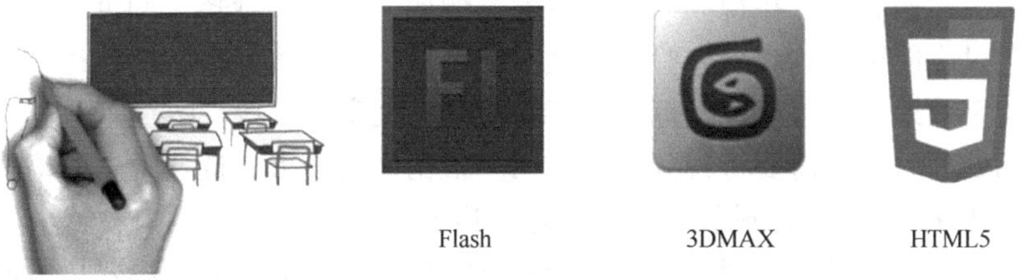

图 7-9　软件制作型视频常用软件示意图

（三）短视频剪辑

短视频剪辑的基本步骤可以分为准备阶段、剪辑阶段和后期阶段。

（1）准备阶段。①了解需求：在开始剪辑之前，首先要明确你的视频主题、内容以及要表达的观点或情感。了解视频的受众对象和他们的兴趣，这将有助于你选择合适的音乐、视觉效果和语言风格。②收集素材：根据需求，拍摄并收集相关的视频素材。这可能包括摄影、摄像、录屏、音频记录等。确保你的素材质量尽可能高，以便在剪辑过程中保留更多细节。③制定剪辑大纲：为了使剪辑过程更具结构性和条理性，你可以制定一个剪辑大纲。大纲应包括每个场景的顺序、长度以及所需的效果等。

（2）剪辑阶段。我们制作视频必不可少的就是视频剪辑的软件了，一款优质的剪辑软件是一个高质量的视频必不可少的一点。

剪辑软件主要有 Premiere、Final Cut Pro、Vegas、Edius、Adobe After Effects，以及爱剪辑、会声会影、剪映、Camtasia 等。它们的共同点是可以对视频进行裁剪和剪切，但区别在于功能、表现力、操作难度等。Premiere、Final Cut Pro、Vegas、Adobe After Effects 和 Edius 是专业人士喜欢使用的五种编辑软件，Camtasia 是集屏幕录制和视频剪辑于一身的专业编辑软件，它们功能强大，使用相对复杂，但对视频的呈现效果是非常优质的。

编辑视频过程的主要内容是靠裁剪视频和拼贴将你拍摄的一堆材料直观地组合成一个完美的短片。从过程上看，它分为四个阶段：导入素材、裁剪素材、组合素材、导出成片。①导入素材：打开你的视频编辑软件，将素材导入其中。确保将摄影、摄像和音频文件正确分类并命名，以便在剪辑过程中轻松找到它们。②裁剪素材：我们可以根据自己的构思想法来进行裁剪，素材中难免有些不需要的地方可以将其剔除掉。素材分割的目的是消除不必要的视频，留下有用的视频。对于有同期声的视频，需要选择合适的视音频同步点。这将确保在剪辑过程中不会出现声画不同步的情况。③粗剪：根据剪辑大纲，将素材拼接到一起。这个阶段的主要目标是构建一个流畅的故事线，让观众能够理解视频的主题和内容。④精剪：在粗剪的基础上，对每个场景进行细致的剪辑。这可能包括调整画面色彩、裁剪不必要的部分、添加过渡效果等。

（3）后期阶段。①组合素材：按照文案或脚本的顺序拼接素材，在时间轴上拖入有用的素材，然后定义素材之间的图像切换动作。视频主体拼接完成后，再添加背景音乐、音效、字幕、开头和结尾等。②音频处理：如果可能的话，对音频进行进一步处理。这可能包括调整音量、降噪、添加混响或均衡器等。确保音频与视频同步，且音质清晰。③特效添加：根据需要，在视频中添加特效。例如，缩放、旋转、调色等。使用特效要适度，避免过度使用影响观众体验。④文字和字幕：为了增强视频的传达效果，可以添加字幕和文字效果。这可能包括标题、字幕滚动、文字动画等。⑤渲染输出：完成所有剪辑和后期处理后，你需要将视频渲染输出。根据你的需求，选择合适的格式和质量。一般来说，H.264 是一种常见且高质量的输出格式。

剪辑注意事项如下。①视频时长：碎片化时代，我们的视频内容要尽可能控制在三分钟至五分钟，删减没有用的内容，可以用图或数据来丰富内容。②音乐：音乐可以说是视频的点睛之笔，可以大幅度提高视频播放量和互动量。音乐需要和视频主题相符。③字幕：有普通字幕和特效字幕两种，我们日常看到的影视作品多是使用普通字幕，而特效字幕多用于综艺节目。不过，现阶段特效字幕也常出现在短视频中，尤其用在视频网络日志（VLOG）里可以使画面更加生动好玩，有很强的装饰作用。④踩点：跟着音乐的节拍转换到下一个画面。这是当前比较流行的剪辑手法，剪辑层次更丰富且更有视觉性，也更容易吸引观众沉浸式观看。

掌握以上这些步骤将帮助你制作出高质量的短视频作品。需要注意的是，每个视频项目可能有所不同，因此在实际操作中要根据具体情况进行调整。

第四节　实用教学资源制作软件的使用方法

多媒体课件的类型和制作工具较多，本章主要介绍 WPS 演示、Camtasia 以及 AI 智能制作教学资源的基本方法。

一、多媒体素材的分类及相关处理工具软件

多媒体（multimedia）是多种媒体的综合，一般包括文本、图像、音频、视频和程序等。目前我国的教育已基本实现多媒体设备进课堂，教学不再局限于传统的板书和教案，引入了大量的图像、音视频和教学课件。使用多媒体来辅助教学，能够给予学习者视觉和听觉的刺激，使得教学内容精彩纷呈，引人入胜。

（一）课件素材制作与处理常用软件

（1）文字处理：Word、WPS 等文字处理软件。

（2）图形图像处理：Photoshop、PhotoStyler、CorelDRAW。

（3）动画处理：3ds Max、GIF Animator、Adobe Flash、万彩动画大师。

（4）音频处理：CoolEdit（采集及处理）、StreamBox Ripper（音频格式转换）、Adobe Premiere。

（5）视频处理：Adobe Premiere、会声会影、屏幕录像（Camtasia、万彩录屏大师）、剪映。

（二）课件集成常用软件

（1）Microsoft Powerpoint 或 WPS：主要用于制作演示型课件，也是目前最方便、最快速、最常用的课件制作软件。

（2）Adobe Flash：Flash 是目前最流行的课件制作软件，它制作的课件具有体积小、动画表现力以及交互性强等特点。

（3）Camtasia，中文名为喀秋莎：是一款由 TechSmith 公司研发的屏幕录像、视频编辑和视频分享的软件。

二、演示型课件制作软件之 WPS 演示

演示文稿在教育领域和商业领域都有着非常广泛的应用，如在公司会议、商业合作、产品介绍、投标竞标、业务培训、课件制作、视频演示等场合经常可以看到它的影子。本节将介绍演示文稿的设计原则和制作流程、图片与多媒体的应用、演示文稿的美化和修饰、动画的应用、演示文稿的放映与输出等内容。

多媒体课件的类型和制作工具较多，本节主要介绍 WPS 演示的高级应用，为制作优秀的演示型课件打下基础。

（一）使用文字文档创建演示文稿

通常情况下，用户在编写演示文档的文字内容时会选择文字组件进行编写，编写完成后再将内容复制至演示文稿。此时可以通过 WPS 文字组件中的【输出为 PPTX（X）】功能一键将文字文档转换为演示文稿。

操作步骤为：【文件】菜单→【输出为 PPTX（X）】命令→【Word 转 PPT】对话框→【导出 PPT】按钮，在【另存为】文本框选择输出路径→【保存】按钮。

（二）幻灯片母版与幻灯片版式

1. 幻灯片母版

幻灯片母版是整个演示文稿的基础，在其中进行的设置，如设置演示文稿的背景、颜色、字体、效果、大小等，将统一应用至每一张幻灯片中。

操作步骤为：单击【视图】选项卡→【幻灯片母版】按钮→【幻灯片母版】视图界面→左侧幻灯片缩略图最顶端的幻灯片母版→根据需求进行修改。

2. 幻灯片版式

幻灯片版式是指幻灯片上显示的所有内容的格式、位置和占位符框，用以确定幻灯片页面的排版和布局。一套幻灯片母版中有多个幻灯片版式，修改某一幻灯片版式内的内容，将会应用至该版式下的所有幻灯片中。

3. 使用母版的优势

（1）高效。页数越多，版式越复杂，应用母版越高效。

（2）安全。在母版中设置的版式，在普通视图中，无法编辑或删除。

（3）便捷。在幻灯片母版里可以一键更换母版。

（三）智能美化

智能美化是 WPS 推出的一款利用 AI 技术进行演示文稿美化的功能，它通过智能识别幻灯片的内容，从而对幻灯片进行统一美化、排版布局、智能配色和修改字体等推荐建议，用户根据自己的需要一键选用，提高了用户美化幻灯片的工作效率。

操作步骤如下。

方法一：选中目标幻灯片→【设计】选项卡→【智能美化】下拉按钮→【智能美化】对话框→选择美化样式。

方法二：状态栏中的【智能美化】下拉按钮→【全文美化】命令→【智能美化】对话框→选择美化样式。

（四）智能图片编辑工具

1. 多图轮播

WPS 演示提供的【多图轮播】功能可以让多张图片轮流播放，用户可根据需求选择轮播的样式、设置播放的图片数量和播放动画等。

操作步骤为：选中图片→【图片工具】选项卡→【多图轮播】下拉按钮→选择一种轮播样式套用→【多图轮播】窗格→对【更改图片】【动画配置】等进行设置。

2. 图片拼接

WPS 演示的【图片拼接】功能可以将多个图快速拼接，并随时调整拼接样式，能够帮助用户快速对图片排版。

操作步骤：选中目标图片→【图片工具】选项卡→【图片拼接】下拉按钮→选择一种拼接样式套用→【图片拼图】窗格→对【图片间距】【是否裁剪】等进行设置。

3. 压缩图片

当演示文稿中插入过多图片时，容易造成演示文稿文件过大，不便编辑和分享。此时可使用 WPS 演示的【压缩图片】功能一键压缩文稿中的部分或全部图片，快速减少演示文稿文件大小。

4. 提取图片

在过去，如想将一个演示文稿内的图片保存下来，需要手动逐个操作。WPS 演示提供一键提取功能，方便用户快速收集演示文稿所用的图片。

操作步骤：选中任意图片→【图片工具】选项卡→【图片提取】按钮→【保存全部图片】对话框→设置图片【输出目录】→【开始保存】按钮→【保存完成】对话框→【打开文件夹】按钮。

（五）动画和切换效果

1. 动画效果

添加合适的【动画效果】，可以突出演示文稿中的重点同时起到吸引观众注意力和提高演示表现力的作用。WPS 演示对动画进行了优化，针对不同的使用场景，内置了多种特色动画，如呈现数字变化的动态数字动画，可以用于销售数据汇报、年终总结等场景。

操作步骤：选中目标对象→【动画】选项卡→【动画】库下拉扩展按钮→展开库→选择一种动画→单击应用。

2. 智能动画

智能动画是 WPS 演示组件中独有的一个动画功能，提供 AI 智能的动画方案，支持对单个或多个对象按照程序进行特色动画添加，可以帮助用户更好地表达逻辑和呈现效果。

操作步骤：选中目标对象→【动画】选项卡→【智能动画】下拉按钮→下拉面板→选择一种动画→单击【免费下载】按钮→应用。

3. 切换效果

添加幻灯片【切换效果】可以使页面之间的切换变得自然流畅，WPS 演示提供多种特色幻灯片切换效果。

操作步骤：选中目标幻灯片→【切换】选项卡→【切换样式】库下拉扩展按钮→展开库→选择一种切换样式→单击应用。

单击右侧【应用到全部】按钮，可将幻灯片切换效果应用至全部演示文稿。

（六）多媒体应用

在 WPS 演示中，明确区分了媒体插入的形式，分别为链接形式和嵌入形式。

链接形式：媒体文件将以链接的形式插入，不插入原文件，移动演示文稿至其他设备或媒体所在位置发生变化时，媒体文件将无法正常播放。

嵌入形式：媒体文件将直接嵌入演示文稿，成为演示文稿的一部分，发送至其他设备也可正常播放。

WPS 演示还提供多种在线媒体资源，如稻壳音乐和开场动画视频等。

操作步骤：选中目标幻灯片→【插入】选项卡→【音频】/【视频】下拉按钮→下拉菜单→选择一种形式插入本地媒体。

（七）屏幕录制

WPS Office 自带的屏幕录制功能，可进行多种模式录制操作，用户无须下载其他录屏软件，即可轻松制作演示视频。

操作步骤：打开任意演示文稿文件→【插入】选项卡→【屏幕录制】按钮→【屏幕录制】窗口→选择录制的形式→【开始录制】按钮。

（八）手机遥控

WPS 演示提供手机遥控功能，用户使用手机即可轻松控制幻灯片的播放。

操作步骤：【放映】选项卡→【手机遥控】按钮→【手机遥控】对话框→打开手机端的 WPS Office→单击【扫一扫】→扫描电脑上的二维码→单击【播放】按钮→单击或左右滑动可翻页。

使用手机遥控功能前，须在手机端下载 WPS Office 应用。

（九）WPS 会议

随着人们对线上会议的需求越来越多,WPS 演示推出了基于文档的 WPS 会议功能，即使身处异地也能随时随地加入会议，同步观看幻灯片放映和语音讨论。

操作步骤如下。

发起会议：【放映】选项卡→【会议】下拉按钮→【发起会议】命令→发起会议→通过加入码和链接邀请与会成员→进行会议→【会议结束】按钮→【全员结束会议】按钮。

加入会议：打开入会邀请链接/【放映】选项卡→【会议】下拉按钮→【加入会议】命令→【会议】对话框→输入接入码→【加入会议】按钮。

（十）输出为视频

在 WPS 演示中，演示文稿可输出格式为 WebM 的视频文件。在将演示文稿转换输出为视频前，WPS 演示贴心地提供了 WebM 视频解码器插件的下载，保证输出视频后能顺利打开。

操作步骤：打开目标演示文稿→【文件】菜单→【另存为】按钮→【输出为视频】命令→【另存文件】对话框→设置导出视频名称和保存路径→【保存】按钮→【下载与安装 WebM 视频解码器插件（拓展）】对话框→勾选【我已同意】复选框→【下载并安装】按钮→输出视频→【输出视频完成】对话框→【打开视频】或【打开所在文件夹】。

三、录屏及视频编辑软件之 Camtasia

Camtasia 是一款由 TechSmith 公司开发的专业的屏幕录制完全解决套件，提供了从屏幕录像到视频编辑、转换、发布的全程完全解决方案，可以完成微课素材的录制、剪辑、编辑，给微课视频配音和添加字幕等工作，输出的视频容量小，是视频制作的主要工具之一。

Camtasia 支持在任何显示模式下录制屏幕图像、鼠标操作并同步进行音频录制，在录制完成后可以使用 Camtasia 内置的强大的视频编辑功能对视频进行剪辑、修改、解码转换、添加特殊效果等操作。它输出的文件格式多种多样，包括 MP4、AVI、WMV、M4V、GIF 动画等格式，并可将电影文件打包成电子学习课程。

Camtasia 的主要两大核心功能是 Camtasia Recorder（屏幕录像器）和 Camtasia Studio（视频编辑器）。前者可以实现全屏或者指定屏幕区域内的录制，同时也可进行声音、视频的录制；后者主要实现音视频文件的剪辑与特效处理。下面以 Camtasia 2021 中文版为例进行讲解。

（一）界面介绍

启动 Camtasia 2021 主程序，默认显示欢迎界面，单击【新建项目】按钮，即可打开 Camtasia 界面，如图 7-10 所示。

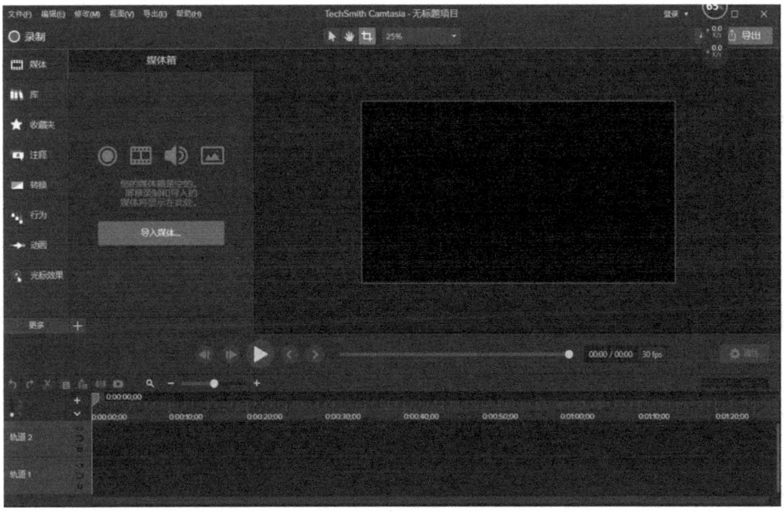

图 7-10　Camtasia Studio 界面

Camtasia Studio 主要实现视频文件的剪辑与特效处理，其中“演示窗口”可以随时查看视频编辑后的效果；“任务栏”内包含了多个功能按钮，选择不同功能时“任务显示区”内将显示对应的功能设置选项；“时间轴”是个非常重要的概念，在编辑视频过程中，大部分工作都在时间轴编辑区内进行设置。在视频播放中，时间轴的特点是线性的，有先后顺序，体现在时间轴上就是从左到右，而且时间轴轨道是有层次结构的，同一时间点上层的轨道图像信息将覆盖下层的轨道图像信息（类似 Photoshop 中的图层），而音频轨道不会被覆盖。

（二）视频录制

在 Camtasia Studio 窗口左上角单击录制屏幕按钮打开屏幕录像器，先进行录屏前设置，在如图 7-11 所示的设置窗口中的单击第一个区域用来设置录制区域，单击“屏幕 1”旁的向下箭头，可在下拉菜单中选择要录制的范围，可以是全屏、自定义区域或是指定分辨率。如录制自定义区域，选择下拉菜单中的【选择区域】命令来选择特定的程序窗口或使用鼠标左键在屏幕上直接选出录制区域，也可以直接拖动屏幕上的控制点和边界线来调整屏幕录制区域。

图 7-11　“屏幕录像器”窗口

第二个区域用来设置摄像头的录制。单击左下方的开关按钮可打开或关闭摄像头。若有多个摄像头，可在下拉菜单中选择要录制的摄像头。

第三个区域用来设置麦克风的录制。单击左下方的开关按钮，可打开或关闭麦克风。若有多个麦克风，可在下拉菜单中选择要录制的麦克风。

第四个区域用来设置系统音频的录制。单击左下方的开关按钮，可打开或关闭系统音频的录制。录制完成后录制的屏幕、摄像头、麦克风及系统音频都将在时间轴上各自独立占用一条轨道，方便后期进行编辑或删除。

单击菜单栏中的【工具】命令，弹出“选项”对话框，默认的文件设置为自动保存录屏文件并命名。为便于后期保存与查找文件，建议更改文件名。录制视频的操作步骤如下。

（1）在 Camtasia Studio 编辑窗口中，选择左上角的【录制】按钮，打开屏幕录像器窗口。

（2）设置录制区域，在屏幕录像器窗口选择区域中选择“全屏”或“自定义”录制区域。

（3）单击【rec】按钮开始录制。开始录制后，屏幕上会出现“按 F10 停止录制”提示信息和数字倒计时，倒计时结束，开始录制。

（4）录制过程可以进行删除、暂停和停止操作。单击【停止】按钮或按【F10】键，即可停止视频的录制。

（5）录制结束后，根据已经在【工具】菜单下的【选项】中的设置来决定文件的保存方式，然后进行文件的保存（如未做设置，则采用默认设置自动保存），同时生成的视频会自动加载到媒体箱中和轨道上。

录屏注意事项有如下几个。①录制一般录制屏幕大小选择全屏幕。②清理电脑桌面上与教学内容无关的图标、背景、头像等。③退出可能随时会弹出弹窗的软件，如：360 加速球等。④如果录制 PPT，PPT 尽量做到简洁、美观大方。（尽可能使文件小，易于传输）。PPT 播放时如需要手写屏，可使用 ctrl+P 调出画笔进行书写。

（三）视频剪辑

1. 媒体元素简单编辑

（1）在轨道上拖动媒体元素。单击选定轨道上的某一媒体元素，然后在其上按下鼠标左键进行拖动，到新的位置（可在同一轨道的不同位置，也可在不同轨道的某一位置）处松开鼠标左键，此时媒体元素就改变了其在时间轴上的具体位置。

（2）分割。剪辑视频时，经常需要把添加于轨道上的某一媒体元素分成若干段。操作如下：在某一轨道上选定要分割的媒体元素，用鼠标拖动的方法将播放头定位在需要分割的位置，单击工具栏中的【分割】按钮，或单击【编辑】菜单中的【分割】命令，此时媒体元素被分割为两部分。

（3）剪掉多余的视频/音频片段。在某一轨道上利用时间轴上的滑块标记工具在需要剪切的部分开头和结尾处设置标记，然后单击时间轴左侧的剪切按钮即可，如图 7-12 所示。如果不能很好地选取时间，我们可以把时间轴放大，更精细地进行编辑。

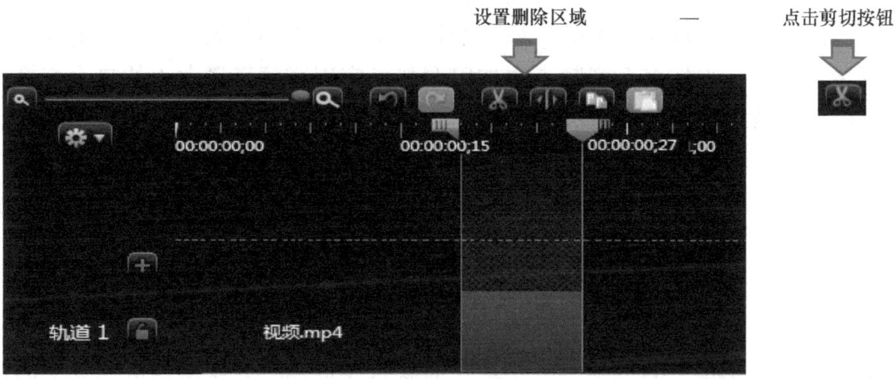

图 7-12　剪掉多余的视频/音频片段

2. 添加转场

在用 Camtasia Studio 制作视频时，通过设置转场过渡可以让视频在开头、结束或者两个小视频片段间出现一种可视的效果，提示位置或内容的变化，或者让两个视频间出现一种平滑的过渡。

单击功能区的【转换】按钮，在如图 7-13 所示的任务窗格中将显示自带的转换效果库，选择合适的样式，将其拖动到要应用转换的素材上或素材间即可。添加完成后在时间轴素材上可看到添加的转场效果，一个绿色矩形块就表示一个转换效果。单击矩形块可选中此转换效果且颜色变为亮黄色显示，指针悬停在矩形块上将显示具体参数；拖动矩形块左右边框可修改转换效果的起始和结束时间；使用属性窗格可修改转换的效果；若想删除转换效果选中后按【Delete】键即可。

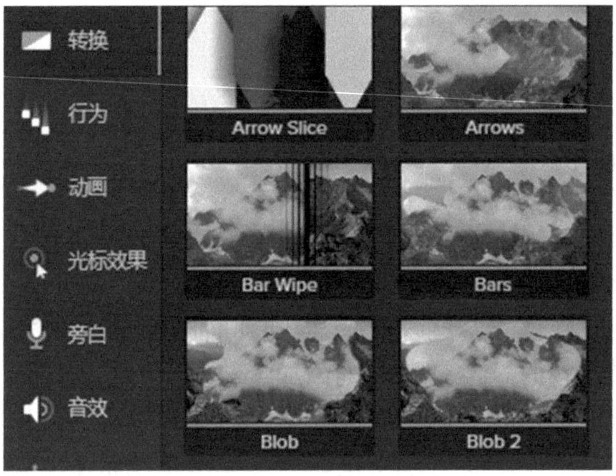

图 7-13　添加转场界面

3. 音频处理

选中包含音频的素材时，时间轴上包含音频的素材都会被绿色半透明区域覆盖，直接拖动上边框即音频线，可调整音量大小，也可通过添加音频点修改局部音量大小。在音频线上右击，选择右键菜单中的【添加音频点】命令添加音频点，上下拖动音频点即可控制音量的大小，添加多个音频点再加以调整可实现音频音量大小的自由变换，单击功能区中的【音效】按钮可对音频进行调整，增强和改进音频质量，使音量变均匀、消除背景噪声或调整剪辑速度等。拖动效果至音频素材上即可应用，其中应用了【剪辑速度】【强调】【去噪】【音频压缩】的素材，均可在属性窗格【音频属性】选项卡中调整相应参数。

4. 添加字幕

字幕指显示在视频上的文本，主要是在播放媒体资源时为观众提供视觉上的帮助或者是解释性的信息。此外，字幕还起到了为特殊群体提供帮助的作用。

使用【字幕】功能可以在视频中添加字幕。单击功能区中的【字幕】按钮，将时间轴滑块定位到要添加字幕的位置，在任务窗格中单击【添加字幕】按钮，在输入框内输入文字即可添加字幕，如图 7-14 所示。

图 7-14　添加字幕操作图

重复定位和添加字幕操作，即可完成整个视频字幕的编辑。要注意的是，一段字幕包含的文字不要超过三行。否则多余部分将无法显示，可单击【拆分】按钮拆分字幕。添加一条字幕后，在时间轴编辑区内将自动添加一条轨道存放字幕。拖动单条字幕边框，可修改单条字幕的持续时间。如果中间部分不想显示任何字幕，需要对字幕进行拆分，单击时间轴工具栏内的【拆分】按钮，再拖动字幕边框进行分离。在编辑字幕状态下，单击【字体属性】按钮，在展开的窗格中可设置字幕的样式。

除了一条一条添加字幕外，还可通过【同步字幕】功能较为快捷地添加所有字幕。先将时间轴滑块定位到开始添加首条字幕的位置，将所有字幕全部添加到第一条文本框中；然后单击【脚本选项】按钮，在下拉菜单中选择【同步字幕】命令，弹出“如何同步字幕”对话框，单击【继续】按钮，视频开始播放，此时认真听语音，在需要分段的地方单击分段的第一个字，即可完成分段和匹配时间轴。

【脚本选项 | 语音到文本】功能可以将视频或音频素材中的语音自动转换为字幕，识别完成后还需检查并修改。

5. 添加交互性

在人们观看网络视频课程时，有时会弹出测试对话框。Camtasia Studio 中的【交互性】就可实现这样的视频测验交互。Camtasia Studio 提供的测验交互方法是在视频中只定义一个或多个时间点，当视频播放到自定义的时间点时，暂停视频播放并弹出自定义的一个或多个测试问题。教师可在设置好的邮箱中收到测试结果，从而实现有效交互。

完成视频编辑后，先将时间轴滑块定位到要添加测试交互的时间点，单击功能区中的【交互性】按钮，单击任务窗格中的【时间线】按钮添加测验，然后在属性窗格【测验问题属性】选项卡中插入测试问题。Camtasia Studio 提供了四种测试题型：单/多项选择题、填空题、简答题和判断题。

如果导出格式仅为视频格式则无法使用测试功能，设置为任何一种清晰度的带 Smart Player 的 MP4 格式才可以。导出时需要在测验报告选项中设置电子邮箱地址，这样测验结果将会发送到设置好的邮箱中，如果有新数据则每天发送一次。导出完成后，在导出目录中会有一个文件夹。播放文件夹内 MP4 格式视频是无法体验测验工具的，需要打开“xxx.html”文件才可以体验测验工具。分享交互式微课视频资源时，需要将导出生成的所有文件一起打包分享。

（四）视频输出

完成视频的制作并检测无误后，可单击右上角的【导出】按钮生成与分享视频。Camtasia 提供了导出为本地文件、上传网盘以及自定义格式等多种导出方式，可按需求选择要输出的格式，一般选择【本地文件】命令，弹出“生成向导”对话框。在对话框中选择生成的格式和分辨率，推荐使用 1080p 的清晰度。如果仅为视频，无测验交互，可以选择“仅 MP4（最高 1080p）”格式；如有测验或交互，需选择“MP4 与 Smart Player（最高 1080p）”格式；也可选择【自定义生成设置】选项进行自定义的生成设置，在之后弹出的对话框中输入项目名称，选择保存位置，即可输出视频。视频输出步骤如图 7-15 所示。

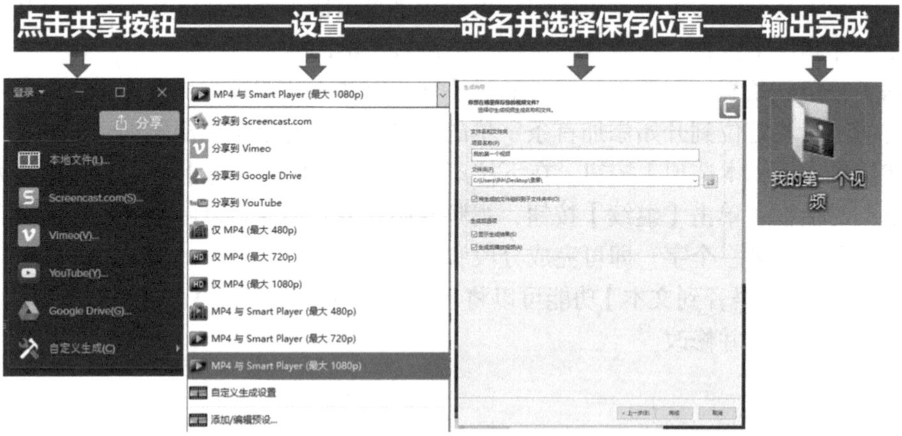

图 7-15　视频输出步骤

如果你是要发布到 YouTube 这些视频网站上，Camtasia Studio 可以渲染/生成 YouTube 超清高清视频，步骤如下。①单击【导出】→【YouTube】命令。②登录【YouTube】

账号，单击“下一步”提示完成视频生成和上传。③选择默认设置，在弹出的对话框中进行设置。如果你是要发布到 YouTube 这类视频网站的话，要去掉播放控件选项。不要改变大小，不然画面会变形。视频设置为帧速率：30；编码模式：比特率；设置大于 18 000；关键帧：1；其他设置默认。音频编码选择 128kbps；完成设置；选择下一步。④视频信息设置，填写相关信息，然后生成视频。⑤等待进度条读写完成，将视频上传至 YouTube。

四、AIGC 在教学中的常见应用——以文心一言为例

文心一言是百度研发的 AI 大语言模型产品，能够通过上一句话，预测生成下一段话。任何人都可以通过输入指令和文心一言进行对话互动、提出问题或要求，让文心一言高效地帮助人们获取信息、知识和灵感。使用文心一言可以方便地获取学术信息和观点，辅助教学和研究工作，通过合理利用其强大的自然语言处理能力和丰富的知识储备，可以提升教学效果和学术研究的深度。使用“文心一言”的方式可以有多种，可以用手机 APP（application，应用）的方式，也可以采用 web 网页方式。下面以 web 网页方式为例概括其使用步骤。

首先，需要在百度智能云平台上注册一个账号。如果已经拥有百度账号，则可以直接登录。注册过程非常简单，只需提供手机号码、邮箱地址或第三方账号（如微信、QQ 等）即可完成。

其次，在百度文心一言官网主页（https://yiyan.baidu.com/）中登录账号后，可以看到一个聊天框，在聊天框中可以根据教学或研究需求，输入想要咨询的问题或者进行闲聊。例如，可以询问某个学术概念的定义、探讨某个课题的研究现状，或者请求对某些文献的解读等，然后单击【发送】按钮，即可进入对话。百度文心一言会根据输入内容进行智能回复，提供相关的信息和观点。点击页面左侧的【对话】，则开始新的对话。

此外，文心一言为了打造繁荣的 AI 应用生态，与许多 AI 原生应用合作，在文心一言中即可实现多场景写作、PPT 生成、音视频提取、思维导图制作等，十分便捷。再言简意赅地说，便是不用跳转网页，在文心一言中便可得到一站式服务。你只需要在文心一言界面点击【选插件】，在弹出列表中就能选择想要的插件，选择插件后，在输入框内直接输入指令，就能得到回答。

最后，根据文心一言的回复和分析结果，教师可以进行进一步的操作和研究。例如，可以根据回复中的建议调整教学计划、深入探究某个学术问题，或者将文心一言作为辅助工具来提升学生的学习效果。

【典型案例】

AIGC 应用案例 1

教学大纲是教学中必不可少的资源之一，如何根据给定的文档文件，运用文心一言生成教学大纲？以 web 网页的使用方式为例操作步骤如下。

步骤 1：打开浏览器，进入文心一言官网。

步骤 2：在如图 7-16 所示的聊天对话框的顶部单击【上传文档】按钮，在弹出【打开】对话框中选择要上传的文档。

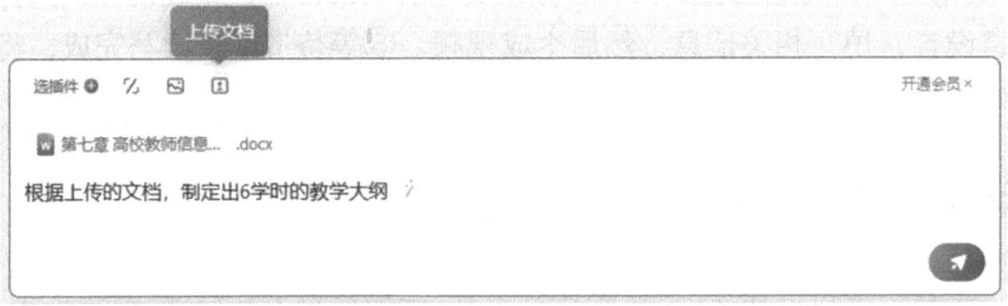

图 7-16　文心一言聊天对话框页面

步骤 3：输入指令“根据上传的文档，制定出 6 学时的教学大纲”，然后单击【发送】按钮。百度文心一言会根据输入内容进行智能回复，提供相关的信息，部分截图如图 7-17 所示。

图 7-17　生成教学大纲的智能回复截图

步骤 4：如果对于生成的内容不满意，可直接点击聊天窗口左下方的【重新生成】，或调整指令再次生成教学大纲；如果觉得内容基本符合，则可点击右下角的【复制内容】按钮复制下来放到相应软件进行修改调整。图 7-18 为重新生成后的部分截图。

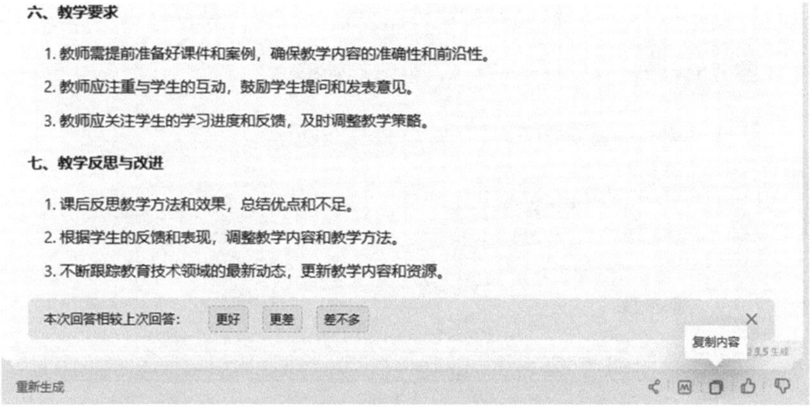

图 7-18　重新生成教学大纲的智能回复截图

AIGC 应用案例 2

在教学中，思维导图扮演着重要的角色。如何运用文心一言生成指定教材章节对应的思维导图？以 web 使用方式为例操作步骤如下。

步骤 1：进入文心一言官网。

步骤 2：叠加思维导图插件。在聊天框的顶部单击【选插件】按钮，在弹出的列表中选择要选用的插件，如果没有心仪的插件，则可以点击列表框右上侧的【插件商城】，进入插件商城进行选择。在本例中选【TreeMind 树图】，如图 7-19 所示。

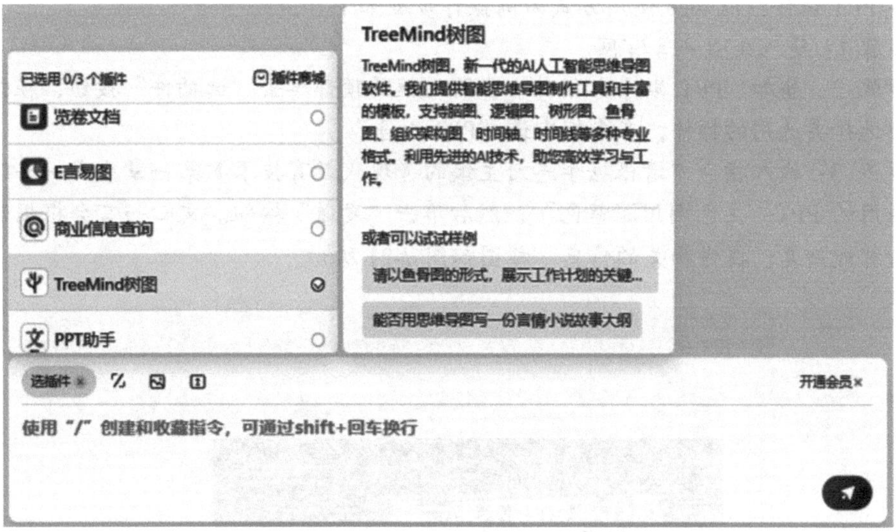

图 7-19　叠加思维导图插件 TreeMind 树图

步骤 3：在聊天对话框中输入指令“请根据李志河主编的《现代教育技术》第一章生成一个给本科生讲课用的思维导图”，然后单击【发送】按钮。文心一言会根据输入内容进行智能回复，提供相关的信息，截图如图 7-20 所示。

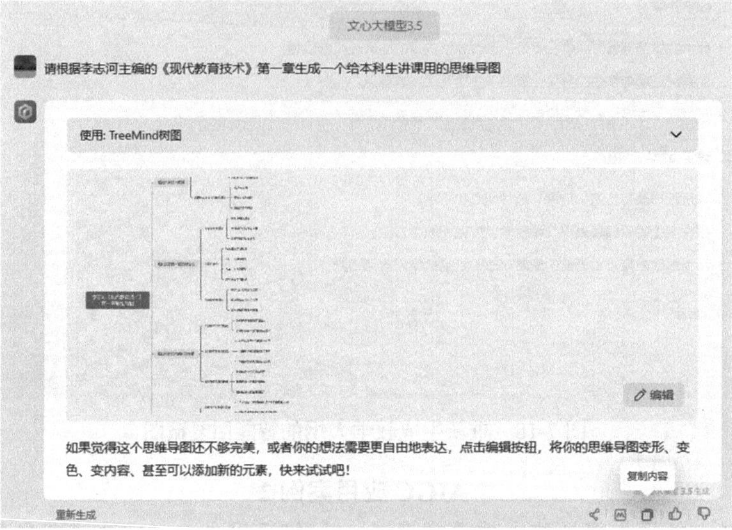

图 7-20　生成思维导图的智能回复界面截图

步骤 4：如果对于生成思维导图不满意可以点击【重新生成】，也可以点击右下角的【复制内容】按钮，然后对复制的内容进行修改。

AIGC 应用案例 3

多媒体课件在提高课堂教学质量上发挥着重要作用，如何运用文心一言根据指定内容生成 PPT 课件？以 web 使用方式为例操作步骤如下。

步骤 1：进入文心一言官网。

步骤 2：叠加“PPT 助手”插件。在聊天框的顶部单击“选插件”按钮，在弹出的列表中选择要选用的插件，在本例中选“PPT 助手”。

步骤 3：输入指令“请根据李志河主编的《现代教育技术》第一章生成一个给本科生讲课用的 PPT，主色调用深蓝色”，然后单击“发送”按钮。文心一言会根据输入内容进行智能回复，提供相关的信息，截图如图 7-21 所示。

图 7-21　生成 PPT 的智能回复截图

步骤 4：点击“查看文件”，可以查看到文心一言根据指令生成了一个含有 30 页幻灯片的 PPT，并可以导出进行修改和使用。

总的来说，作为高校教师，可以根据自己的需求选择相应的使用场景（叠加插件），使用文心一言可以方便地获取学术信息和观点，辅助教学和研究工作。通过合理利用其强大的自然语言处理能力和丰富的知识储备，可以提升教学效果和学术研究的深度。

【小结】

本章介绍了现代教育技术的简要发展历程、基本概念及发展趋势，学习过程与教学过程的新变革，重点介绍了信息化教学资源的设计、制作的方法与流程以及常见的教学资源制作工具的使用方法。通过对本章的学习，读者可以了解现代教育技术的基本理论和基本思想，了解新技术在现代教育教学领域中的应用，熟悉信息化教学资源的设计与制作。

【思考与练习】

1. 现代教育技术的含义是什么？现代教育技术的发展趋势有哪些？

2. 信息技术与课程整合的实施路径有哪些？谈谈你对信息技术与课程整合的理解。

3. 课件最重要的特征有哪些？你制作课件会着重考虑哪些因素？选择一个本专业的熟悉的知识点，设计并制作一个多媒体课件。要求：页数至少 6 页，添加母版、链接、幻灯片切换、动画效果等，合理应用到所学的多媒体课件制作的不同技术，色彩、图片搭配合理且美观具有交互功能。

4. 知识类短视频的制作流程是什么？制作过程要注意哪些要点？

5. 常见的视频剪辑的软件有哪些？剪辑的基本步骤有哪些？知识类短视频剪辑的注意事项有哪些？利用录屏及视频编辑软件 Camtasia 制作一个知识类短视频。

6. 你了解或使用过的 AIGC 应用场景有哪些？尝试用以下指令体验文心一言的 AI 功能，并思考怎样的指令是优秀的指令。

指令 1：请根据已发表的 2024 年的关于大语言模型可信性的相关文献，撰写一篇系统梳理大语言模型可行性相关研究现状以及未来挑战的综述论文，并且严格遵循《计算机学报》投稿格式。

指令 2：我正在准备一次为期一天的旅游方案，初步决定在西安探索古城的美食、文化和历史，预算大概是 1000 元人民币，希望既能够包含一定的娱乐活动，也可以包含部分户外风光观赏，请你从游玩内容、时间安排、路线规划、需准备的物品清单、备注事项等角度写一个出游攻略，着重描述游玩内容。

指令 3：帮我画实验室里的居里夫人，侧脸美颜，甜美微笑，扁平插画。

第八章　高校教师教研实习

【内容结构图】

第八章内容结构如图 8-1 所示。

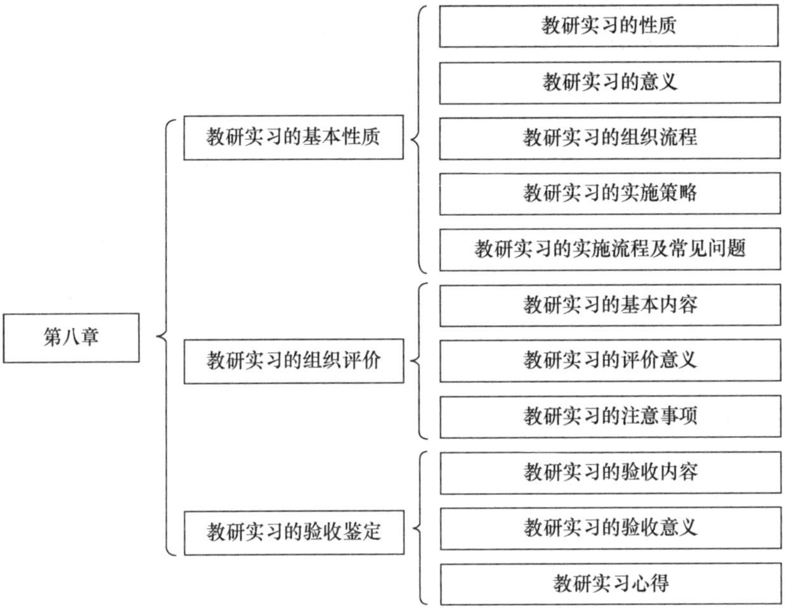

图 8-1　第八章内容结构

在新入职的教师队伍中，青年教师占据了绝大多数，成为其中的核心力量。他们是高质量教师团队建设战略的储备人才，不仅关系到学校未来的教育教学质量，而且是影响学校全面发展的关键要素。作为高等教育的重要支柱，青年教师在教学质量和教育创新等方面具有举足轻重的地位。为确保青年教师适应时代发展的需求，高校需从实际出发，深入调研青年教师的现状，制订针对性的培训计划。在制订培训计划的过程中，高校应充分考虑青年教师的专业背景和教学经验等因素，为他们提供符合需求的培训内容。同时，高校应积极与青年教师沟通，倾听他们的意见和建议，了解他们的困惑和问题，从而更好地提供支持和帮助。除此之外，高校还需关注青年教师的思想动态，及时掌握他们的心理状况和职业发展需求。通过优化和调整培训内容，高校能帮助青年教师更好地应对教育教学挑战，提升教学水平和综合素质。总之，高校应高度重视青年教师的培养和发展，通过制订有针对性的培训计划、加强沟通交流、关注思想动态等措施，为青年教师提供优质的支持和帮助，为学校发展注入新的活力。

第一节　教研实习的基本性质

了解教研实习的基本性质，可以使我们更好地对教研实习进行筹备组织，提高实践效率，增强实践效果，推动岗前培训顺利开展。教研实习是体现新入职教师教学水平和质量的重要方面，据此，依据我国对高校教师队伍培养质量的要求，结合近年来对高校教师的教研实习反思，提出实习过程中的内涵、特征，探讨教研实习实践发展瓶颈，提出教研实习水平提升的可行路径，对高校教师队伍高质量建设颇有裨益。

一、教研实习的性质

教研实习是指由省教育厅和各高校统筹规划，由各高校教师发展中心二级组织举办进行的，促使高校新入职教师在岗前培训中通过参加、观摩教学科研实践活动，提高自身教学水平、教学素养和科研能力的专项培训，是高校教师岗前培训中偏重实践学习的重要环节，是将专业知识转化为实践能力的关键纽带。各高校进行教研实习的基本流程包括准备环节、具体内容、考核评价三大部分，其中准备环节包括省教育厅及各高校的统筹文件下发等；具体内容包括课堂互听、教学技能训练、科研实践三部分；考核评价包括参训教师考核和指导教师考核，其中参训教师考核分为试讲考核和综合考核两部分，实行优、良、及格、不及格四级制计分。在教研实习筹备过程中，各高校制定的纲领性文件需严格参照省教育厅指导意见，同时根据本校的实际情况和参训教师的个人情况，制订更为具体详细的教研计划，既考虑原则性，又不可缺少“人情味”，充分考虑教研实习过程中可能出现的特殊情况，站在参训教师的立场考虑参加教研实习的可行性，各部门联合开展工作，为参训教师提供便捷、实际、有效的教研实习方案。同时也应与时俱进，积极采用信息化手段，联系近几年教师教学科研过程中出现的新问题，提供新方法、新方案，力求使各位教师在职前教育中掌握必备的教学科研技巧和手段，提升自身的能力，更加熟悉任职高校的教学、科研等情况。

本节以广东省为例，2018 年广东省教育厅发布了《广东省高等学校教师岗前培训指导意见》（粤教继函〔2018〕48 号），根据文件精神和广东省教育厅高等学校教师资格认定工作要求，高校需结合各校实际情况，围绕“专业素养与理念”“教学理论与技能”“信息技术与运用”三大模块，依规开展新入职教职工教研实习，确保规范化开展工作，接受省教育厅的监督检查和指导。这份文件对指导高校进行教师岗前培训起到了至关重要的作用。

在《广东省高等学校教师岗前培训指导意见》中，对教研实习的重要性和要求作出明确规定：“参训教师需参加不少于一个学期的教研实习，以提升教学科研的实践能力。高校应为每一参训教师配备一位师德高尚、教学科研经验丰富的指导老师，以师带徒的形式在教育思想理念、教学方法技能、科学研究以及职业生涯规划等方面给予具体指导。各高校应完善青年教师参与教学团队、创新团队制度，组织参训教师参加集体备课、教学观摩、教学经验沙龙、教学技能训练和竞赛等教学实践活动；积极开展科研项目申报、方案研制等科研活动，为参训教师提供更多的学习与实践机会。高职院校参训教师的教研实习应充分体现职业教育校企合作、产教融合的特点，积极开展企业实践、协同研修、技能培训等活动，推动参训教师向‘双师’型教师发展。”《广东省高等学校教师岗前培训指导意见》对于教研实习的考核形式和标准作出明确规定：“教研实习实行优、良、及格、不及格四级制计分。教研实习考核内容主要包括参训教师的师德师风表现、教育教学能力和科学研究能力等方面内容。参训教师需提供一门拟授课程实施大纲、授课教案、教学 PPT、课堂试讲录像和一份教研（科研）申报书（模拟稿）等内容。各高校要组建 3—5 人的考核专家小组对每一位参训教师的教研实习情况进行综合考核。”

【典型案例】

广东省教研实习形式：以师带徒

根据《广东省高等学校教师岗前培训指导意见》中的明确指示，广东省教研实习形式采用“以师带徒”的方式，旨在通过资深教师的指导和引领，帮助青年教师快速适应教育教学工作，提升教育教学能力。这种形式的实习对于高校青年教师的发展具有重要意义。

“师徒传承”，这一悠远神圣的传统，在广东省教研实习中焕发出新的生机与活力。它不仅承载着资深教师的心血与智慧，更是青年教师成长的坚实阶梯。高校作为智慧的摇篮，更应积极推广这一实习形式，让更多的青年教师沐浴在资深教师的关怀与教诲中。与资深教师的紧密合作及深度交流，不仅是对青年教师的一份责任，更是对他们的一份期待。在“师徒传承”中，青年教师得以站在巨人的肩膀上，看得更远，走得更稳。资深教师则如同明灯，照亮青年教师的教育之路，指引他们前行。“以师带徒”实习形式开展工作有以下三点重要意义。

首先，“以师带徒”实习形式有利于促进青年教师的快速成长。在实习期间，青年教师将跟随资深教师学习教育教学经验和方法，了解课堂管理、课程设计、教学方法等方面的知识和技能。通过观察、模仿和实践，青年教师能够快速掌握教育教学的基本规律和方法，提高自己的教育教学能力。

其次，“以师带徒”实习形式有利于培养青年教师的职业素养。在实习期间，青年教师将深入了解教育教学的实际情况和需求，掌握教育教学的规范和标准，培养良好的职业素养和教育教学习惯。同时，通过与资深教师的交流和合作，青年教师还能够培养团队协作、沟通协调等方面的能力，提升自己的综合素质。

最后，“以师带徒”实习形式还有利于提高高校的教学质量。通过“以师带徒”，高校可以传承和发扬优秀的教学传统和经验，提高参训教师的教学水平和教育教学能力。这将有助于提高高校的教学质量和人才培养水平，促进高校的可持续发展。

总的来说，“以师带徒”实习形式对于高校教研实习具有重要的意义和作用。各高校应该积极推广这种实习形式，加强与资深教师的合作及交流，为青年教师提供更好的指导和支持，促进青年教师的快速成长和教育教学能力的提升。同时，高校还应该不断完善“以师带徒”实习形式的机制和制度，确保其实施效果和可持续发展，共同努力为广东省的教育事业添砖加瓦，为青年教师的成长提供丰厚的土壤，共同书写广东省高校教师队伍建设的新篇章。

华南师范大学：举办新入职教师岗前培训教研实习校级磨课指导活动

华南师范大学教师发展中心为新入职教师举办了校级磨课指导活动，旨在提升他们的教育教学能力。该次活动共有115名新入职教师参与，邀请了由多位专家组成的专家组进行点评指导。活动包括模拟授课与专家点评两个环节，涉及教学内容、教学组织、教学方法等多方面的交流与指导。

专家对新教师的表现进行了肯定，同时也提出了一些改进建议。他们希望新教师能够以本次磨课为契机，准确把握自身的现状，持之以恒提升教育教学能力。参与磨课的新教师普遍表示收获颇丰，对未来的教学工作充满信心。

这次活动是新入职教师岗前培训教研实习环节中的校级指导阶段，是校—院教师发展联动模式的进一步探索。磨课过程不仅有助于教师提升自身教学水平，还可以促进不同学科背景的教师之间的交流学习。相信本次活动可为新入职教师走好职业生涯的第一步提供重要的契机和强大的动力。

这次活动促进了不同学科背景的教师之间的交流和合作。来自不同学院的教师在磨课过程中可以互相学习、借鉴，拓展教学思路，丰富教学手段。这种跨学科的交流可以为教师提供更广阔的视野和更丰富的教学资源，有助于提高教学质量。华南师范大学不仅关注新教师的培养，还注重为教师提供持续的专业发展机会。这种完善的教师发展体系可以为其他高校提供参考，促进教师专业水平的持续提升。

二、教研实习的意义

教研实习是新入职高校教师提升自身教学能力和科研能力的实践形式。它是高校教师培训贯彻理论联系实际原则、实现培养目标不可缺少的教学环节，是岗前培训中的重要组成部分。教研实习工作可以使新入职高校教师更加熟练地把知识综合运用于教学实践和科研工作当中，培养和锻炼高校教师从事教学和科研工作的有关能力，并巩固高校教师的专业素养和师风思想。

（一）实践的必要性

世界观与方法论在本质上是一致的，有什么样的世界观，就有什么样的方法论。马克思认为，全部社会生活在本质上是实践的。毛泽东（1991）说，人的社会实践，不限于生产活动一种形式，还有多种其他的形式，阶级斗争，政治生活，科学和艺术的活动，总之社会实际生活的一切领域都是社会的人所参加的。实践是人对于可因自身努力而改变的事物的、基于某种善的目的的行动的活动。黑格尔认为“实践高于（理论的）认识，因为它不但具有普遍性的品格，而且还有直接现实性的品格”。实践作为人的存在方式，它要求主体的自由和解放。

在高校教师队伍建设环节中，实践同样占据着至关重要的地位。首先，实践是提升教育教学能力的重要手段。通过实际的教学活动，参训教师能够更好地理解理论知识，并将其应用于实践中。在实践中，参训教师可以锻炼自己教学设计、课堂管理、学生评价等方面的能力，为未来的教育工作打下坚实的基础。其次，实践是促进教育创新的重要途径。在教研实习过程中，参训教师可以接触到不同的教育理念和方法，并通过实践来检验这些理念和方法的可行性和有效性。这种实践性研究有助于推动教育的改革和创新，为教育事业的发展带来新的动力。

由此看来，实践在高校教师岗前培训中具有不可或缺的地位，通过对实践必要性的把握，我们可以对教研实习开展的必要性有更深刻的理解。教研实习帮助参训教师提升教育教学能力，促进教育创新，增强与学生之间的互动及交流，是成为合格高校教师道路上的“好帮手”。因此，各高校应该重视实践的作用，也就是重视教研实习这一活动的开展，力求为参训教师提供更多的实践机会和指导，帮助他们更好地成长为优秀的高校教师。

（二）教学的特殊性

教育教学是社会实践中的特殊形式，由于教育情境的流动性、多变性、复杂性等特点，教师在开展教育教学活动时，不能简单地将已有教育理论知识运用到教育情境，需要教师随着情境变化不断调整或重组自己的教育教学行为。高校教育作为高等教育的重要组成部分，具有其特殊性。

高校教育承担着培养专业人才和创新人才的重要使命。高校作为学术研究和科技创新的重要基地，旨在培养具有创新思维、实践能力和社会责任感的高素质人才。在这一过程中，高校注重学科交叉融合，鼓励学生跨学科学习，以培养复合型人才。

高校教育注重培养学生的独立思考和批判性思维。相较于基础教育，高校教育更加注重学生的自主学习和独立思考能力的培养。通过开展研究性学习、讨论式教学等方式，鼓励学生发现问题、分析问题和解决问题，培养其创新思维和批判性思维能力。

高校教育还承担着服务社会和传承文化的责任。高校通过开展社会服务项目、与企业合作等方式，将学术研究成果转化为实际生产力，推动社会经济发展。同时，高校还承担着传承和弘扬优秀文化的使命，通过开展文化交流、艺术表演等活动，促进文化传承和创新。

总之，高校教育的特殊性主要体现在培养专业人才和创新人才、注重独立思考和批判性思维的培养以及承担服务社会和传承文化的责任。这些特殊性使得高校教育在人才培养和社会发展中发挥着不可替代的作用。

（三）教研实习的重要性

第一，教研实习是完善教师资格和任用制度的需要。教研实习是岗前培训的重要一环，也是岗前培训必经的考核之一。新进教师应先参加由各省高校师资培训中心组织的岗前培训，通过培训考试，才可申请高等学校教师资格证书。此外，教研实习的考核结果还是新进人员转定级和评聘职称的重要依据，其不仅能够激励新教师更加努力地提升自己的教学能力和水平，还能够为学校和教育部门提供更加科学、客观的评价依据。

第二，教研实习对高校新入职教师来说，是一个不可或缺的角色转换过程。从学生到教师，这不仅是身份的转变，更是教育观念和教育能力的提升。通过教研实习，新入职教师能更好地适应从受教育者到教育者的角色转换。在这个过程中，新教师需要深入了解学校的校史校情、教学管理、科研项目申请以及人事聘用等方面的规章制度。这不仅有助于他们快速熟悉工作环境，还能让他们明确自己的职责和角色定位。通过这样的培训，新教师能更快地融入学校文化和教育教学工作中，为未来的发展打下坚实的基础。

教研实习是新入职教师更好地适应这一转变的重要途径。在实习期间，新教师有机会亲身参与实际教学，通过观察、学习和实践，更深入地理解高校教师的角色和职责。他们需要学习如何制订教学计划、设计课程、组织教学活动等，并学习如何提升自己的科研能力，获取科研有关信息。这样的经历能够让他们在实践中培养教学技能，提高教学质量和科研水平。

更为重要的是，通过实习，新教师能更深入地领悟到高校教师身份的特殊性。与中小学教师相比，高校教师承担着更多的学术研究和学科建设任务。通过教研实习，新教师能够亲身体验到高校教师的职业特点和要求，从而更好地规划自己的职业发展。因此，教研实习是新入职教师适应高校教育环境、理解教师职责和领悟高校教师身份特殊性所必需的。通过实习，新教师可以更快地融入学校环境，更好地履行高校教师的职责，为未来的教学科研工作做好准备。

第三，教研实习是新入职教师专业发展的需要。教研实习对青年教师而言，不仅是角色转换的需要，更是其专业发展的基石。许多新入职的青年教师，虽然具备丰富的理论知识和扎实的基本功，但在将这些知识高效转化为实际的教学能力方面存在不足，仍需不断磨炼和提高。

青年教师由于工作年限和实践机会相对较少，其教学经验确实有待积累。教学实践经验恰恰是衡量一个教师教育教学能力的重要标准。一个具备丰富教学实践经验的教师，更能自如地策划教学环节、掌握教学节奏，并给予学生有针对性的指导和帮助。教研实习为青年教师提供了一个宝贵的实践平台。在这个平台上，他们可以亲身体验实际教学的各个环节，从中学习如何将理论知识与实际教学相结合，提高自己的教学能力。

因此，教研实习是新入职教师专业发展的关键环节。通过教研实习，他们可以更好地将理论知识转化为实际教学能力，积累宝贵的教学经验，为未来的高校教师生涯奠定坚实的基础。

三、教研实习的组织流程

《广东省高等学校教师岗前培训指导意见》对于教研实习的组织管理、培训管理、培训考核也作出了明确要求。以下是《广东省高等学校教师岗前培训指导意见》中有关教研实习方面的具体要求和阐释。

（1）组织管理方面。由省教育厅负责制定相关政策文件，以及统筹管理、政策指导和组织协调，并负责开发“广东省高校教师岗前培训信息管理系统”；广东省高校师资培训中心协助省教育厅指导全省高校制订培训方案、建立岗前培训师资库、开发共享网络课件，开展业务管理指导和质量评估检查等工作；各高校负责本校教师岗前培训的具体组织实施和管理工作。

（2）培训管理方面。各高校应充分发挥教师（教学）发展中心的作用，积极开展高校教师教研实习工作。应制定本校教师教研实习管理制度和培训规划方案，规范开展培训工作，不得随意缩减培训课程、培训内容和培训时间；要配强师资，优化培训资源，凸显学校特色，确保培训质量。各高校应加强培训过程管理，可设立带班班主任，实行班级化管理；要精心组织好教学工作，建立严格的考勤制度，参训学员在面授培训期间原则上不得请假；要通过管理系统详细记录参训教师的教研实习活动情况，作为培训考核的依据。

（3）培训考核方面。教研实习实行优、良、及格、不及格四级制计分。教研实习考核内容主要包括参训教师的师德师风表现、教育教学能力和科学研究能力等方面。参训教师需提供一门拟授课程实施大纲、授课教案、教学 PPT、课堂试讲录像和一份教研（科研）申报书（模拟稿）等内容。各高校要组建 3—5 人的考核专家小组对每一位参训教师的教研实习情况进行综合考核。高校教师岗前培训的高等教育学、高等教育心理学和教研实习的成绩在高校教师资格认定中的使用，按高校教师资格认定的相关规定执行。

《广东省高等学校教师岗前培训指导意见》的出台对高校教师岗前培训教研实习工作提出了明确要求，要求各层次、多方面，共同实现高校教师岗前培训教研实习的顺利开展和圆满完成。根据《广东省高等学校教师岗前培训指导意见》，各高校要高度重视教师岗前培训工作，将教师岗前培训作为新时代教师队伍建设的基础环节和重要举措，建立健全教师岗前培训管理机构和管理制度，落实岗前培训各项工作，确保按要求、高质量完成培训任务；在时间安排上，各高校应在每年 1 月前将上年度本校开展新入职教师教研实习（包含在岗前培训内）工作总结报送省教育厅；各高校原则上应自主规范开展本校新入职教师教研实习工作，如条件暂不具备也可委托或联合其他高校开展培训工作，有关事项和所需经费由双方协商解决；各高校要保障教研实习资金投入，确保培训工作按质按量完成。教研实习所需经费从学校教师队伍建设经费中列支，不得收取参训教师个人费用；各高校要核定教研实习中教研实习指导教师的工作量，纳入绩效考核，提高指导教师的积极性；各高等师范院校要积极支持其他高校开展教研实习工作，在培训师资、课程设计、方案研制和实施管理等方面给予指导和帮助。同时省教育厅将加强对高校教研实习工作监督检查和指导，推动各高校规范化开展教研实习工作。

四、教研实习的实施策略

教研实习由省教育厅组织各高校开展工作，这项重要岗前培训任务对各高校提出了以下几方面的要求。

（一）实践活动

为了提升教师队伍的整体质量，各高校应积极组织各种有益的教学实践和科研活动。这些活动不仅可以帮助新教师提升自己的专业素养，还能够促进教师之间的交流与合作，提高整个教师队伍的素质和能力。

在教学实践方面，高校可以组织定期的课堂教学观摩、教学技能比赛等活动，鼓励新教师积极参与，相互学习借鉴。通过这些活动，新教师可以发现自己的不足之处，学习别人的优秀教学方法和经验，从而提升自己的教学水平和能力。

在科研活动方面，高校可以组织学术研讨会、科研项目合作等活动，鼓励教师进行学术交流和合作研究。通过参与科研项目，教师可以提升自己的学术水平，积累科研经验，提高自己的学术影响力。同时，科研合作还能够促进教师之间的合作与交流，增强教师队伍的凝聚力和向心力。

（二）平台提供

为参训教师搭建一个广阔的教学与科研平台，确保他们有足够的空间展现自己的能力，各高校需要采取一系列措施。首先，高校应该提供充足的教学资源，包括教材、教具、实验设备等，确保教师在教学实践中能够得到充分的支持和保障。其次，高校应该鼓励教师开展科研活动，为他们提供必要的科研支持和指导。这包括提供科研经费、实验室设备、研究助手等资源，以及组织学术交流和合作研究等活动，帮助教师拓宽学术视野，提高科研能力和水平。

此外，高校还应该为新教师提供展示自己能力的机会和平台。例如，可以举办教学技能比赛、科研成果展示等活动，让教师有机会展示自己的教学和科研成果，增强他们的自信心和成就感。同时，高校还可以通过奖励机制等方式，激励教师在教学和科研方面取得更好的成绩。

总之，为参训教师搭建一个广阔的教学与科研平台，需要高校从多个方面入手，提供全方位的支持和服务。只有这样，教师才能够在这个平台上充分展现自己的能力和才华，为高校的发展作出更大的贡献。

（三）氛围营造

创造一个良好的教学与科研环境，对于青年教师的成长至关重要。这个环境不仅要有丰富的教学资源、先进的教育理念，还要有浓厚的学术氛围和开放的交流平台。在这样的环境中，青年教师可以不断地汲取知识的养分，不断地探索教育的真谛，不断地提升自己的教研能力。同时，青年教师还可以与同行互相学习、互相借鉴，共同成长，激发青年教师的创造力和潜能，为参训教师的未来发展奠定坚实的基础。因此，高校应该致力于创造这样的教学与科研环境，为青年教师的成长提供有力的支持和保障。

（四）循环提升与培养机制

高校需构建一套科学、系统、合理的培养机制，以确保青年教师能够有序、持续地接受培训。这套机制应该全面考虑青年教师的不同需求和阶段，为他们提供个性化的培训计划。通过系统的课程设置、实践训练和导师制度，帮助青年教师掌握教学科研的基本技能和专业知识，提高他们的教学水平和科研能力，确保青年教师在不同阶段都能得到适当的培训和支持，为他们的成长和发展提供有力保障。

上述措施有利于实现高校教师教育教学能力和科研能力的双向提升，形成良性循环。高校需根据“以师带徒”的模式，结合自身情况，为青年教师提供更多的实践机会和培训资源，确保他们在教学和科研方面都能得到充分的锻炼和提升。

五、教研实习的实施流程及常见问题

（一）准备环节

高校教师发展中心在教研实习中起着主导作用。为了确保教研实习的顺利进行，中心需制定包括《答辩会评审专家须知》和《新入职教师教研实习考核标准》等一系列指导性文件，对教研实习的前期准备、进行过程和时间、考核规定、专家评审要求等作出明确规定。

在前期准备阶段，各学院需提交教研实习方案。这些方案经过中心整合后，由 2～3 位指导专员负责具体指导。每位专员负责 7～8 个学院的实习工作，确保每个学院得到有效的指导。

在实施过程中，高校教师发展中心会对教研实习进行全程督查，确保其按照既定的规划进行。此外，高校教师发展中心还会对实习效果进行评估，为后续的教研实习提供有益的参考。

高校教师发展中心旨在为各学院提供有力的支持，确保教研实习工作有序、高效地开展，从而促进教师的专业成长和发展。

【典型案例】

《答辩会评审专家须知》

《答辩会评审专家须知》是高校教师发展中心为确保答辩会公平、公正、顺利进行而制定的指导性文件。该文件详细规定了评审专家的职责、权利和义务，明确了答辩会的考核流程和评审标准。评审专家需严格遵守须知中的规定，确保评审环节透明公开，依照规则文件进行，为答辩会的顺利进行提供有力保障。

示例：××年新入职教师岗前培训教研实习答辩会评审专家须知

专家须知至少应该包含以下两方面的内容。

（1）考核流程。考核流程是一套系统化、规范化的评估过程，用于衡量个体或团队的表现和成果。流程应遵循目标导向、客观公正和及时反馈的原则，确保评估的有效性和准确性。每个步骤都环环相扣，形成了一个完整的评估体系。《答辩会评审专家须知》中应明确规定考核流程，以便于推进评审顺利进行。

考核流程主要包括五个步骤：教师汇报、导师汇报、专家提问与点评、专家独立评价以及确定考核结果。应对各部分具体操作措施和时间进行规定。

（2）考核流程。注意事项部分应对以下四方面进行提醒规定。

首先，参训教师和教研导师都需要完成小组评分表，其中参训教师的总评成绩有一个等级参考，而教研导师的总评成绩则需要根据实际情况进行评分。这体现了评估的公正性和客观性。

其次，各考核小组的组长需确保评审流程得到有效把控，确保考核在规定时间内进行，并限制参训教师和教研导师的陈述和答辩时间，以保持评估的高效和准确。

再次，评审专家需要在评分表上写下总分和建议，对教研实习考核汇报进行全面客观的评价。这保证了评估的深度和合理性。

最后，专家组组长需确保评委熟悉评审规则，并确保每位评委独立打分。所有分数应在考核结束后统一收集。这确保了评估的公正性和保密性。

《新入职教师教研实习考核标准》

《新入职教师教研实习考核标准》是高校教师发展中心为评估新入职教师在教研实习中的表现而制定的量化标准，旨在全方面、多角度地评估参训教师的综合表现和个人能力，确保评审有序进行。

考核标准的制定原则有如下三点。

第一，全方面、多角度。考核标准涵盖了教学、科研、师德等多个方面，确保对参训教师进行全面评估。通过多角度的考核，更好地了解教师的优势和不足，为教师的个人发展提供有针对性的建议。

第二，细化评分。考核标准进一步细分为一级大方向和二级小方向评分权重，确保评分更加科学、客观。这样的设置既有利于对教师进行激励，也为教师提供了明确的提升方向。

第三，参训教师和教研导师共同参与。考核标准对参训教师和教研导师均有明确的评分标准，旨在促进双方互相促进、共同提升。通过双方的共同参与，形成良好的互动与合作关系，促进教研实习的顺利进行。

新入职教师教研实习考核标准的制定依据主要包括以下五个方面。

（1）教育教学理论。新入职教师作为初入教育行业的新人，需要掌握教育教学的基本理论和方法。因此，考核标准中一级评价指标包括教学态度、教学内容、教学方法和教学效果等，这些都是教育教学理论中强调的关键要素。

（2）教师专业发展要求。新入职教师作为专业人员，需要具备专业素养和技能。因此，考核标准中二级评价指标针对教师的专业发展要求，包括教师的专业理念、知识、能力等方面的表现。

（3）实习实际情况。在制定考核标准时，还需充分考虑教研实习的实际情况。例如，教研导师的指导效果、参训教师的学习效果等都是实际操作中需要考虑的重要因素。因此，在制定考核标准时，需要根据实际情况对各项指标进行权重分配和细化评分。

（4）学校或组织的发展目标。制定新入职教师教研实习考核标准还需考虑学校或组织的发展目标。例如，学校可能希望培养具有创新精神和实践能力的教师，或者希望提高教师的教育教学水平等。因此，在制定考核标准时，需要根据学校或组织的发展目标对各项指标进行权重分配和细化评分。

（5）实际可操作性。在制定新入职教师教研实习考核标准时，还需要考虑其实践性和可操作性。考核标准应当简明扼要，容易理解和操作，同时也要考虑到评价者的实际情况和评价效率。例如，在制定二级评价指标时，需要避免过于烦琐和难以量化的指标，同时也要避免重复和交叉的指标。

新入职教师教研实习考核标准的制定依据主要包括教育教学理论、教师专业发展要求、实习实际情况、学校或组织的发展目标和实际可操作性等方面。这些依据综合考虑了理论和实践的结合，能够为新入职教师的专业发展提供指导和帮助。教研实习考核标准表示例见表 8-1。

表 8-1　教研实习考核标准表示例

一级指标		二级指标	分值	评价分
参训教师（100 分）	教学态度（10 分）	1. 准时完成授课，精神状态饱满，严格要求学生	5	
		2. 课前准备充分，教案配备齐全，耐心解答问题	5	
	教学内容（40 分）	3. 教学目的明确，理念先进，有的放矢	10	
		4. 内容充实、精练，脉络清晰，重、难点突出	15	
		5. 观点正确，概念清楚，传授知识的思想性、正确性、丰富性、深浅度	15	
	教学方法（30 分）	6. 理论联系实际，例证恰当，分析透彻	12	
		7. 注重启发，以学生为中心，因材施教	10	
		8. 适当地板书，能恰当运用现代教育技术、多媒体进行辅助教学	8	
	教学效果（20 分）	9. 课堂组织得法，师生互动强，学生学习兴趣和课堂积极性高	5	
		10. 有效利用教学时间，完成教学任务，课堂气氛活跃，学生评价高	15	
教研导师（100 分）	教研实习指导效果	11. 认真落实教研实习计划，完成教研实习指导任务，为参训教师成长采取的措施得当	55	
		12. 完成培养目标，在教学、科研等方面培养效果良好	45	
总评成绩（优秀（$90 \leq X < 100$）　良好（$80 < X < 90$）　及格（$60 \leq X \leq 80$）　不及格（$X < 60$））				

各高校需组织各学院将教研实习参加教师名单和教研导师遴选、考核标准方案制订详细文件，提交教师发展中心进行审核，审核通过后严格依照教师发展中心有关文件和各学院实际情况准备开展教研实习，提前下发详细通知明确告知参训教师教研实习时间安排、基本教研实习内容、培训考试与考核以及其他注意事项。

各高校需要采取一系列措施来确保教研实习的顺利进行。

（二）方案的制订与实施

1. 教师发展中心组织各学院制订详细计划

各学院需对教研实习的参加教师名单进行确认，名单包括当年新入职教职工及往届需进行补训的教职工，教师发展中心对各学院参训教师名单进行整合，以便于安排对应课程并制订相应的计划；遴选出具有丰富经验的教研导师，确保他们在实习过程中能给予教师充分的指导；与教师发展中心密切合作，遵循其指导，制订详细的考核标准方案，以此确保评估的公正性和有效性。

2. 方案的提交与审核

各学院需将上述计划和方案提交至教师发展中心进行审核。教师发展中心将对提交的方案进行评估，确保其符合大纲的标准和要求。

3. 审核通过后实施计划

方案通过审核后，各学院需严格依照教师发展中心的指导文件和学院实际情况来准备和开展教研实习。为了确保所有参训教师对教研实习有充分的了解和准备，高校需提前下发详细通知。通知中应明确告知参训教师教研实习的时间安排、基本内容、培训和考试要求，以及其他相关注意事项。

4. 其他注意事项

在教研实习的整个过程中，高校和学院应密切关注参训教师的反馈意见，将其作为改进和完善相关安排的重要依据。为了确保实习效果，高校和学院还需为参训教师提供充分的资源和支持，包括教学资料、实验室设备等，帮助他们克服实习过程中的困难和挑战。这些组织措施，不仅能够确保教研实习的顺利进行，还能为新入职教师提供宝贵的实践经验和专业发展机会，促进他们的快速成长和进步。

（三）教研导师遴选

经师易求，人师难得。教研导师遴选是决定教研实习质量的关键环节。

1. 遴选过程

（1）初步遴选：各学院需根据自身的学科特点和教学资源，选择具备丰富教学经验、良好师德和一定教研能力的教师作为教研导师。学院需对教研导师的资格和经历进行初步审核，确保其具备指导新入职教师的能力和经验。

（2）提交名单至教师发展中心：学院完成初步遴选后，需将教研导师名单提交至教师发展中心进行审核。让教师发展中心对名单进行评估，确保所选导师符合标准，并具备对新入职教师进行指导的能力。

（3）审核结果通知：教师发展中心完成审核后，将给出最终的审核结果，并将结果通知各学院。学院需根据审核结果，及时调整和完善教研导师的名单。

（4）通知下发与导师见面会：教研导师名单确定后，各学院需及时下发通知给各位参训教师和教研导师，告知他们各自的安排和职责。组织导师见面会让参训教师和教研导师有机会提前熟悉，了解彼此的需求和期望，为后续的教研实习工作提供便利。

2. 考虑因素

在遴选教研导师时，应考虑其学科背景、教学经验、科研成果以及与新入职教师的匹配度等因素，还应确保教研导师具备足够的精力和时间，能够全身心地投入到教研实习的指导工作中。

3. 目的与意义

师者，所以传道授业解惑也。教研导师遴选的目的是确保新入职教师在教研实习过程中能够得到专业、有效的指导，帮助他们快速适应教学环境、提升教学能力。通过遴选优质的教研导师，可以为新入职教师提供一个良好的学习和发展平台，促进他们的专业成长。

由此可见，教研导师遴选是一个严谨而重要的过程，需要各学院和教师发展中心共同合作，确保所选导师能够为新入职教师的专业发展提供有力的支持和指导。

4. 可能出现的问题及改进措施

（1）标准不明确。在遴选过程中，如果缺乏明确的遴选标准，可能会导致所选导师质量参差不齐。解决这个问题的方法是制定明确的遴选标准，并确保所有相关人员都清楚了解这些标准。

（2）信息沟通不畅。在学院和教师发展中心之间的信息传递过程中，如果沟通不畅，可能会导致遴选工作的延误或其他不必要的麻烦。为避免这种情况，应加强双方之间的沟通，确保信息传递的准确性和及时性。

（3）审核过程形式化。如果审核过程过于形式化，只是简单地走个过场，而没有对教研导师的真正能力和素质进行深入评估，那么遴选的质量就难以保证。因此，应加强对审核过程的监督，确保其真正起到筛选优秀教研导师的作用。

（4）对教研导师的要求不够明确。如果学院或教师发展中心对教研导师的职责和要求不够明确，可能会导致导师在指导过程中出现偏差或不足。因此，应明确规定教研导师的职责和要求，确保他们能够按照既定的目标对新入职教师进行指导。

（5）反馈机制不完善。如果缺乏有效的反馈机制，学院和教师发展中心可能无法及时了解遴选过程中存在的问题和不足，也无法对遴选工作进行持续改进。因此，应建立完善的反馈机制，及时收集和分析各方意见和建议，不断优化遴选工作。

（四）考核标准方案

1. 考核标准方案的定义和内容

考核标准方案是各学院在教研实习开始前提交的详细的评审方案，主要包括以下几个部分。

（1）学员及导师名单，需明确列出参与教研实习的学员和导师的名单，确保所有相关人员都清楚自己的角色和职责。

（2）教研实习考核小组成员名单，需明确考核小组的成员，包括组长和其他评审专家，确保考核过程的公正性和专业性。

（3）具体评审流程或方案，需明确评审的标准、流程和具体操作方法，包括考核方式、评分标准等，确保所有相关人员都清楚了解评审的要求和流程。

（4）如果有特殊情况需要额外说明，如评审小组成员变动或其他影响因素，应在方案中附上相应的说明。

（5）在提交考核标准方案时，各学院需确保方案符合教师发展中心的要求，并遵循公平、公正、公开的原则。

2. 制订考核标准方案的注意事项

考核标准方案需要保证其公平、公正、公开，并必须符合教师发展中心制定的综合纲领。这就要求在制定考核标准时，应确保所有参训教师都受到同等的对待，避免任何形式的歧视或不公平现象；考核标准应当是客观的、可衡量的，以确保评估结果的公正性，避免主观臆断或个人偏见对考核结果产生不良影响；考核标准和过程应当对所有参训教师公开，确保他们清楚了解评估的标准和流程，以及自己的评估结果是如何得出的；在制定考核标准时，应仔细参照教师发展中心下发的《答辩会评审专家须知》，确保方案符合中心的要求和标准。

考核标准方案中应明确规定考核小组的组成，包括成员人数、职责等，确保评审小组具有专业性和公正性。导师不得担任评审专家，保证评估结果的准确性。所有相关的教研实习考核材料，包括评估报告、评分记录等，都应由参训教师本人签字确认，这有助于保证评估材料的真实性和有效性。

总的来说，制订一个公平、公正、公开的考核标准方案是保障新入职教师教研实习工作顺利开展的重要环节。学院在制订考核标准方案时应严格遵守相关规定，并充分考虑各方面因素以确保方案的合理性和有效性。

（五）课程安排

参训教师需参加为期一学期，累计不少于 24 学时的教研实习，主要考察参训教师的师德师风表现、教育教学能力和科学研究方法等方面。教研实习包括课堂互听、教学技能训练、科研实践和综合考核四部分。其中综合考核主要是收集前三个环节的教师训练成果进行评估。各教学、科研单位为每位参训教师遴选一位师德高尚、教学科研经验丰富的教研导师，采取“以师带徒”的形式在教育思想理念、教学方法技能、科学研究以及职业生涯规划等方面给予具体指导，并通过岗前培训系统对包括教师表现等教研实习活动过程进行详细记录作为后续个人考核的重要依据，进一步推动教师队伍“传、帮、带”的机制建设。

1. 课堂互听

首先，我们需要了解课堂互听是什么。

课堂互听是一种教师间相互观摩、学习和评估的教学研究活动。它是教师教学工作中的一个重要组成部分，也是教师专业发展的重要途径之一。课堂互听要求教师相互走进彼此的课堂，观察、分析和评价课堂教学过程，从中获取经验，发现问题，共同研究解决教学中的问题。这种互听的过程不仅可以帮助教师提高自己的教学水平，还可以促进教师之间的合作与交流，推动学校教学质量的整体提升。

因此在教研实习中，课堂互听也是一个重要的环节。通过课堂互听，新入职教师可以观察到其他教师的教学方法和技巧，从中学习到实用的教学经验和策略。同时，参训教师也可以通过观察资深教师的教学实践，了解他们如何处理教学中的问题，提高自己的教学能力。课堂互听还可以帮助参训教师更好地了解学生的学习需求和特点，发现教学中的不足之处，提出改进的建议和方案。

1）为什么要课堂互听？

教育不断发展和改革，对教师的要求越来越高。新入职的教师作为教育的新生力量，虽然拥有一定的学科知识和教育理念，但在实际的教学过程中仍然面临着许多挑战。为了帮助新入职教师更好地适应教学环境、提高教学水平，课堂互听环节的设置显得尤为重要。通过课堂互听，新教师可以观摩资深教师的课堂教学，从中学习到丰富的教学经验、教学方法和课堂管理技巧。同时，课堂互听也为新教师提供了一个反思自身教学实践的机会，发现可能存在的问题和不足之处，并从他人的教学经验中获得启示和指导，因此，课堂互听是一项必要的工作。

课堂互听对于教师发展的具体意义或作用可以从以下四方面体现。

第一，教学经验的传承与共享。资深教师经过多年的教学实践，积累了丰富的教学经验。通过课堂互听，新教师可以观摩资深教师的课堂教学，学习到宝贵的教学经验。同时，课堂互听也为新教师提供了一个与资深教师交流和分享的平台，让新教师能够从中获得指导和启示，少走弯路。

第二，教学方法与策略的学习。在课堂互听中，新教师可以观察到资深教师如何有效地组织课堂教学、运用不同的教学方法和策略，以及应对突发状况的能力。这些实践经验对于新教师来说是非常宝贵的财富，能够帮助他们更快地掌握有效的教学方法，提高教学效果。

第三，教学反思与自我提升。课堂互听不仅是一个观摩学习的过程，也是一个反思的过程。通过观察他人的课堂教学，新教师可以反思自己的教学实践，发现可能存在的问题和不足之处。同时，通过与资深教师的交流和讨论，新教师可以获得针对性的反馈和建议，明确改进方向。这种反思和自我提升的意识有助于新教师不断提高自己的教学能力和专业素养。

第四，团队协作与共同成长。课堂互听环节不仅促进了新教师与资深教师之间的交流和合作，还为新教师之间的互动与合作提供了机会。通过集体观摩、讨论和分享，新教师可以感受到团队协作的力量，共同探讨教学中的问题与挑战。这种团队氛围不仅增强了教师的凝聚力，还促进了教学经验的共享和传播。

2）互听流程及要求

课堂互听的目的是提升教学质量，通过探讨教学内容、交流教学方法，提高教学效果，从而提高教学水平和质量。

听课时数方面，教研实习方案要求在课堂互听环节中，教研导师每月至少听1次参训教师的课堂教学并针对具体授课问题进行点评；参训教师每个月至少听1次教研导师的课堂教学。此外，双方互听课的总次数须均不少于3次，每次2学时，累计不少于12学时。

如果教研导师本学期没有授课任务，可安排参训教师观摩本学院或其他学院的专业相符或内容相近的课程。如果参训教师尚未安排课程，可根据拟授课程挑选6课时的内容进行试讲，由教研导师给出指导建议。

时间安排与策略调整方面，教师发展中心需分别收集听课专家和参训教师的课程表、听课时间表。要提前两周制定听课时间表，对于时间冲突的情况做好后续策略，以推进听课环节顺利有序进行。

课堂互听方面双方教师须做到三点要求。第一，听课教师须完成随堂记录表，详细记录教学过程中的关键点。第二，教研导师对参训教师应提出针对性评价和过程性指导，确保每次互听都能带来实质性的教学改进。第三，参训教师完成课堂观摩后应填写《教研实习听课记录表》，对听课名称、时间，以及教学态度、教学内容、教学方法和教学效果四大方面等进行详细记录。听课记录表是后续综合考核的考核材料之一，需妥善保存，并交给教师发展中心，由教师发展中心收集所有互听记录表，作为后续综合考核的重要参考。同时，指导人员可根据互听结果提供反馈和建议，促进教学质量持续提升。

【典型案例】

听课记录表

听课记录表是确保课堂互听活动有效性的关键工具。参训教师在听课过程中，需随堂详细填写此表。该表至少包含以下三方面信息。

（1）课程基本信息：包括课程名称、授课教师、时间、地点等，确保每次听课都有明确的记录，为后续的评估和反馈提供准确数据。

（2）教师评价：针对授课教师的教学态度、教学内容的准确性、教学方法的创新性以及课堂整体教学效果进行评分和简略文字描述。

（3）反馈与建议：这是听课者对授课教师的直接建议和意见部分，有助于双方深入交流，共同提高教学水平。通过多方面的评分评价，不仅有助于参训教师快速成长，还能加强教师之间的教学交流与合作。听课记录表示例见表8-2。

表 8-2　听课记录表示例

××大学××年新入职教师教研实习听课记录表

教研导师□　新入职教师□（请打“√”）

<table>
<tr><td>所在学院</td><td>听课人</td><td>授课人</td><td>课程名称</td><td>课程性质</td><td>听课时间（具体时间）</td><td>授课对象</td><td>教学地点</td></tr>
<tr><td></td><td></td><td></td><td></td><td></td><td>年　月　日
第　节课</td><td>学院　专业
级　班</td><td>校区
第　教学楼　室</td></tr>
</table>

<table>
<tr><td>一级指标</td><td>二级指标</td><td>分值</td><td>评价分</td><td>评价记录</td></tr>
<tr><td rowspan="2">教学态度（10 分）</td><td>1. 准时完成授课，精神状态饱满，严格要求学生</td><td>5</td><td></td><td></td></tr>
<tr><td>2. 课前准备充分，教案配备齐全，耐心解答问题</td><td>5</td><td></td><td></td></tr>
<tr><td rowspan="3">教学内容（40 分）</td><td>3. 教学目的明确，理念先进，有的放矢</td><td>10</td><td></td><td></td></tr>
<tr><td>4. 内容充实、精练，脉络清晰，重、难点突出</td><td>15</td><td></td><td></td></tr>
<tr><td>5. 观点正确，概念清楚，传授知识的思想性、正确性、丰富性、深浅度</td><td>15</td><td></td><td></td></tr>
<tr><td rowspan="3">教学方法（30 分）</td><td>6. 理论联系实际，例证恰当，分析透彻</td><td>12</td><td></td><td></td></tr>
<tr><td>7. 注重启发，以学生为中心，因材施教</td><td>10</td><td></td><td></td></tr>
<tr><td>8. 适当地板书，能恰当运用现代教育技术、多媒体进行辅助教学</td><td>8</td><td></td><td></td></tr>
<tr><td rowspan="2">教学效果（20 分）</td><td>9. 课堂组织得法，师生互动强，学生学习兴趣和课堂积极性高</td><td>5</td><td></td><td></td></tr>
<tr><td>10. 有效利用教学时间，完成教学任务，课堂气氛活跃，学生评价高</td><td>15</td><td></td><td></td></tr>
<tr><td colspan="5">总评成绩（优秀（90≤X<100）　良好（80<X<90）　及格（60≤X≤80）　不及格（X<60））</td></tr>
<tr><td colspan="2">授课班级学风状况</td><td colspan="3"></td></tr>
<tr><td colspan="4">评语：
（听课教师为教研导师是填写本节课的优点和不足，为新入职教师则填写对本节课的收获和反思）</td><td></td></tr>
<tr><td colspan="4">建议：</td><td></td></tr>
<tr><td colspan="2">是否反馈给授课教师</td><td colspan="2">是 □　　否 □</td><td></td></tr>
</table>

注：教研导师和新入职教师进行课堂互听时总次数各不少于 3 次，请分别下载听课记录表并填写每一栏的内容，勿留空白。课程性质指公共必修课、公共选修课、专业必修课、专业选修课，全英课程、双语课程也要在此栏注明。此表仅供教师岗前培训教研实习使用

3）组织课堂互听的注意事项

由教师发展中心统筹组织，各学院为二级单位展开课堂互听，在这一过程中需要注意以下六点。

第一，明确目标和意义。要确保所有参与者都明确了解课堂互听的目标和意义，认识到这是促进教师专业发展和提升教学质量的机会，避免消极怠工，应付了事。

第二，制订详细的计划。凡事预则立，不预则废，前期计划详细可以保证后续工作顺利开展，并且预留出容错空间。教师发展中心及各学院要制订包括时间安排、参与人员、观察重点等的计划，确保互听活动有序进行。

第三，选择合适的课程和教师。确保被观摩的课程具有代表性，教师具有丰富的教学经验或独特的教学风格，可以为参与者提供有益的启示，这一点和第一点相辅相成，重视使得课堂质量上升，而高质量课堂就会让教师获益匪浅，更加重视。

第四，注重教师的个人发展。关注教师的个人需求和发展，尊重他们的教学风格和特点，鼓励青年教师发掘并保留自己的教学特色，促进其不断成长。

第五，保持持续跟进和支持。在互听活动后，持续关注教师的改进情况，提供必要的支持和指导，确保互听成果得以有效应用。

第六，与其他教师发展项目相结合。将课堂互听与其他教师发展项目如教学研讨会、ISW 等相结合，形成完整的教师专业发展体系。

通过以上措施，高校和教师发展中心可以更好地组织课堂互听活动，促进教师的专业成长和教学质量的提升。

【典型案例】

北京大学：教师教学发展中心组织开展“课堂教学观摩沙龙”（第二场）

北京大学于 2023 年 12 月 8 日举办了“课堂教学观摩沙龙”，邀请了多位资深教师与 23 位青年教师交流，共同探讨教学中的困惑和问题。活动中，胡敏、刘建波、卞江、毛利华和张俊妮等专家针对青年教师提出的问题进行了解答和建议。

主要涉及的问题包括如何调动课堂气氛、选择适合的授课方式、把控课堂时间节奏以及找到适合不同背景学生的教学方法等。

此次沙龙旨在为青年教师提供交流、学习和合作的机会，搭建教学交流合作平台，促进教学水平的提高。

北京大学采取的午餐会形式的沙龙为其他高校开展教研实习提供了有益的借鉴。创造良好的交流氛围、提供多样化的交流活动、搭建教学交流平台、分享教学资源以及关注青年教师成长，可以提高教师的教学水平，促进整个学校的教学发展。

2. 教学技能训练

教学技能训练是提升教师教学水平的重要途径，对于新教师来说尤为重要。因为通过系统化的指导和训练，教师可以掌握有效的教学方法、策略和技巧，提升教学质量。

1）为什么设置教学技能训练环节？

什么是教学技能？教学技能是教师在教学实践中所必需的一种能力，它涉及教师运用已有的教学理论知识，通过不断地练习和反思，逐渐形成的一种稳固、复杂的教学行为系统。这种技能不仅包括初级的教学技能，如备课、授课、评价等，也包括高级的教学技能，如课堂管理、学生评估、教学策略等。

教学技能是教师职业发展的基石，它有助于提高教师的教学效果，实现教学的创新。通过不断地练习和实践，教师能够熟练掌握各种教学技能，从而提高教学质量和水平。同时，教师也可以通过反思和总结，不断完善自己的教学技能，提高教学效果。教学技能的形成不是一蹴而就的，所以设置这一环节非常有必要。它需要教师在教学实践中不断地尝试、探索和实践。在这个过程中，练习是必不可少的环节，但知识也是不可或缺的一部分。只有将知识与技能有机地结合起来，才能真正掌握教学技能的本质和精髓。因此，教师在教学实践中应该注重教学技能的培养和提高，不断地反思和总结自己的教学实践经验，探索适合自己的教学策略和方法，从而提高自己的教学水平和职业发展水平。除此之外，高校教师与中小学教师有很大的差异。在高校教学课堂中，教学内容更加专业和学术，涉及的领域也更为广泛。同时，学生结构层次多样化，这无疑给新入职的高校教师带来了挑战。作为高校教师，我们的主要任务是培养学生的专业素养和独立思考能力。这意味着高校教师需要深入研究学科知识，不断探索和创新教学方法，并努力提高自身的科研水平。随着信息化的发展，教学工具和手段也在不断更新。从传统的粉笔板书到现代的电子白板，教学手段的变革要求高校教师不能局限于传统的教学模式。线上资源的蓬勃发展也为我们提供了更多的教学可能性。因此，新入职的高校教师需要接受教学技能训练，以适应这种变化和需求。简言之，针对新入职的高校教师，进行必要的教学技能训练至关重要。这不仅能帮助他们更好地应对教学挑战，提高教学质量，还能促进他们的个人职业发展。在信息化时代，教学技能训练应成为新入职高校教师的重要一环。

那么设置教学技能训练环节青年教师可以提升自身哪些方面？

第一，教学技能训练帮助提升课堂质量和学生效率。教师的善教与学生的善学相互影响，形成良性循环。通过教学技能训练，教师能够更好地引导学生掌握科学学习方法，提高学习效果。同时，教师的善教也能为学生提供更多自主学习的时间和空间，使他们更加主动地参与课堂活动。

第二，教学技能训练也是教师自身发展的重要组成部分。通过不断学习和实践，教师能够积累丰富的知识信息，提高教学水平。娴熟的教学技能使教师在教学中更加从容地应对各种情况，提高课堂组织的严谨性和有效性。以备课为例，备课作为教师课前准备的过程，也是教师提高知识水平和教学潜力、总结教学经验的过程。教师通过不断收集资料、处理教材、确定教法，专业水平和教学设计能力必然会得到提高。这要求教研导师对参训教师的备课内容和过程提出实际建议，参训教师须不断完善提高自己的备课能力。

因此，提前进行教学技能训练至关重要。这不仅有助于提高教师的教学效果，也能够提升学生的学习体验。通过教学技能训练，教师能够更好地把握教学节奏，合理分配教学资源，从而更好地满足学生的学习需求。

2）教学技能训练的具体流程和要求

根据《广东省高等学校教师岗前培训指导意见》，参训教师须在教研导师的指导下，进行备课训练，包括撰写课程实施大纲、授课教案、教学 PPT 等，教研导师的指导时间累计不少于 4 学时。

指导可通过面谈、会议等线上线下形式进行，每次指导及完善进步都应全程记录，以便于对教师表现进行评估。这一环节参训教师须准备一门课程实施大纲、授课教案、教学 PPT，在后续综合考核中作为考核材料提交。

3. 科研实践

1）基本要求

参训教师需在教研导师的指导下，参加科研培训、学术会议、讲座等，并完成 1 份教研（科研）申报书（模拟稿）的撰写，累计不少于 4 学时。

高校教师发展中心须积极开展对应的科研培训、学术会议和讲座，以便于参训教师有选择地参加学习。参训教师在此环节撰写的教研（科研）申报书（模拟稿）须在综合考核中作为考核材料提交。

2）意义

设置科研实践是必要且重要的，与如今的时代发展密不可分。

第一，在当今的慕课时代和网络化大学环境中，大学不再仅仅是传播知识的场所。单纯以传播知识为目的的大学教学已经过时，不能满足个人和现实教学的需求。我们身处一个科技和知识更新迅速、媒体信息快速传播的时代，人们对高等教育的期待已超越了单纯的知识传承。如今，许多基础课堂知识都可以在网络、图书馆和各种书籍中找到。这意味着教师不再是知识的唯一拥有者和传播者。因此，对高校教师来说，科研能力变得尤为重要。科研已经成为高校教师的必修课，提前进行科研实践，感受科研的魅力，不仅十分必要，而且具有深远的意义。通过科研实践，教师可以更好地理解学术前沿，提升自己的研究能力，并为学生提供更丰富、更深入的学习体验。科研实践是推动教师个人和学术成长的关键，也是适应新时代高等教育发展的重要途径。因此，高校教师需要重视科研实践，积极参与科研活动，不断提升自己的学术水平和研究能力。只有这样，他们才能更好地满足当今社会对高等教育的期待，培养出更具创新精神和实践能力的学生。

第二，教学与科研在高校中密不可分，相互促进。科研不仅是创造新知识的必经之路，更是展示和检验教师与学生知识、技能和才华的重要平台。它不仅有助于教师的创新性教学，培养学生的批判性思维，还磨炼研究者的意志和品德。

一些大学认为，科研能使教授成为更优秀的教师。在瞬息万变的时代，只有从事学术研究的教师才能获得并与学生交流最新的知识。研究型教师能够更好地选择讲课内容，确定重要话题和概念，并以更合适的方式将知识传递给学生。如今，国外许多高校都认为教师的学术研究对学生具有吸引力。学生参与科研或学术研究已成为本科生教育的常态，既是一种吸引学生的手段，也是学校推崇的新型教育模式。这种模式有助于提高学生的综合素质和创新能力，使他们更好地适应未来的挑战。因此，高校应重视教学与科研的结合，鼓励教师和学生积极参与科研活动，培养他们的创新思维和实践能力。只有这样，高校才能真正发挥其育人的作用，为社会培养出更多优秀的人才。

在教研导师的指导下，新入职的高校教师需要深入参与科研实践，这是一个系统而严谨的过程。首先，青年教师需要参加科研培训，这不仅包括学科基础知识的掌握，还包括科研方法、数据收集与分析等方面的技能培训。这样，青年教师可以全面了解科研的基本操作流程和规范，为后续的实践打下坚实的基础。其次，参加学术会议和讲座是教师获取最新学术动态、了解前沿研究成果的重要途径。在这些场合，教师可以与同行进行深入的交流与讨论，分享彼此的经验和见解，从而激发创新思维，拓宽学术视野。

为了确保科研实践的有效性，高校教师发展中心需要精心组织并安排这些活动。他们不仅需要确保培训和会议内容的针对性和实用性，还要为教师提供足够的参与机会，使他们能够根据自己的兴趣和研究方向进行选择。在这个过程中，新入职教师需要完成一份模拟的教研（科研）申报书的撰写。这份申报书不仅是对教师科研能力的检验，也是他们实际操作的一个重要环节。通过撰写申报书，教师可以模拟真实的科研项目申请过程，从选题、研究方法选择到研究计划制订等各个环节进行实际操作。教师可以更好地掌握科研项目的设计与实施技巧，提高自己的科研能力。

完成申报书后，新入职教师需要将其提交给教研导师进行综合考核。这份申报书将成为考核的重要依据，用于评估教师在科研实践中的表现和能力。通过综合考核选拔出优秀的教师进行重点培养，并为他们提供更多的发展机会。同时，考核结果还可以为高校教师发展中心提供反馈，帮助他们进一步完善科研实践的培训计划和活动安排。

总之，科研实践是新入职高校教师专业成长的重要环节。通过参与科研培训、学术会议和讲座等活动，新入职教师可以系统地学习科研知识和方法，提升自己的学术水平。同时，完成模拟的教研（科研）申报书撰写也是科研实践中的关键环节，有助于培养教师的创新思维和实践能力。高校教师发展中心需要为新入职教师提供良好的科研实践环境和支持，帮助他们快速适应高校教学和科研工作，为未来的学术发展奠定坚实基础。

对于高校而言，作为培养人才和科技创新的重要基地，师资队伍的科研能力是衡量一所高校综合实力的重要标准之一。新入职教师作为高校师资队伍的新生力量，其科研能力的提升对于高校的“双一流”建设和实现科技强国战略具有重要意义。因此，高校开展新入职教师科研实践培训至关重要。

第一，开展新入职教师科研实践培训有利于快速提升新教师的科研能力。新入职教师往往缺乏科研经验和实践能力，通过参加科研实践培训，新教师可以深入了解科研的基本流程、方法和规范，掌握科研工具和技能，提高自身的科研素质和能力。同时，培训过程中的学术交流和合作也有助于新教师拓宽学术视野，激发创新思维，提升科研创新能力。

第二，开展新入职教师科研实践培训有利于促进新教师的职业发展。通过科研实践培训，新教师可以更好地了解学科前沿和发展趋势，熟悉领域内的研究热点和难点问题，为自身的职业规划和发展提供方向和支撑。同时，培训过程中与资深教授和专家的交流也有助于新教师提升自身的教学水平和专业素养，为未来的职业发展打下坚实的基础。

第三，开展新入职教师科研实践培训有利于提高高校的科研水平和影响力。新教师的加入为高校的科研工作注入了新的活力和创造力，他们的研究成果和学术贡献有助于提升高校的学术水平和声誉。同时，新教师的学术交流和合作也有助于高校与国内外学术界的联系和合作，为高校的发展提供更多的机遇和资源。

第四，开展新入职教师科研实践培训还有利于培养创新型人才。通过参与科研实践，新教师可以引导学生了解学科前沿和发展趋势，激发他们的科研兴趣和创新精神。同时，新教师的科研成果和学术贡献也可以为学生提供更多的学术资源和学术平台，为培养创新型人才提供更好的环境和条件。

总之，高校开展新入职教师科研实践培训具有多方面的重要意义，对于提升高校的师资水平、科研实力和人才培养质量具有积极的推动作用。

【典型案例】

广东外语外贸大学：开展青年新教师 ISW 教学培训

广东外语外贸大学教师发展中心成功举办了“青年教师教学技能训练项目”，旨在提升新入职教师的教学技能。60 名新入职教师作为第一期学员，参与了为期两天的 ISW 教学培训，并全部顺利完成培训并获得结业证书。

培训采用“ISW 技能训练+MSF 教学诊断”模式，以 BOPPPS 有效教学结构为基础，通过教学演练、反馈和反思等环节，帮助新教师快速提升教学能力。导师团队由多位教学专家和教育学专家组成，他们为新教师提供了专业的指导和支持。

此次培训的目的是让新教师掌握有效教学技巧，提升教学效果，增强授课自信。通过培训，新教师不仅学习了教学理论和方法，还通过实践演练和反馈，不断改进自己的教学技能。

教师发展中心还计划推出面向全校青年教师的“青年教师教学技能训练项目”，并拓展到其他学科领域。该项目将提供教学培训、教学实践、教学咨询和教学诊断等服务，为青年教师提供全方位的支持和指导。

此次培训的成功举办为新入职教师提供了宝贵的学习机会，也为其他高校开展教研实习提供了借鉴经验。通过不断改进和完善教师发展项目，广东外语外贸大学致力于培养更多优秀青年教师，为提高教学质量和推动学校发展作出贡献。据悉，教师发展中心会对青年新教师开展基于 MSF 的教学诊断工作。教学专家将下沉到每一位新教师的课程教学现场，收集、汇总、分析新教师与学生的多维度表现和信息，提升青年新教师的教学技能和教学质量。

广东外语外贸大学成功举办的“青年教师教学技能训练项目”对其他高校开展教研实习具有以下几点重要的借鉴意义。

第一，采用实践性和反思性的培训方式。该项目采用实践性强的培训方式，如教学演练和反馈等，使新教师能够快速提升教学能力。同时，该项目还强调反思和总结，鼓励教师在实践中不断改进自己的教学技能。这种培训方式有助于提高教师的实际教学水平和自我发展能力，值得其他高校借鉴。

第二，构建专业的教学团队。广东外语外贸大学组建了由多位教学专家和教育学专家组成的教学团队，为新教师提供专业的指导和支持。其他高校可以借鉴这种做法，积极吸引和培养高水平的教学专家，构建专业的教学团队，为教师发展提供更优质的服务。

第三，创新教师发展项目。广东外语外贸大学的“青年教师教学技能训练项目”是一个创新的教师发展项目，结合学校实际与教师需求，打造出“ISW 技能训练+MSF 教学诊断”全新培训模式。其他高校可以创新思维，根据自身实际情况和教师需求，设计和实施具有针对性的教师发展项目，提升教师的教学水平和专业素养。

第四，开展基于 MSF 的教学诊断工作。广东外语外贸大学计划开展基于 MSF 的教学诊断工作，收集、汇总、分析新教师与学生的多维度表现和信息，提升青年新教师的教学技能和教学质量。这种基于学生反馈的教学诊断工作有助于提高教师的教学效果和满足学生需求的能力，值得其他高校借鉴和应用。

一言蔽之，广东外语外贸大学举办的“青年教师教学技能训练项目”对其他高校开展教研实习具有重要的借鉴意义。通过重视青年教师教学技能的提升、采用实践性和反思性的培训方式、构建专业的教学团队、创新教师发展项目以及开展基于 MSF 的教学诊断工作等，其他高校也可以不断完善教师发展体系，提高教学质量和效果。

资料来源：《我校青年新教师接受 ISW 教学培训》，https://ctd.gdufs.edu.cn/info/1211/9497.htm[2024-07-01]。

4. 综合考核

1）综合考核的流程

在前三个环节结束后，各学院会组织收集参训学员需提交的考核材料，这一过程主要包括以下四部分。

（1）课堂互听环节：参训学员需提交听课记录表，记录他们在互听课堂中的学习心得和观察结果。

（2）教学技能训练环节：学员需要准备一门拟授课程的实施大纲、授课教案、教学 PPT 等材料，以展示他们在教学技能方面的掌握情况。

（3）科研实践环节：参训学员需提交一份教研（科研）申报书（模拟稿），这是对他们科研能力的考核，旨在检验他们在实际科研工作中的能力和表现。

（4）师德师风表现情况：这一部分可由导师出具，主要评估参训教师在师德师风方面的表现和成长。

学院会根据教师提交的材料和考核评价标准开展教研实习考核评审会。评审会将对教师提交的材料进行详细分析和评估，根据考核评价标准对教师的教学技能、科研能力以及师德师风表现进行全面评价。评审会结束后，将完成评价反馈和考核打分，为参训教师提供明确的改进建议和具体的评分结果。

整个教研实习考核过程将被详细记录，以确保考核的公正性和透明度。这些考核记录和结果将成为参训教师个人评价的重要依据，帮助他们了解自己的优势和不足，促进他们在专业发展上的进一步提升。

2）各学院任务

各学院在综合考核中首先需要根据教师发展中心的指导意见和实际情况，制订具体的综合考核方案。这一方案需明确评审专家小组成员、评审流程和评审标准。其次，由各学院成立由3～5人组成的专家评审小组，并由二级单位负责组建。根据实际情况，专家人数可适当增减。专家评审小组应包括以下三部分人员：考核专家、秘书和联络员。其中，考核专家的人数不得少于3人。为确保考核的公正性，教研导师不得担任考核专家。

【典型案例】

考核专家遴选流程

（1）确定评审专家小组成员的范围和标准，确保其具备相关领域的专业知识和经验。

（2）进行初步的候选人筛选，根据标准挑选出符合条件的候选人。

（3）对候选人进行进一步评估，考虑其在相关领域的成就、贡献和声誉。

（4）确定最终的评审专家名单，确保他们在专业能力和背景上能够胜任考核工作。

（5）对评审专家进行培训，确保他们了解考核标准和流程，并能够按照要求进行公正、客观的评价。

（6）在考核过程中，确保评审专家的独立性和保密性，防止任何可能影响考核公正性的因素出现。

3）后续工作

综合考核结束后需将考核结果一式两份，提交一份纸质版和电子版至教师发展中心，各学院自留一份纸质版和电子版进行存档。

（六）常见问题

1. 培训内容与形式单一

当前，许多高校在针对青年教师的培训工作中，过于偏重学术教育和指导，培训内容与形式单一，缺乏多样性和针对性，这导致部分教师对培训失去兴趣，培训效果不佳。针对这一问题，高校应调整和优化培训工作，丰富培训内容和形式，在学术教育和指导的基础上，增加教学方面的培训，如教学技巧、课堂管理、教学资源开发等，通过讲座、工作坊、观摩教学等多种形式，提高教师的参与度和学习效果。

2. 培训与实际教学需求脱节

由于对教师的教学实际需求缺乏了解，培训工作往往与教师的实际教学需求脱节，教师难以将在培训中学到的知识运用到实际教学中，培训效果大打折扣。要避免这一后果，在制订培训计划之前，应当通过问卷调查、座谈会等方式深入了解教师的实际需求。根据教师的反馈调整培训内容和形式，确保培训与教师的实际教学需求紧密结合。

3. 缺乏实践教学环节

在许多高校的教师培训中，实践教学环节往往被忽视。教师缺乏实践教学的机会，难以掌握实际教学技能，影响教学质量。所以在培训中加强实践教学环节的设计与实施十分关键，各高校应当为教师提供更多的实践学习与训练的机会，如组织教学观摩、教学实践周等活动，让教师在实践中学习和掌握教学技能。

4. 缺乏个性化的培训计划

每个教师的专业背景、教学经验和个人发展需求都有所不同。然而，许多高校在培训工作中忽视了教师的个性化差异，培训计划缺乏针对性。高校应关注教师的个性化差异，制订具有针对性的培训计划。例如，可以根据教师的专业背景、教学经验和个人发展需求，将教师分为不同的组别，为每个组别制订相应的培训计划和内容。

5. 评价体系不完善

为了确保培训效果，高校应建立完善的评价体系。通过评价教师的参与度、学习成果和教学质量等方面，及时发现问题并调整培训计划和内容。

为有效应对教研实习中存在的问题和挑战，高校应采取一系列措施来优化培训工作。通过丰富培训内容和形式、深入了解教师需求、加强实践教学环节、制订个性化的培训计划以及建立完善的评价体系等措施，提升教师的专业素养和教学质量。同时，高校应关注教师的个性与能力差异，为教师提供更多参与实践教学的机会和空间。通过实践教学环节的设计与实施，让教师充分融入各种实践教学活动当中，以此不断提升高校的综合实力和竞争力，为高校的可持续发展奠定坚实基础。

第二节　教研实习的组织评价

教师教育者质量评价事关教师教育者队伍质量、教师教育教学质量以及未来的教师质量，是高质量教师教育建设的应有之义。它可被理解为对教师教育者的输入质量（教师教育者资质、教师教育者特质）、过程质量（教师教育者教学、教师教育者研究、教师教育者反思）和结果质量（教师教育者效能）的综合价值判断。

在确保青年教师积极参与实践教学培训的同时，各高校需制订出相应的考核标准和方案，要引导青年教师逐步明确实践教学的重点和方向，认识到实践教学的真正价值和意义。

一、教研实习的基本内容

组织评价包括参训教师考核和教研导师考核。

（一）参训教师考核

（1）考核方案制订。参训教师教研实习期满后，各学院需按照学校要求自行制订考核评审方案，提交至教师发展中心审核。

（2）答辩与评审。根据《答辩会评审专家须知》和《新入职教师教研实习考核标准》完成教研实习考核评审会，组织试讲、答辩和评审环节。试讲考核为 8 分钟的课堂演示，并进行考核小组专家点评，全程录像。试讲视频需提交至评审会与综合考核中的考核材料一同进行评审。

（3）评价反馈与打分。填写评价反馈表和考核打分表，成绩实行优秀、良好、及格和不及格四级制计分。参训教师最终分数取专家打分平均值，由专家组给出总评。不及格者需视情况参加补训，该项成绩将成为教师个人综合素质评价的重要依据。

（二）教研导师考核

（1）考核内容：主要包括教研实习计划落实情况，为参训教师成长采取的措施，培养目标实现情况，培养效果等。

（2）考核方式：与参训教师考核同步进行（以现场答辩方式，可由参训教师陈述）。

（3）评价与反馈：对表现优异者可给予相应的表彰或奖励。

总体而言，组织评价的目的是确保参训教师在教研实习期间能够获得有效的指导和评估，促进其专业成长和发展。同时，对教研导师的考核也是为了激励他们在培养过程中发挥积极作用，提高培养质量。这样的评价机制，可以促进教师之间的交流与合作，推动教育教学和科研工作的持续改进和提高。

【典型案例】

评价反馈表

评价反馈表是对参训教师和教研导师在教研实习过程中的表现进行客观描述和综合评价的工具。该表需确保内容真实、反馈客观有效，各学院需将其作为重要的评价依据，向教师发展中心发送电子版进行存档。通过填写此表，可以对参训教师在听课记录、课程实施大纲、授课教案、教学 PPT 等方面的完成情况进行评估，同时也可以对教研导师的培养效果进行评价。该表有助于提高教师的专业素养和实践能力，并为后续的教研实习工作提供有益的反馈和建议。新入职教师教研实习评价反馈示例表见表 8-3。

表 8-3　新入职教师教研实习评价反馈示例表

××大学新入职教师教研实习评价反馈表

<table>
<tr><td>参训教师姓名</td><td></td><td>性别</td><td></td><td>工号</td><td></td><td>所在学院</td><td></td></tr>
<tr><td>教研实习时间</td><td colspan="5">年　月　日至　年　月　日</td><td>教研导师姓名</td><td></td></tr>
<tr><td colspan="8">新入职教研实习完成情况</td></tr>
<tr><td rowspan="2">序号</td><td rowspan="2" colspan="3">项目内容</td><td rowspan="2" colspan="2">满分</td><td colspan="2">完成情况评价</td></tr>
<tr><td>得分</td><td>是否完成（请打√）</td></tr>
<tr><td>1</td><td colspan="3">听课记录表</td><td colspan="2">20</td><td></td><td>是 □　否 □</td></tr>
<tr><td>2</td><td colspan="3">课程实施大纲</td><td colspan="2">10</td><td></td><td>是 □　否 □</td></tr>
<tr><td>3</td><td colspan="3">授课教案</td><td colspan="2">15</td><td></td><td>是 □　否 □</td></tr>
<tr><td>4</td><td colspan="3">教学 PPT</td><td colspan="2">10</td><td></td><td>是 □　否 □</td></tr>
<tr><td>5</td><td colspan="3">课堂试讲录像</td><td colspan="2">10</td><td></td><td>是 □　否 □</td></tr>
<tr><td>6</td><td colspan="3">科研培训、学术会议、讲座等</td><td colspan="2">15</td><td></td><td>是 □　否 □</td></tr>
<tr><td>7</td><td colspan="3">教研（科研）申报书（模拟稿）</td><td colspan="2">20</td><td></td><td>是 □　否 □</td></tr>
<tr><td colspan="4">总评</td><td colspan="2">100</td><td></td><td></td></tr>
<tr><td colspan="8">总评成绩（优秀（$90 \leqslant X < 100$）　良好（$80 < X < 90$）　及格（$60 \leqslant X \leqslant 80$）　不及格（$X < 60$））</td></tr>
<tr><td colspan="2">教研导师总评</td><td colspan="6">教研导师签名：　　　　日期：</td></tr>
<tr><td colspan="2">单位意见</td><td colspan="6">单位负责人签名（盖章）：　　　　日期：</td></tr>
<tr><td colspan="2">学校审核意见</td><td colspan="6">公章：　　　　日期：</td></tr>
</table>

【背景知识】

教师教育者质量既涉及外显的质量要素（如受教育状况），也涉及内隐质量要素（如专业信念）；既涉及静态的质量要素（如从教资质），也涉及动态的质量要素（教学、研究和反思）。这就决定了教师教育质量评价不能采用单一的定量评价方式，而应同时采用定量和定性评价。定量评价包括资格审查、成绩表现、量表测查等，可用于评价教师教育者一些外显和静态的质量要素，如教师教育者资质。定性评价包括成长档案袋材料（教学设计材料、教学反思日志、自我陈述、自我反思报告）、课堂教学视频、学生评教相关资料等，更适用于评价教师教育者的一些内隐和动态的质量要素，如教师教育者教学、教师教育者反思、教师教育者效能等。此外，对于教师教育者特质和教师教育者研究需要整合定量与定性两种评价方式。对于教师教育者特质，不仅需要通过量表测量教师教育者的专业信念、情感承诺和职业效能得分，也需要采取定性评价方式分析教师教育者个人自述与档案袋资料以考察其专业信念、情感承诺和职业效能的具体表现；对于教师教育者研究的评价，不仅需要通过对其研究成果（论文、项目、专著）采用量化方式（级别、被引等）进行赋分计算，也需要通过访谈、资料收集等方式，评价其在教师教育研究中的真实获得感。为此，建议依托教师教育质量评价指标体系建构教师教育者质量结构化评分表（覆盖输入、过程和输出质量），同时建立配套的教师教育者质量档案袋资料（包括学校评审、学生评教、个人述职、实践操作、业绩展示等），以整合定量评价和定性评价。

二、教研实习的评价意义

（一）评价反馈有助于调动青年教师的积极性

通过制定和实施青年教师评价制度和教学质量监控体系，青年教师能够更加关注自己的工作表现，并得到客观、公正、合理的评价。这对于他们来说是一种积极的激励，使他们能够了解自己的优势和不足，明确改进的方向，从而更好地提升自身的教学能力。

评价用以衡量人或事是否具有价值，是否具有目标导向、发扬激励、反馈调节的作用。2020 年 10 月 13 日，中共中央、国务院印发《深化新时代教育评价改革总体方案》明确指出，充分发挥教育评价的指挥棒作用，引导确立科学的育人目标，确保教育正确发展方向。可以认为，有什么样的评价导向，就会诱导什么样的实践行为。

（二）评价反馈具有目标导向和发扬激励的作用

评价不仅可以衡量人或事的价值，还具有引导作用。通过发挥教育评价的指挥棒作用，可以引导新入职教师确立科学的育人目标，确保教育正确发展方向。评价导向直接影响着教师的实践行为，因此，合理的评价反馈能够激发新入职教师的潜力，促进其专业成长。

评价反馈还有助于提高岗前培训的效果。考核机制作为岗前培训的一项内容，科学的考核机制可以提高新入职教师对岗前培训的重视程度。通过有效的评价反馈，新入职教师可以更好地了解自己的实习表现和教学能力，发现自己的不足之处，并针对性地进行改进。这不仅有助于增强培训效果，还有利于新入职教师更快地适应高校教学环境，提高教学质量。

组织评价反馈对于新入职高校教师教研实习的重要意义显而易见。通过合理的评价反馈，可以激发新入职教师的潜力，提高其教学能力，促进其专业成长，同时也有助于提高岗前培训的效果。因此，高校应该重视评价反馈在教研实习中的运用，建立科学、公正、合理的评价机制，为新入职教师的专业发展提供有力支持。

三、教研实习的注意事项

第一，评价应结合新入职教师的实际工作情况。每个教师在教学和科研方面都有自己的优势和不足。因此，评价不应是泛泛而谈的，而应针对每位教师的具体情况制定相应的考核与奖惩机制。这样的机制不仅应明确新入职教师的教学与科研方向，更应为他们提供清晰的职业发展路径。通过这样的机制，教师可以更好地了解学校对他们的期望，从而更有针对性地提升自己的能力。

第二，在考核环节中，除了对新入职教师的教学能力进行评估外，还应充分考虑他们的科研技能。现代高校教师需要在教学和科研两个领域都有所建树。因此，对于新入职的教师，不仅要考核他们在教学方面的能力，还要评估他们在科研方面的潜力。通过这样的考核，可以帮助新入职教师更好地了解自己的长处和短处，从而更有针对性地进行自我提升。

第三，除了传统的笔试和面试等考核形式外，高校还应尝试引入更多的实践考核方式。例如，可以设定一些具体的教学任务或科研项目，让新入职教师在实践中展示自己的能力。这样的考核方式不仅可以更全面地评估教师的各项能力，还可以帮助他们在实际操作中积累经验。

第四，为了确保评价的公正性和有效性，高校应建立科学、公正、合理的评价机制。这样的机制应明确各项考核标准，确保所有教师都按照相同的标准进行评估。同时，评价机制还应考虑到不同学科的特点和要求，确保评价结果能够真实反映教师的实际能力。

第五，除了传统的终结性评价外，高校还应重视过程性评价。过程性评价可以帮助教师及时了解自己的不足，并采取相应的措施进行改进。通过这样的评价方式，教师可以更好地了解自己的成长过程，从而更有针对性地进行自我提升。评价的目的不应仅仅是给新入职教师一个分数或评级，而应是帮助他们更好地了解自己的能力和不足之处。因此，应与教师及时沟通和反馈评价结果，让他们知道哪些方面需要继续保持或提升，哪些方面可能需要更多的关注和改进。

第六，为了更好地帮助新入职教师适应高校的工作环境，高校应建立完善的教学督导制度。通过安排经验丰富的教师或专家作为督导员，对新入职教师的教学和科研工作进行监督和指导，帮助他们更快地适应高校的工作节奏和要求。督导员不仅可以帮助新入职教师解决工作中遇到的具体问题，还可以为他们提供宝贵的经验和建议，帮助他们更好地规划自己的职业发展。

鉴于以上六点，组织新入职高校教师教研实习评价是一个复杂而重要的任务。结合教师的实际情况制定考核与奖惩机制、全面评估教学和科研能力、引入多元化的考核方式、建立科学合理的评价机制、重视过程性评价、及时反馈评价结果以及建立完善的教学督导制度等措施，可以确保评价的有效性和公正性，帮助新入职教师更好地适应高校的教学和科研环境，并为他们的职业发展提供有力的支持。

第三节　教研实习的验收鉴定

验收鉴定是由教师发展中心核查各学院教研实习的完成度和考核情况，对参训教师的评分表现进行再整理，并将核查结果记录在验收文件中的一系列收尾工作。

一、教研实习的验收内容

各学院须安排专门负责人准备验收材料并装订成册，将电子版提交至教师发展中心进行汇总，参加学校的教研实习结果验收评审，由教师发展中心统一组织专家组进行合格性鉴定。验收不通过者，将延长教研实习时间。

验收材料包括：①考核材料，即每位新入职教师的课程实施大纲、授课教案、教学PPT、听课记录表和一份教研（科研）申报书（模拟稿）；②评审材料，评价反馈表、考核打分表；③组织报告，需自拟，内容包含教研实习、考核评审会等的组织情况和新闻照片等。

二、教研实习的验收意义

第一，验收鉴定是对教研实习过程和成果的全面核查。教师发展中心通过对各学院教研实习完成度和考核情况的核查，可以了解新入职教师在教学、科研等方面的实际表现，以及学院在实习过程中的管理和指导情况。这样的核查有助于发现和解决实习过程中存在的问题，为今后的实习工作提供改进的依据。同时，通过再整理参训教师的评分表现，高校可以了解新入职教师的实际需求和能力水平，为他们提供更有针对性的指导和支持。

第二，验收鉴定有助于促进高校教师的专业成长和发展。通过反思和总结实习过程中的经验教训，新入职教师可以提升自己的专业素养和实践能力。同时，与其他教师的交流和学习也可以促进教师之间的合作与共同进步。这样的专业成长和发展有助于提升高校教师的教学和科研水平，为高校的整体发展提供有力保障。

第三，验收鉴定有助于提升高校的整体教学质量和科研水平。通过严格把关新入职教师的教研实习质量，高校可以确保教师队伍的整体素质和能力。优秀的新入职教师将为高校带来新的活力和创新，推动高校的持续发展。同时，教研实习工作本身也是高校教学质量和科研水平的重要体现，通过提升实习工作的质量，高校可以进一步增强自身的影响力和竞争力。

三、教研实习心得

广东外语外贸大学在新时代教师岗前培训改革中，积极推行教研实习制度，旨在全面提升新入职教师的教学和科研能力。通过教研实习，学校取得了显著的成果，并为今后的工作积累了宝贵的经验。

首先，学校高度重视教研实习工作，将其视为提升新入职教师教学和科研能力的重要途径。学校领导强调，教师必须站稳讲台，坚持“以本为本”，推进“四个回归”，全面提高人才培养能力，争做“四有”教师。这种高度重视的氛围激发了新入职教师参与教研实习的积极性和热情。

其次，学校在实施教研实习过程中，注重科学、客观、公正的考核评价。广东外语外贸大学党委书记石佑启对教研实习考核提出了三点要求：提高认识、认真对待，客观评价、高度负责，以及以人为本、总结提高。学校严格按照这些要求，认真落实考核工作，检验和助推教育培训质量和效果。通过对照考核标准，实事求是地作出专业评价，力求客观、公正、准确，从而确保了考核结果的可靠性和有效性。

不仅如此，学校还将教研实习作为推进岗前培训各项工作的新动力。通过教研实习考核，学校不仅了解了新入职教师的教学和科研水平，还发现了许多需要改进的地方。针对这些问题和不足，学校积极向参训教师及学校提出合理化的意见和建议，帮助他们客观地认识自我，提升教学科研水平。同时，学校还不断改进工作方式和方法，以进一步提高教育教学和人才培养质量。

最后，广东外语外贸大学开展教研实习的经验表明，要取得显著的成果，必须做到以下几点：一是高度重视教研实习工作，将其视为提升教师教学和科研能力的重要途径；二是科学、客观、公正地进行考核评价；三是将教研实习作为推进岗前培训各项工作的新动力，不断改进工作方式和方法。通过这些措施的实施，学校可以全面提升新入职教师的教学和科研能力，为学校的持续发展奠定坚实基础。

【小结】

教研实习作为青年教师岗前培训的实践环节，其重要性不言而喻。本章聚焦于岗前培训中的关键环节——教研实习，深入探讨了其基本内容、组织评价以及验收鉴定三大方面，对于参训教师而言，对三项课程一项考核进行全方位指导，可以帮助新教师明确实习方向，提升教学实践能力，顺利融入教学团队，开启教育职业生涯的新篇章。对于高校组织而言，通过对教研实习各环节的详细说明和常见问题指导，从实习目标的设定到任务安排的细化，再到实践要求的明确，落实好每一步，力图为教研实习提供清晰的实践指南。同时，针对实习过程中可能出现的疑难问题，本章也提供了实用的解决策略，让高校在组织教研实习时能够更加从容不迫、游刃有余。期待这份详尽的指南为高校教研实习的顺利推进注入动力。

【思考与练习】

1. 结合您所在高校的教学特色和实际环境，您认为应当如何使教研实习绽放独特活力？

2. 假设您是一名新教师，请谈谈在参加教研实习时可能会有哪些不便，您更乐于参加什么形式的活动。

3. 结合当今教师教学质量评价体系，为了使成果落到实处，您认为对于教研实习的组织评价还可以有哪些新形式新办法?

第三篇　新时代高校教师岗前培训校本内容

第九章　高校教学管理

【内容结构图】

第九章内容结构如图 9-1 所示。

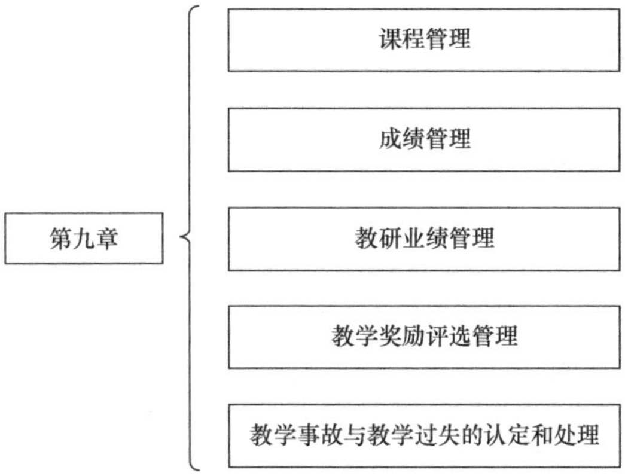

图 9-1　第九章内容结构

教学质量是学校生存和发展的基石，而科学严谨的教学管理则是保障和提高教学质量的重要手段，关乎着学生的学习效果和未来的发展。同时，教学管理还可以促进教师之间的交流与合作，对于推动学校的持续发展有着重要意义。本章将学习高校教学管理的相关内容，主要包括课程管理、成绩管理、教研业绩管理、教学奖励评选管理以及教学事故与教学过失的认定和处理。

第一节　课 程 管 理

本节将学习课程调停课管理及课程考核管理的基本内容。

一、课程调停课管理

严肃教学纪律是学校教学活动有序开展的重要环节，教师应自觉规范教学行为，根据学校的教学管理安排开展教学活动，切实执行学校人才培养方案。为树立良好的教风学风，保障学校的正常教学秩序，学校通常会制定课程管理规定，要求教师按照相关规定按时、按量进行授课。

【重点内容学习笔记】

（一）任课教师应遵守的教学秩序

任课教师在教学过程中应当遵守的教学秩序主要包括：①按照课程__________的要求按时足量授课；②不得以任何理由缩减__________；③无特殊原因不得随意变动上课__________与__________；④确因公、伤、病、突发事故、不可抗力等特殊情况，需按照学校规定办理__________。

（二）调停课办理程序

调停课办理程序如图 9-2 所示。

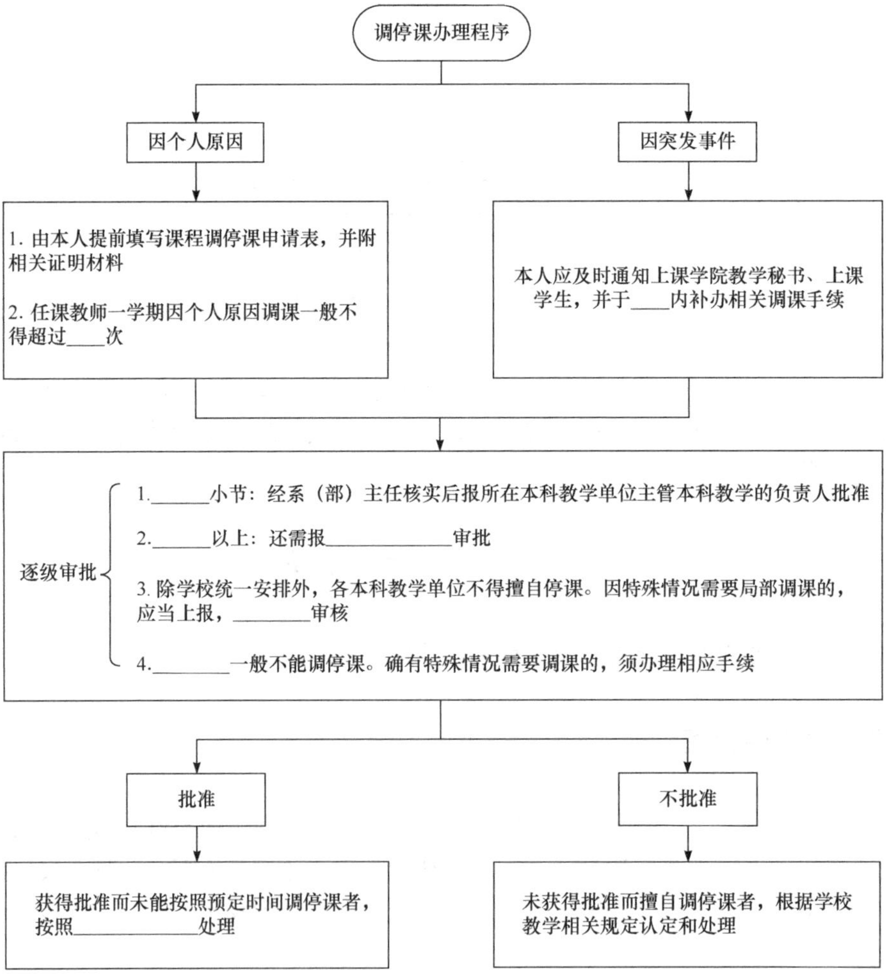

图 9-2 调停课办理程序

（三）调停课的监督与管理

学校＿＿＿＿＿＿每学期对各本科教学单位调停课情况进行统计和公布，并将统计结果作为各教学单位＿＿＿＿、＿＿＿＿、＿＿＿＿、＿＿＿＿的重要依据。

二、课程考核管理

课程考核是保障教学效果、维护学校教育教学秩序、建立良好学风和考风的基本途径。为规范课程考核，学校通常会对课程考核的命题、试卷的管理、考试的实施等方面作出具体规定。

【重点内容学习笔记】

（一）课程考核范围

本校在籍的学生必须参加＿＿＿＿＿＿＿＿规定课程的考核，考试成绩合格者可获得该门课程的学分。

（二）组织与领导

课程考核工作通常由＿＿＿＿＿负责组织和协调。各开课单位于期末考试前要召开＿＿＿＿＿会，结合本单位情况研究落实考试工作的措施、要求和安排；召开＿＿＿＿＿会，研究和布置考试的各项工作，包括组织复习、辅导答疑、命题审议、监考、试卷评阅和成绩的评定等；召开＿＿＿＿＿会，申明考试目的、要求和纪律，把＿＿＿＿＿、＿＿＿＿＿教育作为思想政治教育工作的重要内容。

（三）课程考核流程

课程考核方式一般包括＿＿＿＿＿和＿＿＿＿＿等。课程考核方式的选择由教师根据具体教学要求与教学内容确定，不同的课程考核方式，有着不同的考核侧重点，在考核命题与考核实施方面也有着不同的要求。课程考核的形式多样化，可以全方位检验学生学习情况，充分展示学生的各项能力。

考试作为考核方式的一种，是教育教学过程中的重要环节，它不仅是一种评估学生学习成果的方法，更是检验学生学习情况的重要途径。考试可以客观、公正地评价学生的学习成果，使教师了解学生在知识掌握、技能运用等方面的表现。

考试有助于激发学生的学习动力，让他们明确学习目标，增强学习效果。在实施考试过程中，需要遵循一些基本原则以确保考试的公平、公正和有效。考试的实施过程则需要严谨、规范，以确保考试的顺利进行和结果的可靠性。课程考核流程如图 9-3 所示。

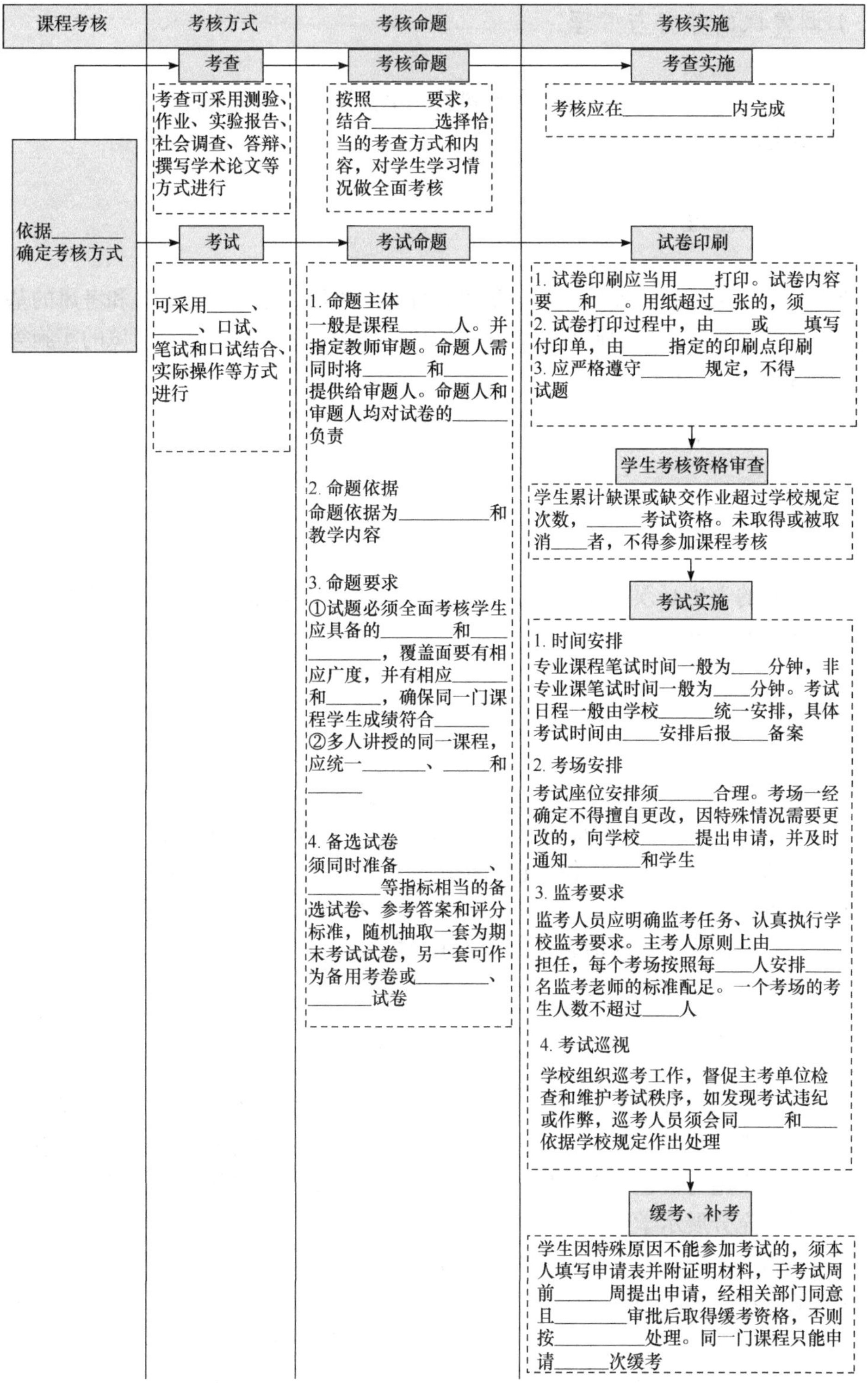
课程考核
考核方式
考核命题
考核实施
依据________确定考核方式
考查
考查可采用测验、作业、实验报告、社会调查、答辩、撰写学术论文等方式进行
考核命题
按照______要求，结合_______选择恰当的考查方式和内容，对学生学习情况做全面考核
考查实施
考核应在____________内完成
考试
可采用_____、_____、口试、笔试和口试结合、实际操作等方式进行
考试命题
1. 命题主体
一般是课程______人。并指定教师审题。命题人需同时将_______和_______提供给审题人。命题人和审题人均对试卷的______负责
2. 命题依据
命题依据为__________和教学内容
3. 命题要求
①试题必须全面考核学生应具备的________和_____________，覆盖面要有相应广度，并有相应______和______，确保同一门课程学生成绩符合______
②多人讲授的同一课程，应统一_______、_____和______
4. 备选试卷
须同时准备__________、________等指标相当的备选试卷、参考答案和评分标准，随机抽取一套为期末考试试卷，另一套可作为备用考卷或________、_______试卷
试卷印刷
1. 试卷印刷应当用____打印。试卷内容要___和___。用纸超过__张的，须____
2. 试卷打印过程中，由____或____填写付印单，由_____指定的印刷点印刷
3. 应严格遵守_______规定，不得_____试题
学生考核资格审查
学生累计缺课或缺交作业超过学校规定次数，______考试资格。未取得或被取消____者，不得参加课程考核
考试实施
1. 时间安排
专业课程笔试时间一般为____分钟，非专业课笔试时间一般为____分钟。考试日程一般由学校______统一安排，具体考试时间由____安排后报____备案
2. 考场安排
考试座位安排须______合理。考场一经确定不得擅自更改，因特殊情况需要更改的，向学校______提出申请，并及时通知________和学生
3. 监考要求
监考人员应明确监考任务、认真执行学校监考要求。主考人原则上由________担任，每个考场按照每____人安排____名监考老师的标准配足。一个考场的考生人数不超过____人
4. 考试巡视
学校组织巡考工作，督促主考单位检查和维护考试秩序，如发现考试违纪或作弊，巡考人员须会同_____和____依据学校规定作出处理
缓考、补考
学生因特殊原因不能参加考试的，须本人填写申请表并附证明材料，于考试周前______周提出申请，经相关部门同意且________审批后取得缓考资格，否则按__________处理。同一门课程只能申请______次缓考

图 9-3　课程考核流程

（四）课程考核的质量分析与检查

通常由开课单位对每门课程期末考核情况进行分析总结、对试卷评阅情况进行抽查。学校教学管理部门组织抽查开课单位课程考核的________、________、________、________。

第二节　成 绩 管 理

学生课程成绩一般由平时成绩与课终成绩构成。为保证学生课程考核的客观性与公平性、规范课程成绩管理，学校通常会制定相应的课程成绩管理办法，对课程成绩的内容和评定方法作出详细规定。

【重点内容学习笔记】

（一）课程平时成绩评定

（1）任课教师需在每门课程________时向学生说明本课程平时完成考核的________及________。

（2）课程平时成绩的构成。平时成绩原则上在总评成绩中占比不低于________。每学期每门课程的平时成绩主要由________项不同考核内容按照一定比例组成，考核的内容、方式由任课教师确定。

（3）课程平时成绩的考核内容包括：____等。

（4）学生缺课情况下课程平时成绩的认定。学生在一学期内累计缺课超过某门课程教学时数的________，或缺交作业超过作业总次数________的，取消学生该门课程的考试资格，平时成绩记为________分。

（5）课程平时成绩的录入。任课教师需及时将平时成绩录入________系统。平时成绩登记录入应在________内完成。

（6）课程平时成绩的复查和管理。任课教师应保留学生平时成绩的________、________，并于每学期期末将每个教学班至少________名学生平时成绩的原始材料交至________保存。

（二）课程课终成绩评定

（1）教师在课程成绩评定过程中的基本职责包括：①在开课初向学生公布该门课程成绩的__________、__________和__________；②严格和规范__________的管理，根据平时考核资料公平公正地评定学生平时成绩，在成绩记录表中翔实记载学生平时考核结果；③在学校规定时间内完成阅卷工作并录入成绩，不得事先将__________告知学生。

（2）课终成绩构成。课终成绩由_________和_________构成，采用________计分方式。

（3）期末考试（考查）成绩不及格，该门课程的课程成绩即为_________。课程考核不及格的，不能取得该门课程的对应学分。学生在课程考核过程中存在违纪行为的，课程成绩记以________。

（三）课程成绩评定方式

学校通常采用________指标评价学生的学习质量，作为学生获得学士学位的重要依据，并作为评定奖学金、出国留学、辅修、推免生、国（境）内外交流生等相关选拔的重要参考条件。

【平均学分绩点评定示例】

平均学分绩点（grade point average，GPA）指标中课程成绩与绩点换算关系见表 9-1。

表 9-1 平均学分绩点指标中课程成绩与绩点换算关系

<table>
<tr><td>分类</td><td colspan="12">具体标准</td></tr>
<tr><td>绩点</td><td colspan="2">4.0</td><td>3.7</td><td>3.3</td><td>3.0</td><td>2.7</td><td>2.3</td><td>2.0</td><td>1.7</td><td>1.3</td><td>1.0</td><td>0</td></tr>
<tr><td>百分制</td><td>≥95</td><td>90～<95</td><td>85～<90</td><td>82～<85</td><td>78～<82</td><td>75～<78</td><td>71～<75</td><td>66～<71</td><td>62～<66</td><td>>60～<62</td><td>60</td><td><60</td></tr>
<tr><td rowspan="2">五级制</td><td>A+</td><td>A</td><td>A–</td><td>B+</td><td>B</td><td>B–</td><td>C+</td><td>C</td><td>C–</td><td>D</td><td>D–</td><td>F</td></tr>
<tr><td colspan="3">优</td><td colspan="3">良</td><td colspan="2">中</td><td colspan="3">及格</td><td>不及格</td></tr>
<tr><td>二级制</td><td colspan="11">合格</td><td>不合格</td></tr>
</table>

平均学分绩点指标中课程成绩与绩点的换算公式为：平均学分绩点 =∑（课程绩点×课程学分）/∑ 课程学分。采用等级制记录的成绩记入成绩系统时应换算为对应百分制的_________分。

目前高校常见的成绩有三种形式，百分制、五级制和二级制。如上图所示，如学生 A 的某门课程成绩为 96 分，对应的绩点为 4.0；若为 60 分以下，则对应的绩点为 0。如学生 B 的课程成绩在五级制中为“优”，对应的绩点为 4.0；“良”的对应绩点为 2.7～3.3；“中”的对应绩点为 2.0～2.3；“及格”的对应绩点为 1.0～1.7。如学生 C 的课程成绩在二级制中为不合格，则对应的绩点为 0。

（四）补考或重修的成绩评定

学生课程考核不及格者可申请补考或重修，学校一般安排必修课补考________次，其他课程考核不及格只能________。缓考与补考的阅卷登分工作应当在学校规定的考试结束后一定期限内完成。缓考课程按________记录成绩并参与绩点计算，补考课程只记录________成绩。缓考与补考成绩录入时需标注________或________标记。

第三节　教研业绩管理

学校教师和教学管理人员主动参与教学建设与研究，是提高学校教学研究水平和教学质量、推动学校教育事业发展的重要动力。为调动教师和教学管理人员参与教学建设与研究工作的积极性，学校探索构建教研激励体系，制定教学教研业绩管理办法，推动教师积极开展教学研究与教学改革，进一步提升学校人才培养质量。

【重点内容学习笔记】

（一）教研业绩的基本概念

教研业绩是指学校聘用教师在本科________与________中所取得的研究成果。

（二）教研业绩奖励的功能

教师教研业绩经________核算后，可作为个人评优、聘岗、晋升、职称评定等的重要依据。

（三）教研业绩奖励的主要类别及核算奖励程序

本科教学建设与研究类项目是教研业绩奖励的对象之一，其包括教学建设项目、教材建设项目、教改项目、教学成果奖、实践教学类项目等类别。

教学建设项目是指专业建设、课程建设、教学团队建设以及人才培养等方面的建设项目，又包括国家级建设项目和省级建设项目。

教材建设项目是指教材建设方面的建设项目。其中，国家级教材建设项目是指教育部组织申报并正式发文公布的教材建设项目，省级教材建设项目是指由广东省教育厅组织申报并正式发文公布的教材建设项目。

教改项目同样分为国家级教改项目和省级教改项目，而实践教学类项目是指教师指导大学生创新实验和实践基地的建设项目等。教学成果奖将在本章第四节中予以详细介绍。教研业绩奖励的主要类别及核算奖励导图如图 9-4 所示。

- 教研业绩管理
  - 教研业绩奖励的主要类别
    - 教学建设项目— 如专业建设、人才培养模式创新、教学团队建设、课程建设类项目等
    - 教材建设项目— 如规划类教材、精品教材和优秀教材等
    - 教改项目— 指高等教育教学改革项目，包括国家级和省级教改项目
    - 教学成果奖— 高等学校教学类的最高奖项，是对教师教学研究成果的认证和认可，包括国家级和省级教学成果奖
    - 实践教学类项目— 指高等学校教学质量与教学改革工程中的实践教学类项目
  - 核算奖励
    - 程序 — 教师个人填报申请→学校二级单位收集审核材料→学校职能部门核算计分
    - 要求 — 纳入核算的所有成果均须出示证明材料，经查实属违反学术道德的教研成果不予________，并根据学校有关规定作相应处罚

图 9-4　教研业绩奖励的主要类别及核算奖励导图

第四节　教学奖励评选管理

教学奖励评选管理是落实立德树人根本任务，鼓励广大教师潜心教学、追求卓越教学质量，表彰师德高尚、教学优秀、得到师生认可的本科教学一线优秀教师，表彰在教育教学工作中取得优异成绩的教师，有助于激发教师投入本科教学工作的积极性和创造性。通过教学奖励评选，促使教师们相互学习、相互竞争，从而提升整体的教学质量。同时，在教学奖励评选过程中，优秀的教学方法和手段将得到广泛传播和应用，促使教师不断提高自身的教育教学水平，为学校教学高水平发展作出更大贡献。

【重点内容学习笔记】

（一）教学奖励评选对象

教学奖励评选对象一般为在__________中取得优异成绩或作出突出贡献的集体和个人，重点面向教学一线教师。

（二）教学名师奖

教学名师奖的设立旨在表彰既具有较高的__________，又能长期从事本科教学工作，注重__________，教学水平高，教学效果好的教师。分为国家级、省级和校级教学名师奖，一般每_____年评选一次。

（三）教学成果奖

教学成果是指反映教育教学规律，具有独创性、新颖性、实用性，对提高教学水平和教育质量、实现培养目标产生明显效果的教育教学方案。教学成果奖是教育部根据国务院发布的《教学成果奖励条例》批准设立的教学成果奖项目，分为国家级、省（部）级和校级类别，各类别有其对应的申请条件、等级分类、评审时间以及评审标准等（图 9-5）。

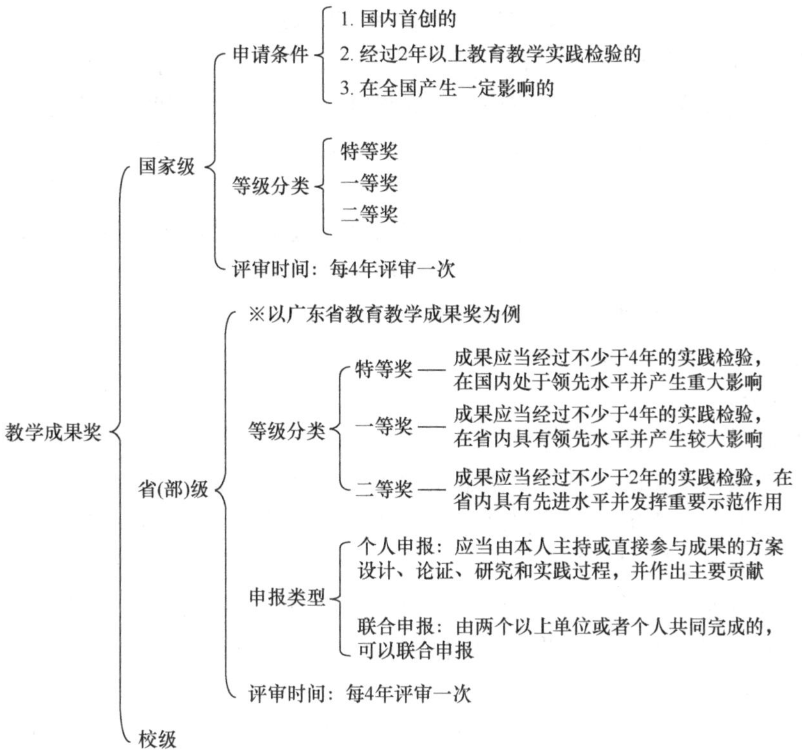

图 9-5 教学成果奖介绍

根据国务院发布的《教学成果奖励条例》规定，教师、各级各类学校、学术团体和其他社会组织及其他个人均可以依照规定申请教学成果奖。

以《广东省教育教学成果奖励办法》为例。该办法规定了教育教学成果的基本概念，是反映时代教育教学规律，在深入研究和解决为谁教、教什么、教给谁、怎样教等重要问题基础上，形成的对于提高教学水平和人才培养质量具有明显效果的教学改革方案和实践成果。广东省教育教学成果奖分为基础教育、职业教育和高等教育三个类别，其中高等教育包括普通高等教育和成人高等教育，其评审工作由广东省教育行政部门负责组织实施。广东省教育教学成果奖评选工作基本原则为坚持公开、公平、公正，坚持质量第一，坚持向一线教师倾斜，突出实践性和创新性。

1. 国家级教学成果奖

国家级教学成果奖是我国教育领域的一项重要荣誉，旨在表彰在教学改革、教学实践、教材建设等方面取得突出成果的单位和个人。

1）申请条件

申请国家级教学成果奖的单位和个人需要满足的条件为：①申报的教学成果，原则上应以校级及以上的教学改革工程立项项目或质量工程项目为基础,其他教改水平显著、效果突出的成果也可申报。②成果应经过 2 年以上教育教学实践检验，申报特等奖和一等奖的成果一般应经过不少于 4 年的教育教学实践检验。实践检验的起始时间，应从正式实施（包括试行）教育教学方案的时间开始计算，不含研讨、论证及制订方案的时间。③成果的主要完成人应直接参加成果的方案设计、论证、研究和实施全过程，并作出主要贡献。离退休人员、调离学校人员、借调外聘人员不能担任第一完成人。教学成果由两个以上单位或者个人共同完成的，由共同完成单位或个人联合申请。鼓励整合全校优质资源、校际联合、校政企研合作共同开展研究的教学成果申报。每项成果不限主要完成人数和主要完成单位数；每人参与申报的成果（含主持）不得多于 2 项，作为第一完成人的成果不得多于 1 项。④已获得过教学成果奖的成果，在内容基本相同或没有特别创新的情况下不得重复申报。

2）等级分类

国家级教学成果奖分为特等奖、一等奖、二等奖三个等级。获奖成果将根据不同等级享受相应的荣誉和奖励。特等奖要求教学成果在全国范围内具有重大影响，对教育教学改革和发展有突出贡献，会获得高额奖金和荣誉证书；一等奖要求教学成果在某一领域或地区内具有重要影响，对提高教学质量和人才培养水平有显著作用，会获得一定额度的奖金和荣誉证书；二等奖要求教学成果在某一方面或某一课程中有创新和实践价值，对提高教学质量和人才培养水平有一定作用，会获得荣誉证书。

3）评审时间与程序

国家级教学成果奖一般每 4 年评审一次，具体时间根据教育部的通知而定。评审流程包括初审、复审和终审三个阶段，评审结果将在次年公布。

2. 广东省教育教学成果奖

广东省教育教学成果奖是广东省教育领域的一项重要奖项，对于激励广大教育工作者积极投身教学改革与实践、提高教育教学质量具有重要意义。

1）等级分类

广东省教育教学成果奖分为特等奖、一等奖和二等奖三个等级。申请特等奖的教育教学成果应当经过不少于 4 年的实践检验，在国内处于领先水平并产生重大影响；申请一等奖的成果应当经过不少于 4 年的实践检验，在省内具有领先水平并产生较大影响；申请二等奖的成果应当经过不少于 2 年的实践检验，在省内具有先进水平并发挥重要示范作用。实践检验的起始时间，从正式实施（包括正式试行）教育教学方案的时间开始计算，不含研讨、论证及制订方案的时间，截止时间为推荐当次教育教学成果的时间。

2）申报类型

广东省教育教学成果奖分为单位申报、个人申报与联合申报。单位申报的教育教学成果，应当由本单位派员主持成果的方案设计、论证、研究和实践过程，并以单位为主提供经费、技术等保障。个人申报的教育教学成果，应当由本人主持和直接参与成果的方案设计、论证、研究和实践过程，并作出主要贡献。联合申报是指教育教学成果由两个以上单位或者个人共同完成并进行申报。

3）申报材料

申报广东省教育教学成果奖者应该提交教育教学成果奖申请表、反映成果主要内容和实践检验过程的成果报告、成果应用和效果说明及佐证材料、国家和省规定的其他材料。

4）评审程序

广东省教育教学成果奖的评审工作由评审专家委员会负责。评审专家委员会由省教育、人力资源和社会保障行政部门从其建立的教育教学成果奖评审专家库中随机遴选专家组成。评审工作分为小组评审和会议评审两个阶段。省教育、人力资源和社会保障行政部门根据评审专家委员会的意见，确定拟获奖成果，并按程序进行公示。

第五节 教学事故与教学过失的认定和处理

高校针对教学事故与教学过失建立了教学管理监督体系，目的在于维护正常的教学秩序，保障教育教学质量，有利于提升教师的教育教学水平，培养学生的综合素质，实现教育教学的全面发展。完善教学事故与教学过失认定管理机制，有助于提高教师的教育教学水平，强化教师的责任心，营造良好的教育教学环境。

【重点内容学习笔记】

（一）教学事故与教学过失的定义

教学事故是指在教学活动中________、________、________等违反教学工作规范要求，从而影响正常________、________和________，并造成不良后果的________或________。

教学过失是指上述人员违反教学工作规范，但产生的不良后果和影响轻微，不足以构成________的行为或事件。造成教学事故或教学过失的教师、教学管理人员、教辅人员本人为事故或过失责任人。

（二）教学事故与教学过失的认定和处理原则

学校对教学事故或教学过失的认定或处理一般坚持________、________的原则，以________为依据，按规定程序，客观公正地进行认定和处理；坚持________与________

相结合的原则，重在________。

（三）教学事故与教学过失的类别和等级

根据教学运行机制，教学事故与教学过失分为________、________、________等类别，依照实际产生后果的危害程度从小到大依次分为教学过失行为、________（Ⅲ级）、________（Ⅱ级）、________（Ⅰ级）四个等级。

（四）教学事故与教学过失的认定和处理程序

学校一旦发生教学事故或教学过失，事故或过失的责任人应当在学校规定的期限内对事故或过失的具体内容向学校相关管理部门报告，学校将成立工作小组在对此进行调查后作出处理决定。教学事故与教学过失的认定与处理程序如图 9-6 所示。

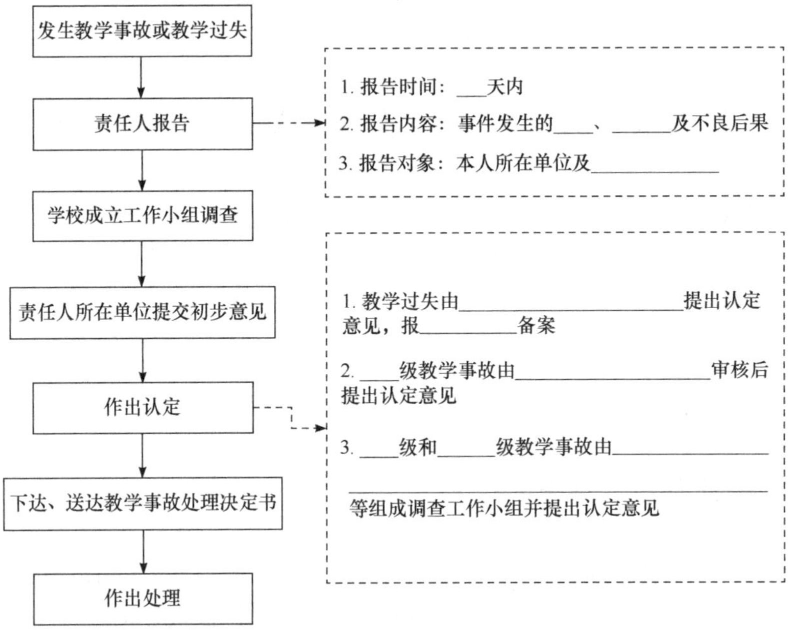

图 9-6　教学事故与教学过失的认定与处理程序

【小结】

强化高校教学管理，对于保障教学质量、提升教学管理水平具有重要意义，高校教学管理已经成为当前高校发展的主要任务，是我国教育事业发展和人才培养的关键环节。为了实现高校教学管理的有效运行，我们需要深入研究教学管理的主要内容、基本途径，并不断完善教学管理体制，提高教学管理队伍的素质。高校教学管理主要包括明确教学管理的目标，理顺教学管理的流程，优化教学资源配置，确保教学过程的规范性，以及提升教学成果的质量和效益。

【思考题】

1. 简述学校教学督导委员会的基本职责和职权。
2. 各类教研业绩奖励的具体计分方法是什么？
3. 一般由学校教学指导委员会进行动态认定和修改的教研业绩的情形有哪些？
4. 学校对于教学过失与教学事故的处理如何认定？

第十章　高校科研管理

【内容结构图】

第十章内容结构如图 10-1 所示。

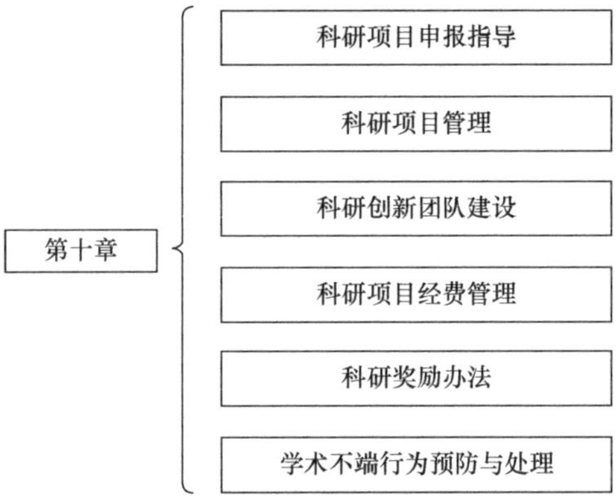

图 10-1　第十章内容结构

高校作为培养高素质人才和进行科学研究的重要基地，科研管理工作的重要性不言而喻。系统而全面的科研管理机制，有助于优化科研资源配置，提高科研成果转化质效。本章将学习科研项目申报指导、科研项目管理、科研创新团队建设、科研项目经费管理、科研奖励办法以及学术不端行为预防与处理等相关内容。

第一节　科研项目申报指导

科研项目申报指导对于提高高校科研水平、促进教育与科研的深度融合具有十分重要的意义，有助于加深申报者对项目申报流程、申报条件、评审标准的了解，从而提高申报材料的质量，有助于全面提升教师的科研素养，推动他们关注科研动态、积极参与科研项目，在高校营造良好的科研氛围。

【重点内容学习笔记】

高校通常会针对重要科研事项的申报向申报教师提供相关指导，指导方式有形式审查、答辩研讨会、专家审议等。在经过学校科研申报组织的指导后，教师可按照学校申报指导规定的程序向学校科研工作相关管理部门进行重要科研事项申报。科研项目申报指导流程一般包括部署工作、内部研讨、专家审议、答辩研讨会、反馈审查结果等。重要科研事项申报指导管理见表 10-1。

表 10-1　重要科研事项申报指导管理

分类	具体事项
重要科研事项范围	主要包括申报的国家级、省部级、校外各级各类重大科研项目、团队项目等
申报指导方式	指导方式： 形式审查——根据申报要求对填报信息的______和______进行审核。材料形式审查分别由______和______所在二级单位进行 答辩研讨会——聘请校内外同行专家组成专家组，对申报材料的__________________等方面进行论证________或_____进行指导。答辩研讨会一般分为_______、________、________等环节 专家审议——聘请校内外同行专家对申报材料进行______并提出修改意见
申报组织职责	组织主体： 科研处——主要职责包括：负责申报指导工作的计划安排、具体实施和过程管理工作，实施学校层面的预审指导工作，建立专家信息库，协调负责人及研究队伍，组织动员会和讲座，提供申报信息及样本材料等 二级单位——主要职责包括：组织实施本单位申报指导工作，协助科研处做好学校层面的申报指导工作，建立本单位专家信息库，督促申报负责人修改申报材料，做好本单位申报动员、讲座、信息传达等 申报负责人——主要职责包括：组织与督促研究人员按时完成并提交申报材料，组织开展内部讨论和充分论证，为所在单位提供专家信息，分析专家的修改建议并据此进行修改等
申报指导流程	部署工作——________根据实际情况，部署指导工作的安排，提供有关________、________等 ↓ 内部研讨——________组织相关研究人员完成________，充分论证 ↓ 专家审议——________组织专家审议材料，反馈修改意见。二级单位的________进行形式审查并反馈检查结果 ↓ 答辩研讨会——________组织校内外专家召开________进行现场讨论与指导。________参考专家建议进行修改 ↓ 反馈审查结果——________对材料进行形式审查并反馈审查结果

第二节　科研项目管理

中共中央、国务院印发的《深化新时代教育评价改革总体方案》和《国务院办公厅关于抓好赋予科研机构和人员更大自主权有关文件贯彻落实的通知》《国务院关于优化科研管理提升科研绩效若干措施的通知》文件要求，深化教育评价改革，优化科研管理，提升科研绩效，为我国教育事业和科研事业的发展注入新的活力。科研项目管理在创新人才培养、促进高校产学研一体化发展、提升高校国际影响力等方面的作用重大。科学、规范的科研项目管理流程能够确保研究工作的系统性、连续性和创新性，更是推动高校高质量发展的重要因素。简化科研项目管理流程、优化科研管理，打造高效、公正、透明的科研环境，是提升我国科研整体实力的关键。高校应规范学校科研项目管理工作，推进科研项目管理科学化、体系化发展，实现科研项目高水平发展。

【重点内容学习笔记】

（一）科研项目基本类别

科研项目主要包括________、________、________三个类别。

（1）________项目是指由上级科研主管部门及其他具有科研管理规划职能的部门依照规定的程序正式通知，严格评审的各类科研项目，以及经校学术委员会按程序认定为纵向科研项目的国际合作项目。

（2）________项目是指各级政府部门、企事业单位、学术团体、社会团体委托或协作研究的项目，国内民间基金或个人资助研究的项目。境外的研究基金、高校、研究机构、企业等委托或合作研究的国际合作项目一般界定为横向科研项目。

（3）________项目是指由学校自主设置的科研项目。

（二）科研项目管理工作的组织制度

科研项目管理直接关系到科研资源的有效利用和科研成果的转化，通过有效的项目管理，可以确保资源得到合理分配和高效利用，避免资源的浪费和重复投入。科研项目管理的组织制度需要涵盖目标任务、沟通机制、团队建设、风险管理和成果评估等方面，一个完善的组织制度能够为科研项目的顺利进行提供有力保障，推动科技创新和社会发展。

高校科研项目的管理实行________、________、________的________体制，实行________制。________是科研项目管理的责任主体，________是科研活动的基层单位，________是科研项目的直接责任人。

（三）科研项目管理与服务

科研项目管理与服务内容结构如图 10-2 所示。

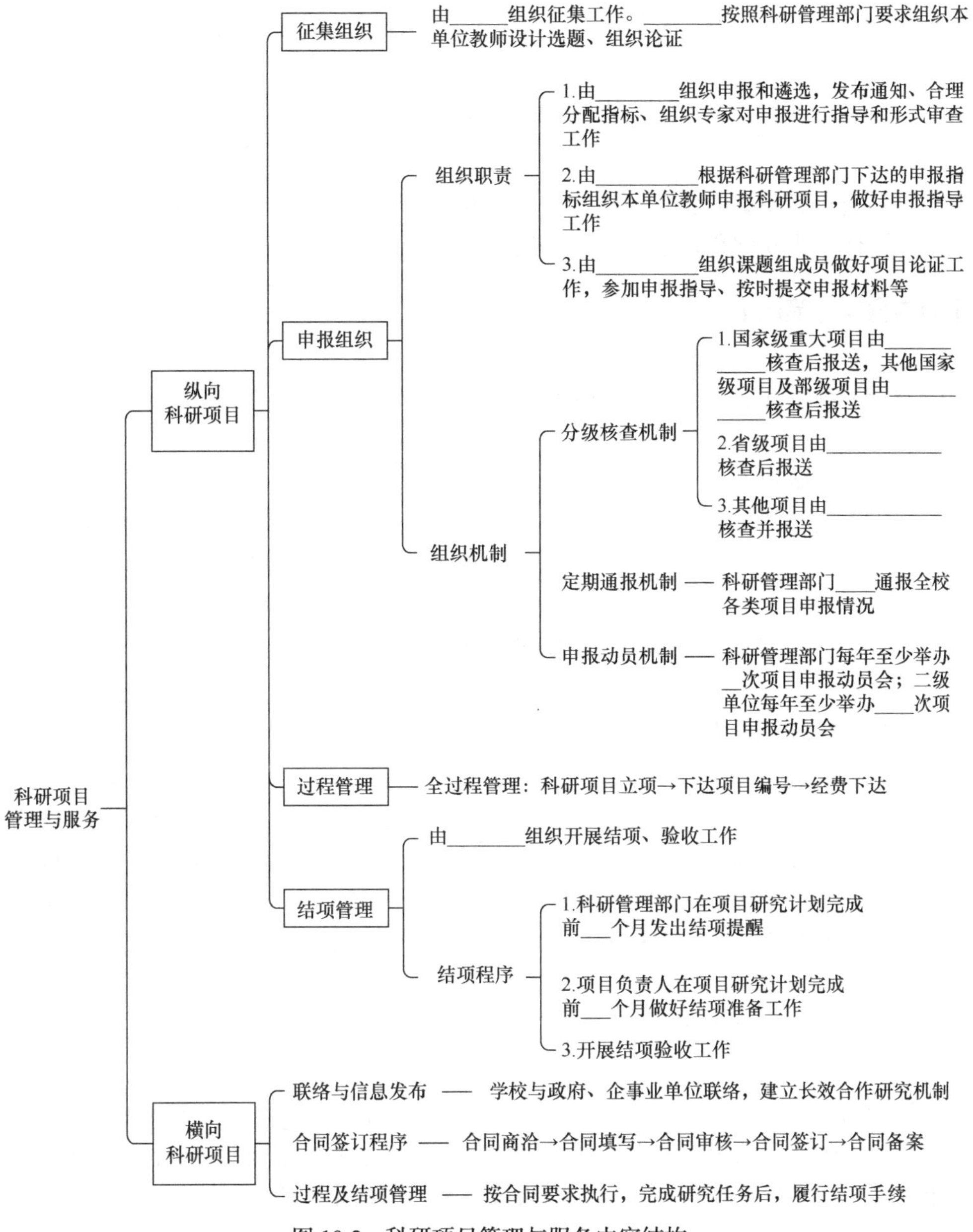

图 10-2　科研项目管理与服务内容结构

（四）项目成果转化管理与服务

科研项目产生的知识产权归属依据国家法律规定以及项目合同的约定确定。项目成果转化应当遵循国家有关法律和学校制定的有关规章制度，切实维护学校、二级单位及项目负责人的利益，在________、_________、________的原则下进行，具体按照学校规定执行。通常由_________负责本人科研项目成果的整理和转化方案的制订，________

负责科研项目成果的汇总、论证，________负责科研项目成果转化的组织管理。

第三节　科研创新团队建设

促进科研创新团队的建立和壮大。申报者可以通过交流与合作，共享科研资源，形成学术共同体，为我国科技创新事业贡献更多力量。

【重点内容学习笔记】

（一）科研创新团队的建设目标与建设模式

科研创新团队建设以____________、____________、____________、____________为目标，重点培育一批能够引领学术前沿、具有较强凝聚力和创新能力的高水平学术研究队伍。一般实行__________、__________、__________的建设模式。

（二）科研创新团队建设原则、条件与程序

科研创新团队的组建必须尊重___________，根据学校学科建设的要求，在良好的学科基础和高标准的建设目标下，以___________和___________为导向。应当坚持的原则主要包括能形成学术研究梯队、产出高水平成果、有力推动学科建设发展等。申报组建科研创新团队一般应具有的条件主要包括研究方向要求、团队成员构成要求、团队带头人要求、研究条件要求等。科研创新团队的设立程序一般为申报、形式审查、专家评审、学校学术委员会审议、学校审批后公示发文、签订合同等。

（三）科研创新团队建设的管理

科研创新团队建设的管理一般包括___________和___________两种方式。过程性管理主要是指对创新团队组建全过程的管理，结果管理主要体现为对创新团队在建设期内的成果和任务要求等。过程性管理和结果管理主要包括年度检查、中期考核、终期评估等管理形式。

第四节　科研项目经费管理

高校教师作为知识创新和科研成果转化的主力军，其重要性不言而喻。科研经费作为支撑教师开展科研工作的物质基础，对高校教师科研工作的顺利进行具有至关重要的作用。规范科研项目经费管理，有助于提高科研经费使用效率，保障科研项目顺利进行，促进科研诚信建设等，对于提升学校整体科研实力、促进国家科研创新发展都有着重要

的现实意义。因此，各高校高度重视科研项目经费管理工作，不断完善相关制度，旨在为广大高校教师提供一个明确的科研项目经费管理指南，保障科研工作的顺利进行，推动学校科研事业的发展。

【重点内容学习笔记】

（一）科研项目经费的定义与类别

科研项目经费是指通过__________或__________方式，由政府（或政府部门）、学校、企事业单位、民间组织、基金会等机构或个人资助用于开展__________，解决__________，进行__________和__________的经费，简称项目经费。科研项目经费类别和范围见表 10-2。

表 10-2　科研项目经费类别和范围

科研项目经费类别	范围
纵向科研项目经费	由上级科研主管部门及其他具有科研管理规划职能的部门（主要包括各级哲学社会科学规划办公室，国家自然科学基金委员会、科技部、国家发展改革委、司法部、财政部、农业农村部、教育部、商务部等国家部委，省科技厅、省教育厅、省财政厅、省发展改革委、市科学技术和信息化局等省市级有关政府部门）批准下达的项目资助经费。 用于科研项目资助的________专项建设经费等财政经费按纵向项目经费管理
横向科研项目经费	通过招投标或购买服务获取的________类、________类、________类科研项目经费，以及来源于社会资金的科研项目经费
科研机构建设经费	上级主管部门从教育事业费、科学事业费中通过________或________下拨的科研机构建设经费、专项经费等
校级科研项目经费	学校预算安排的科研项目资助、配套经费

（二）科研项目经费支出的定义与分类

科研项目经费支出是指在项目组织实施过程中与项目研究活动相关的，由科研项目经费支出的各项费用，根据________分为直接费用、间接费用。科研项目经费支出分类和范围见表 10-3。

表 10-3　科研项目经费支出分类和范围

科研项目经费支出分类	范围
直接费用	在项目组织实施过程中发生的与之直接相关的费用
间接费用	在项目组织实施过程中发生的无法在直接费用中列支的相关费用，主要包括：绩效支出，有关管理费用，现有仪器设备及房屋和水、电、气、暖消耗等间接成本等

（三）科研项目经费管理职责

科研项目负责人、项目组成员以及学校相关管理部门在科研项目经费管理中具有相应的职责和权限，共同确保科研项目经费使用、管理和监督的有效运行。科研项目经费管理职责见表 10-4。

表 10-4　科研项目经费管理职责

职责主体		主要职责和权限
科研项目组	项目负责人	项目负责人是项目经费使用的直接责任人，对经费使用的________、________、________、________承担法律责任。 ① 应签署科研诚信承诺书。 ② 熟悉并掌握国家关于项目经费管理的法律法规和学校科研、财务、资产管理等规章制度，依法据实编制________和________。 ③ 监督指导项目组成员按照________和________使用项目经费。 ④ 公平合理安排________支出。 ⑤ 及时向项目组成员通报________情况，根据项目研究需要，依据学校合同管理规定签订相关合同。 ⑥ 负责办理________手续。 ⑦ 接受上级和学校相关部门的项目经费________
	项目组成员	① 根据分工享有________和________的知情权。 ② 根据________或________合理使用项目经费。 ③ 根据________享有绩效奖励。 ④ 对项目经费使用的________、________承担相应责任。 ⑤ 配合项目负责人接受上级和学校相关部门的项目经费________
管理部门	科研管理部门	核定经费类别、经费预算编制和使用审批、审计监察、财务培训工作等
	财务管理部门	项目经费预算审核与入账、指导经费使用、核算与监督、监察审计、财务培训工作等
	人事部门	对科研项目组人员用工情况的审核与备案工作等
	审计部门	对经费的使用与管理进行监督、评价与建议等
	资产管理部门	资产采购与监督管理工作等
	各二级单位	明确负责人与相关工作人员、传达上级及学校项目经费管理文件精神、经费使用培训与监督检查工作等

（四）科研项目经费开支范围

科研项目经费开支范围导图见图 10-3。

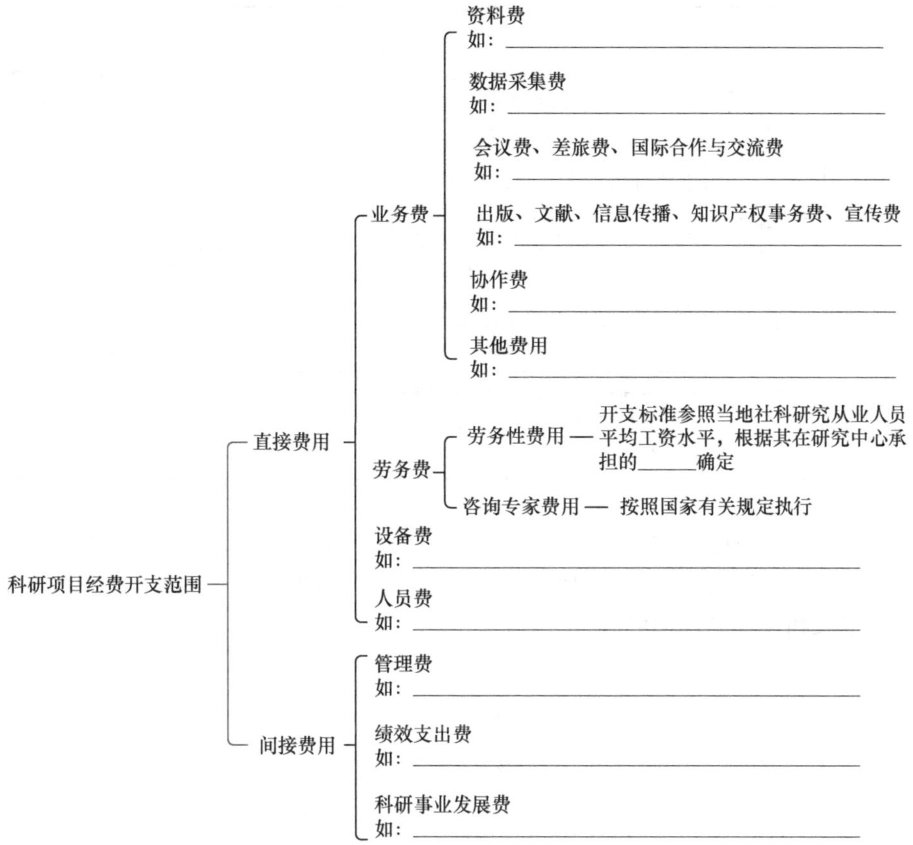

图 10-3　科研项目经费开支范围导图

（五）科研项目经费预算管理

科研项目经费预算管理制度如表 10-5 所示。

表 10-5　科研项目经费预算管理制度

类别	适用范围
包干制科研项目经费	主要包括国家自然科学基金、国家社会科学基金和________________等各级项目主管部门明确经费使用按照包干制管理的科研项目经费
预算制科研项目经费	主要包括各级项目主管部门明确经费使用按照预算制管理的项目以及________经费

（六）科研项目经费决算

科研项目经费预算编制和核定要求以及预算调整见表10-6。

表 10-6　经费预算编制和核定要求以及预算调整

分类		预算编制要求	预算调整
直接费用	预算制科研项目	按照科研项目研究实际需要编制，只提供__________，不需要提供明细；预算比例按照相应主管部门及学校规定执行	由__________提出预算调整方案，根据审批权限，按照相应程序调整；调整程序按照相应主管部门及学校规定执行
	包干制科研项目	由项目负责人在承诺遵守______和______要求、经费全部用于科研项目研究工作相关支出的基础上，本着____、____、____、____的原则自主决定经费使用；预算要求按照学校具体规定执行	通常需增加或减少__________的，报学校科研项目管理部门审批
间接费用		核定要求	预算调整
		按照纵向科研项目、横向科研项目、校级科研项目分类执行，具体根据学校规定执行	通常在_______范围内做一次调整或调减，报学校科研项目管理部门审批

科研项目结题时应进行_________，科研项目负责人应在学校财务管理部门的协助下全面清理经费收支情况。科研项目经费决算基本程序见图 10-4。科研项目结转资金与结余资金的定义和管理见表 10-7。

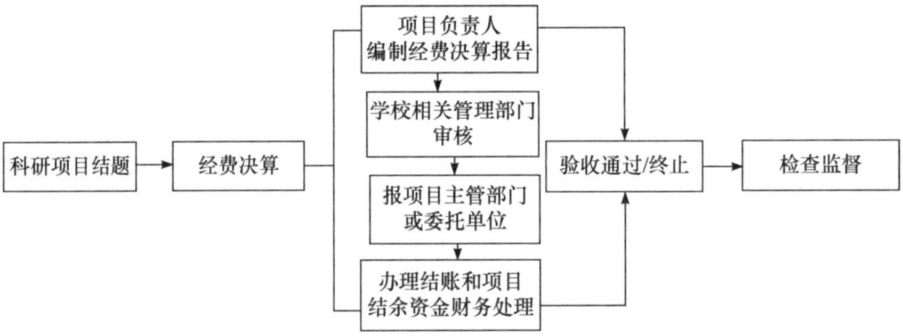

图 10-4　科研项目经费决算基本程序

表 10-7　科研项目结转资金与结余资金的定义和管理

类别	定义	管理
科研项目结转资金	在项目实施期间预算未全部执行或未执行的预算资金	在下一年按原用途继续使用
科研项目结余资金	项目实施周期已结束、项目目标完成或提前终止，尚未列支的项目支出，或因项目实施计划调整不需要继续支出的，或预算批复后连续___年未用完的预算资金	① 项目经费主管部门规定回收的，_____回收。 ② 可留用的部分，由学校科研管理部门通知财务管理部门将剩余经费______

（七）科研项目经费的检查与监督

学校相关管理部门对科研项目经费的执行进行________管理，检查监督的范围主要包括科研项目经费使用的范围和限额、财务制度遵守情况、科研项目经费审计、所形成资产的管理、使用科研项目经费聘用人员的用工情况等。

作为项目负责人，应当严格执行相关科研项目经费管理规定，在经费使用过程中不得存在主管部门文件中明确规定的________或________，自觉接受和积极配合上级主管部门、科研项目经费主管部门或其委托的社会中介机构对科研项目经费管理和使用情况开展的________。

第五节　科研奖励办法

高校教师科研奖励制度对于激发教师科研动力，提高科研水平，以及提升国家整体科研创新水平具有重要意义。高校教师在科研过程中，不仅提升了自己的专业素养，还能带动学生的科研创新能力，培养出一批批具备创新精神和实践能力的优秀人才，为国家未来发展提供强大的人才储备。进一步完善科研激励体系，充分发挥其在高校发展中的导向作用，有助于激发高校教师的科研活力和创新潜能。

【重点内容学习笔记】

（一）科研奖励的类别

科研奖励类别及定义见表 10-8。

表 10-8　科研奖励类别及定义

科研业绩奖励	对教职工个人在当年完成________基础上取得的科研项目、科研成果等的奖励
标志性科研业绩奖励	对________和________具有重要影响意义的________成果进行的专项奖励
科研荣誉奖	对________、________等方面表现突出的个人进行的荣誉性奖励，包括________和________两类

（二）基本科研工作量

（1）基本科研工作量是指________按照________的任务要求每年须完成的________科研工作量。基本科研工作量以________计量。

（2）基本科研工作量分数标准按照________、________、________等岗位类别分别计算。

（三）科研业绩奖励类别及计分标准

（1）科研项目类别。科研项目类别按照________划分为________、________、

________三类。

（2）学术论文类别。学术论文类别根据学校实际分为：________、________、________、________、________、________、________。

（3）著作类别。著作按照其________分为学术专著、学术译著（含文学翻译和典籍外译）、学术编著、工具书四个类别。

（4）知识产权与成果转化类别。知识产权类别主要包括________、________和________三个类别。成果转化类别主要包括________、________等成果。

（5）科研成果奖类别。科研成果奖包括________和________两个类别。

（6）教学研究成果奖类别。教学研究成果奖按照学校教研业绩奖励办法的规定划分类别。

科研业绩奖励的计分标准按照学校科研业绩奖励办法的具体规定执行。

科研业绩核算由学校__________及__________负责组织实施。教师按照学校要求填报科研业绩信息，并提交相关证明材料。科研业绩申报材料与事实不符的，学校不予受理。

（四）标志性科研业绩奖励及科研荣誉奖

（1）标志性科研业绩奖励是指对________和________具有重要影响意义的标志性成果进行的专项奖励，包括以学校名义申报立项的__________、__________、________或______________。

（2）科研荣誉奖包括__________和_________两种类别。由学校科研处负责组织实施。

第六节　学术不端行为预防与处理

学术不端行为是指在学术研究过程中，违反学术规范、损害学术诚信的行为。预防与处理学术不端行为，是提高我国学术研究的质量、促进学术创新和发展、维护学术诚信的重要环节。对于学术不端行为的预防和处理，需要从认识、制度与技术等方面入手，形成综合治理的态势。只有广大学者自觉遵守学术规范，学术机构及高校建立健全管理制度，运用现代科技手段进行监测，才能共同维护我国学术领域的诚信与健康发展。

【背景知识】

《高等学校预防与处理学术不端行为办法》

《高等学校预防与处理学术不端行为办法》是我国高等教育领域首部专门针对学术不端行为的规范性文件，它的出台对于加强高校学术诚信建设、维护学术秩序、提高我国高校的学术地位和影响力具有重要意义。《高等学校预防与处理学术不端行为办法》从预防、认定、处理和监督等方面对高校学术不端行为的防治工作进行了全面规范，旨在为高校提供一个操作性强的制度依据。《高等学校预防与处理学术不端行为办法》列明了几类学术不端行为，强化了高校预防学术不端的责任，要求高校建立健全学术诚信教育、学术不端行为监测、学术评价体系等方面的制度，从源头上预防学术不端行为的发生。高校在发现学术不端行为后，应依法依规开展调查、认定和处理工作，确保事实清楚、证据确凿、程序公正、处理适当。学术不端行为的法律责任包括行政责任、民事责任和刑事责任，对学术不端行为人，要依法予以惩处。高校要建立健全学术不端行为档案，将学术不端行为人的行为记录在案，作为考核、晋升、奖惩等方面的依据，加强对学术不端行为的监督检查。

《关于进一步弘扬科学家精神加强作风和学风建设的意见》

《关于进一步弘扬科学家精神加强作风和学风建设的意见》是为贯彻落实习近平新时代中国特色社会主义思想，推动我国科技事业健康发展，加强作风和学风建设，培养高素质的科技人才队伍而制定的。《关于进一步弘扬科学家精神加强作风和学风建设的意见》的出台对于推动我国科技界转变作风、加强学风建设，提高科技创新能力和为国家发展作出更大贡献具有重要意义。《关于进一步弘扬科学家精神加强作风和学风建设的意见》明确了要自觉践行、大力弘扬新时代科学家精神，加强作风和学风建设，营造风清气正的科研环境。科学家精神主要包括“大力弘扬胸怀祖国、服务人民的爱国精神”“大力弘扬勇攀高峰、敢为人先的创新精神”“大力弘扬追求真理、严谨治学的求实精神”“大力弘扬淡泊名利、潜心研究的奉献精神”“大力弘扬集智攻关、团结协作的协同精神”“大力弘扬甘为人梯、奖掖后学的育人精神”。在加强作风和学风建设方面，要“崇尚学术民主”“坚守诚信底线”“反对浮夸浮躁、投机取巧”“反对科研领域‘圈子’文化”。

《科研失信行为调查处理规则》

《科研失信行为调查处理规则》旨在规范科研失信行为的调查处理，为科研工作者树立诚信意识提供制度保障。《科研失信行为调查处理规则》明确了科研失信行为的具体类型，包括抄袭剽窃、侵占他人研究成果或项目申请书等八大类行为；明确了科研失信行为的调查处理程序，包括举报和受理、调查、处理、申诉复审等环节。根据科研失信行为的性质和严重程度，规定了相应的处理措施，包括警告、取消项目资助、撤销奖励、降低职称等，强调科技伦理审查的重要性，对弄虚作假、伪造伦理审查批准文件等行为进行严肃处理。

【重点内容学习笔记】

（一）学术不端行为的定义与主要表现

学术不端行为是指在科学研究及相关活动中发生的违反公认的________、违背________的行为。学术不端行为的定义与主要表现见表 10-9。

表 10-9　学术不端行为的定义与主要表现

<table>
<tr><td>定义</td><td>学术不端行为是指在科学研究及相关活动中发生的违反公认的________、违背________的行为</td></tr>
<tr><td rowspan="14">主要表现</td><td>（一）剽窃、抄袭、侵占他人学术成果</td></tr>
<tr><td>具体表现：（请填写）</td></tr>
<tr><td>（二）篡改他人研究成果</td></tr>
<tr><td>具体表现：（请填写）</td></tr>
<tr><td>（三）伪造科研数据、资料、文献、注释，或者捏造事实、编造虚假研究成果</td></tr>
<tr><td>具体表现：（请填写）</td></tr>
<tr><td>（四）未参加研究或创作而在研究成果、学术论文上署名，未经他人许可而不当使用他人署名，虚构合作者共同署名，或者多人共同完成研究而在成果中未注明他人工作、贡献</td></tr>
<tr><td>具体表现：（请填写）</td></tr>
<tr><td>（五）在申报课题、成果、奖励和职务评审评定、申请学位等过程中提供虚假学术信息</td></tr>
<tr><td>具体表现：（请填写）</td></tr>
<tr><td>（六）买卖论文、由他人代写或者为他人代写论文</td></tr>
<tr><td>具体表现：（请填写）</td></tr>
<tr><td>（七）其他根据高等学校或者有关学术组织、相关科研管理机构制定的规则，属于学术不端的行为</td></tr>
<tr><td>具体表现：（请填写）</td></tr>
</table>

（二）学术不端行为的认定与处理

学术不端行为的认定与处理程序见图 10-5。

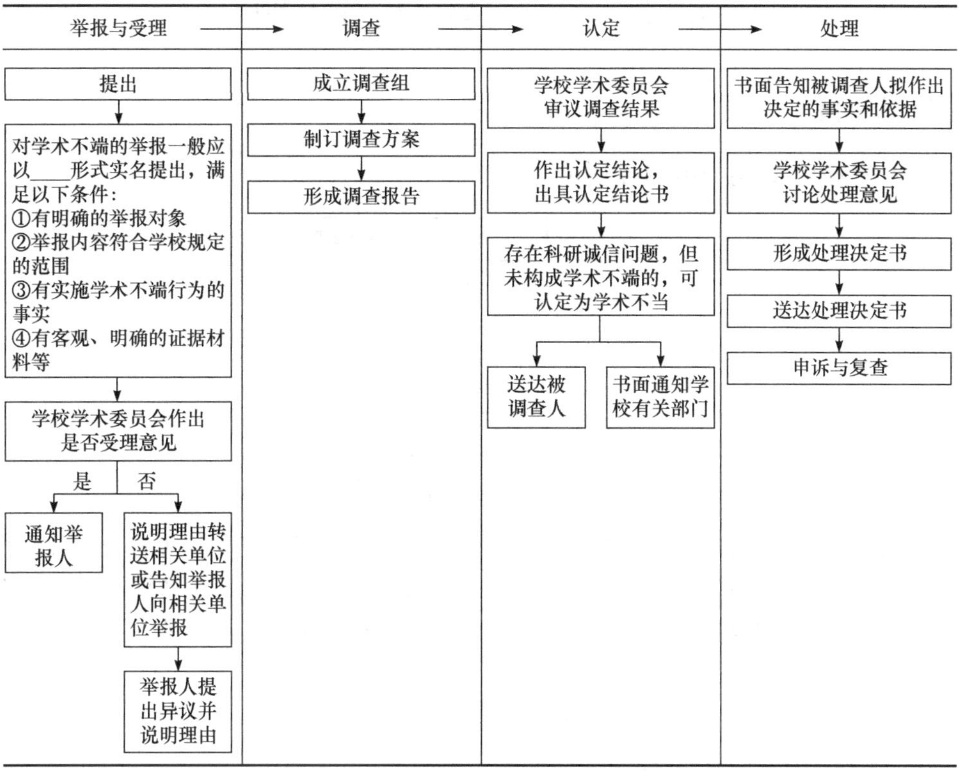

图 10-5　学术不端行为的认定与处理程序

【小结】

在当今知识经济时代，科研实力已成为衡量一所学校综合竞争力的重要指标。学校科研管理在这一背景下显得越发重要，它不仅关乎学校的发展前景，还对提高教育教学质量、培养创新型人才具有深远影响。学校科研管理对于培养创新型人才、促进产学研融合、推进教育教学改革等方面具有重要意义。高校科研管理通常包括科研项目、科研项目经费、科研人才培养、科研激励、科研评价、成果转化、科研诚信等管理内容。高校应不断完善管理制度，推动科研事业的健康发展。

【思考与练习】

1. 教师申报科研项目的基本流程是什么？

2. 科研创新团队建设的研究方向要求、团队成员构成要求、团队带头人要求、研究条件要求分别是什么？

3. 学校科研项目经费管理组织机构是如何设置的？

4. 学校预防学术不端行为的举措有哪些？

第十一章　高校人事管理

【内容结构图】

第十一章内容结构如图 11-1 所示。

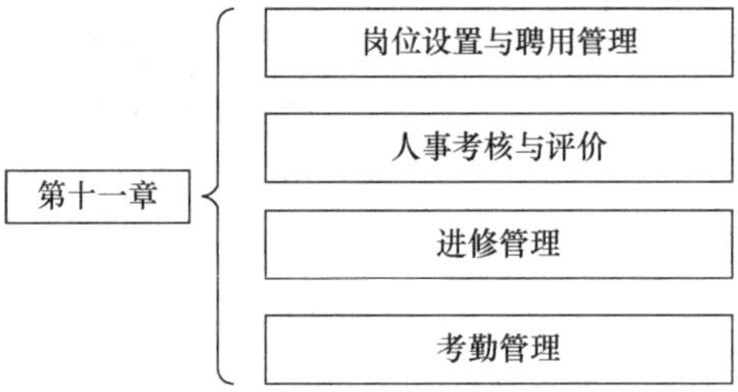

图 11-1　第十一章内容结构

高校人事管理是指对学校教职工招聘、选拔、培训、考核、奖惩等各个环节进行科学合理的管理，是保障学校运行的基础，有助于优化学校内部的人力资源配置，进而推动学校的科研水平和教学质量的提升。本章将学习高校人事管理的相关内容。

第一节　岗位设置与聘用管理

学校岗位设置与聘用管理是一项系统性、全面性的人力资源管理工作，关乎学校高质量教师队伍的建设。学校岗位设置与聘用管理工作主要依据《事业单位人事管理条例》《〈事业单位岗位设置管理试行办法〉实施意见》等相关法律法规进行，并以学校的教学科研、学科建设、社会服务、管理服务等任务为遵循，旨在建立科学、合理的用人机制，为实现我国教育现代化、建设教育强国奠定坚实基础。

【背景知识】

我国于 2006 年开展了全国事业单位岗位设置管理工作，出台了《事业单位岗位设置管理试行办法》《〈事业单位岗位设置管理试行办法〉实施意见》，规定了事业单位岗位管理的基本原则、岗位类别、岗位等级、岗位结构比例及等级确定等内容，旨在规范事业单位岗位设置，提高事业单位管理水平。

随后，广东省出台《广东省事业单位岗位设置管理实施意见》《广东省高等学校岗位设置管理指导意见》等文件，旨在规范事业单位和高校的岗位设置，推动人力资源管理体制的创新。《广东省事业单位岗位设置管理实施意见》对各类岗位的任职条件、晋升机制等方面进行了详细规定。《广东省高等学校岗位设置管理指导意见》明确了高等学校岗位设置的原则、类别和配置方式等。高等学校应根据实际需要，合理设置各类岗位，确保教育教学、科研、管理等各项工作的顺利开展。同时，《广东省高等学校岗位设置管理指导意见》还对高校岗位设置的程序、监督和评估等方面提出了具体要求。

【重点内容学习笔记】

（一）岗位设置与聘用的基本原则

（1）宏观调控、________指导、________管理，确定高校通用的岗位类别和等级，对岗位实行________、________和________控制。

（2）高校依据核准的岗位总量、结构利弊和最高等级按照________、________的原则，自主设置本单位的具体工作岗位，坚持按需设岗、竞聘上岗、按岗聘用、合同管理。

（二）岗位类别设置

高校岗位分为________、________、________和________四种类别。

岗位类别设置结构如图 11-2 所示。

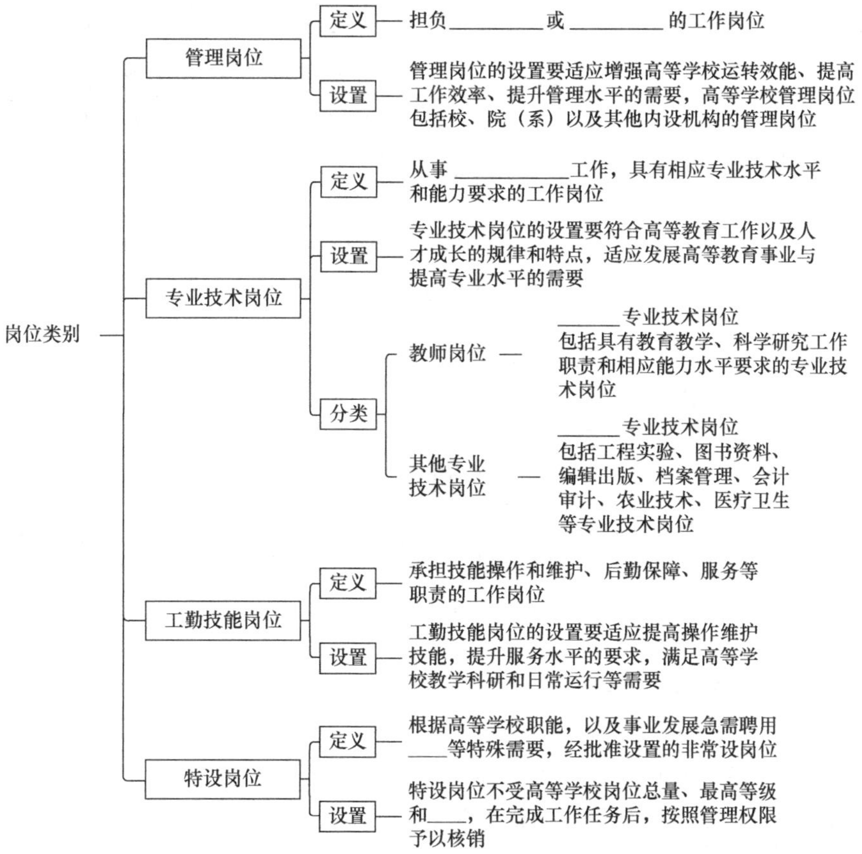

图 11-2 岗位类别设置结构

（三）岗位等级设置

岗位等级设置结构如图 11-3 所示。

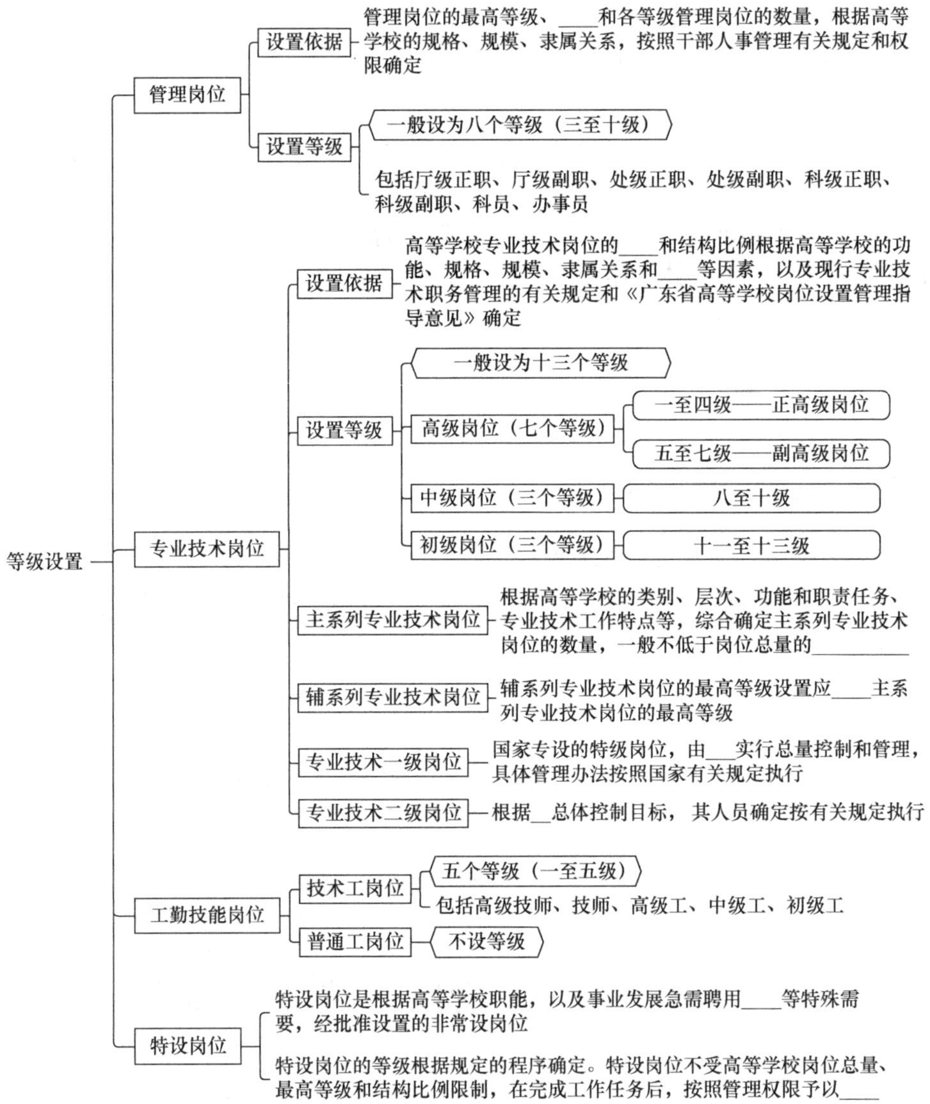

图 11-3　岗位等级设置结构

（四）岗位任职基本条件

各类岗位的基本聘用条件主要包括：①遵守________和________；②具有良好的________和________；③具备岗位所需的学历、________、________或技能条件；④适应岗位要求的身体条件和________条件。

各类岗位的具体聘用条件，由学校相关聘委会制定。

（五）岗位聘用基本程序

（1）学校各类各级岗位以____年为 1 个聘期。聘期结束后应重新参加岗位竞聘。

（2）高校岗位聘用基本程序如图 11-4 所示。

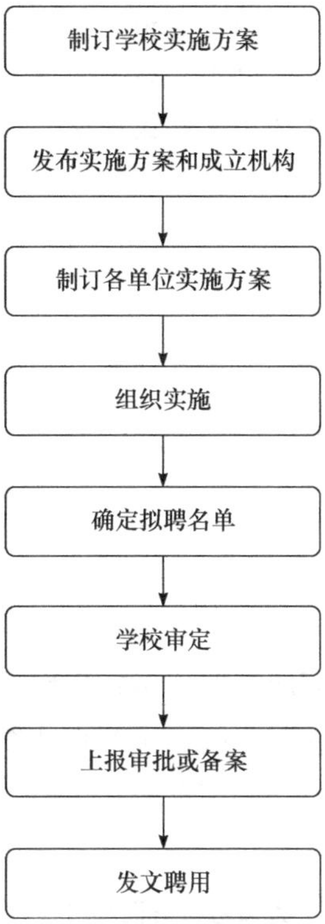

图 11-4　高校岗位聘用基本程序

（3）聘用合同的签订。学校发文聘用后，应与受聘人员签订________，一般包括受聘岗位职责要求、工作任务和目标、工资福利待遇、岗位纪律、聘用合同变更、解除和终止的条件以及聘用合同期限等内容。

受聘人员应认真履行聘用合同，保质、保量完成________和________。受聘期内，受聘人员可以按照学校规定申请变更合同约定的工作任务，按照学校有关规定执行合同变更程序。

第二节　人事考核与评价

高校教职工的人事考核与评价管理作为优化师资队伍结构的重要制度，旨在全面、客观、公正地评价教职工的工作实绩。全面、客观、公正的聘期考核与评价管理，不仅是对教师工作成果的公正评判，更是激发教师的工作积极性、构建高水平人才队伍的关键。

【背景知识】

《事业单位人事管理条例》对人事考核作出了初步规定，要求事业单位应当根据聘用合同规定的岗位职责任务，全面考核工作人员的表现，重点考核工作绩效，还规定了考核的总体分类和相应考核结果。

为科学评价事业单位工作人员的德才表现和工作实绩，广东省出台了《广东省事业单位工作人员考核办法（试行）》，对考核对象、考核原则、考核实施要求、考核内容和程序、考核结果的确定和使用等作出了具体规定。

【重点内容学习笔记】

（一）人事考核的基本原则

考核要坚持客观公正、民主公开、注重实绩的原则。结合岗位特点，按照规定的权限、内容、标准、方法和程序进行。

（二）人事考核基本内容

聘期考核侧重考核聘期任务完成情况。考核工作按照不同岗位的不同特点以及各等级岗位的不同要求，根据聘用合同约定的岗位职责任务以及工作标准，全面考核工作人员的____、____、____、____、____五个方面，重点考核________。人事考核方面和考核基本内容如表 11-1 所示。

表 11-1　人事考核方面和考核基本内容

考核方面	考核基本内容
德	________及个人品德、职业道德、社会公德等方面的表现
能	履行岗位职责的________和能力以及接受教育培训的情况
勤	工作____、工作____、工作____等方面的表现
绩	完成聘用合同规定的工作____、____、____以及取得的经济效益和社会效益等，根据行业、岗位特点，可以包括服务对象的满意度
廉	________等方面的情况

（三）人事考核方法与程序

学校人事考核采用实行________、________、________相结合，定性与定量相结合的方法。人事考核基本程序如图 11-5 所示。

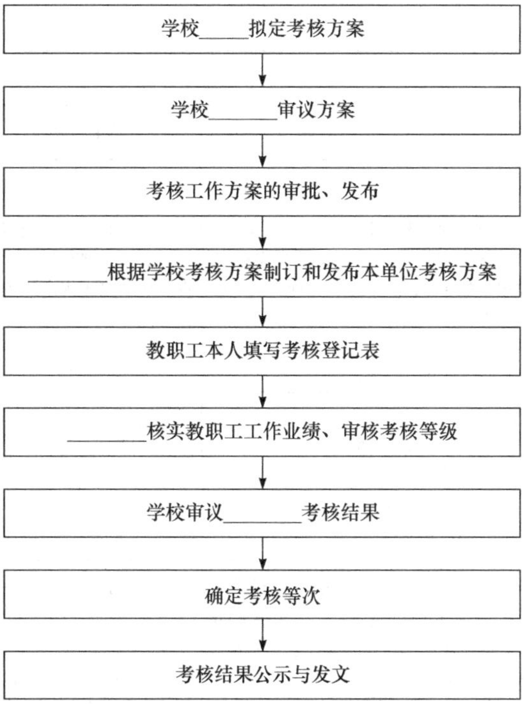

图 11-5　人事考核基本程序

（四）人事考核结果的确定与使用

人事考核结果的确定与使用对照如表 11-2 所示。

表 11-2　人事考核结果的确定与使用对照

分类		结果		
		合格	基本合格	不合格
平时考核	考核等次	没有符合“基本合格”“不合格”清单情形的，认定为“合格”等次	1. 学校平时考核工作组抽查___次及以上无故不在岗的。 2. 教师一年内上课无故迟到或早退累计___次及以上的。其他教职工一年内无故迟到或早退累计___次及以上的。 3. 管理干部一年内无故不参加学校召开的重要会议___次及以上的。 4. 管理干部一年内离开____不履行请假报备制度___次及以上的。 5. 每学期开学检查中发现无故_____的。 6. 考勤管理办法规定的情况。 7. 校长办公会规定的其他情况	1. 学校平时考核工作组抽查___次无故不在岗的。 2. 教师一年内上课无故迟到或早退累计___次及以上的。其他教职工一年内无故迟到或早退累计___次及以上的。 3. 管理干部一年内无故不参加学校召开的重要会议_______次及以上的。 4. 管理干部一年内离开____不履行请假报备制度___次及以上的。 5. 考勤管理办法规定的情况。 6. 校长办公会规定的其他情况
	考核结果的使用		当年年度考核不得评为_____等次	当年年度考核不得评为_____等次

续表

<table>
<tr><td colspan="2" rowspan="2">分类</td><td colspan="4">结果</td></tr>
<tr><td>优秀</td><td>合格</td><td>基本合格</td><td>不合格</td></tr>
<tr><td rowspan="2">年度考核</td><td>考核等次</td><td>德、能、勤、绩、廉表现____，____履行岗位职责，高质量完成规定的工作任务，取得显著成绩</td><td>德、能、勤、绩、廉表现____，____履行岗位职责，全面完成规定的工作任务</td><td>德、能、勤、绩、廉表现____，____履行岗位职责，基本完成规定的工作任务</td><td>德、能、勤、绩、廉表现____，____履行岗位职责，不能完成规定的工作任务，或者在工作中因严重____、____、____等造成重大损失或者恶劣社会影响</td></tr>
<tr><td>考核结果的使用</td><td colspan="2">1. 按照规定增加________和________。
2. 当年度计算为竞聘更高等级岗位的________。
3. 年度考核为“优秀”的人员，可给予一次性______</td><td colspan="2">1. 当年度不计算为竞聘更高等级岗位的________。
2. ________不予晋升等</td></tr>
<tr><td rowspan="3">聘期考核</td><td rowspan="2">考核等次</td><td>优秀</td><td>合格</td><td>基本合格</td><td>不合格</td></tr>
<tr><td>1. 在岗工作时间超过_____聘期时间。
2. 聘期内年度考核结果均为_____及以上等级，原则上至少有一次_____等次。
3. 聘期内认真履行岗位职责，______完成聘用合同目标任务，业绩突出。
4. 严格遵守规章制度。无______、______、_______等现象</td><td>1. 聘期内年度考核结果为__________及以上等次，__________等次不超过______次。
2. 聘期内认真履行岗位职责，完成聘用合同目标任务，或按规定视同完成。聘期内工作成效显著。
3. 严格遵守规章制度。无______、______、_______等现象</td><td>1. 聘期内年度考核结果有__次为______及以下等次。
2. 未完全完成聘用合同及补充协议约定的____。
3. 有违规违纪、轻微的______或____等现象，相关文件规定为______等次或学校聘期考核委员会审定为______等次。
4. 聘期内受过_______处分等</td><td>1. 聘期内年度考核结果有__次及以上为__等次。
2. 未完全完成聘用合同及补充协议约定的____，完成量在___以下。
3. 有违规违纪、轻微的_____或_____等现象，相关文件规定为____等次或学校聘期考核委员会审定为____等次。
4. 无正当理由不参加_______的人员，经教育后仍拒绝参加的等</td></tr>
<tr><td>考核结果的使用</td><td>下一个聘期可聘用到_____职级，如符合_______岗位聘用条件的人员可申请____</td><td>可申请_______岗位，聘用合同另有规定的除外</td><td>原则上不得申请______岗位</td><td>下一个聘期降低______聘用或______聘用，情节严重的可不与其续订聘用合同</td></tr>
</table>

第三节　进 修 管 理

《中华人民共和国教师法》明确规定，教师享有参加进修或其他方式培训的权利。在知识更新速度不断加快的背景下，教职工通过进修学习新的学科知识、教育理念、教学方法和教学技术，能够及时提高自身教育教学能力与综合素养，从而更好地适应教育改革和发展新形势。学校制定教职工进修管理办法，鼓励和支持教职工参加各类进修培训，有利于落实法律赋予教师的权利，使教职工在职业发展过程中得到充分保障，激发教职工的内生动力，从而进一步提高教育教学能力和水平，促进学校的可持续发展。

【重点内容学习笔记】

（一）教职工进修的方式和范围

学校教职工进修通常包括国内进修和出国（境）进修两种。

1. 国内进修的范围

（1）通过______或______申请获得国家认可的______、______学位或同层次的专业学位。

（2）到国内学术水平较高的大学师从相关专业的著名学者从事______的访学。

（3）因______或______特殊需要，由组织选派为完成该项业务或履行岗位职责而参加的____________。

2. 出国（境）进修的范围

（1）国家、单位公派出国（境）______，又包括国家公派和单位公派，国家公派是指由_______________资助的出国留学进修，单位公派是指纳入本校___________的出国（境）留学进修。

（2）自费出国（境）攻读______或______学位。

（3）应邀赴国（境）外作______。

（二）教职工申请进修的基本条件

申请出国（境）留学进修的教职工首先须符合《中华人民共和国出境入境管理法》的有关规定。同时，申请进修的教职工还需满足聘用单位关于______、______等的具体规定。

（三）教职工申请进修的基本程序

教职工申请进修的基本程序如图 11-6 所示。

（四）教职工进修后的服务期

学校通常按照教职工进修的不同类型对服务期作出具体规定，如以国家留学基金资助方式派出的留学、研修人员，返校后在校的服务期按照与国家留学基金管理委员会签订的__________________执行。

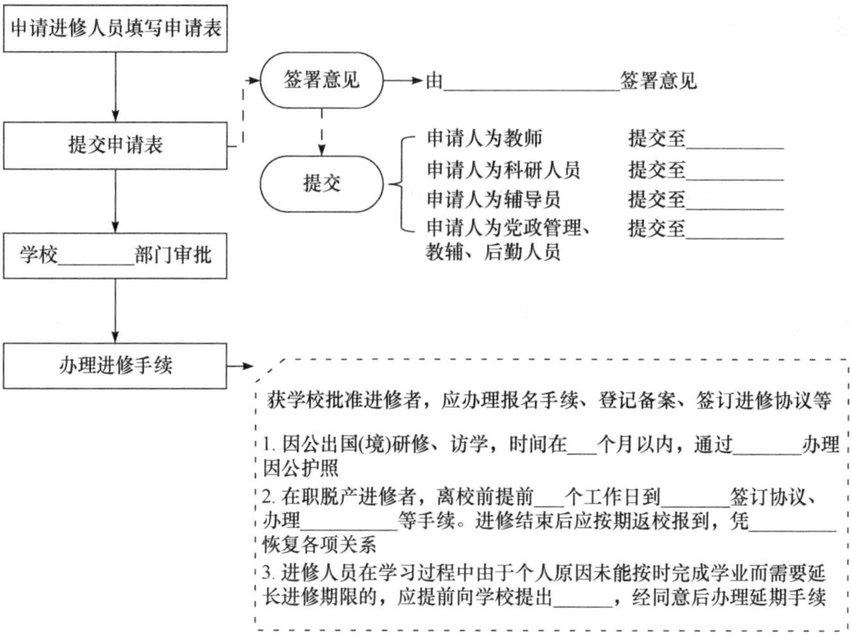

图 11-6 教职工申请进修的基本程序

第四节 考勤管理

高校教职工考勤管理规定是保障教育教学质量、规范教师工作行为、提高教师队伍素质的重要制度，一般包括考勤方式、考勤时间、考勤奖惩、特殊情况处理等具体规定。我国相关法律法规对教师的工作时间、工作职责等方面已有明确规定，考勤管理是依法办事的体现。教师考勤管理的主要功能包括激励功能、约束功能、评价功能、反馈功能等，只有建立健全科学、合理的考勤管理制度，才能更好地推动高校教育事业的发展。

【重点内容学习笔记】

（一）教职工应当遵循的考勤规定

（1）教职工应当严格遵守________，树立良好的________和严谨的________。

（2）教职工应当全职在岗工作，严格遵守学校考勤制度，认真履行____________，未经批准不得擅自离开____________。学校____________人员实行上下班考勤制度，____________人员由所在单位根据实际工作需要确定考勤的具体方式。

（二）学校考勤管理的组织职责

通常由学校__________负责学校教职工考勤管理工作，制定学校考勤管理制度，组织和监督考勤制度的实施。学校各单位负责本单位教职工考勤管理工作，制定本单位考勤管理制度，落实考勤制度的实施。

（三）考勤内容与考勤结果的适用

考勤内容包括对教职工______、______、______、______、______等情况的考核和记录。考勤结果作为教职工______、______的重要依据，并直接与个人______、______挂钩。

（四）请假、续假与销假的基本程序

教职工请假、续假与销假的基本程序见表 11-3。

表 11-3　教职工请假、续假与销假的基本程序

项目	办理程序	休假要求
请假	按照学校规定事先提交书面申请，附上________，经批准后方为有效	请假教职工应对工作作出__________，避免或减少因请假对工作造成的不利影响。教职工在休假期间，应当严格遵守国家法律法规和_________，须与学校保持联系，不得从事其本岗位之外的工作，否则视为_____，按相应规定处理
续假	因_______需要续假的，应提前___个工作日办理书面续假申请，提供________，经批准后方为有效	
销假	至_______报到销假，单位考勤员在教职工考勤情况月表中登记销假时间	

（五）教职工请假类型及规定

教职工请假类型包括：病假、工伤假、事假、婚假、丧假、探亲假、生育假、陪产假、看护假、护理假、育儿假等。教职工请假类型及规定对照如表 11-4 所示。

表 11-4　教职工请假类型及规定对照

<table>
<tr><td colspan="2">1. 病假</td></tr>
<tr><td colspan="2">教职工____或非因公负伤不能正常工作，需要____或____的，应当事先履行请假手续。因突发症状等特殊情况，本人未能事先请假的，应在伤病发生后___个工作日内补办请假手续，提供相关证明材料</td></tr>
<tr><td>审批程序</td><td>（1）病假不满____个月的，由__________审批，并报告________备案。
（2）病假连续或___年内累计在___个月以上不满____个月的，经所在单位同意后，报________审批。
（3）病假连续或__年内累计在____个月以上不满____个月的，经所在单位同意并由分管或联系____签署意见后，报________审批。
（4）病假连续或__年内累计在____个月以上的，经所在单位同意并由分管或联系____签署意见后，送______审核并报__________审批</td></tr>
<tr><td>病假计算</td><td>病假时间自_____之日起计算，病假期间，公休日、法定节假日和寒暑假______。病休__个月以上的教职工病愈后复工，如复工__个月内又请病假的，应当将复工前后病假时间____计算</td></tr>
</table>

续表

<table>
<tr><td colspan="2">2. 工伤假</td></tr>
<tr><td colspan="2">教职工_______，应在工伤事故发生____个工作日内向所在单位和_______报告，按照广州市人力资源和社会保障局要求报送_________。经认定为工伤，并鉴定必须____和____的，可休工伤假</td></tr>
<tr><td colspan="2">3. 事假</td></tr>
<tr><td colspan="2">教职工在工作期间因_______需请假，应当事先由本人提出________，履行事假审批手续后方可离岗</td></tr>
<tr><td>审批程序</td><td>（1）事假不满____个工作日的，由_____________审批，并将相关材料报_________备案。
（2）事假连续或__年内累计在____个工作日以上不满____个工作日的，经所在单位同意后，报________审批。
（3）事假连续或__年内累计在____个工作日以上不满____个工作日的，经所在单位同意并由分管或联系____签署意见后，报_________审批。
（4）事假连续或__年内累计在__个工作日以上的，经所在单位同意并由分管或联系____签署意见后，送_______审核并报___________审批</td></tr>
<tr><td>事假计算</td><td>教职工请事假原则上每次不超过____个工作日，____年内累计不超过____个工作日，事假期间公休日、法定节假日和寒暑假____计算假期的天数，但不得跨法定节假日和寒暑假请假</td></tr>
<tr><td colspan="2">4. 婚假</td></tr>
<tr><td colspan="2">教职工本人经法定程序办理结婚手续的，给予婚假____天</td></tr>
<tr><td>审批程序</td><td>教职工请婚假由_______主要负责人审批，并将请假相关材料报送______________备案</td></tr>
<tr><td>婚假计算</td><td>婚假期间，公休日、法定节假日和寒暑假______计算假期的天数</td></tr>
<tr><td colspan="2">5. 丧假</td></tr>
<tr><td colspan="2">教职工的____亲属（配偶、父母、子女）或配偶的父（母）死亡，给予丧假____天。需提供相关证明材料</td></tr>
<tr><td>审批程序</td><td>教职工请丧假由_______主要负责人审批，并将请假相关材料报送______________备案</td></tr>
<tr><td>丧假计算</td><td>丧假期间，公休日、法定节假日和寒暑假______计算假期的天数</td></tr>
<tr><td colspan="2">6. 探亲假</td></tr>
<tr><td colspan="2">教职工与配偶、父母的经常居住地不在同一城市，且不能在______团聚的，可休探亲假</td></tr>
<tr><td colspan="2">7. 生育假</td></tr>
<tr><td>产假及奖励假</td><td>（1）女教职工符合法律法规规定生育子女的，享受产假____天，奖励假____天；生育时遇难产的，可增加难产产假___天或___天；生育多胞胎的，每多生 1 个婴儿，增加产假___天。
（2）女教职工终止妊娠享受产假，怀孕未满____个月终止妊娠的，根据医疗机构的意见，计____天至____天；怀孕____个月以上____个月以下终止妊娠的，计____天；怀孕满____个月终止妊娠的，计____天。
（3）产假及奖励假期间，寒暑假_____计算假期的天数</td></tr>
<tr><td>节育假</td><td>教职工自愿接受节育手术的，自_______之日起，凭手术证明按照规定享受节育假，同时施行两种节育手术的，累计计算假期</td></tr>
<tr><td>哺乳时间及哺乳假</td><td>（1）对哺乳未满 1 周岁婴儿的女教职工，每天安排适当哺乳时间；女教职工生育多胞胎的，每多哺乳 1 个婴儿每天增加适当的哺乳时间。
（2）女教职工符合法律法规规定生育子女的，产假期满后，确有实际困难的，可以请哺乳假至婴儿___周岁</td></tr>
<tr><td colspan="2">8. 陪产假</td></tr>
<tr><td colspan="2">符合法律法规规定生育子女的，男教职工享受陪产假____天</td></tr>
</table>

续表

9. 看护假
符合法律法规规定生育子女的，教职工配偶怀孕不满____个月施行终止妊娠手术的，教职工享受____天的看护假；教职工配偶怀孕____个月以上施行终止妊娠手术的，教职工享受____天的看护假
10. 护理假
按照上级部门有关规定，教职工为独生子女，其父母年满____周岁以上，可休护理假。父母患病住院治疗的，教职工可享受每年累计不超过____天的护理假
11. 育儿假
符合法律法规规定生育子女的，在子女____周岁以内，可以享受育儿假

（六）旷工的认定与处理

教职工违反学校考勤管理规定，在工作时间内无故________、________，缺勤时间达到学校规定标准的，将按照旷工处理。教师上课迟到早退一般按照学校关于________的认定予以处理。

除此之外，教职工未按照学校规定办理________手续、办理________申请，请假或者申请未获得批准擅自离开工作岗位，或请假理由经查不属实的等情况，也将按照旷工予以认定。

对于教职工旷工的行为，一般对其进行批评教育和作出________等处理，并将此作为教职工人事考核的重要依据。

【小结】

高校人事管理工作是现代化大学管理的重要组成部分，对于保障高校的正常运行、提升教育质量、实现国家战略目标具有重要意义。在我国高等教育事业快速发展的背景下，高校人事人才管理是优化师资结构、保障教职工合法权益，以及培养高素质人才、提升教师队伍教学质量和科研能力的重要途径。高校人事管理工作具有选拔与培养、激励与约束、评价与反馈、保障与服务等重要功能，学校制定的人事管理制度一般包括招聘制度、师资培训与考核评价制度、薪酬福利制度、职务晋升与职称评审制度、人员流动与调配制度、人事档案管理制度等。

【思考与练习】

1. 学校关于教职工考核与评价管理的组织机构是如何设置的?
2. 学校分类考核制度一般包括哪些内容?
3. 学校教职工进修管理规定的基本原则是什么?
4. 学校岗位设置与聘用的组织机构是如何设置的?
5. 你所在学校各类岗位（专业技术岗位、管理岗位、工勤技能岗位、特设岗位）人员的岗位职责和工作任务分别是什么?

参 考 文 献

别敦荣. 2016. 普及化高等教育的基本逻辑. 中国高教研究, (3): 31-42.

别敦荣. 2023. 在学科与领域间走向成熟: 高等教育学的不惑嬗变. 教育研究, 44(5): 16-29.

蔡国春. 2000. 高校学生事务管理概念的界定: 中美两国高校学生工作术语之比较. 扬州大学学报(高教研究版), (2): 56-59.

陈华. 2014. 留守与超越: 高校德育的主体间性及其张力. 高教探索, (5): 146-149.

陈莉. 2007. 中国大学生组织发展研究: 结构文化主义视角. 武汉: 华中科技大学.

陈美玉. 1999. 教师专业学习与发展. 台北: 师大书苑有限公司: 285-287.

陈锐, 吕建明. 2010. 提高高校教师职业道德修养的途径和方法. 中国电力教育, (24): 35-36..

程光泉. 2010. 哲学视野下的大学理念、大学精神、大学文化. 北京师范大学学报(社会科学版), (1): 121-126.

邓晖. 2013. 关注高校青年教师: 困境中的突围. 光明日报, 2013-08-13(5).

杜娟, 王颖.2018.高校新入职教师培训课程设计及实施效果研究: 基于北京理工大学的个案分析.高校教育管理, 12(4):118-124.

弗莱克斯纳. 2001. 现代大学论: 美英德大学研究. 徐辉, 陈晓菲, 译. 杭州: 浙江教育出版社.

高露. 2021. 12—15 世纪欧洲大学特许权研究: 以博洛尼亚大学、巴黎大学和牛津大学为例. 长春: 东北师范大学.

古德柴尔德. 2012. 在美国作为一个研究领域的高等教育: 历史、学位项目与知识基础. 教育文化论坛 4(2): 130.

谷秀青. 2023.ISW：高校思政教师教学能力提升新路径. 长春教育学院学报, 39(5): 40-45.

顾明远. 1998. 教育大辞典: 增订合编本: 上. 上海: 上海教育出版社: 718.

顾明远. 2010. 大学文化的本质是求真育人. 教育研究, 31(1): 56-58.

郭丽君. 2006. 学术职业视野中的大学教师聘任制研究. 武汉:华中科技大学.

侯怀银, 王茜. 2023. 高等教育学知识数字化转型的路径探析. 北京教育(高教), (7): 10-12.

黄福涛. 2003. 外国高等教育史. 上海: 上海教育出版社: 2, 33.

坚瑞，戴春晓，吴晶晶. 2019.基于培训迁移理论的高校教师教学技能培训效果研究. 教育评论, (11): 121-125.

景丽珍, 杨贞兰. 2013. 同事关系对高校教师工作绩效的影响. 高等教育研究, 34(5): 39-45.

克拉克. 2001. 高等教育新论: 多学科的研究. 王承绪, 等译. 杭州: 浙江教育出版社.

老踏. 2022. 教师力: 教学、科研和终身成长. 北京: 清华大学出版社.

雷鸣. 2022.高校教师职业道德修养与培育人才研究. 教育教学论坛, (32): 45-48.

李明忠. 2004. 美国大学生事务管理的学生观研究. 武汉: 华中科技大学.

李赛强. 2021.教学技能工作坊本土实践研究. 上海教师, (4): 53-60.

李志峰, 沈红. 2007. 学术职业: 欧洲中世纪时期的形成与形态. 中山大学学报(社会科学版), (4): 44-47, 125.

梁竹梅. 2015.期中学生反馈教学咨询服务的发展研究：国外研究与本校探索. 现代大学教育, (6): 101-106.

梁竹梅，谢艳梅.2017. 基于 MSF 教学咨询模式的高校教师教学质量保障和提升:以美国为例. 教育发展研究, 37(1): 72-78.

梁竹梅，谢艳梅，邱意弘.2017. 期中学生反馈教学咨询服务对改进教学的影响分析. 复旦教育论坛, 15(6): 69-75.

刘复兴. 2022. “九个坚持”是马克思主义教育理论创新与发展. 中国教育报, 2022-09-29(6).
刘海洋, 郭路, 孔祥贞. 2012.学术锦标赛机制下的激励与扭曲: 是什么导致了中国学术界的高数量与低质量? 南开经济研究, （1）: 3-18.
刘胜，陈海燕，马驰远. 2015.ISW 培训及 VLSI 设计与验证教学实践体会. 计算机教育, (11): 21-24.
刘铁芳, 颜桂花. 2015. 教师: 活在师生关系之中. 大学教育科学, (3): 76-81.
刘献君. 2003. 我国高校教师聘任制的特点及实施策略选择. 高等教育研究, 24(5): 39-43.
卢晓中. 2016. 高等教育新论. 北京: 高等教育出版社: 1.
陆根书, 顾丽娜, 刘蕾. 2005. 高校教学与科研关系的实证分析. 教学研究, (4): 286-290.
陆根书, 胡文静. 2015. 师生、同伴互动与大学生能力发展: 第一代与非第一代大学生的差异分析. 高等工程教育研究, (5): 51-58.
马克思, 恩格斯. 1960. 马克思恩格斯全集: 第 3 卷. 中共中央马克思、恩格斯、列宁、斯大林著作编译局, 译. 北京: 人民出版社: 329.
马莉.2019.教育新常态下高校教师培训:价值意义、实践困境与实现径路.黑龙江高教研究, 37(10):98-101.
毛泽东.1991.毛泽东选集：第 1 卷.北京: 人民出版社:283.
潘懋元. 1996. 新编高等教育学. 北京: 北京师范大学出版社.
潘懋元, 王伟廉. 2013. 高等教育学. 福州: 福建教育出版社.
蒲蕊. 2002. 师生交往在学校教育中的深层意义. 教育研究, (2): 53-57.
钱焕琦. 2006. 高等学校教师职业道德概论. 南京: 南京师范大学出版社: 14, 22.
盛群力. 2005. 教学设计. 北京: 高等教育出版社.
王严淞. 2018. 我国大学师生关系研究. 厦门: 厦门大学.
王中华, 朱国梁. 2022. 高校教师教学与科研辩证关系的再思考. 集美大学学报(教育科学版), 23(4): 7-17.
韦伯, 希尔斯. 2006. 韦伯论大学. 孙传钊, 译. 南京: 江苏人民出版社.
魏海苓. 2024. 讲台之困与惑: 大学青年教师教学投入与职业成长. 北京: 商务印书馆.
魏红, 程学竹, 赵可. 2006. 科研成果与大学教师教学效果的关系研究. 心理发展与教育, 22(2): 85-88.
翁清雄, 席酉民. 2011. 企业员工职业成长研究: 量表编制和效度检验. 管理评论, 23(10): 132-143.
吴洪富. 2011. 国内教学与科研关系研究的历史脉络. 江苏高教, (1): 62-65.
吴易林, 吕林海. 2023. 塑造全球能力: 美国大学通识教育的路径机制: 以哈佛大学、斯坦福大学的通识课程为例. 清华大学教育研究, 44(5): 78-88.
希尔斯. 2010. 教师的道与德. 徐弢, 李思凡, 姚丹, 译.北京: 北京大学出版社.
谢鑫, 王世岳, 张红霞. 2021. 哈佛大学通识教育课程实施: 历史、现状与启示. 高等教育研究, 42(3): 100-109.
谢作栩. 2001. 马丁・特罗高等教育大众化理论述评. 现代大学教育, (5): 13-18.
徐时芳, 潘春燕, 陈先国. 2020.基于 ISW 的 BOPPPS 有效教学设计与策略对高校教师教学能力提升的应用研究. 教育教学论坛, (52): 32-33.
许烨. 2016. 当代高校教师职业伦理: 从德性到共同体建构. 北京: 中央编译出版社: 16, 173.
雅斯贝尔斯. 1991. 什么是教育. 邹进, 译. 北京: 生活・读书・新知三联书店.
阎光才. 2012. 学术等级系统与锦标赛制. 北京大学教育评论, 10(3): 8-23, 187.
姚裕萍. 2009. 高校和谐师生关系构建与障碍分析. 高等农业教育, (1): 42-43, 46.
叶澜. 2001. 教师角色与教师发展新探. 北京: 教育科学出版社.
叶澜, 王益民, 王枬, 等. 2001. 教师角色与教师发展新探. 北京: 教育科学出版社.
优德科维奇, 阿特巴赫, 朗布利. 2017. 21 世纪的青年教师: 国际视野. 姜帆, 王琪, 译. 上海: 上海交通大学出版社.
余秀兰. 2008. 研究型教学: 教学与科研的双赢. 江苏高教, (5): 60-63.

袁庆宏, 丁刚, 李珲. 2014. 知识型员工职业成长与离职意愿: 组织认同和专业认同的调节作用. 科学学与科学技术管理, 35(1): 155-164.

张楚廷. 2002. 大学教学学. 长沙: 湖南师范大学出版社.

张俭民, 董泽芳. 2014. 从冲突到和谐: 高校师生课堂互动关系的重构: 基于米德符号互动论的视角. 现代大学教育, (1): 7-12, 25.

张英丽, 沈红, 2007. 学术职业: 概念界定中的困境. 江苏高教, (5): 26-28.

赵炬明. 2023. 以学生为中心: 当代本科教育改革之道. 北京: 北京大学出版社.

郑金洲. 2000. 教育文化学. 北京: 人民教育出版社.

郑立海, 石大维.2014.教师培训项目的效果评估研究: 以中国—UNICEF "灾区教师培训" 项目为例.电化教育研究, 35(5):108-113.

中共中央宣传部. 2023. 习近平新时代中国特色社会主义思想学习纲要（2023 年版）. 北京: 学习出版社: 2, 155.

周川. 2017. 怎样的科研才能有益于教学. 江苏高教, (3): 1-4, 9.

周维斌, 王丹. 2021.BOPPPS 教学模式在《现代教育技术》课程中的探索. 办公自动化, 26(14): 36-37.

朱永新, 杨帆. 2023. ChatGPT/生成式人工智能与教育创新: 机遇、挑战以及未来. 华东师范大学学报(教育科学版), 41(7): 1-14.

Anderson J, Betts S, Ferris J, et al. 2011. Using brain imaging to interpret student problem solving. IEEE Intelligent Systems, 26(5): 22-29.

Fuller F F, Bown O H. 1975. Becoming a teacher. Teachers College Record, 76(6): 25-52.

Gillespie D, Dolšak N, Kochis B, et al. 2005. Research circles: supporting the scholarship of junior faculty. Innovative Higher Education, 30(3): 149-162.

Hoyle E. 1982. The professionalization of teachers: a paradox. British Journal of Educational Studies, 30(2): 161-171.

Johnson B J. 2006. Instructional skills workshop: handbook for participants. UBC: Center for Teaching and Academic Growth.

Keutzer C S. 1993. Midterm evaluation of teaching provides helpful feedback to instructors. Teaching of Psychology, 20(4) : 238-240.

Lazear E P, Rosen S. 1981. Rank-order tournaments as optimum labor contracts. Journal of Political Economy, 89:841-864.

Loyalka P, Liu O L, Li G R, et al. 2021. Skill levels and gains in university STEM education in China, India, Russia and the United States. Nature Human Behaviour, 5(7): 892-904.

Mathias H. 2005. Mentoring on a programme for new university teachers: a partnership in revitalizing and empowering collegiality. International Journal for Academic Development, 10(2): 95-106.

Musselin C. 2005. European academic labor markets in transition. Higher Education, 49(1): 135-154.

Ryan K E. 1975. Teacher Education: The Seventy-Fourth Yearbook of the National Society for the Study of Education. Chicago: The University of Chicago Press.

Schroeder C C. 2008. The student learning imperative: implications for student affairs. Journal of College Student Development, 37(2): 118-122.

Trow M. 1972. The expansion and transformation of higher education. International Review of Education, 18(1): 61-84.

后　记

本书系统地梳理了高校教师所需具备的基本素质和能力，包括教育思想、教学方法、科研能力、师德师风等各个方面，结合新时代高等教育的特点和高校新教师岗前培训实际，从理论到实践，从案例到演练，帮助新教师树立正确的教育观念，掌握科学的教学方法，提高科研能力和教学水平，从而为他们今后实现高水平教学打下坚实的基础，对于即将走上讲台的年轻教师们具有重要意义。

本书由刘海春教授负责统筹全书的研究思路，谢文新教授、董俊武教授以及郑煜诗负责编写体系与框架设计。编写组由刘海春教授、董俊武教授、吴岩教授、魏海苓教授、杨韶刚教授、张永华教授、吕会红副教授、吕琳琼副教授、杜雯博士，以及郑煜诗、张紫棋、王馨若、刘世鹏、邓煜老师组成。其中，第一章由刘海春撰写，第二章由刘海春、杜雯、刘世鹏、邓煜撰写，第三章由谢文新、董俊武、郑煜诗撰写，第四章由吴岩、魏海苓撰写，第五章由杨韶刚、张永华、刘建金撰写，第六章由吕琳琼、郑煜诗撰写，第七章由吕会红撰写，第八章由董俊武、郑煜诗、王馨若撰写，第九章、第十章及第十一章由董俊武、郑煜诗、张紫棋撰写。中国语言文化学院余梓瀚、郑豆豆同学也分别参与了第三章、第六章、第八章的资料内容整理。

当然，由于水平能力有限，本书还有很多需要改进和完善的地方，欢迎广大读者批评指正。我们期待在未来的工作中，能够继续深化对高校教师岗前培训的研究和探索，不断提高研究质量和水平。同时，也希望广大年轻教师们能够认真学习和领会教程的思路和内容，将其中的理论和方法应用到自己的教学实践中去，不断提高自己的教学水平和科研能力。最后，编写组衷心感谢所有为本书付出辛勤努力的专家和学者，以及所有为新教师成长提供支持和帮助的领导和同事。